KBO SCOUTING REPORT 2025

프로야구
스카우팅
리포트
2025

이용균 김은진 김하진 심진용 지음

KB190064

하빌리스

Contents

KIA 타이거즈 KIA TIGERS

주요 이슈 | 순위기록 | 라인업 | 최근 10시즌 성적 | 최상 시나리오
최악 시나리오 | 감독 및 전력 포인트 | 코칭스태프 |
스카우팅 리포트 | 2024시즌 김도영 홈런일지

삼성 라이온즈 SAMSUNG LIONS

주요 이슈 | 순위기록 | 라인업 | 최근 10시즌 성적 | 최상 시나리오
최악 시나리오 | 감독 및 전력 포인트 | 코칭스태프 |
스카우팅 리포트 | 굴비즈 + 김영웅

LG 트윈스 LG TWINS

주요 이슈 | 순위기록 | 라인업 | 최근 10시즌 성적 | 최상 시나리오
최악 시나리오 | 감독 및 전력 포인트 | 코칭스태프 |
스카우팅 리포트 | LG 마운드의 기대주들

두산 베어스 DOOSAN BEARS

주요 이슈 | 순위기록 | 라인업 | 최근 10시즌 성적 | 최상 시나리오
최악 시나리오 | 감독 및 전력 포인트 | 코칭스태프 |
스카우팅 리포트 | 두산 베어스 엠블럼 변천사

KT 위즈 KT WIZ

주요 이슈 | 순위기록 | 라인업 | 최근 10시즌 성적 | 최상 시나리오
최악 시나리오 | 감독 및 전력 포인트 | 코칭스태프 |
스카우팅 리포트 | 강백호의 변신?

| 이 책을 만드는 데 도움 주신 분들 |

KIA 타이거즈 / 삼성 라이온즈 / LG 트윈스 / 두산 베어스 / KT 위즈
SSG 랜더스 / 롯데 자이언츠 / 한화 이글스 / NC 다이노스 / 키움 히어로즈
n2shot 신주영 실장님
KBOP 장호성 님
프로야구선수협회 장윤선 팀장님
해피라이징 김현 본부장님
End design 디자이너 여러분
신동윤 이사님, 최민규 이사님, 김제헌 님, 이연경 님

2024시즌
이슈 포인트 5

2024시즌 KBO리그는 역사적으로도 특별했다. 김도영이라는 새로운 슈퍼스타의 탄생과 함께 리그 전체의 세대교체를 알리는 젊은 새로운 스타들이 리그 전체를 수놓았다. 여성 팬 증가와 함께 리그에 새 바람이 불었고, 이는 1,000만 관중 시대로 이어졌다. 하지만 높아진 인기만큼 해결해야 할 숙제도 커졌다.

1
사상 첫 1,000만 시대 열었다

2년 동안 코로나19 팬데믹을 겪으며 야구는 위기감에 빠졌다. '무관중'의 경험은 다시는 팬들이 돌아오지 않을지 모른다는 공포로 이어졌다. 2022시즌 엔데믹이 찾아왔지만 KBO 리그 관중은 600만 명에 그쳤다. 2023시즌은 리그 인기 팀 LG가 29년 만의 한국시리즈 우승을 차지한 시즌이었지만 관중 수는 간신히 800만 명에 턱걸이했다.

그런데 2024시즌, 분위기가 확 바뀌었다. 전통의 명가 KIA 타이거즈가 선두 질주를 이어간 효과도 있었지만 관중 증가는 이 요인 때문이라 보기엔 지나치게 가팔랐다. 야구장마다 팬들이 가득가득 들어찼다.

특히 여성 팬의 증가는 고무적이었다. 한 여성 팬은 "객단가 약 1만5000원 정도를 내고 3시간 동안 마음껏 소리지를 수 있는 공간이 야구장 말고는 없었다"라고 말했다. 또 다른 팬은 "개방감 충만한 클럽 같은 곳"이라고 했다. 사실 야구장은 원래 그런 곳이었고 (과거 제리 로이스터 감독이 사직구장을 두고 지상 최대의 노래방이라고 얘기했던 것처럼), 여성 팬이 늘기 시작하면서 더 많은 여성 팬이 찾을 수 있는 공간이 됐다.

1,000만 관중 시대가 됐다고 자화자찬만 늘어놓을 때가 아니다. 여전히 야구단은 적자 기업이고, 이 기회를 매출로 이어지게 하는 더 치밀한 마케팅 노력이 필요하다. 팬들의 마음을 살 수 있는 굿즈를 개발해야 하고, 야구장 말고 다른 곳에도 들고, 입고, 꾸밀 수 있는 상품 개발이 필요하다. 선수들의 팬 서비스가 해가 갈수록 좋아지고 있다는 점은 매우 긍정적 요소다. 이제 야구 산업을 책임지는 어른들이 바뀌어야 할 때다.

2024시즌, LG 트윈스는 역대 한 시즌 최다관중을 맞이했다. ⓒ LG 트윈스 ▶

▼ 2024년 9월 26일, LG 구단 사상 역대 최다 관중 기록이 깨졌다. ⓒ LG 트윈스

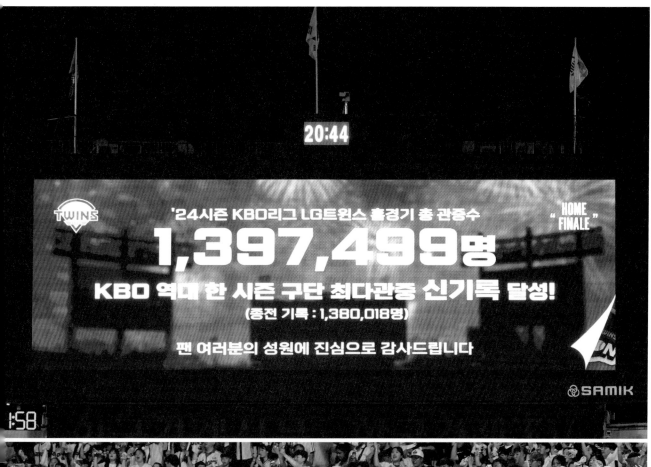

2
도니살 김도영과 굴비즈, 윤나고황

야구팬의 증가는 새로운 스타들의 탄생과 궤를 함께한다. 2024시
즌 KBO 리그를 지배한 스타는 역시 '도니살(도영아 니땜시 살어
야)'의 주인공 KIA 타이거즈 김도영이다.

앞선 2년간 부상이 계속됐던 김도영은 4월에만 10홈런-10도루를
성공시켜 기록을 세우더니, 최소 타석 내추럴 사이클링 히트를 때
렸고, 최연소 30-30에도 성공했다. 홈런 2개가 모자라 40-40에
실패한 김도영은 '완성형 타자'라는 평가와 함께 단숨에 리그 MVP
에 올랐다.

김도영뿐 아니라 팬심을 뒤흔든 뉴 스타들이 쏟아졌다.

삼성의 '굴비즈'로 불리는 김영웅, 이재현, 김지찬, 김성윤 등은 삼
성 팬들의 어마어마한 사랑을 받았다. 삼성의 올시즌 관중 수는 무
려 134만7022명으로 10개 구단 중 2위였다. 우승팀 KIA보다 더 많
은 관중이 찾았다.

'윤나고황'으로 불리는 롯데의 뉴 스타들도 팬들의 큰 사랑을 받았
다. 20대 초중반의 젊은 선수들이 화려하고 화끈한 플레이로 팬들
의 마음을 샀다. 롯데 역시 팀 성적은 7위로 기대에 못 미쳤지만
관중 수는 123만2840명을 기록했다. KIA와 2만여 명밖에 차이나
지 않았다.

새로운 스타들은 팬들로부터 아이돌급 사랑을 받았다. 팬들의 격
려와 응원 속에 더 힘을 냈고, 더 적극적인 팬 서비스로 팬들의 사
랑에 보답했다. 세대교체가 더디면서 침체됐던 리그의 분위기도 확
바뀌었다. 리그 내부의 경쟁 강화는 한국 야구 전체의 경쟁력 강화
로 이어질 수 있다는 기대감을 낳는다. 다만, 이 분위기와 흐름, 뉴
스타들의 경쟁력이 올시즌에도 반드시 이어져야 한다.

▲ 골든글러브 시상식에서 기자들의 질문을 받는 김도영 ⓒ KIA 타이거즈

▲ 오키나와 전지훈련장에서 뭉친 김영웅, 이재현 ⓒ 삼성 라이온즈

3
세계가 주목한 ABS와 그 나비효과

2024시즌 KBO리그의 가장 큰 변화는 뭐니뭐니 해도 자동 볼 판정 시스템, ABS의 도입이다. 세계 프로야구 리그 최초로 ABS를 과감하게 도입했고, 이는 예상보다 큰 '나비효과'를 낳았다.

사실, 시즌 초반 잡음이 적지 않았다. 베테랑들의 불만이 쏟아졌고, 감독들도 거들고 나섰다. 심지어 심판들이 ABS 판정을 뒤집고 거부하려는 듯한 발언이 마이크를 타면서 심각한 후유증을 낳았다. (어쩌면 그 사건이 ABS 도입 필요성을 반증한 건지도 모른다)

그런데 ABS는 '공정한 판정'을 통해 '심리적 편향'을 제거함으로써 젊은 선수들의 성장을 돕는 역할을 했다. ABS가 도입된 시즌, 예년과 달리 투타에서 젊은 선수들의 성장이 크게 이뤄졌다. 어쩌면 우연일 수도 있지만, 그 폭이 상당했다. 이는 반대로 그동안 '루키 헤이징'이라 불리는 젊은 선수 길들이기가 작동했다는 뜻으로 해석할 수 있다. 베테랑 우대 판정이 사라졌고, 젊은 선수들도 똑같은 기준으로 판정하면서 공정한 환경에서 경쟁하니, 재능을 꽃피울 수 있게 됐다는 의미다. 실제 많은 선수들이 '바깥쪽 애매한 공'에 대한 판정이 사라졌고, 이를 통해 자기 존을 만들 수 있었다고 설명한다.

ABS 도입과 이에 따른 공정한 판정은 역설적으로 진짜 재능이 꽃 필 수 있는 환경을 만들었다. (바깥쪽 애매한 공에 고생하는 바람에) KBO리그에 성장이 더뎠던 젊은 오른손 타자들, 김도영 이재현 윤동희 등이 동시에 터져, 팬 증가로 이어졌고, 야구의 미래를 밝게 만들었다.

ABS가 가져온 효과는 야구뿐 아니라 우리 사회에 주는 메시지도 확실하다. 공정한 경쟁이 성장을 낳는다.

4
KIA의 우승 이끈 초보감독 이범호의 '눈치 보지 않는 야구'

2024시즌 KIA의 출발은 좋지 않았다. 스프링캠프를 앞두고 전임 감독이 불미스런 일에 휩쓸려 사퇴할 수밖에 없는 상황이 만들어졌다. 분위기를 수습하기 위해 타이거즈 출신 '레전드 빅네임' 가능성이 높아 보였으나 구단의 선택은 예상밖이었다. 타격 코치로 시즌을 준비하고 있던 이범호 감독을 새 감독으로 결정했다. 그리고 결과는 모두가 아는대로 정규시즌, 한국시리즈 통합 우승으로 마무리됐다.

KIA의 우승은 좀처럼 1위를 내주지 않으며 순조롭게 이뤄진 것처럼 보이지만 수많은 위기가 있었다. 4번 타자가 번갈아 다쳤고, 당초 계산했던 선발 5명 중 4명이 부상을 당하며 이탈했다. 마무리 역시 부상으로 한동안 빠져 있어야 했다. KIA 전력이 아무리 좋다 하더라도 말도 안되는 상황에서 버텨내 만들어낸 우승이었다.

이범호 감독의 리더십은 2가지로 요약된다. '눈치 보지 않는 야구'와 '미안하다 리더십'이다. 이 감독은 스프링캠프지에서 감독으로 선임된 뒤 선수들에게 첫 번째 메시지로 '눈치 보지 않는 야구'를 선언했다. 주눅들지 않고, 자신있게 즐거운 야구를 하자는 뜻이었다. 감독이라는 권위에 기대지 않은 채 선수들의 잠재력을 끌어낼 수 있었다.

그렇다고 마냥 풀어두는 야구는 아니었다. 감독 역시 선수들의 눈치를 보지 않았다. 팀을 위한 결정이라면 선수가 누구냐에 상관없이 과감했다. 양현종을 5회 2사에 강판시켰고 대신 경기 뒤 '백허그'와 함께 '미안하다'고 솔직히 인정했다. 팀을 단단하게 만드는 것은 서로가 서로를 쳐다보는 것이 아니라 모두가 한 방향을 쳐다보는 것이다. 서로가 서로를 쳐다보는 '눈치'는 진짜 팀워크가 아니다.

▼ 시즌 마지막 날, 초보감독은 우승감독이 되어 있었다.

▲ 2024년 2월 13일, 신임 이범호 감독은 선수단과 상견례를 가졌다. 갑작스러운 자리였다.

5
세계의 벽 또 확인한 프리미어12

2024시즌 KBO 리그에선 뉴 스타들이 등장했고, 이를 발판으로 1,000만 관중 시대를 열었다. 20대 초중반의 새 얼굴들은 비록 경험은 다소 부족하지만 스피드와 운동 능력에서 과거 선배들을 뛰어넘었다. 류중일 감독이 이끄는 프리미어12 야구 대표팀은 젊은 재능들로 채워졌다. 포스트시즌을 치르면서 크고 작은 부상이 생긴 선발 투수 합류가 무산된 점은 아쉽지만, 새 재능들의 국제무대 경쟁력을 확인할 수 있는 기회로는 충분했다.

결과는? 또 실패였다. 가능성은 보였지만, 이웃 라이벌들을 넘어서기에는 부족했다.

마운드의 차이가 뚜렷했다. 대만을 상대로는 선발에서 밀렸고 일본을 상대로는 불펜에서 밀렸다. 한국 대표팀의 마운드는 몇몇 확실한 불펜 투수들의 위력을 확인할 수 있었지만 선발의 무게감, 마운드 뎁스가 조금 모자랐다.

한국 야구만의 특징이 사라졌다는 것도 아쉬웠다. 상대를 위협할 만한 확실한 장타를 가진 것도 아니고 과거 2000년대 초중반 세계를 놀라게 한 '발야구'를 가진 것도 아니다. 파워와 세기는 어중간한 상태에 머물렀고, 빠르게 상승한 이웃 라이벌들의 구속을 최근 수년간 뒤만 쫓을 뿐 따라잡지는 못했다.

그래도 타선에서의 재능이 견줘볼 만해졌다는 점은 긍정적 요소다. 불펜 필승조 역시 3~4이닝을 막을 수 있는 뎁스가 생겼다. 올해 신인 중에는 '선발급' 강속구 투수들이 눈에 띈다. 최근 2~3년 사이 경험을 쌓은 젊은 투수도 있다. 부상에서 돌아오는 유망주 투수들도 있다.

다시 한 번 팬들의 큰 사랑을 받고, 평준화된 전력 속에서 치열한 승부를 벌이고 나면, 내년 3월 WBC는 한 번 기대해 볼 수 있지 않을까. 이정후는 세대교체 말고 제대로 붙어보자고 했다.

2025시즌
과감한 전망

2025시즌 KBO 리그는 과거와는 확 달라진 분위기에서 문을 연다. 지금까지 한 번도 없었고, 쉽게 상상하기도 어려웠던 '1,000만 관중' 시대의 흐름을 이어받는 시즌이다. 놀라울 만큼 커진 인기에 따라 기대도, 그만큼의 책임감도 커졌다. 더 치열하고, 더 재미있는 경쟁을 위한 준비가 겨울 동안 이뤄졌다.

1
감독의 시즌이다. 퇴장도 자주 나온다

2024시즌 전반기 리그 평균 OPS는 0.767, 후반기 OPS는 0.779였다. 2023시즌 OPS가 전반기 0.703에서 후반기 0.724로 늘어난 것보다 차이가 줄었다. KBO 리그 특성상 후반기 투수들의 체력이 떨어지는 점을 고려하면 지난 시즌 '타고투저' 현상은 시즌을 치르면서 조금씩 감소했다. 현장에서도 '타고투저' 완화 목소리가 나오기 시작했다. 시즌 초반 고개를 갸웃거리게 했던 공인구의 반발력이 정상 범위로 돌아왔다는 평가였다.

2025시즌에는 ABS존이 아래쪽으로 1cm 낮아진다. 이 역시 투수들에게 다소 유리한 조건이 될 것으로 예상된다.

스토브리그를 거치면서 전력 평준화도 이뤄졌다. 하위 팀이 상위 팀의 전력을 빼가면서 리그 전력의 상단과 하단의 폭이 좁아졌다. 가을야구를 향한 경쟁이 치열해졌다.

타고투저 완화, 전력 평준화가 어우러지면서 2025시즌은 '감독의 시즌'이 될 가능성이 높아졌다. 가뜩이나 감독의 영향력이 강한 리그에 이를 강화하는 인센티브가 더해졌다. 팀에 대한 그립감이 강한 한화 김경문 감독, 롯데 김태형 감독은 더욱 적극적으로 경기에 개입할 것으로 보인다. 득점을 위한 '작전'이 많이 걸리고, 투수 교체도 보다 이른 상황에서 결정된다. LG 염경엽 감독, KT 이강철 감독도 이 대열에 동참 가능성이 높은 스타일이다. NC 새 감독 이호준 감독도 커리어 막판, 김성근, 김경문 감독과 함께 선수 생활을 했다. 키움 홍원기 감독 정도를 제외한다면, 나머지 9개 구단은 '감독 야구'를 한다. '최강야구'에 익숙한 팬들 역시 '감독 야구'에 익숙하다. 2025시즌은 '감독의 시즌'이다. 피치 클록 첫 해, 감독의 빠른 결정이 승부를 가른다. 머뭇거리다가는 뒤처진다. 감독의 몫이 커지면, 분위기를 바꾸기 위한 '감독 퇴장'도 불사할 가능성이 높다. 4월이 끝나기 전에 감독 퇴장이 5번 이상 나온다.

CHAPTER 2

▼ '달감독'이 돌아왔다. 한화의 리빌딩을 끝내러. ⓒ 한화 이글스

▲ 김태형 감독은 롯데를 끌어올릴 준비를 끝냈을까? ⓒ 롯데 자이언츠

▲ 국민타자는 '국민감독'의 길을 가고 있는 걸까?
계약 마지막 해를 맞는 이승엽 감독 ⓒ 두산 베어스

2
그래서 승부는 시즌 초반이다

전력 편차의 상단과 하단이 가까워진 '전력 평준화 시즌'에서 순위
싸움은 더욱 치열해진다. 많은 감독들이 '초반 승부'를 걸겠다고 이
미 선언했거나, 계획 중이다. 최근 수년간 많은 팀들이 '뎁스 강화'
에 나섰고 어느 정도 성공했다. 드래프트에서 고졸 유망주들을 '선
점'한 것은 이들을 성장시킬 수 있다는 자신감에서 비롯된 결과다.
각 팀들이 어느 정도 뎁스를 갖춘 상황에서 후반 싸움은 전력 편
차가 더욱 줄어든다.

2025시즌에는 그래서 더욱 '초반 승부'가 중요해진다. KT는 전통
적으로 초반 부진 뒤 후반기 반등을 바탕으로 좋은 성적을 냈지만,
지난 시즌에는 타이 브레이크까지 치르면서 5강에 턱걸이했다. 초
반 흔들렸던 LG는 결국 선두를 따라잡지 못했다. KIA가 넉넉히 우
승할 수 있었던 것은 초반 강세를 유지한 덕분이었다.

감독들은 적어도 5월까지 전력을 나눠 쓰면서 시즌을 운영하기 어
렵다. 올시즌 자신의 가치를 증명해야 하는 베테랑 감독들(김경문,
김태형)이 있고, 계약기간 마지막 해를 맞는 감독들이 수두룩하
다.(박진만, 염경엽, 이승엽, 이숭용) 순위가 곧 계약이고, 초반부터
승리를 벌어놔야 한다. 시즌 초반 필승조가 더 자주 등판해야 하
고, 전력을 유지하기 위해서는 불펜 뎁스가 필수적이다. 지난해 선
발 등판 없이 70이닝을 넘긴 투수가 8명이었다. 올시즌에는 10명을
넘길 것이 유력하다. 불펜의 부상 이슈에 대한 관리가 더욱 중요한
시즌이다. 과감과 무리가 부상을 부르고, 팬들의 성화가 이어지면,
초반 팀 분위기가 무너질 위험성도 있다.

▼ KT는 2024년 10월 1일에야 5년 연속 포스트시즌 진출을 확정 지었다. ⓒ KT 위즈

kt wiz 5년 연속 포스트시즌 진출!
'가을의 마법'이 펼쳐집니다! 가을 축제에 여러분을 초대합니다.

3
완성형 김도영, 40-40은 당연, 이종범의 103을 넘을 수 있을까?

2024시즌 KBO 리그는 '김도영의 리그'라고 해도 문제없었다. '도니살'로 상징되는 김도영이 리그를 지배했다. 2025시즌 역시, 김도영의 시즌이 될 가능성이 높다. 레전드 타자들도 김도영의 타격 기술은 이미 완성됐고, 멘털도 보통의 3년 차를 훌쩍 뛰어넘었다고 입을 모은다.

김도영이 지난해 첫 홈런을 친 게 개막 후 10경기째였다. 4월 한 달 동안 10홈런-10도루를 기록하면서 주목받기 시작했지만, 이후 집중 견제가 이어지면서 5월에는 홈런을 3개 더하는데 그쳤다.

2025시즌은 다르다. 이미 상대 투수들이 김도영의 약점을 알지만, 김도영도 이를 극복하는 노하우를 한 시즌 동안 채웠다. 시즌 초반 약점이었던 빠른 슬라이더도 이내 대처해내며 쉽게 공략할 수 없는 타자가 됐다. 시즌 초반부터 홈런 숫자가 늘어날 가능성이 높다. 김도영의 뒤에 패트릭 위즈덤, 최형우, 나성범 등 강타자들이 죽 늘어선 것도 김도영의 홈런 페이스를 빠르게 한다. 사실 지난해에는 시즌 초반 나성범의 부상과 소크라테스의 지독한 '슬로 스타트'가 김도영에 대한 견제를 집중시킨 면도 있다.

김도영은 5월의 지독한 홈런 가뭄을 이겨내고 38홈런을 때렸다. 홈런 2개를 더하는 것은 큰 무리가 없어 보인다. 도루도 40개가 되자마자 이범호 감독이 중단시켰다. 심각한 부상이 가로막지 않는다면, 김도영이 40홈런, 40도루를 기록하는 건, 9월일지, 혹은 확 당겨서 8월에 달성할지의 문제로 보인다. KBO 리그 유일 40-40은 에릭 테임즈(NC)가 2015년 기록한 47홈런-40도루다. 50-50은 조금 어렵다면 홈런+도루 최고 기록을 넘을 수 있을까? 역대 최고 기록은 해태 이종범이 1994년 기록한 19홈런+84도루=103이다. 30홈런 이상으로 따지면 1997년 이종범이 최고 기록이다. 30홈런+64도루=94.

▼ 김도영의 2024시즌 첫 홈런은 4월 5일 터졌다. © KIA 타이거즈

▼ 그리고 4월 25일 김도영은 시즌 10호 홈런을 쳤다. 초반 부진이 믿어지지 않는 페이스. 한 달 내 10홈 런-10도루는 KBO 리그 최초의 기록이었다. © KIA 타이거즈

신인 드래프트 전체 3순위로 ▶
삼성 라이온즈 유니폼을 입은 배찬승 ⓒ 삼성 라이온즈

4
제2의 김도영을 꿈꾸는
강속구 전쟁이 펼쳐진다

2014시즌 KBO 리그 국내 투수 중 포심 평균 구속 145km 이상 투수들은 10명이었다. 150km를 넘기는 투수는 한 명도 없었다. 세월이 흘렀고, 몇 차례 국제대회에서 다른 나라의 '구속 혁명'을 쓰라린 패배로 체감하면서 국내 투수들의 구속도 빠르게 늘었다. 2024시즌 KBO 리그 국내 투수 중 포심 평균 145km 이상을 던진 투수(규정이닝 30% 이상)는 25명이었다. 150km를 넘긴 투수는 한화 문동주 1명이었다. (안우진의 입대, 고우석의 해외진출로 2명이 빠졌다) 게다가 145km 이상 투수 중 22세 이하 투수가 9명이었다.

키움 히어로즈는 지난해 김휘집을 NC에 트레이드하며 1라운드와 3라운드 지명권을 받았다. 스토브리그 동안 조상우를 KIA에 보내면서 1라운드와 4라운드 지명권을 또 챙겼다. 그만큼 빠른 공을 던지는 강속구 투수들이 쑥쑥 자라는 중이고, 키움은 이들을 한 명이라도 더 챙기겠다는 계획이다.

지난해 9월 열린 신인 드래프트에서 강속구 투수들이 상위 라운드에서 지명됐다. 전체 1순위로 키움에 지명된 좌완 정현우는 공식경기에서 최고 152km를 던졌다. 한화가 2순위로 지명한 우완 정우주는 최고 156km를 기록했다. 3순위 삼성 배찬승, 4순위 롯데 김태현도 147~148km를 던지는 투수들이다. KIA가 5순위로 지명한 김태형도 고교시절 151km를 던진 적이 있다. 7순위 김서준(키움 트레이드 픽)은 149km, 9순위 김동현(KT)은 153km를 던졌다. LG가 10순위에서 지명한 김영우는 156km를 던진 적이 있다. 마무리 장현식이 캠프 막판 발목을 다치자, LG 염경엽 감독이 김영우를 '마무리 후보'로 언급할 만큼 캠프에서도 씩씩한 공을 던졌다. 2025시즌, 루키들의 강속구 전쟁이 벌써 시작됐다. 어쩌면 리그의 '주인공'이 바뀔 지도 모른다.

김영우와 장현식, LG의 미래로 기대받지만, 그 미래가 바로 2025시즌일지도 모른다. ⓒ LG 트윈스

5
낮아진 1cm가 가져올 나비효과, 커브, 포수, 투고타저와 도루

KBO 리그는 지난해 도입된 ABS 스트라이크 존의 미세 조정을 결정했다. 여러 곳의 의견을 수렴한 결과 스트라이크 존이 아래로 1cm 낮아진다. 스트라이크 존이 이전보다 '높았다'는 의견을 반영한 결과다. 야구공의 지름은 약 7.5cm다. 1cm면, 공 크기의 1/7 수준이다. 차이가 있다면 있고, 없다면 없다고 볼 수 있는 수치다. 그러나 존의 변화는 묘한 나비효과를 불러올 수 있다.

지난해 ABS가 도입됐을 때 많은 투수들이 스트라이크 존 '상단 공략'을 목표로 했다. 사람 심판이 잘 안 잡아주던 코스에 던져서 스트라이크를 잡아내면 더 효과적일 것이라는 계산이었다. 높은 속구를 던진 뒤 비슷한 코스에서 떨어지는 커브를 던지면 시너지가 더 클 것이라는 예상도 많았다.

실제로는 조금 다른 영향을 낳았다. 높은 코스를 힘있게 던지기 어려웠고, 자칫 실수가 나오면 장타로 이어졌다. 시즌 초반 타고투저는 체감상 달랐던 공인구의 반발력과 높은 코스 실투가 어우러진 결과라는 해석이 현장에서 나왔다. '높은' 스트라이크 존은 사이드암, 언더스로 투수에게 불리하게 작용했다. '옆구리 투수'들의 초반 성적이 좋지 않았다.

1cm 낮아진 스트라이크 존은 '심리적 효과'를 동반한다. 투수들은 올시즌 낮은 코스를 공략할 가능성이 높다. 커브와 슬라이더 등 브레이킹 계열의 공도 낮은 코스를 노린다. 타자들도 적응하겠지만, 지난해의 타고투저는 완화될 가능성이 크다. 사이드암 스로 투수의 부활도 기대되는 요소다. 낮은 쪽에서 떨어지는 공이 늘어나면 포수의 '블로킹' 능력이 더 중요해진다. 포수의 송구가 어려워진다는 점에서 피치클록과 어우러진 '도루'가 더욱 주목받을 가능성이 크다. 1cm가 가져온 변화는 지난해와 꽤 다른 야구를 만들어낸다.

▼ KT 첫 비FA 다년계약을 성사시킨 고영표도 이번 시즌은 고난의 행군이었다.
시즌 말 보여준 모습이 이어진다면 다시 예년의 모습을 찾을 가능성이 있다. ⓒ KT 위즈

▼ '그' 류현진조차 ABS에겐 분통을 터뜨릴 때가 있었다.
올해는 또다른 기준에 맞춰 공을 던져야 한다. ⓒ 한화 이글스

2025시즌 ──────
────── 달라지는 것들 전망

야구를 구성하는 기본 요소는 투수가 던지는 투구와 이를 때리는 타자와의 관계다. 그 관계는 '스트라이크 존'이라는 경계로 갈린다. 타자는 존 안에 들어오는 공을 때려야 한다. 그 경계를 둘러 싼 투수와 타자의 전쟁이 야구의 기본이다.

▼ ABS로 고생한 투수와 3피트 룰 때문에 경기에서 쫓겨났던 감독의 씁쓸한 만남. 올해는 양쪽 모두 변화가 생긴다. ⓒ 두산 베어스

CHAPTER 3

1
스트라이크 존의 조정

2025시즌 KBO 리그는 '야구의 기본 요소'에 변화가 생긴다. 지난해 ABS 도입이라는 '혁명적 변화'를 맞이한 데 이어, 올시즌에는 ABS 존의 변화가 생긴다. 거칠게 설명하자면 스트라이크 존이 1cm 낮아진다.

2024시즌 ABS 존은 타자의 신장에 비례해 상단 56.35%, 하단 27.64%를 적용했다. 한 시즌 동안 실제 운영한 결과에 선수단 설문조사 등을 더해서 상단 스트라이크 존의 조정이 필요하다는 의견이 나왔고, 상단과 하단 모두 0.6%p 하향 조정하기로 결정했다. 상단 55.75%, 하단 27.04%가 적용된다. 키에 따라 다르겠지만 신장 180cm 선수의 경우 약 1cm 정도 스트라이크 존이 낮아진다. 존의 크기에는 변화가 없이 전체가 아래로 살짝 낮아지는 것이다. 스크라이크 존의 중간면, 끝면, 좌우 폭 등은 현행대로 유지된다.

지난해 ABS 도입 때부터 투수들의 상단 공략 가능성이 제기됐다. 사람 심판이라면 스트라이크 선언이 되지 않을 가능성이 높지만 기계는 스트라이크라고 판단할 것으로 봤다. 많은 투수들이 힘있는 포심을 상단에 던지면 투수에게 유리할 것이라 생각했다.

결과는 예상과 달랐다. 힘있는 포심을 스트라이크 존 상단에 꽂는 것은 쉽지 않은 일이었고, 오히려 장타로 연결될 가능성이 높았다. 지난 시즌 기대와 달리 타고투저의 흐름이 이어졌던 것은 '상단 스트라이크 존' 때문이라는 해석이 나왔다.

스트라이크 존의 1cm 하향 조정은 사실 큰 변화를 가져오지 않을 수 있다. KBO의 검토 결과 2024시즌 전체 투구 판정 중 이번 변화에 영향을 받을 공의 비율은 1.2%다. 한 경기에 300개 정도의 투구가 이뤄진다는 점을 고려하면 3.6개 정도다.

대신 심리적 영향은 예상보다 크게 작동할 수 있다. 투수들은 낮은 코스를 적극적으로 공략할 가능성이 높다. 게다가 종으로 움직이는 브레이킹 계열 공들이 낮은 쪽에서 스트라이크 선언이 될 경우 타자들이 당황스럽게 여길 가능성도 크다. 최근 발사각에 대한 고민 때문에 '떨공'에 대한 대응이 과거보다 좋아졌다 하더라도 눈에

서 멀어지는 낮은 공은 원래 공략이 어렵다. 지난 시즌 보여준 예상 밖 타고투저 현상이 완화될 가능성이 높다.

2
투구의 시간

지난해 도입하려다 무산된 피치클락이 이번 시즌 본격적으로 도입된다. 경기 사이사이 발생하는 '빈틈'을 줄여서 경기 시간을 줄이고, 보다 박진감 넘치는 경기를 보여주기 위한 결정이다. 다만 혼란을 줄이기 위해 투수판 이탈 제한을 도입하지 않기로 결정함으로써 피치클락을 빠져나갈 수 있는 장치가 생겼기 때문에 실제 효과가 있을지는 미지수다.

메이저리그는 한 타자당 투수판 이탈 제한이 2회, 대만프로야구(CPBL)는 3회로 제한돼 있는데, KBO 리그는 제한이 없다.

투수의 투구 간격도 메이저리그보다 더 길다. 주자가 없으면 20초, 주자가 있을 때는 25초다. 주자가 있을 때 메이저리그는 18초, CPBL은 25초다. 타자들의 타석 간 간격도 33초로 결정됐고, 타자가 타임아웃을 부를 수 있는 횟수는 2회까지 허용하기로 했다. 투수가 위반하면 볼이, 타자가 위반하면 스트라이크가 선언된다.

이닝 교대 시간은 현행 2분에서 2분 10초로 늘고, 이닝 중 투수 교체 시간은 2분 20초에서 2분 10초로 10초 당겨졌다. 제도는 도입되지만 여러 가지 변수가 생길 수 있다. 실제 경기 시간 단축 효과는 크지 않을 전망이다.

3
스윙 비디오 판독

실제 경기에서 몇 차례 논란이 있었던 체크 스윙 판정 관련해서 비디오 판독이 도입된다. 다만, 1군 경기에 바로 시행되는 것은 아니고 퓨처스리그에서 시범 도입하기로 했다.

사실 이를 위해서는 체크 스윙의 판정 기준 마련이 우선되어야 했고, 이를 위해 체크 스윙이란 무엇인지를 먼저 결정했다.

타자가 투수의 투구한 공을 타격하려는 의도로 배트를 휘두르는 동작을 할 때, 그 여세로 인해 배트의 각도가 홈플레이트 앞면과 평행을 이루는 지점 보다 투수 방향으로 넘어갔을 때 심판은 스윙 스트라이크로 판정한다.

이를 위해 KBO는 지난해 11월 미국 애리조나 교육리그에서 시범 운영 중인 '체크 스윙 챌린지'를 직접 가서 조사했다. 애리조나는 스윙의 각도가 135도일 때를 스윙으로 인정하지만, KBO리그는 90도를 기준으로 하기로 했다. 퓨처스리그에서 실제 적용을 해보며 적절한 각도 및 판정 범위를 결정할 계획이다.

레인 안쪽으로 뛰어야 했는데, 이를 1루 페어지역 안쪽의 흙 부분까지 달릴 수 있게 확대 적용한다. 메이저리그도 지난 시즌부터 이 방식으로 개정했다. 규칙을 명확히 해 판정 논란을 피하기 위한 조치다.

다만, '오징어 게임'처럼 '금 밟았으니 아웃'이라는 기계적 판정은 하지 않는다. 내야 잔디 부분을 달려 1루 송구를 처리하는 야수를 방해했다고 심판이 판단하는 경우 규칙 위반에 따른 아웃을 적용하기로 했다. 보다 정확한 규칙 적용을 위해 KBO는 모든 야구장의 1루 파울라인 안쪽의 너비를 똑같이 조정했다.

4
3피트가 넓어진다

두산 이승엽 감독이 여러 차례 퇴장을 당해야 했던 타자 주자의 1루 3피트 라인 주로 범위에 관련해서도 타자 주자가 뛸 수 있는 공간을 확대하기로 했다.

기존 규칙은 홈에서 1루 베이스 후반부 그라운드에 그어진 3피트

5
야구는 11회까지만 하는 경기가 됐다

야구 규칙 외에도 리그 규정에도 변화가 있다. 야구 팬들에게 가장 크게 다가오는 변화는 역시 연장전 이닝 축소다. 이제 12회 연장전은 없고, 적어도 KBO 리그에서 야구는 11회까지 하는 종목이다.

KBO는 2025시즌부터 연장전을 11회까지만 하기로 했다. 피치클락

KT 로하스가 주루 중 수비 방해로 아웃되는 장면. © 두산 베어스

시행 등으로 투수들의 체력 소모가 가중될 수 있음을 고려했다고 하지만, 이보다는 KBO 리그 투수 뎁스가 얇다는 점, 잘하는 투수만 계속 쓰고 싶어 하는 현장 감독들의 목소리가 반영됐다고 보는 게 맞다.

사실 '무승부'를 인정하는 리그에서 야구를 12회까지 하든, 11회까지 하든 큰 차이는 없다고 볼 수 있다. 2024시즌 기준 KBO 리그에서 연장전 경기는 59회 있었고, 이 가운데 11회 안에 끝난 경기는 46경기였다. 무승부가 10경기였던 점을 고려하면 12회에 승부가 갈린 경기는 겨우 3경기였다.

6
이제 진짜 구속을 알 수 있다

포스트시즌 제도에도 일부 변화가 생겼다. 한국시리즈 2차전에서 문제가 됐던 '서스펜디드 규칙'을 손봤다. 이번 시즌부터는 포스트시즌에서 일단 시작한 경기가 우천 등으로 중단될 수밖에 없는 상황이 되면 노게임이나 강우콜드를 적용하지 않고 바로 서스펜디드 규정만 적용한다. 2009년 플레이오프 5차전에서 나온 '김현수의 운수 좋은 날' 사건이 이제는 나올 수 없다. 서스펜디드 경기가 벌어지면 해당 경기는 '더블헤더' 방식으로 치르지 않기로 했다. 지난해 한국시리즈는 2차전, 3차전이 이어서 열렸는데, 이 방식이라면 3차전은 다음날 치른다.

정규시즌 1위 팀에 지나치게 유리했던 2-2-3 방식도 예전 방식인 2-3-2로 돌아온다. 정규시즌 1위 팀 홈구장에서 1~2차전을 치르고, 플레이오프 승리 팀 홈구장에서 3~5차전을 치르는 방식이다. 이는 사실 2017년 한국시리즈에서 9.5경기 차로 우승한 두산이 SK에 업셋당한 뒤 우승팀에 더 많은 어드밴티지가 주어져야 한다는 의견 때문에 바뀌었던 규정이다.

사실 2-2-3 규정은 홈어드밴티지뿐 아니라 원투펀치가 5차전에 모두 등판할 수 있다는 점에서 정규시즌 우승 팀에 상당히 유리한 조건이었다.

KBO 리그 국내 최고 강속구 투수 문동주 ⓒ 한화 이글스

이밖에 더그아웃에 들어올 수 있는 코치가 9명에서 10명으로 늘어난다. 추가된 1명은 QC코치 또는 전력분석 코치만 가능하다.

퓨처스리그에서도 챔피언 결정전을 치르기로 했다. 남부리그 1위 팀과 북부리그 1위 팀이 단판 승부로 챔피언을 가린다. 그동안 없었던 KBO 리그 '올해의 감독상'이 생긴다. 지금까지는 한국시리즈 우승 팀 감독이 '감독상'을 받았는데, 이제 기자들이 투표로 뽑는다. 대체 외국인선수가 계약이 끝날 경우 웨이버가 아닌 자유계약선수 신분이 된다. FA 등급 산정 시 비FA 다년계약 선수도 연봉 계산에서 제외된다. 한때 올시즌 적용이 검토됐던 아시아쿼터는 2026시즌부터 도입된다.

그리고 중요한 하나. 이제 모든 구장에 '트랙맨'을 도입함으로써 '공식 구속'이 생겼다.

▲ 2025년 3월 11일 시범경기 문동주의 공은 159㎞를 찍었다. 전 구장에 트랙맨이 도입돼 구속을 같은 기준으로 비교할 수 있게 됐다. ⓒ 한화 이글스

2025시즌
KBO 리그 새 외국인선수들

2024년 새로 KBO 무대를 밟은 외국인선수들은 압도적이었다. 롯데 빅터 레이예스는 KBO 리그 한 시즌 최다 안타 신기록을 새웠고, NC 맷 데이비슨은 홈런왕을 차지했다. KIA의 제임스 네일은 평균자책점 1위의 타이틀홀더가 되었다. 2025년의 '외국인 농사'도 풍년이 들 기세다. 처음 KBO 리그를 찾은 신규 외국인선수는 모두 13명. 이들의 올시즌 성적을 예상해 본다.

아담 올러(KIA 타이거즈)

메이저리그 오클랜드와 마이애미에서 뛴 오른손 투수. ML 통산 5승13패, 평균자책 6.54는 아주 자랑할 만한 성적은 아니지만 트리플A에서 21승9패, 평균자책 5.01을 기록했다. 트리플A 성적으로는 KBO리그에서 통할만한 수준이다. 특히 트리플A 9이닝당 삼진 수가 9.4개로 나쁘지 않았다.

캠프에서 투구도 인상적이었다. 좌우 타자를 가리지 않고 몸쪽 깊은 쪽에 자신있게 포심을 꽂아 넣었다. 몸쪽을 쓸 수 있는 외국인투수는 성공 가능성이 높다. 여기에 종으로 움직임이 큰 '슬러브' 형태의 공을 던진다. 동료 제임스 네일은 좌우 움직임이 큰 스위퍼를 주무기로 썼는데, 오히려 원투펀치의 '차별성'이 상대 타자를 더욱 힘들게 만들 수 있다는 평가가 나온다. 팀 내 융화를 위한 적극성은 '셀프 오보 트윗' 사건으로 검증.

스프링캠프에 참가한 아담 올러와 제임스 네일 ⓒ KIA 타이거즈

CHAPTER 4

패트릭 위즈덤(KIA 타이거즈)

올시즌 뛰는 외국인 야수 중 최근 ML 성적만 따지면 가장 화려하다. (푸이그는 ML에서 멀어진 지 시간이 좀 됐다). 위즈덤은 지난해까지 시카고 컵스에서 뛰었다. ML 7시즌 동안 타율은 0.209로 다소 떨어지지만, 홈런을 88개나 때렸고, 통산 장타율이 0.459로 꽤 좋았다. 사실상 '장타 원툴'에 가까운 선수다.

힘은 확실히 검증됐다. 2024시즌 기준 메이저리그에서도 평균 타구 속도가 상위권이었고 강하게 중심에 때리는 배럴 비율은 최상위 수준이다. 다만 헛스윙 비율이 무척이나 높다.

문제는 KBO 리그의 '유인구'에 얼마나 빨리 적응하고 대처하느냐에 달렸다. 이를 위해 캠프 참가 전부터 '밀어치는 스윙'에 대한 연구와 준비를 했다. 전형적인 '풀히터'지만, KBO 적응을 위해 변신을 시도했다.

요니 치리노스(LG 트윈스)

LG가 우승의 영광을 되찾기 위해 활약이 꼭 필요한 투수. 지난해 마이애미에서 뛰었고 6차례 선발 등판해 승리 없이 2패를 기록했다. 메이저리그 6시즌 통산 20승17패, 평균자책 4.22다. 트리플A에서도 꾸준히 선발로 나섰다. 21경기 선발 등판해 10승6패, 평균자책 3.66으로 좋았다. 베이스볼서번트닷컴에 따르면 치리노스의 주무기는 93마일(약 150km)짜리 포심과 싱커가 아니라 브레이킹 계열의 슬라이더와 스플리터다. 변화구의 투구 가치가 더 높았다. KBO 리그에서는 이 가치가 더 높아질 수 있다. ML에서도 포심 보다는 슬라이더를 더 많이 던졌다. 왼손 타자 기준으로는 백도어성으로 바깥쪽 존을 통과할 때 무척 까다로운 공이 된다. LG 염경엽 감독은 캠프에서 치리노스의 투구를 보고 '최상'이라고 평가했다.

콜 어빈(두산 베어스)

올시즌 KBO 리그에서 뛰는 외국인 투수 중 가장 화려한 경력을 자랑한다. 지난 시즌 미네소타에서 29경기에 등판한 메이저리그 투수였다. 29경기 중 16경기에 선발등판하며 로테이션을 돌았다. 6승 6패, 평균자책 5.11이라면 팀의 5선발로 아주 나쁘다고 할 수 없다. 그런데도, 두산 유니폼을 입었다. 두산 계약 사실이 발표됐을 때, 모든 구단이 다 놀랐다. 심지어 일본에서도 놀랍다는 반응이 나왔다. 메이저리그 복귀 열망이 강한 어빈은 계약을 늦추며 기다리는 대신 서둘러 계약하고, 열심히 준비하겠다는 계산이었던 것으로 알려졌다.

평균 구속 92마일(약 148km)로 아주 빠르다고 볼 수 없지만, 제구는 거의 완벽에 가깝다. 지난해 타석당 볼넷 비율이 5.9%로 메이저리그에서도 최상급이었다.

잭 로그(두산 베어스)

두산은 원래 콜 어빈의 짝으로 토마스 해치와 계약하려 했으나 메디컬테스트에서 문제가 발견됐고, 재빨리 잭 로그로 방향을 틀었다. 어빈과 마찬가지로 잭 로그도 왼손 투수로, 두산은 외국인 좌좌 원투펀치를 갖추게 됐다.

로그 역시 공이 아주 빠른 스타일은 아니다. 평균 구속 91.7마일(147km)로 어빈과 비슷하다고 볼 수 있는데, 로그의 가장 큰 장점은 묘한 팔 각도다. 로그의 팔 각도는 수평 대비 21도밖에 되지 않는다. 거의 사이드암에 가까운 투구 폼을 지녔다. 게다가 스윙이 빠르기 때문에 오른손 타자 입장에서는 팔이 나오는 모습 자체가 잘 보이지 않는다. 매우 까다로운 디셉션을 지녔다. 로그의 입장을 아주 잘 아는 유희관 해설위원은 "어쩌면 로그가 1선발이 될 지도 모른다"라고 칭찬을 아끼지 않았다.

제이크 케이브(두산 베어스)

메이저리그 통산 1,564경기를 뛴 외야수. 통산 홈런 45개를 때릴 정도로 힘이 있다. 하지만 코너 외야수 자리를 계속 지킬 수 있을 정도의 공격력이 나오지 않았고 KBO 리그로 무대를 옮긴다. 지난해 '투수들의 무덤' 콜로라도에서 OPS 0.686을 기록했다. 타구 속도, 배럴 비율 모두 평균에 미치지 못했다.

넓은 구장을 쓰며 외야수를 본 만큼 잠실 야구장에 적응하기는 어렵지 않다. 타구 속도 역시 메이저리그 평균 수준은 된다. 속구에는 매우 강한 편이고, 오프스피드 계열 타격 결과는 좋지 않았다. 케이브에게는 속구를 던지지 않을 가능성이 높다. 일단 팀 적응은 끝난 것 같다. '떡볕'을 시작으로 에피소드가 넘쳐난다. 등장곡으로 BTS 제이홉의 '온 더 스트리트'를 쓰고 싶다고 했다.

미치 화이트(SSG 랜더스)

2016년 LA 다저스에 2라운드 지명됐을 때부터 국내 팬들에게 잘 알려졌다. 한국계 선수인데다 '코리아 특급' 박찬호와 외모가 닮았다. 다저스에서 성장이 기대됐지만 2020년에 데뷔했고, 2022시즌 토론토로 트레이드 됐다. ML 통산 4승 12패 평균자책 5.25를 기록했다.

포심 평균구속 94.1마일(151.4km)은 KBO리그에서 나쁘지 않은 구속이다. 지난해 스위퍼를 23% 비율로 던졌다. 스위퍼와 슬라이더가 늘면서 ML에서도 땅볼 비율이 늘어난 점은 인천 SSG랜더스필드와도 어울리는 측면이 있다. 커브의 비중을 더 늘린다면 KBO 리그 타자들이 더욱 고전할 수도 있다. 캠프 막판 햄스트링 부상을 당한 것은 변수다. 심하지는 않지만 개막 로테이션 참가는 어렵고, 향후 운영도 조심스러워질 수밖에 없다.

터커 데이비슨(롯데 자이언츠)

롯데의 지난해 외국인투수 윌커슨은 투수 WAR 6.81로 NC 하트에 이어 리그 2위 투수였다. 새 외국인 터커 데이비슨은 이랬던 윌커슨을 대신해야 한다.

2016년에 애틀랜타에 19라운드에 지명됐다. 꽤 하위 지명이었지만 2020년에 데뷔했고, 2022년에는 LA 에인절스로 트레이드됐다. 지난시즌 볼티모어에서 1경기에 그쳤지만 2023시즌에는 중간계투로 38경기에 나왔다. 기본적으로 여러 가지 공을 던지지만 중간계투로 나왔을 때는 포심, 슬라이더 투 피치 위주의 경기 운영을 했다. 변화구 제구를 바탕으로 강한 타구를 억제하는 능력이 있다. 좌완으로 팔 각도가 60도 언더리로 매우 높다. 함께 뛰는 반즈의 팔 각도 24도와 상당한 차이가 난다. 원투펀치가 이어 던지면 같은 좌완이라고 보기 어려울 정도로 낯설다.

코디 폰세(한화 이글스)

피츠버그를 거쳐 최근 3시즌 동안 일본 프로야구에서 뛰었다. 닛폰햄에서 두 시즌, 지난해에는 라쿠텐에서 뛰었다. 일본 프로야구에서 10승16패, 평균자책 4.54를 기록했다. 일본에서의 성적이 아주 뛰어나지는 않지만 까다로운 일본 타자들을 상대로 9이닝당 볼넷 2.0대 초반으로 묶었다. KBO 리그에서 기대가 되는 대목이다. 한화로서는 와이스와 폰세가 구성하는 원투펀치의 힘이 상대와의 맞대결에서 우위에서야 한다. 지난해 외인 투수 경쟁력이 기대에 미치지 못했다. 3선발 이후 국내 투수 대결은 해 볼만한 시즌이다. 류현진에 대한 '존경심'이커서 류현진의 등번호 99번을 문신으로 새기겠다고 말했다. 자신을 낮추는 겸손함은 아시아 야구 경험뿐만 아니라 팀 내 융화에도 긍정적인 영향을 미친다.

에스테반 플로리얼(한화 이글스)

한화가 고심 끝에 선택한 '수비형 외인'이다. 에스테반 플로리얼은 도미니카 공화국 출신으로 뉴욕 양키스의 촉망받는 유망주였다. 출전 경기 수가 많지 않았지만 꾸준히 성장하고 있던 중, 지난해 클리블랜드로 트레이드 됐다. 이적이 가져다 준 혼란스런 상황이 플로리얼의 성

▼ 멜버른 스프링캠프에서 류현진, 엄상백, 그리고 폰세 ⓒ 한화 이글스

장에 영향을 줬을 것으로 분석된다. 지난해 타율이 0.173으로 뚝 떨어졌다. 오히려 KBO 리그 진출이 심리적으로 전화위복이 될 가능성이 높다고 구단은 판단하고 있다. 탁월한 운동 능력을 바탕으로 한 수비력은 확실한 장점이다.(지난해 페라자의 수비력은 심각했다) 중견수로서 수비 중심을 잡아주면 투수들에게도 도움이 된다. NC 우승 주역이었던 알테어를 떠오르게 한다. 중심타선이 아니더라도, 홈런 숫자를 뽑아주면 한화의 팀 전력이 달라진다.

라일리 톰슨(NC 다이노스)

2015 드래프트에서 신시내티에 37라운드 지명됐다. 사실상 메이저리그에 올라오기 어려운 지명 순서였고, 계약 대신 다음 기회를 노렸다. 2018년 11라운드로 컵스에 지명됐다. 지난해 시카고 컵스 산하 트리플A에서 6승 4패, 평균자책 5.95를 기록했다. 트리플A 수준에서 보여준 9이닝당 볼넷 5개는 KBO 리그에서도 걱정을 안겨줄 만한 기록이다. 다만 외인 잘 뽑는 NC는 라일리의 탄착군을 살폈고, KBO 리그의 다소 끈끈한 공인구 등과 어울리면 그 공이 스트라이크 존을 통과할 것이라고 계산했다. 과거 NC에서 성공했던 루친스키도 비슷한 방식으로 KBO에서 성공했다. 캠프에서 153km를 던지면서 기대감을 높였다. 원래 2옵션인데, 어쩌면 1선발로 뛰게 될 가능성이 있다.

로건 앨런(NC 다이노스)

메이저리그 경력이 없는 라일리 톰슨과 달리 로건 앨런은 메이저리그 5시즌 동안 5승 11패, 평균자책 5.79를 기록했다. NC는 카일 하트와의 재계약에 결국 실패한 뒤 로건 앨런과 계약했다. 메이저리그에서도 빠른 공을 던지는 투수는 아니었다. 평균 구속이 90.7마일(146km)밖에 되지 않았다. 레슬러처럼 덩치 큰 왼손 투수지만 구속이 빠르지 않은 묘한 투구 스타일을 지녔다. 커터와 스위퍼, 스플리터, 포심을 모두 20% 언저리의 비율로 던졌다. 싱커까지 5가지 구종을 다양하게 제구하는 스타일의 피네스 투수다. 1선발 역할을 기대하고 영입했지만 캠프에서 최고 구속이 140km에 그쳤다는 점은 걱정스런 면이다. 하지만 자신감까지 잃지는 않았다. 워낙 쾌활하면서도 제구에 능한 스타일이다. ML에서도 강타 억지력은 있었다.

케니 로젠버그(키움 히어로즈)

키움 히어로즈는 올시즌 외국인 투수 1명으로 시즌을 치른다. 그 주인공이 바로 케니 로젠버그다. LA 에인절스에 8라운드 지명됐고, 최근 3시즌 동안 에인절스에서 2승3패, 평균자책 4.66을 기록했다. 왼손 투수로 포심과 체인지업, 커터를 위주로 던진다. 구속은 90.2마일(145km)로 빠른 편은 아니지만 안정적인 제구를 바탕으로 타자와 승부하는 스타일이다. 오히려 KBO 리그에는 더 적합하다고 볼 수 있다. 체인지업은 오른손 타자에게 상당히 까다로울 것으로 보인다. 내야수들이 도와준다면 기대 이상의 성적을 낼 수도 있다. 마운드에서 운영 능력은 물론, 투수로서의 마음가짐도 뛰어나다는 평가를 받았다. 에이스 역할을 해야 하는 외국인 투수라면 고집이 셀 법도 한데, 일단 한국말로 '호칭'부터 익히면서 팀 적응에 나섰다.

▲ 키움 케니 로젠버그 ⓒ 키움 히어로즈

2025 스프링캠프 취재기 호주 캠프

시드니 두산 베어스 캠프

2월 초 호주는 한여름이다. 낮 기온이 30도를 훌쩍 넘는다. 시드니 시내에서 차로 1시간 거리, 블랙타운 구장에서 두산 선수들이 스프링캠프를 차린 지도 벌써 열흘 가까이. 양의지가 곁을 지나쳤다. 이번 시즌 주장을 맡았다. 양의지는 "날씨가 너무 더워서 힘이 들긴 든다"고 웃었다. 올해로 38세. 홍민규, 박준순 같은 신인들과는 20살 가까이 나이 차가 난다.

포수는 스프링캠프에서도 가장 할 일이 많다. 개인 타격에 수비 훈련을 소화하면서도 팀 훈련을 병행해야 하고, 투수들의 공도 받아야 한다. 양의지도 마찬가지다. 오전 가장 이른 시간 구장에 나와 방망이를 돌린다. 후배 포수들과 함께 수비 훈련을 하면서 투수들의 공을 받는다. 공 하나하나에 피드백도 신경을 써야 한다. 종일 이어지는 일정이 힘에 부칠 법도 하지만 양의지는 역시 양의지다. 라이브배팅에서 반대 방향으로 날카로운 타구를 연신 날렸다. 지난해 와일드카드 결정전, 양의지는 쇄골 통증으로 한 타석도 나가지 못한 채 팀의 패배를 바라봐야 했다. 비시즌 내내 관리에 신경을 많이 썼지만, 아직도 통증이 남았다고 했다. 이번 시즌은 자질구레한 부상 없이 말끔한 몸 상태로 건강하게 시즌을 치르길 기대해 본다. 건강한 양의지는 여전히 한국 최고 포수다.

지난 시즌을 마치고 두산은 코칭스태프를 대대적으로 개편했다. 박석민 타격코치도 새 얼굴 중 1명이다. 현역 시절 팀 선배였던 이승엽 감독의 부름을 받고 팀에 합류했다. 까맣게 탄 얼굴에 수염까지 텁수룩하게 길렀다. 허리가 좋지 않아 걸음걸이가 불편해 보이는데도 목소리는 누구보다 크다. 수비 훈련 중 3루수 자리에 선 강승호가 강습 타구를 재빨리 주워들어 깔끔하게 병살 플레이로 연결했다. 박 코치가 가장 먼저 큰 소리로 강승호를 칭찬했다. 곳곳에서 화답하는 파이팅 소리가 터져 나왔다. 훈련을 마치고 점심 식사 전 잠깐 강승호를 만났다. 특유의 나긋나긋한 목소리로 "다들 기 살려 주려고 애 많이 써주시는 것 같다"고 웃었다.

사흘 동안 시드니에서 두산 훈련을 지켜봤다. 김택연을 마지막으로 만났다. 인터뷰 때마다 늘 반듯하다는 느낌을 받는다. 이제 20살 어린 선수가 한없이 정답에 가까운 말을 할 줄 안다. 그래서 때로는 좀 더 재미있는 한마디를 원하게 될 때도 있다. 인터뷰를 마치며 '김택연, 세이브왕 선언'으로 제목을 달아도 괜찮겠냐고 농담을 던졌다. 김택연이 손사래를 치며 자리에서 일어섰다.

멜버른 한화 이글스 캠프

두산 일정을 마치고 비행기를 타고 멜버른으로 향했다. 이번 시즌 가장 주목받는 팀, 한화가 캠프를 차린 곳이다. 멜버른 볼파크 불펜에서 류현진, 문동주 등이 나란히 서서 공을 던졌다. 펑! 펑! 하는 대포 소리가 연신 터져 나왔다. 바로 옆에서 보는 프로 투수들의 피칭은 늘 박력이 넘친다. 저런 공을 쳐 내는 게 정말 가능하냐는 생각이 든다. 하지만 그걸 해내야 또 프로다.

가벼운 불펜 피칭이지만 류현진은 확실히 다르다. 최재훈의 미트가 크게 움직이는 법이 없다. 낮은 쪽 일정한 코스로 어김없이 공이 꽂혔다. 불펜 피칭이 마무리 되어갈 때 쯤 반대편에서 김경문 감독이 모습을 드러냈다. 불펜 한편에 붙은 계단에 서서 문동주의 피칭을 유심히 지켜봤다. 이번 시즌 한화의 성적을 좌우할 수 있는 선수 중 1명이다.

문동주와 인터뷰에서 다시 김도영의 이름이 나왔다. 이제는 묻는 사람도, 듣는 사람도 피로감을 느낄 때도 됐다. 그러나 문동주는 의외로 담담했다. "이제 연봉이 5배 차이 아니냐"며 열심히 따라가겠다고 했다. 이제 겨우 22살, 아직 어린 대학생 나이인데 한편으로 마음이 짠하기도 했다. 지난해 부진했고, 부상까지 겹친 터라 다소 의기소침해진 것 아니냐고 구단 직원에게 물었다. "마음속으로 칼을 갈고 있을 것"이라는 말을 들었다. 꼭 그랬으면 좋겠다고 생각했다. 문동주도, 김도영도 아직 야구할 날이 훨씬 더 많이 남았다. 기자 이전에 한 사람의 야구팬으로 이들이 짊어지고 나갈 한국 야구의 미래를 꼭 보고 싶은게 솔직한 마음이다.

김경문 감독은 올해로 67세, 프로야구 감독 중 최고령이다. 그러나 김 감독의 표정은 늘 밝아 보였다. 꼿꼿이 선 채로 선수들의 훈련을 계속해서 지켜봤다. 여전히 에너지가 넘친다. 한 번씩 마음에 드는 플레이가 나올 때마다 따로 선수를 불러 칭찬했다. 옆에서 보고 있으면 그저 인자해 보이는데, 선수들은 확실히 공기가 다르다고 한다.

한화 새 외국인 투수 코디 폰세를 만났다. 야구 기자를 하면서 가장 정신없는 인터뷰였다. 몇 마디 질문에 답을 하더니, 역으로 자기가 질문을 하고 나섰다. 한국에서 절대 하면 안 되는 일이 뭐냐고 묻기에 '술 먹고 운전하면 큰일 난다'고 했다. 그저 농담이 아니라는 걸 꼭 알았으면 좋겠다. 다행히 함께 온 아내가 계속 운전할 거라 문제없을 거라고 했다. 대전에서 놀러갈 곳을 묻더니, 악기를 배우고 싶다며 기타 살 곳을 물었고, 나라를 위해 먼 한국까지 온 미군들에게 감사를 표하고 싶다며 대전 인근 미군 기지를 아느냐고도 물었다. 정신 산만하면서도 활력이 넘쳤다. '기분파'라는 생각이 들었다. 시즌 초반 좋은 흐름이 이어지고, 흥까지 오른다면 실력 이상으로 무서운 투수가 될 것 같다고 생각했다.

질롱 KT 위즈 캠프

KT는 멜버른에서 차로 1시간 거리인 질롱에 캠프를 차렸다. 첫 인터뷰로 장성우를 만났다. KT라는 팀 내에서 장성우의 비중은 생각 이상이다. 원년 멤버로 10년째 주전 포수 자리를 지켰고, 올해

는 새로 주장까지 맡았다. 팀원들 모두의 일거수일투족을 꿰고 있다는 느낌이다. 이강철 감독이 가장 신뢰하는 선수도 결국 장성우다. 지난해 일본 와카야마 마무리캠프 때도 이 감독은 "나랑 같이 놀면서 신인들 공 던지는 것 좀 봐달라"며 고참 장성우를 불렀다. 장성우는 "처음에는 '한번 봐주십쇼' 했는데, 안 먹힐 거 같아서 갔다"고 웃었다.

오전 배팅볼 훈련이 눈에 띄었다. 배팅볼을 던져주면 타자들이 치는 것까지는 같은데, 수비수들이 모두 제 자리를 지키고 서 있는 게 다르다. 타자들이 때려낸 '살아있는 타구'를 펑고 삼아 수비 훈련을 겸하는 훈련이다. 준비한 상황에 따라 주루 훈련도 병행한다. 훈련 하나에 배팅볼 타격, 수비 훈련, 주루 훈련이 다 들어간 셈이다. 이강철 감독이 미국 연수 시절 배워 온 훈련이라고 했다. 수비수 입장에선 언제 자기한테 공이 날아올지 모르니 집중력이 더해질 수밖에 없다. 주자들도 실전과 다름없는 기세로 달렸다.

평범한 외야 뜬공에 주자가 과감한 주루로 한 베이스를 더 나갔다. 훈련을 지켜보던 이 감독이 일어서더니 "바람!"하고 부르더니 엄지손가락을 들어 올렸다. '바람'은 올 시즌 새로 합류한 이종범 코치의 별명이다. 당연히 현역 시절 별명 '바람의 아들'에서 따왔다. 해태 시절 선수로 함께 했던 두 사람이 돌고 돌아 감독과 코치로 재회했다.

2년 차 투수, 원상현에게 물어볼 것이 있어 불펜으로 향했다. 10명 가까운 투수들 속에 원상현의 뒷모습이 보인다. 고영표 옆에 서서 무언가를 열심히 물어보고 있다. 고영표가 앉았다 일어서는 동작을 여러 차례 반복하며 설명했다. 물어보는 사람이나, 답하는 사람이나 표정이 진지하다. 질문과 설명이 10분 넘게 이어졌다. 다른 투수들이 훈련을 다 마치고 불펜을 빠져나온 뒤에도 원상현은 계속 남았다. 이번에는 제춘모 투수코치를 붙들고 또 한참 무언가를 열심히 물어보는 게 보였다. 마침내 밖으로 나온 원상현에게 무슨 질문을 그리 열심히 했느냐고 했더니 "어제 공 던지다가 좀 마음에 안 차는 부분이 있었다"고 했다. 공부하는 학생도, 야구하는 선수도 질문이 많아야 실력이 는다. 고영표 같은 선배가 있다는 건 또 다른 복이기도 하다.

각 구단의 연습경기를 앞두고 계획했던 취재 일정이 끝났다. 어쩌면 이맘때 봄이 선수들에게 가장 행복한 시간일 지도 모른다. 승패가 걸린 시합의 부담은 잠시 내려두고, 열심히 뛰고 달리며 새 시즌의 희망을 쌓아가는 시기다. 두산도, 한화도, KT도 뜨거운 햇빛 아래에서 선수들은 밝은 표정으로 몸을 날렸다. 시즌이 시작하고 경기를 치르다 보면 그날의 승패와 성적에 따라 희비가 갈릴 수밖에 없는 것이 선수들의 숙명이겠지만, 그래도 지난해보다 웃는 날 더 많은 올해가 되기를 기원해 본다.

2025 스프링캠프 취재기 오키나와 캠프

KIA 타이거즈 점퍼가 눈에 들어왔다. 나는 분명 일본 오키나와로 향하는 비행기를 타려고 인천공항 수속을 통과해 게이트 앞에 있는데, 광주행 KTX가 아니건만. 정신을 차리고 둘러보니 KIA 점퍼를 입은 남성 혹은 여성이 드문드문 보인다. 구단이 모집한 참관단

도 아닌 이 열성적인 팬들과는 이후 오키나와 출장 기간 몇 번이나 마주치게 될 운명이었다.

약 2시간 걸리는 가까운 오키나와에 도착한 것은 2월22일. 도착 뒤 렌트한 차량을 찾아 이동하고 나니 훈련은 끝났을 시간, 이튿날

야구장으로 이동한다.

KIA 타이거즈 캠프

KIA는 오키나와에서 오랫동안 킨 구장을 훈련장으로 사용하고 있다. 일본 프로야구 라쿠텐의 훈련장으로 그들이 떠나있을 때는 KIA의 홈그라운드다. 23일에는 라쿠텐의 훈련이 있어 KIA가 다른 구장으로 이동했다. 차로 20분 거리의 이시카와 구장이다.

과거 LG가 홈 구장으로 사용했고 현재는 삼성 2군이 캠프지로 쓰는 이시카와 구장. 수년 만에 왔는데도 그대로다. 중앙에 위치한 건물은 마치 공포영화에나 등장할 것처럼 아주 오래됐다. 비까지 부슬부슬 내리고 쌀쌀하니 소설에서나 접하는 '을씨년스럽다'는 말이 딱 어울리는 곳. 그래도 운동하는 청소년들, 같이 온 부모들이 꽤 많다. 생각해 보니 일요일이다.

한국어가 들리는 쪽으로 발걸음을 돌리니 익숙한 얼굴, 나성범이 보인다. 이미 취재와 있는 지역 언론과 인터뷰를 하고 있다. 그 주변에 카메라를 든 젊은 여성 팬들이 꽤 많이 보인다. 선수들의 훈련이 방해되지 않는 선에서, 그들이 지나가는 모든 통로에 팬들이 있다. "오늘 여기서 훈련한다는 건 알린 적이 없는데 어떻게 알고들 왔을까"라며 구단 직원들은 고개를 갸우뚱한다. 어디서 많이 본 두 남성도 있다. '중증외상센터'에서 인기몰이 중인 배우 김의성 씨와 윤경호 씨. 김의성 씨가 KIA 팬인 줄 알고 있었지만 윤경호 씨도 KIA 팬이었구나. 양현종을 만나러 온 듯하다.

KIA는 이날 점심 무렵 비가 쏟아지자 오전 훈련만 했다. 겨울 동안 보지 못한 선수들을 오랜만에 보니 반갑다. KIA로 5년 만에 돌아온 김주찬 퀄리티코치도 반갑다. 악수하면서 "코치님은 여전히 무뚝뚝하시네" 했더니 모처럼 웃는다. 살인미소.

김도영을 인터뷰했다. 손바닥부터 보여달라고 했다. 너무 많이 치고 와 찢어졌다던 손바닥. 상처는 다 나았지만 흔적은 심하다. 홍세완 타격코치가 전날 히로시마전에서 김도영의 볼넷 순간을 설명한다. 변화구에 대한 순간 반응이 작년보다 업그레이드 됐다며 꽤 상기된 모습으로 올시즌을 기대한다. 김도영은 수비 자신감이 생겼다고 말했다. 작년 수비 때문에 스트레스를 많이 받았던 김도영에게 자신감까지 생겼다니. 올해는 얼마나 더 잘할까.

SSG 랜더스 오키나와 캠프

올해 오키나와에서 2차 훈련을 한 팀은 6개 팀. 그중 아직 삼성과 KIA만 와 있는 상태였는데 24일은 두 팀 다 휴식일. 전날 세 번째로 입성한 SSG만 훈련을 한다. SSG는 구시카와 구장을 쓰는데 이날만 고친다 구장에서 훈련이다. 고친다는 한화가 쓰는 구장, 공항 근처 나하에 있어 차로 1시간을 또 달려갔다.

이숭용 SSG 감독의 자신감이 넘친다. 전년도와 다르다. 선발진이 좋다며 스스로를 '다크호스'라고도 한다. 드류 앤더슨은 물론 새로 온 미치 화이트에 대한 기대가 아주 큰 것 같다. 더그아웃 뒤로 들어가 조용히 김광현을 만났다. 오랜만에 마주하자 허리까지 숙이며 일부러 정중하게 인사를 한다. 이미 은퇴하겠다고 했던 국가대표 얘기를 묻고, 진지하게 답하고, 늘 이맘때 모든 선수가 그렇지만 올해의 김광현은 특히 밝아 보였다. 미국 캠프를 함께 하지 않아 화제가 됐던 최정은 취재진 앞에 앉아 도란도란 인터뷰를 했다. 여전히 말주변은 없다. 어마어마한 계약을 한 선수치고는 너무 순박한 시골 청년 같다는 생각을 올해도 다시 한다. 세 번째 FA 계약에 대한 책임감과 부담이 큰 듯하다.

그리고 연습경기

25일은 오키나와 도착 후 처음으로 연습경기를 보는 날이다. KIA와 한화가 킨 구장에서 마주했다. KIA는 제임스 네일, 양현종, 아담 올러가 전부 차례로 출격한다. 모두 첫 실전. 양현종의 실전 등판은 꽤 빨라진 것 같다. 올러는 배탈이 나 심하게 앓았는데도 등판하더니 2이닝 퍼펙트. 최고구속 153㎞를 찍었다. '셀프오피셜'의 주인공, 첫인상은 너무 얌전해 보인다. 네일은 여전히 잘 웃고 친절하다. 반가운 얼굴. 고향에서 친구들에게 한국식 식사를 대접한 이야기를 해주며 깔깔 웃는다.

형들이 양현종과 같이 잘 해서 진짜 국가대표 전력강화위원회의 머리를 싸매게 만들면 좋겠다는 생각을 한다. 그러고 보니 문동주는 언제 나오지? 물어보니 컨디션이 아직 올라오지 않아 천천히 준비한다고 했다. 문동주는 밝은 표정으로 경기 중 배트보이 역할을 하며 뛰어다닌다.

27일은 KIA와 LG가 만나는 날. 킨 구장이다. 염경엽 LG 감독은 치리노스 칭찬 세례 중이다. LG에서 3년째, 그동안 함께 한 외국인 투수 중 최고라고 했다. 큰 기대를 받는 치리노스는 이날 선발 등판. 2이닝 퍼펙트로 KIA 타자들을 막았다. 치리노스도 자신감이 있다. 가장 맛있는 한국 음식은 '김'이었다는 소박한 사람.

이날 LG가 3-1로 이겼다. 다친 장현식 대신 마무리로 시험해 보겠다는 고졸신인 김영우가 세이브를 했다. 긴장은 1도 않고 말을 너무 잘 한다. 주변의 MBTI 추종자들을 극혐하면서도 언젠가부터 어린 선수들에게는 MBTI를 종종 묻는다. 김영우는 ESTJ라고 했다.

28일 KIA, 삼성, LG의 휴식일이다. SSG와 KT가 경기한다. 지난해 롯데가 썼던 구시카와 구장에 올해도 발자국은 찍고 간다. 오전에 기사를 쓰고 경기 시작 시간에 맞춰 점심 즈음 천천히 나갔더니 아주 인파가 바글바글. 일본인지 한국인지 모르겠다. 요즘 팬들은 해외 스프링캠프에도 이렇게 많은 사람들이 찾아오는구나.

비보가 있다. SSG 미치 화이트가 귀국했다. 햄스트링이다. 이숭용 감독 말로는 심하지 않은 것 같다고 했는데, 개막 전에 회복되려나. 전날까지만 해도 오키나와는 부상자 없이 마치나보다 했는데 역시 시즌 시작이 다가오는 모양이다. 그때 이종열 삼성 단장이 경기를 보러 등장했다. 이쪽도 선발 데니 레예스가 다쳐 귀국한 뒤 근심 가득. 김재현 SSG 단장과 대화를 나눈다. 작년에도 외국인 투수 부상으로 시즌 내내 고생했던 두 단장의 대화하는 표정이 비슷하다.

경기는 접전이었다. SSG가 5-0으로 이기다가 KT가 5-5까지 쫓아가 무승부로 끝났다. KT 강백호를 와이드 인터뷰 하려고 했는데 선발 출전을 한 터라 시간이 되질 않는다. 구단에 허락을 구했다. 경기 뒤 강백호를 내 차에 태웠다. 선수단 숙소까지 걸리는 시간은

한화 선발은 엄상백이다. FA 78억의 남자. 시즌 전, 한화에서 가장 뜨거운 시선을 받는다. 초반에 제구가 잡히지 않았지만 2이닝 1실점. 경기 뒤 "진짜 너무 긴장됐다"고 털어놓는다. 그동안 봐온 수많은 선수들 중 쿨하기로 손에 꼽는 상남자 엄상백의 충격 고백. FA 대형 계약의 부담은 이렇게 크구나. 이런 부담과 책임감을 느낄 줄 아는 선수가 더 많아지면 좋겠다는 생각을 한다.

26일 다시 고친다로 향했다. 드디어 오키나와에 도착한 KT와 한화의 경기. 한화 류현진이 실전 등판에 나선다. 역시나 오키나와에 막 도착한 LG의 차명석 단장, 서용빈 전력강화 코디네이터, 김재현 SSG 단장 등이 총집결했다.

2이닝 2피안타 무사사구 2탈삼진 무실점. 24개로 2이닝 순삭. 말 그대로 '연습'을 마친 류현진은 역시나 스타다. 주변에 취재진이 바글바글하다. 나도 그중 한 명. "작년보다는 무조건 잘 하겠다"는 다짐도 "국가대표로 다시 뽑힐 정도로 잘 해야겠다"는 각오도 며칠 전 김광현과 나눴던 대화와 겹친다. 새 세대들이 잘 해야겠지만 이

40분. 차 안에서 강백호는 포수 훈련의 재미, 해외 진출에 대한 생각, 그리고 올해 스스로에 대한 기대감을 정말 솔직하게 풀어놓았다. 좌측통행인 일본 도로 운전에 완전히 적응한 줄 알았는데, 기어이 오늘도 방향등 대신 와이퍼를 켜고 만 나. "불안하지?" 했더니 "전 괜찮아요"라고 해놓고 몰래 웃는 것 같다. 단지 내 기분 탓일까.

3월1일. 귀국 전 마지막 취재일은 KIA 캠프를 택했다. LG-삼성의 경기가 있었지만 이날 KIA 캠프에서는 이의리가 처음으로 라이브 피칭을 했다. 불펜에서 15개 던져 몸을 풀고 20개씩 2세트를 던졌다. 투구 중간 체크하는 표정이 밝다. 입단 후 처음 팔꿈치 수술을 하고 6월 복귀를 목표로 하는 이의리의 피칭은 KIA 투수들, 제임스 네일과 애덤 올러 그리고 패트릭 위즈덤까지도 모두 더그아웃으로 나와 집중해서 지켜봤다.

KIA는 이날도 오전만 훈련했다. 부상은 금물. 귀국까지 남은 며칠 동안 페이스를 조절하기 위해서다. 이범호 KIA 감독에게 대략적인 구상을 물었다. 라인업 구상에 대해 자세히 답해준다. 작년에 얘기했던 꿈의 라인업의 연장선상이다. 성공하면 대박. 나도 기대된다.

윤도현과 인터뷰하려고 했는데 이의리의 피칭을 보고 인터뷰까지 하고 나니 선수단 버스가 급히 떠나버렸다. 결국 숙소로 쫓아가 인터뷰를 했다. 인터뷰라기보다 서로 수다 떤 것 같은 기분. 시간 가는 줄 모르다 보니 장장 40분. 착하고 성실한 선수. 이런 선수가 반드시 성공해야 한다고 생각하며 작별을 고하고 숙소로 돌아가는 길. 그동안 숙소와 야구장만 오간 게 억울해 중간에 만자 비치에 들러본다. 물에 손 한 번 담그고 사진 몇 장 찍은 뒤 안녕.

3월2일 귀국 비행기 안에는 SSG 하재훈과 KIA 이창진이 같이 타고 있었다. 캠프 마지막에 작은 부상이 생겨 검진을 위해 일찍 들어간 선수들. 큰 부상이 아니길. 열심히 뛴 선수들 2025년에도 다치지 않고 모두 건강하게 커리어 잘 쌓아가기를. 모두 파이팅. 그리고 나도 파이팅!

KBO SCOUTING REPORT 2025

프로야구
스카우팅
리포트
2025

| 포지션 표기 |

P 투수 **C** 포수 **1B** 1루수 **2B** 2루수 **3B** 3루수 **LF** 좌익수 **CF** 중견수 **RF** 우익수 **SS** 유격수 **DH** 지명타자

기아 타이거즈

주요 이슈

통합 2연패에 도전하는 KIA는 사실상 이 우승멤버로 치르는 마지막 시즌을 각오하고 나선다. 시즌 뒤 박찬호와 최원준이 FA가 되고 양현종과 최형우도 기존 계약기간이 끝나기 때문이다. 보기 드문 최상의 멤버로 최고의 시나리오를 완성해야 한다.

KIA의 가장 큰 무기는 공격력이다. 지난해 압도적 타격으로 리그를 제패한 KIA는 올해 더 강한 타선을 기대한다. 그 중심에 MVP 김도영과 새 외국인타자 패트릭 위즈덤이 있다.

38홈런-40도루로 역대 최연소 및 최소경기 30홈런-30도루를 기록한 김도영이 올해는 타격에서는 감을 유지하며 수비에서도 발전된 모습을 보여줄 수 있다면 타선의 중심을 확실히 잡을 수 있다. 지난해 리그 최다인 30개 실책을 기록했던 김도영은 가을야구 진입 단계부터 수비 안정을 위해 부단히 노력했다. 수비 스타트 자세부터 고치며 겨울 집중 훈련을 거친 뒤 "자신감이 생겼다"고 했다. 사실상 김도영의 타순만 3번으로 고정한 채 스프링 캠프에서부터 라인업을 고민해 온 KIA에서 김도영이 보여줄 모습은 올해도 분위기를 가를 핵심 요인이다.

타자 위즈덤의 활약 여부는 KIA의 올시즌 성패를 쥐고 있다. 중장거리형에서 거포형으로 외인 타자를 교체하기로 하면서 메이저리그 88홈런 경력의 위즈덤을 영입했다. 나성범, 최형우와 함께 중심타선을 이끌어가게 될 위즈덤의 파괴력은 KIA 타선을 작년보다 더 업그레이드 시킬 수 있다. 아시아리그에 처음 입성한 위즈덤이 얼마나 빨리 적응을 완료할지가 KIA의 질주 속도를 가를 전망이다.

마운드에서는 역시 새 얼굴인 애덤 올러와 조상우에 주목해야 한다.

몇 년 간 외국인 투수 재미를 보지 못하던 KIA는 지난해 실력과 인품을 모두 갖춘 제임스 네일을 앞세워 한국시리즈 우승까지 갈 수 있었다. 체인지업을 더 닦아 KBO리그에 보다 완벽히 자리잡으려는 네일과 함께 새 투수 올러가 확실하게 원투펀치를 맡아줘야 KIA의 시즌이 수월해진다. 강속구를 던지는 올러가 네일과 함께 얼마나 많은 이닝을 안정적으로 책임져줄지가 승부처다.

2024시즌 1위
87승 2무 55패

불펜에서는 조상우 파워가 핵심이다. 마무리 정해영 앞에 전상현, 곽도규, 최지민 등 기존 불펜이 그대로지만 FA가 되어 LG로 떠난 장현식 대신 조상우가 입성했다. 장현식은 주로 6~7회에 등판했다. KIA필승조 중 가장 자주 등판해 가장 많이 던진 투수다. 마무리 출신인 조상우가 KIA 중간계투로 들어가 확실하게 허리를 잠그면 올해 KIA는 완벽한 강팀이 된다.

KIA는 5선발을 놓고 지난해 활약했던 황동하, 김도현에 고졸신인 김태형까지 두고 경쟁을 치렀다. 이 경쟁은 시간이 갈수록 KIA를 강하게 만들 수 있다. 6월에는 좌완 선발 이의리가 복귀할 예정이기 때문이다. 이미 5선발을 채워 돌아가고 있을 KIA에 이의리가 정상적으로 합류하게 되면 6선발을 활용하거나 기존 선발 한 명을 중간으로 돌려 허리를 더 채울 수 있다. 스프링 캠프까지는 순조롭게 준비를 이어간 이의리가 예정해놓은 시기에 제대로 복귀하는 것은 KIA의 후반기 모습을 결정할 분수령이 될 수 있다.

그리고 투·타 최고참의 활약이 남았다. 에이스 양현종과 오랜 4번 타자 최형우는 여느 팀의 최고참들과는 차원이 다른 활약으로 지난해까지도 팀의 중심을 잡아왔다. 올시즌 둘 다 계약기간 마지막해다. KIA가 올해 반드시 우승해야 한다고 하는 가장 큰 이유라고 볼 수 있다.

이닝이터 양현종은 지난해를 마지막으로 10년 연속 170이닝 기록을 채우고 올해부터 투구 이닝을 줄일 듯 보인다. 그러나 여전히 선발진의 중심이다. 미래 역시 준비해야 할 KIA 마운드에서 양현종이 올해 몇 이닝을 던지느냐는 큰 의미를 갖는다. 타격 관련 최고령 기록을 줄지어 쓰고 있는 최형우가 4번 타자에서 물러날 수 있다면 KIA의 시즌은 성공이다. 최형우의 클러치 능력은 여전히 리그 최고다. 나성범과 새 타자 위즈덤 뒤로 조금은 물러나서도 해결사 역할을 해주면서 타선 균형을 맞춰주기를 KIA는 기대한다.

순위기록

종합

	경기당 득점		경기당 실점		경기당 실책		수비효율	
KIA	5.96	**1위**	5.27	**4위**	1.01	**10위**	0.644	**6위**
리그평균	5.38	2▶1	5.38	5▶4	0.76	2▶10	0.647	2▶6

	경기당 도루시도		도루성공률		경기당 희생번트		경기당 투수교체	
KIA	1.2	**4위**	74.0	**6위**	0.31	**7위**	4.18	**9위**
리그평균	1.1	4▶4	74.4	2▶6	0.34	5▶7	3.90	8▶9

타격

	타율		출루율		장타율		OPS	
KIA	0.301	**1위**	0.369	**1위**	0.459	**1위**	0.828	**1위**
리그평균	0.277	2▶1	0.352	2▶1	0.420	2▶1	0.772	2▶1

선발

	평균자책점		경기당 이닝		피안타율		피순장타	
KIA	4.10	**1위**	4.93	**7위**	0.267	**2위**	0.134	**3위**
리그평균	4.77	9▶1	5.00	7▶7	0.274	4▶2	0.144	9▶3

구원

	평균자책점		경기당 이닝		피안타율		피순장타	
KIA	4.98	**1위**	4.13	**3위**	0.271	**1위**	0.134	**3위**
리그평균	5.16	2▶3	3.91	6▶3	0.282	4▶1	0.144	9▶3

라인업

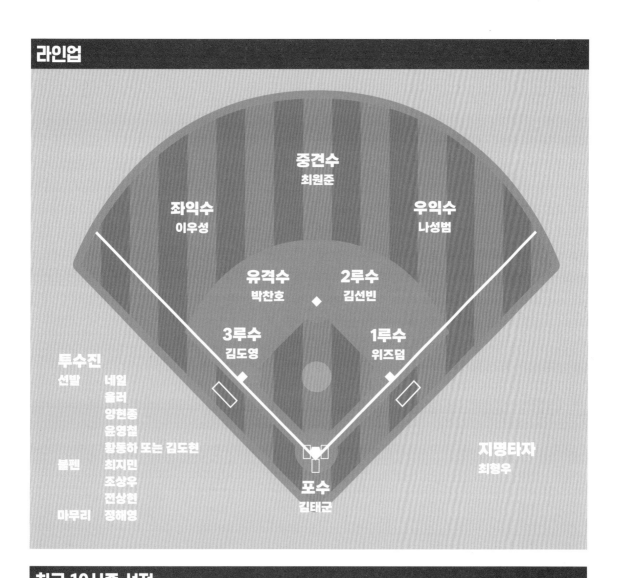

중견수
최원준

좌익수
이우성

우익수
나성범

유격수
박찬호

2루수
김선빈

3루수
김도영

1루수
위즈덤

투수진
선발　네일
　　　올러
　　　양현종
　　　윤영철
　　　황동하 또는 김도현
불펜　최지민
　　　조상우
　　　전상현
마무리　정해영

지명타자
최형우

포수
김태군

최근 10시즌 성적

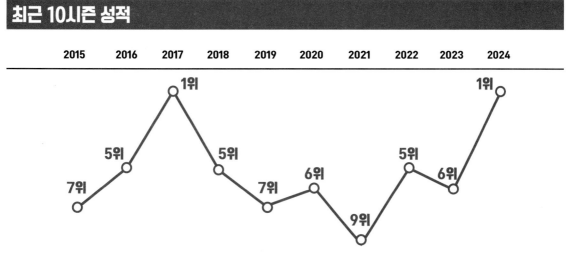

2015　2016　2017　2018　2019　2020　2021　2022　2023　2024

7위　5위　1위　5위　7위　6위　9위　5위　6위　1위

최상 시나리오

아무도 다치지 않는 건강한 2025년. 제임스 네일과 아담 올러가 처음부터 끝까지 마운드를 지킨다. 둘이 지켜낸 이닝은 300을 가볍게 넘는다. KIA가 그렇게 꿈꾸던 리그 최강 외국인 원투펀치가 나타났다. 양현종은 이닝은 줄었지만 그래도 11년 연속 150이닝을 넘기며 10승 고지에 올라선다. 세이브왕 출신 조상우와 지난해 세이브왕 정해영이 경기 후반을 지운다. 홀드왕과 세이브왕을 동시에 배출한다. 김도영은 손쉽게 30홈런-30도루를 달성하고 목표대로 실책까지 확 줄어든다. '안정된' 최강의 3루수다. 고심이 많았지만 새 외국인타자 패트릭 위즈덤은 이름대로 지혜로웠다. 김도영과 나란히 30홈런 듀오로 올라선 위즈덤이 목표한 100타점을 터뜨린다. 관중이 꽉꽉 들어찬 챔피언스필드에서 2년 연속 챔피언 폭죽이 터져 나온다.

최악 시나리오

챔피언의 가장 큰 적은 부담이다. 지켜야 할 것이 많은 KIA, 그리고 지난 시즌 MVP 김도영에게 어마어마한 시선이 집중된다. 강철 멘털이라던 김도영도 부담감 탓인지 스윙이 뻣뻣하다. 이 나비효과로 KIA 타선의 균형도 무너진다. 지난해 초반 선발들이 부상으로 자리를 비워도 황동하, 김도현 등 새로운 피가 수혈됐지만, 올해까지 그런 모습을 기대할 순 없다. 윤영철 등 젊은 투수들은 나올 때마다 불을 지른다. 양현종의 이닝 부담이 다시 올라간다. 그러나 꾸역꾸역 던지는 양현종의 승수는 올라가지 않는다. 프런트는 오매불망 이의리의 복귀만 기다리지만 너무 늦은 것 같다.

코칭스태프

보직	배번	투타	이름	생년월일	키(cm)	몸무게(kg)
감독	71	우우	이범호	1981/11/25	183	95
QC	76	우우	김주찬	1981/3/25	183	95
수석	68	우우	손승락	1982/3/4	187	99
투수	73	우우	정재훈	1980/1/1	178	83
투수	85	우우	이동걸	1983/8/12	185	95
타격	77	우우	홍세완	1978/1/16	183	85
타격	89	우우	조승범	1989/9/25	189	100
수비	99	우우	김민우	1979/3/21	184	92
작전주루	75	우우	조재영	1980/3/15	182	87
외야수비/주루	81	우우	윤해진	1989/2/25	178	84
배터리	83	우우	타케시	1967/3/17	178	95
퓨처스 감독	70	우우	진갑용	1974/5/8	182	90
퓨처스 투수	97	우우	이상화	1980/9/15	181	98
퓨처스 투수	79	우우	이정호	1982/4/27	187	98
퓨처스 타격	78	좌좌	최희섭	1979/3/16	192	123
퓨처스 수비	74	우우	박기남	1981/8/14	175	80
퓨처스 작전주루	80	우우	이현곤	1980/2/21	183	83
퓨처스 배터리	87	우우	이해창	1987/5/11	184	85
잔류군 총괄	91	우우	김석연	1968/8/16	177	86
잔류군 투수	93	우우	서덕원	1993/7/12	183	89
잔류군 수비	90	우우	박효일	1990/4/18	178	85
전력분석 총괄		우우	김상훈	1977/10/27	180	92

감독 및 전력 포인트

이범호 감독

이범호 감독이 '초보' 타이틀을 달고도 KIA를 단번에 통합우승으로 이끌 수 있었던 것은 정면승부에 있다. 전년도 가을야구도 못 갔지만 전력이 우승권이라는 외부 평가를 스스로 받아들이고 위기를 돌파해나갔다. 올해도 이범호 감독은 당연히 자리를 지켜야 하는 디펜딩 챔피언의 숙명을 받아들인다.

지난해 우승을 하면서 쌓은 감독의 여러 경험이 올해 KIA 선수단 운영의 기초가 될 듯 보인다. 선수 기용에 있어서 '신뢰'가 중요하다는 이범호 감독의 신념은 지난 시즌 결과를 통해 입증해보였다. 몇 경기 못 친다고 바로 교체하는 식의 선수 기용은 이범호 감독 사전에 없다. 출전명단 결정에 있어 중요한 것은 오로지 데이터와 선수 컨디션이다. KIA가 감독과 선수 간 신뢰가 빠른 시간 굳어진 결정적 이유이기도 하다. 이범호 감독의 기용법은 올해도 같을 것이다. 가장 경계하는 것은 부상이다. 지난해 워낙 부상 선수가 많았던 터라 그 대안과 대처법에 대해서도 미리 준비해놓고 시즌을 치러갈 것으로 보인다.

보직	배번	투타	이름	생년월일	키(cm)	몸무게(kg)
전력분석			방석호	1983/8/29	181	89
전력분석			이진우	1994/11/27	176	72
전력분석			박규민	1995/3/14	185	79
전력분석			신용진	1991/5/20	177	85
전력분석			이진경	1994/11/26	184	90
퓨처스 전력분석			남원호	1985/1/4	172	82
트레이닝 총괄			박창민	1976/7/13	167	82
AT			정영	1987/5/8	182	95
AT			정상옥	1984/7/22	173	84
AT			조희영	1994/12/12	173	72
AT			박준서	1999/2/3	180	80
AT			황종현	1999/2/20	173	87
퓨처스 트레이닝 총괄			김동후	1981/6/30	177	79
퓨처스 AT			김민기	1991/5/10	174	84
퓨처스 AT			조준회	1994/12/31	171	85
퓨처스 AT			백승훈	1997/1/2	175	84
퓨처스 S&C			노민철	1986/5/17	177	85
퓨처스 S&C			박정욱	1997/1/15	175	82
잔류군 AT			김덕신	1991/6/20	170	78
스카우트		우우	백정훈	1982/6/24	178	105
스카우트		우우	박서준	1991/9/12	183	95
스카우트			이석현	1995/1/4	172	84

김도영

포지션	3B	투타	우투우타	신장	183	체중	85
연봉	10000-50000		지명순위	22 KIA 1차	
생년월일	2003-10-02		학교	광주대성초-광주동성중-광주동성고	

5

올해도 니 땀시 살란다

© KIA 타이거즈

리그 최고 관심의 표적

데뷔 3년차에 리그를 점령한 김도영의 새 시즌 모습은 2025년 KBO리그 최고의 기대요소 중 하나다.

대부분 전문가들은 김도영이 앞으로 더 잘 하리라 예상하고 있다. 2024년의 기세가 워낙 좋았기에 기록상 그에 비해 조금은 처지는 시즌도 있을 수 있으나 기본적으로 '타자 김도영'은 이미 궤도에 올랐다는 평가다. 스프링 캠프에서부터 완벽에 가까운 변화구에도 속지 않고 방망이를 거둬 볼넷을 고르는 모습은 단순한 타격 기술 외에도 지난해 경험이 김도영을 더 큰 폭으로 성장시켰음을 보여준다.

이보다 좋을 수 있다?

무엇보다, 단 하나의 아쉬움이었던 수비에서도 김도영은 달라진 모습을 예고한다. 지난해 리그 최다인 30개 실책을 기록했던 김도영은 새 시즌 준비에 있어서도 수비에 방점을 뒀다. 강습 타구가 많은 3루 특성상 타구에 집중하기 위해 점프 스타트를 지양했던 김도영은 자세에 변화를 주면서 한국시리즈에서부터 수비 안정감을 찾고 있다. 스프링 캠프에서도 이미 "수비 자신감이 붙었다"는 김도영은 공·수 완벽한 활약을 준비하고 있다.

김도영은 웬만한 선수들은 힘겨워할 법한 집중 조명을 매우 즐기고 SNS로 팬들의 반응을 체크하면서 조금 시들해졌다 싶으면 색다른 것을 공개해 관심을 끌려 하는 '신개념 관종'이다. 엉뚱하면서도 단단한 멘털은 그동안 프로야구 선수들에게서 보지 못했던 최대의 매력이다. 2025년에도 모두가 다시 외칠 준비를 한다. "도영아 올해도 니땀시 살어야."

---

yagumentary 40-40이 9월에 나올까, 10월에 나올까. 설마 8월에 나오지는 않겠지?

SIM '팬그래프'피셜, MLB 1라운드 드래프트 재능

hjkim 수비까지 된다면 김도영은 진짜 어나더 레벨이 될 듯

기본기록																		
연도	경기	타석	타수	안타	2루타	3루타	홈런	타점	득점	볼넷	사구	삼진	도루	타율	출루율	장타율	OPS	WAR
2022	103	254	224	53	11	4	3	19	37	22	3	62	13	0.237	0.312	0.362	0.674	2.17
2023	84	385	340	103	20	5	7	47	72	38	1	62	25	0.303	0.371	0.453	0.824	3.88
2024	141	625	544	189	29	10	38	109	143	66	7	110	40	0.347	0.420	0.647	1.067	8.52
통산	328	1264	1108	345	60	19	48	175	252	126	11	234	78	0.311	0.383	0.530	0.913	13.65

김선빈

포지션	2B	투타	우투우타	신장	165	체중	77
연봉	60000-60000			지명순위	08 KIA 2차 6라운드 43순위		
생년월일	1989-12-18			학교	화순초-화순중-화순고		

오프시즌의 사령관, 올해도 터뜨릴까

© KIA 타이거즈

조용한 듯 하지만 볼 때마다 따박따박 안타 치고 나가 있는 KIA 내야의 터줏대감. 겨울이면 젊은 내야수들을 이끌고 개인훈련을 간다. 지난해 그와 함께 한 박찬호, 최원준은 커리어하이를 기록했고 외야수 박정우는 풀 타임 1군으로 자리잡았다. 처가가 있는 제주에서 훈련해 왔으나 이번에는 보다 따뜻한 일본 오키나와로 이동, 삼성 2군이 입성할 예정이던 이시카와 구장을 대여해 '독채'로 운동하는 호사를 후배들에게 선사하는 통 큰 남자. 이번에 함께 한 박찬호, 박정우, 그리고 포수 한준수의 성적도 기대해보자.

---

yagumentary 집중했을 때 확 달라지는 천재형 타자. 삼진도, 볼넷도 싫어한다. 무조건 친다

SIM 2루-유격수 GG 모두 가진 건 역대로 딱 1명, 그 김혜성이 떠났네?

hjkim KIA 정신적 지주는 사실상 김선빈 아닐까. 야구도 잘하고 리더십도 좋으니 KIA는 얼마나 좋을까

<center>기본기록</center>																			
연도	경기	타석	타수	안타	2루타	3루타	홈런	타점	득점	볼넷	사구	삼진	도루	타율	출루율	장타율	OPS	WAR	
2022	140	587	505	145	23	0	3	61	51	65	6	47	13	0.287	0.373	0.350	0.723	3.36	
2023	119	473	419	134	16	0	0	48	41	38	5	26	3	0.320	0.381	0.358	0.739	2.69	
2024	116	466	423	139	23	0	9	57	48	30	5	39	5	0.329	0.380	0.447	0.827	2.11	
통산	1625	6198	5391	1645	260	13	41	621	739	584	49	528	154	0.305	0.375	0.381	0.756	38.48	

나성범

포지션	RF	투타	좌투좌타	신장	183	체중	100
연봉	80000-80000			지명순위	12 NC 2라운드 10순위		
생년월일	1989-10-03			학교	대성초-진흥중-진흥고-연세대		

© KIA 타이거즈

우승 팀 주장의 자존심, 잃어버린 경기 수를 찾아서

지난해 KIA가 정규시즌 1위를 차지한 과정에서 가장 결정적인 장면은 8월16일 잠실 LG전. 1-2로 뒤지던 9회초 1사 3루에서 LG 마무리 유영찬을 상대로 나성범이 터뜨린 역전 2점 홈런이었다. 최형우가 부상으로 빠져 있을 때 나성범이 해결한 이 한 방은 시즌 초반 부상 공백과 복귀 뒤 궤도를 찾는 데 어려움을 겪었지만 그래도 KIA 타선에 나성범이 필요한 이유를 상징적으로 보여주었다. 웬만해선 풀 타임을 뛰고 전 경기에 나섰던 나성범이 지난 2년 간 놓친 경기 수를 올해는 꽉 채우게 되면 KIA는 다시 우승할 수 있다.

---

yagumentary 최형우는 36세 시즌 WAR 4.55, 37세 시즌 6.32를 기록했다. 올해 36세 시즌이다

SIM 작년 KIA에 '건강한 나성범'을 끼얹으면 뭘 어떡해야 하나

hjkim ABS도 조정됐고 이제 적응과정도 끝났으니 진정한 나스타가 온다

기본기록																	
연도	경기	타석	타수	안타	2루타	3루타	홈런	타점	득점	볼넷	사구	삼진	도루	타율	출루율	장타율	OPS	WAR
2022	144	649	563	180	39	2	21	97	92	64	17	137	6	0.320	0.402	0.508	0.910	7.80
2023	58	253	222	81	12	1	18	57	51	26	1	36	0	0.365	0.427	0.671	1.098	3.68
2024	102	424	374	109	17	1	21	80	51	38	4	98	0	0.291	0.357	0.511	0.868	1.84
통산	1385	6089	5418	1700	341	30	272	1064	1008	493	124	1333	100	0.314	0.381	0.538	0.919	49.14

네일

포지션	P	투타	우투우타	신장	193	체중	83
연봉	$350000-$1200000		생년월일	24 KIA 자유선발		
생년월일	1993-02-08		학교	Charleston-Alabama at Birmingham		

40

아침 연속극 같은 반전, 네일 아트

© KIA 타이거즈

구위와 인성 그리고 스토리까지, 외국인 에이스의 삼박자를 갖췄다. 외인 2옵션이었지만 외국인 투수 몇 명이 들락날락하는 동안 끝까지 살아남았고, 엄청난 스위퍼로 큰 기대 받으며 출발했지만 정작 이닝이터 스타일은 아니구나 실망감이 고개를 들 무렵 타구에 맞아 턱뼈가 골절되는 중상을 입어 가슴을 미어지게 하더니 무시무시한 회복력으로 한국시리즈 1차전의 문을 열어제낀 대반전으로 2024년 KIA 우승에 감동 한 스푼을 넣은 주인공이다. KIA에 오랜만에 '재계약' 기쁨을 안겨준 외국인 투수, 예술 같은 시즌을 기대해본다.

---

yagumentary 실체는 '한우 홍보 대사'에 가까움. 한우를 미끼로, 크보에 오래 뛰게 할 수 있을 듯

SIM 9개 구단 단장들도 기뻐했을까

hjkim 올해는 부상 없이 풀 시즌 뛰길

기본기록

연도	경기	선발	QS	승	패	세이브	BS	홀드	이닝	피안타	피홈런	4사구	삼진	피안타율	WHIP	피 OPS	ERA	WAR
2022	0	0	0	0	0	0	0	0	0	0	0	0	0	0	-	-	-	-
2023	0	0	0	0	0	0	0	0	0	0	0	0	0	0	-	-	-	-
2024	26	26	13	12	5	0	0	0	149.1	154	11	35	138	0.259	1.27	0.674	2.53	4.9
통산	26	26	13	12	5	0	0	0	149.1	154	11	35	138	0.259	1.27	0.674	2.53	4.9

박찬호

포지션	SS	투타	우투우타	신장	178	체중	72
연봉	30000→45000			지명순위	14 KIA 2차 5라운드 50순위		
생년월일	1995-06-05			학교	신답초-건대부중-장충고		

KIA의 육아일기, 그 결말은

© KIA 타이거즈

♡   💬   ✈   🔖

수년 전, 김치는 안 먹고 햄만 먹는다며 감독에게 꾸중을 듣는 선수가 있었다. 삐쩍 마른 몸, 꿀밤 한 대 꽁 쥐어박고 싶게 생긴 개구진 얼굴에 수비 센스만큼은 타고난 다람쥐 같은 유격수. 그 이름은 박찬호. 포털사이트에 메이저리거 박찬호 말고 내 이름 먼저 나오게 하는 게 목표라던 아기호랑이가 현역으로 군대에 다녀오고, 결혼을 하고, 아기를 낳고, 주전이 되고, 3할을 치고, 골든글러브를 타고 이제는 FA가 된다. KIA가 키워낸 아기호랑이 중 역대급 '꾸러기'였던 박찬호가 완전한 어른으로 거듭나는 관문이 바로 FA다. 올시즌 그 해피엔딩을 향해 일단 KIA와 함께 힘차게 달린다.

---

yagumentary 우승과 함께 골든글러브는 받았다. 이제 남은 건 국대 유격수다. 중요한 시즌이다

SIM 네이버 검색하면 아직 투수 박찬호가 먼저 뜬다, 분발하자

hjkim 벌써 박찬호 몸값이 얼마나 될지 계산기 두들기는 팀들 있을 듯

기본기록																	

연도	경기	타석	타수	안타	2루타	3루타	홈런	타점	득점	볼넷	사구	삼진	도루	타율	출루율	장타율	OPS	WAR
2022	130	566	493	134	22	0	4	45	81	57	1	67	42	0.272	0.344	0.341	0.685	4.10
2023	130	507	452	136	18	4	3	52	73	40	2	56	30	0.301	0.356	0.378	0.734	4.71
2024	134	577	515	158	24	1	5	61	86	48	1	44	20	0.307	0.363	0.386	0.749	4.03
통산	954	3424	3063	803	116	15	18	311	439	274	8	466	160	0.262	0.322	0.327	0.649	9.88

양현종

54

포지션	P	투타	좌투좌타	신장	183	체중	91
연봉	50000-50000		지명순위	07 KIA 2차 1라운드 1순위			
생년월일	1988-03-01		학교	광주학강초-광주동성중-광주동성고			

쉬어라,
열심히 던진 당신…은
욕심쟁이 우후훗~

© KIA 타이거즈

2025년 양현종의 최대 화두는 이닝이다. 특급 조짐을 보이는 신인 투수만 나와도 첫해부터 이닝 관리에 들어가는 이 시대, 다시 나오기 어려울 10년 연속 1700이닝 대기록을 완성한 양현종을 위해 올해 KIA는 '베테랑 관리 모드'로 돌입한다. 막내 시절부터 '가장'의 책임감을 안고 던졌던 양현종의 이닝을 이제는 줄여줄 수 있도록 다른 투수들이 그 책임감을 덜어줄 수 있어야 하는 것은 올해 KIA의 최대 과제이기도 하다. 동시에, 던져야 살아있음을 느끼는 이닝 욕심쟁이 양현종의 의욕과 타협하는 것은 더 큰 숙제가 될 수도 있다.

---

yagumentary 화제의 예능 '굿데이' 화려한 멤버처럼, 양현종도 '88' 입니다. 끼워주면 안될까요
SIM '무등산을 사랑하자' 이후 벌써 15년, 양현종도 무등산도 변함없이 푸르다
hjkim KIA 막내딸이라고 부르던 게 엊그제 같은데 세월이 빠르네요

기본기록

연도	경기	선발	QS	승	패	세이브	BS	홀드	이닝	피안타	피홈런	4사구	삼진	피안타율	WHIP	피 OPS	ERA	WAR
2022	30	30	16	12	7	0	0	0	175.1	170	14	50	141	0.253	1.25	0.678	3.85	3.46
2023	29	29	14	9	11	0	0	0	171	181	13	48	133	0.272	1.34	0.704	3.58	4.15
2024	29	29	15	11	5	0	0	0	171.1	174	21	41	129	0.257	1.25	0.727	4.10	5.01
통산	513	412	222	179	118	0	1	9	2503.2	2465	210	934	2076	0.261	1.36	0.712	3.83	69.41

위즈덤

포지션	1B	투타	우투우타	신장	188	체중	99
연봉	$800000		지명순위	25 KIA 자유선발			
생년월일	1991-08-27		학교	Saint Mary's College of California			

지혜야, 홈런을 부탁해

© KIA 타이거즈

메이저리그에서 88홈런을 친 위즈덤의 관건은 적응이다. 일단 쾌활한 성격은 합격. 스프링 캠프에서부터 선수들과 급속도로 친해지며 한국 생활을 기대하고 있다. KBO리그에 맞춰 밀어치는 연습을 하고 오는 등 준비된 자세로도 일찍이 동료들에게 인정받았다. 와인을 좋아하며 대가족의 일원인 그는 챔피언스필드 고유의 이벤트 'KIA 홈런존'으로 여러 개를 넘겨 받은 자동차를 가족에게 하나씩 전부 선물하겠다는 역대급 포부로 기대감을 더욱 키운다.

---

yagumentary 거포형 외국인의 열쇠는 최소 한 달을 어떻게 기다려줄 수 있느냐의 싸움

SIM 타구 속도는 메이저에서도 살벌했다

hjkim KIA 차 수집가가 되길

기본기록																	
연도	경기	타석	타수	안타	2루타	3루타	홈런	타점	득점	볼넷	사구	삼진	도루	타율	출루율	장타율	OPS	WAR
2022	-	-	-	-	-	-	-	-	-	-	-	-	-	-	-	-	-	-
2023	-	-	-	-	-	-	-	-	-	-	-	-	-	-	-	-	-	-
2024	-	-	-	-	-	-	-	-	-	-	-	-	-	-	-	-	-	-
통산	-	-	-	-	-	-	-	-	-	-	-	-	-	-	-	-	-	-

정해영

62

포지션	P	투타	우투우타	신장	189	체중	98
연봉	20000→36000		지명순위	20 KIA 1차			
생년월일	2001.08.22		학교	대성초-광주동성중-광주제일고			

역사를 쓰는 아기호랑이, 약속은 지켜야 한다

© KIA 타이거즈

KBO리그 역대 최연소 100세이브의 주인공. 2024년 세이브 왕이자 두고두고 보게 될 KIA 우승 결정 장면의 주인공. 한때는 떨어진 구위와 함께 자신감까지 떨어져, 블론세이브를 하고는 동료들 볼 면목이 없다며 눈물을 글썽거렸던 타이거즈 막내 투수는 어느덧 리그 최강 마무리로 올라서 KIA를 다시 왕조로 이끌 책임을 맡았다. 세이브 왕 출신 조상우의 등장에도 9회 마무리를 맡기겠다는 이범호 감독에게 "제가 더 업그레이드 되겠습니다"라고 외친 상남자. 약속을 지켜주기를 기대한다.

---

yagumentary 벌써 121세이브, 삼진율이 23.8%까지 오른 것은 희망의 충분한 근거다

SIM 지난해 유독 튀었던 피홈런 숫자, 예년 수준만 회복해도 더 무서워 질 듯

hjkim 조상우의 등장이 오히려 자극이 되지 않을까. 좋은 러닝메이트가 될 것 같다

기본기록																
연도	경기	선발	QS	승	패	세이브	BS	홀드	이닝	피안타	피홈런	4사구	삼진	피안타율	WHIP	피 OPS	ERA	WAR
2022	55	0	0	3	7	32	4	0	56	54	3	18	43	0.252	1.29	0.668	3.38	1.71
2023	52	0	0	3	4	23	3	1	49.1	53	3	20	30	0.277	1.48	0.731	2.92	1.48
2024	53	0	0	2	3	31	3	1	50.2	47	8	16	50	0.244	1.24	0.709	2.49	2.44
통산	271	0	0	18	22	121	17	13	259.2	244	21	106	204	0.252	1.35	0.695	2.81	9.19

조상우

포지션	P	투타	우투우타	신장	186	체중	97
연봉	34000-40000			지명순위	13 넥센 1라운드 1순위		
생년월일	1994-09-04			학교	서화초-상인천중-대전고		

KIA 허리,
내가 꽉 줄라맨다

© KIA 타이거즈

강력한 불펜에 합류한 초강력 카드. 9회에 마무리 정해영이 있다면 KIA에는 6~7회에도 마무리가 있다. "우리는 마무리가 2명. 중간에서 한 번, 마지막 9회에 한 번 상대 강타선을 차단한다"는 이범호 감독의 구상에서 조상우는 올시즌 KIA를 업그레이드 시킬 최대 열쇠다. 무뚝뚝했던 이미지가 형들 많은 KIA로 이동한 뒤 순둥순둥으로 바뀌는 듯.

yagumentary 지난 시즌 포심 평속이 145.5km까지 떨어졌다. 2019년엔 152.2km였다

SIM 역전패 33차례. 2024 KIA의 몇 안되는 아쉬움. 그런데 조상우?

hjkim 트레이드 썰에만 엄청 시달린 스트레스가 더욱 컸을 듯. 이제 스트레스는 날리고 돌직구를 던지자

기본기록																
연도	경기	선발	QS	승	패	세이브	BS	홀드	이닝	피안타	피홈런	4사구	삼진	피안타율	WHIP	피 OPS	ERA	WAR
2022	0	0	0	0	0	0	0	0	0	0	0	0	0	0	-	-	-	0
2023	0	0	0	0	0	0	0	0	0	0	0	0	0	0	-	-	-	0
2024	44	0	0	0	1	6	2	9	39.2	40	2	20	36	0.272	1.51	0.709	3.18	0.87
통산	343	7	1	33	25	88	16	54	419.1	363	22	161	430	0.234	1.25	0.632	3.11	12.98

최형우

34

포지션	DH	투타	우투좌타	신장	180	체중	106
연봉	100000-100000		지명순위	02 삼성 2차 6라운드 48순위			
생년월일	1983-12-16		학교	진북초-전주동중-전주고			

그에게 회춘이란 없다.
늙은 적이 없으니까

© KIA 타이거즈

역대 최다 타점 기록을 세우고도 성이 안 차 최고령 타격 기록을 모조리 쓰는 남자. "제발 날 없는 사람 취급해달라"고 말만 하고 찬스만 되면 번번이 타점은 죄다 쓸어담는 남자. "내가 4번을 치는 것 자체가 말이 안 된다"면서 4번 타순에서 내려오지 못하는 남자. 스스로를 '노인네'라고 하면서도 타석에선 가장 혈기왕성한 남자. 2025년, 42세 최형우는 올해도 청춘일 것이다.

---

yagumentary 득점권 OPS 0.969의 비결, 변화구를 기막히게 때리는 '짬바'

SIM 83생 최형우가 84년생 노경은에게 선언했다 "최고령은 포기해라"

hjkim 최형우는 이미 지난해부터 03년생으로 합의 본 거 아니었나요?

기본기록

연도	경기	타석	타수	안타	2루타	3루타	홈런	타점	득점	볼넷	사구	삼진	도루	타율	출루율	장타율	OPS	WAR
2022	132	530	454	120	27	1	14	71	55	73	1	92	1	0.264	0.366	0.421	0.787	3.30
2023	121	508	431	130	27	1	17	81	64	65	8	83	0	0.302	0.400	0.487	0.887	3.93
2024	116	487	425	119	23	2	22	109	67	52	5	86	1	0.280	0.361	0.499	0.860	2.09
통산	2181	9222	7877	2442	513	19	395	1651	1291	1130	113	1404	29	0.310	0.400	0.530	0.930	71.88

곽도규

포지션	P	투타	좌투좌타	신장	185	체중	90
연봉	3300-12000			지명순위	23 KIA 5라운드 42순위		
생년월일	2004-04-12			학교	도척초-공주중-공주고		

취미가 독서라고 오해받는 투수

영어 잘 하고 데이터 공부도 열심히 하는 스마트 보이. 고3 때 지명 못 받을까봐 워킹홀리데이 준비하며 배운 영어를 지금도 공부한다. 책 읽는 습관이 유명해져 책 선물이 쏟아지자 취미가 독서는 아니라며 부담스러워 한다. 진지남으로 포장됐지만 실제는 '4차원'임을 자부하는 MZ 좌완 투수. 미드와 힙합을 좋아한다.

기본기록

연도	경기	선발	QS	승	패	세이브	BS	홀드	이닝	피안타	피홈런	4사구	삼진	피안타율	WHIP	피 OPS	ERA	WAR
2022	-	-	-	-	-	-	-	-	-	-	-	-	-	-	-	-	-	-
2023	14	0	0	0	0	0	0	0	11.2	14	0	10	14	0.311	2.06	0.812	8.49	-0.18
2024	71	0	0	4	2	2	4	16	55.2	43	4	34	64	0.207	1.38	0.627	3.56	1.33
통산	85	0	0	4	2	2	4	16	67.1	57	4	44	78	0.225	1.50	0.661	4.41	1.14

김기훈

포지션	P	투타	좌투좌타	신장	184	체중	93
연봉	4000-5500			지명순위	19 KIA 1차		
생년월일	2000-01-03			학교	광주수창초-무등중-광주동성고		

제2의 양현종, 터지는 날은 분명 온다

KIA 1차지명 투수의 역사를 짊어지고 있다. 동성고 출신에 강속구를 던지는 좌완이라는 공통점에서 2019년 입단 당시 스프링 캠프에서부터 양현종의 후계자로 기대받았다. 기대만큼 풀리지 않아 어려운 시간을 겪었으나 상무 복무 기간 크게 업그레이드 돼 돌아온 뒤 중간계투로 새 출발하며 점점 올라서고 있다. 입대 전에는 부모님과 절대 하지 않던 야구 얘기를 이제는 하는 아들. 야구 잘 해 효도하고 싶다.

기본기록

연도	경기	선발	QS	승	패	세이브	BS	홀드	이닝	피안타	피홈런	4사구	삼진	피안타율	WHIP	피 OPS	ERA	WAR
2022	5	0	0	0	0	0	0	0	8.2	4	0	7	9	0.138	1.27	0.444	1.04	0.53
2023	29	0	0	2	0	0	0	0	31.1	28	0	37	26	0.243	2.07	0.742	4.60	-0.26
2024	17	0	0	1	0	0	0	0	19.2	16	1	15	17	0.208	1.58	0.683	5.03	0.06
통산	92	23	3	6	10	0	0	1	191	170	20	155	140	0.241	1.70	0.775	5.09	1.23

김대유

69

포지션	P	투타	좌투좌타	신장	187	체중	92
연봉	11000-12000			지명순위	10 넥센 3라운드 18순위		
생년월일	1991-05-08			학교	중앙초-부산중-부산고		

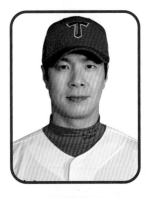

좌완 사이드암의 상징

KIA 좌완 불펜 그룹의 맏형. 흔치 않은 좌완 사이드암이다. LG에서 필승계투조로 뛰다 2023년 FA 포수 박동원의 보상 선수로 지명돼 KIA 유니폼을 입었다. 이후 화려하진 않지만 소금 같은 활약으로 KIA 불펜을 지키고 있다. 타이거즈의 에이스였던 이대진(한화 2군 감독)과 매우 닮았다.

기본기록

연도	경기	선발	QS	승	패	세이브	BS	홀드	이닝	피안타	피홈런	4사구	삼진	피안타율	WHIP	피 OPS	ERA	WAR
2022	59	0	0	2	1	0	0	13	39.2	35	2	15	36	0.238	1.26	0.688	2.04	1.49
2023	41	0	0	0	2	0	0	4	24.2	26	2	8	20	0.280	1.38	0.746	5.11	0.10
2024	37	0	0	0	0	0	0	8	25	35	4	12	26	0.340	1.88	0.907	8.28	-0.61
통산	240	3	0	6	5	0	2	49	185.2	174	13	84	179	0.251	1.39	0.702	4.31	3.12

김도현

60

포지션	P	투타	우투우타	신장	183	체중	87
연봉	3500-9000			지명순위	19 한화 2차 4라운드 33순위		
생년월일	2000-09-15			학교	길원초-잠신중-신일고		

2024 KIA의 구세주2, 개명 성공 역사 잇는다

2022년 한화에서 KIA로 트레이드 된 뒤 현역 입대해 복무했는데 그 사이 구속이 크게 늘어 돌아왔다. 2024년 KIA가 발굴한 새로운 선발. 올해도 황동하와 선발 경쟁을 펼쳤다. 개명 전 김이환. KBO리그 개명 성공 역사의 뒤를 이을 1순위 후보다.

기본기록

연도	경기	선발	QS	승	패	세이브	BS	홀드	이닝	피안타	피홈런	4사구	삼진	피안타율	WHIP	피 OPS	ERA	WAR
2022	10	4	0	0	2	0	0	0	21.1	34	4	10	22	0.370	2.06	0.985	7.59	-0.11
2023	0	0	0	0	0	0	0	0	0	0	0	0	0	-	-	-	-	-
2024	35	10	1	4	6	0	0	3	75	87	9	31	59	0.291	1.57	0.797	4.92	1.23
통산	82	40	3	10	18	0	0	3	214.1	253	24	123	139	0.297	1.75	0.825	5.84	2.07

김태형

포지션	P	투타	우투우타	신장	184	체중	95
연봉	3000			지명순위	25 KIA 1라운드 5순위		
생년월일	2006-12-15			학교	화순초-화순중-덕수고		

열아홉, 미래의 에이스, 내 안에 아저씨 있다

광주 출신으로 아버지가 KIA 왕팬인데 서울로 야구유학을 가 덕수고를 졸업하고 운명처럼 KIA에 지명됐다. 2025년 2차 1라운드 지명 특급 기대주. 마무리캠프 때 이범호 감독의 눈도장을 받아 '선발감'으로 낙점됐다. 5선발 경쟁을 했고 KIA가 차기 에이스로 후보로 키울 재목. MBTI를 제대로 검사해본 적이 없고, 아이돌은 잘 모르고, 취미는 콘솔게임 정도. "몸은 어린데 내면에 아저씨 같은 면이 있다"고 털어놓았다.

기본기록

연도	경기	타석	타수	안타	2루타	3루타	홈런	타점	득점	볼넷	사구	삼진	도루	타율	출루율	장타율	OPS	WAR
2022	-	-	-	-	-	-	-	-	-	-	-	-	-	-	-	-	-	-
2023	-	-	-	-	-	-	-	-	-	-	-	-	-	-	-	-	-	-
2024	-	-	-	-	-	-	-	-	-	-	-	-	-	-	-	-	-	-
통산	-	-	-	-	-	-	-	-	-	-	-	-	-	-	-	-	-	-

박준표

포지션	P	투타	우언우타	신장	181	체중	93
연봉	8000-7500			지명순위	13 KIA 7라운드 62순위		
생년월일	1992-06-26			학교	송정동초-진흥중-중앙고-동강대		

다시 필승조로 가는 그날까지

KIA 사이드암 불펜의 대표주자. 과거 KIA 젊은 불펜 투수들 중 가장 제구 안정형이었다. 매우 성실하고 심성이 착하다는 평가를 받는다. 2020년 50경기에서 평균자책 1.57로 빼어난 활약을 펼쳤고 이후에도 불펜 주축이었지만 할만하면 부상이 찾아와 멈춰섰던 투수. 부활을 꿈꾼다.

기본기록

연도	경기	선발	QS	승	패	세이브	BS	홀드	이닝	피안타	피홈런	4사구	삼진	피안타율	WHIP	피 OPS	ERA	WAR
2022	34	0	0	1	0	0	1	8	23.1	27	4	10	11	0.297	1.59	0.878	5.40	-0.26
2023	33	0	0	1	0	0	0	3	28	28	3	9	13	0.259	1.32	0.705	4.50	0.14
2024	8	0	0	0	0	0	0	1	6	10	0	3	4	0.400	2.17	0.963	6.00	-0.03
통산	314	4	0	23	11	6	11	52	329	339	30	102	200	0.268	1.34	0.737	4.57	4.61

올러

33

포지션	P	투타	우투우타	신장	193	체중	102
연봉	$600000			지명순위	25 KIA 자유선발		
생년월일	1994-10-17			학교	Northwestern State University		

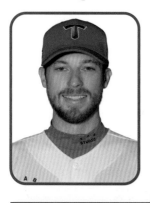

열정의 리트윗, 내가 진짜 왔다

협상 중에 미국에서 먼저 KIA행을 '셀프 오피셜'로 터뜨린 주인공. 에이전시가 올린 글을 리트윗 한 올러는 "너무 기뻐서 그랬다"며 KBO리그행을 진심으로 원했다고 강조, 또 강조한다. 불 뿜는 강속구와 적극적인 입단 과정과 달리 차분한 성격. 갑각류 알러지가 있다.

									기본기록								
연도	경기	타석	타수	안타	2루타	3루타	홈런	타점	득점	볼넷	사구	삼진	도루	타율	출루율	장타율	OPS	WAR
2022	-	-	-	-	-	-	-	-	-	-	-	-	-	-	-	-	-	-
2023	-	-	-	-	-	-	-	-	-	-	-	-	-	-	-	-	-	-
2024	-	-	-	-	-	-	-	-	-	-	-	-	-	-	-	-	-	-
통산	-	-	-	-	-	-	-	-	-	-	-	-	-	-	-	-	-	-

유승철

50

포지션	P	투타	우투양타	신장	184	체중	87
연봉	3600-3800			지명순위	17 KIA 1차		
생년월일	1998-03-02			학교	순천북초-순천이수중-효천고		

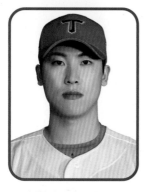

쾌활한 루피처럼, 내 인생의 주인공은 나

2017년 1차지명 출신. 중간계투로 뛰면서 1·2군을 오가다가 지난 시즌 호주리그에 파견된 뒤 미국 트레드애슬레틱에서 훈련하는 등 구단이 공들이고 있다. 이후 후반기 업그레이드 된 모습으로 올시즌 기대를 모은다. 잘 웃고 굉장히 밝은 성격이다. 애니메이션 '원피스'의 주인공 루피를 좋아한다. 지치지 않고 자기만의 꿈이 확실히 있는 루피를 어릴 때부터 보면서 '나도 내 인생의 주인공이 돼보자 생각했다'고 말했다.

									기본기록							
연도	경기	선발	QS	승	패	세이브	BS	홀드	이닝	피안타	피홈런	4사구	삼진	피안타율	WHIP	피 OPS	ERA	WAR
2022	21	0	0	3	0	0	0	0	19	21	5	16	14	0.280	1.95	0.949	7.58	-0.94
2023	1	0	0	0	0	0	0	0	1	0	0	1	0	0.000	1.00	0.250	0.00	0.04
2024	5	0	0	0	0	0	0	0	5	3	0	7	4	0.188	2.00	0.685	5.40	0.13
통산	69	0	0	4	0	1	0	3	76.1	77	12	55	67	0.266	1.73	0.844	5.54	-0.18

윤영철

13

포지션	P	투타	좌투좌타	신장	187	체중	87
연봉	9000-12000			지명순위	23 KIA 1라운드 2순위		
생년월일	2004-04-20			학교	창서초-충암중-충암고		

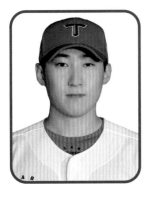

볼빨간 스마일 보이, 올해는 4선발이야

KIA 선발 투수 중 막내. 볼이 자주 발갛게 상기되는 편이며 늘 웃고 있다. 구속으로 승부하는 또래 투수들과 달리 제구로 승부하는 마운드의 애늙은이. 마냥 어리고 순해보이지만 알고 보면 성격파다. 이의리가 없는 올해 초반에는 4선발로 승격. 대투수 양현종과 함께 국내 투수진의 축을 맡는다.

	기본기록																	

연도	경기	선발	QS	승	패	세이브	BS	홀드	이닝	피안타	피홈런	4사구	삼진	피안타율	WHIP	피 OPS	ERA	WAR
2022	-	-	-	-	-	-	-	-	-	-	-	-	-	-	-	-	-	-
2023	25	24	7	8	7	0	0	0	122.2	124	10	48	74	0.263	1.40	0.726	4.04	2.85
2024	18	18	3	7	4	0	0	0	81.2	82	8	43	58	0.263	1.53	0.744	4.19	2.18
통산	43	42	10	15	11	0	0	0	204.1	206	18	91	132	0.263	1.45	0.733	4.10	5.04

이의리

48

포지션	P	투타	좌투좌타	신장	185	체중	90
연봉	17000-17000			지명순위	21 KIA 1차		
생년월일	2002-06-16			학교	수창초-충장중-광주제일고		

성실함도 차세대 에이스, 후반기는 니 세상이다

양현종을 뒤를 이을 차세대 KIA 에이스. 그 성실함까지 대투수 후계자답다. 후배 곽도규가 "의리 형 같이 야구밖에 모르고 열심히 하는 사람을 나는 본 적이 없다"고 말할 정도. 1년의 운동 스케줄을 태블릿PC에 정리해놓고 매일 정리하며 지켜나간다. 팔꿈치 재활 마치고 돌아오는 6월, KIA 마운드를 단숨에 3단 변신시킬 수 있다.

	기본기록																	

연도	경기	선발	QS	승	패	세이브	BS	홀드	이닝	피안타	피홈런	4사구	삼진	피안타율	WHIP	피 OPS	ERA	WAR
2022	29	28	12	10	10	0	0	0	154	128	18	74	161	0.221	1.31	0.69	3.86	2.66
2023	28	28	6	11	7	0	0	0	131.2	103	4	93	156	0.213	1.49	0.62	3.96	3.29
2024	4	4	0	1	0	0	0	0	13.1	17	3	14	14	0.309	2.33	0.976	5.40	0.07
통산	80	79	22	26	22	0	0	0	393.2	317	31	237	424	0.218	1.41	0.659	3.89	8.78

이준영

20

포지션	P	투타	좌투좌타	신장	177	체중	85
연봉	14000-17000		지명순위	15 KIA 2차 4라운드 42순위			
생년월일	1992-08-10		학교	군산남초-군산중-군산상고-중앙대			

그가 등장하면 한 타자는 '순삭'

KIA의 완벽한 좌완 스페셜리스트. 양현종이 "우리 팀의 알토란 같은 투수"라고 할 정도로 불펜에서 결정적인 순간에 등장해 좌타자를 처리하고 임무를 마친다. KT 김민수와 친해서 이번 시즌 전 고영표, 김민수, 손동현 등 KT 투수들이 일본 지바에서 개인 훈련할 때 동행했다.

기본기록																	
연도	경기	선발	QS	승	패	세이브	BS	홀드	이닝	피안타	피홈런	4사구	삼진	피안타율	WHIP	피 OPS	ERA	WAR
2022	75	0	0	1	1	1	1	17	46.1	41	3	26	42	0.238	1.45	0.675	2.91	1.41
2023	64	0	0	1	0	0	0	10	33.2	26	0	23	30	0.211	1.46	0.594	3.21	0.97
2024	56	0	0	4	0	0	1	9	35	37	5	17	33	0.268	1.54	0.792	3.86	0.42
통산	343	3	0	10	7	2	6	60	243	251	19	135	203	0.263	1.59	0.731	4.85	1.74

임기영

17

포지션	P	투타	우언우타	신장	184	체중	86
연봉	25000-30000		지명순위	12 한화 2라운드 18순위			
생년월일	1993-04-16		학교	대구수창초-경운중-경북고			

선발도, 불펜도 다 되는 이런 투수 또 있나

양현종과 이의리 사이, 그야말로 기근 및 정체 상태였던 KIA 국내 선발 역사를 장식했던 거의 유일한 투수. 그러나 윤영철까지 어린 선발들이 등장하자 2023년 중간계투로 이동해 대활약했고 2024년 초반 부상으로 멈춰서며 FA 시즌 불운으로 이어졌다. 그래도 KIA와 계약했고 2025년 설욕을 다짐한다. 그만한 롱릴리프는 KIA에 없다. KIA의 스타 치어리더였던 김맑음 씨와 결혼해 아들이 있다.

기본기록																	
연도	경기	선발	QS	승	패	세이브	BS	홀드	이닝	피안타	피홈런	4사구	삼진	피안타율	WHIP	피 OPS	ERA	WAR
2022	26	23	10	4	13	1	0	0	129.1	137	18	36	82	0.273	1.34	0.761	4.24	2.85
2023	64	0	0	4	4	3	1	16	82	56	6	19	57	0.193	0.91	0.556	2.96	2.35
2024	37	3	0	6	2	0	0	2	45.2	61	8	17	36	0.313	1.71	0.863	6.31	-0.16
통산	285	125	46	51	59	4	2	21	867	993	104	247	635	0.289	1.43	0.781	4.80	15.41

전상현

51

포지션	P	투타	우투우타	신장	182	체중	84
연봉	17000-30000		지명순위	16 KIA 2차 4라운드 38순위			
생년월일	1996-04-18		학교	남도초-경복중-상원고			

KIA 불펜에 멋짐이 폭발한다

팬들 사이에서 '전멋짐' '섹시투수'라 불리는데 본인도 이유를 모른다. 승부처에서 무표정하게 던져 결정적인 아웃카운트를 잡아내는 모습과 달리 마운드를 내려오면 순박함과 새침함이 공존한다. 지난해 시즌 중 롯데 김원중, 구승민에게서 팁을 얻은 포크볼을 제대로 장착하기 시작하면서 업그레이드 됐다.

기본기록

연도	경기	선발	QS	승	패	세이브	BS	홀드	이닝	피안타	피홈런	4사구	삼진	피안타율	WHIP	피 OPS	ERA	WAR
2022	50	0	0	5	5	2	3	16	46.1	42	2	16	53	0.244	1.25	0.642	3.30	1.23
2023	64	0	0	8	3	1	2	13	58.2	50	1	26	50	0.233	1.30	0.600	2.15	1.89
2024	66	0	0	10	5	7	7	19	66	55	5	20	54	0.224	1.14	0.626	4.09	1.64
통산	312	3	0	27	21	25	18	84	316	280	20	124	309	0.238	1.28	0.651	3.39	8.75

최지민

39

포지션	P	투타	좌투좌타	신장	185	체중	100
연봉	10000-12000		지명순위	22 KIA 2차 1라운드 5순위			
생년월일	2003-09-10		학교	강릉율곡초-경포중-강릉고			

눈처럼 하얀 피부, 수줍은 파워피처

KIA 불펜을 업그레이드시킬 또 한 명의 투수. 2023년 구속이 급증해 대화제를 일으키며 필승계투조로 진입했으나 2024년 부진해 방황했다. 그러나 회복, 프리미어12에서 보여준 모습이라면 KIA 불펜을 더 끌어올릴 것이 확실하다. 운동선수답지 않은 새하얀 피부가 양현종 저리 가라 할 정도. 동기 김도영이 짐만보(포켓몬스터)라고 부른다.

기본기록

연도	경기	선발	QS	승	패	세이브	BS	홀드	이닝	피안타	피홈런	4사구	삼진	피안타율	WHIP	피 OPS	ERA	WAR
2022	6	0	0	0	0	0	0	0	6	12	1	5	7	0.400	2.83	1.067	13.50	-0.28
2023	58	0	0	6	3	3	2	12	59.1	45	4	26	44	0.216	1.20	0.623	2.12	0.91
2024	56	0	0	3	3	3	4	12	46	44	2	40	37	0.250	1.83	0.745	5.09	0.41
통산	120	0	0	9	6	6	6	24	111.1	101	7	71	88	0.244	1.54	0.709	3.96	1.04

황동하

41

포지션	P	투타	우투우타	신장	183	체중	96
연봉	3500-10000			지명순위	22 KIA 2차 7라운드 65순위		
생년월일	2002-07-30			학교	진북초-전라중-인상고		

2024 KIA의 구세주, 알고보면 세상 순둥이

한때는 모자 챙을 일자로 펴 힙하게 쓰고 다니기도 했으나 완벽한 순둥이. 인터뷰장에 들어와서는 많은 취재진 수에 놀라 목소리가 한없이 작아지는 귀여운 면도 있다. 2024년 선발진 붕괴 대위기에서 혜성 같이 등장해 실질적인 풀 타임 선발로 활약하며 KIA를 구한 주인공. 올해 목표는 130이닝이다.

기본기록

연도	경기	선발	QS	승	패	세이브	BS	홀드	이닝	피안타	피홈런	4사구	삼진	피안타율	WHIP	피 OPS	ERA	WAR
2022	0	0	0	0	0	0	0	0	0	0	0	0	0	0	-	-	-	-
2023	13	6	0	0	3	0	0	0	31.1	35	5	21	19	0.285	1.79	0.894	6.61	-0.06
2024	25	21	2	5	7	0	0	0	103.1	109	13	44	81	0.268	1.48	0.757	4.44	2.13
통산	38	27	2	5	10	0	0	0	134.2	144	18	65	100	0.272	1.55	0.789	4.95	2.07

김규성

14

포지션	2B	투타	우투좌타	신장	183	체중	73
연봉	5500-6500			지명순위	16 KIA 2차 7라운드 63순위		
생년월일	1997-03-08			학교	갈산초-선린중-선린고		

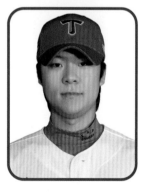

KIA에서 가장 빠른 남자

KIA의 대표적인 대주자. 백업 내야수 1순위. 발이 매우 빠르고 수비도 유연해 좋은 재능을 갖고 있다. 올시즌을 앞두고 스프링 캠프를 준비하며 나성범에게 특별 웨이트트레이닝 과외를 집중적으로 받았다. 2023년 4월 29일 잠실에서 엄청난 홈스틸(공식 기록은 삼중도루)을 성공시킨 뒤 처음으로 취재진에 둘러싸였다.

기본기록

연도	경기	타석	타수	안타	2루타	3루타	홈런	타점	득점	볼넷	사구	삼진	도루	타율	출루율	장타율	OPS	WAR
2022	70	52	50	9	0	1	1	4	14	1	0	12	0	0.180	0.196	0.280	0.476	-0.27
2023	99	177	158	37	6	1	2	11	29	13	1	43	6	0.234	0.297	0.323	0.620	0.86
2024	27	15	12	3	1	0	0	2	5	2	0	4	1	0.250	0.357	0.333	0.690	-0.18
통산	353	467	413	82	10	3	6	30	77	34	2	116	9	0.199	0.263	0.281	0.544	-0.94

김석환

포지션	1B	투타	좌투좌타	신장	187	체중	97
연봉	4000-4000			지명순위	17 KIA 2차 3라운드 24순위		
생년월일	1999-02-28			학교	광주서석초-광주동성중-광주동성고		

좌타 거포

KIA의 또다른 거포 기대주. 좌타 거포. 이승엽의 스승으로 유명한 박흥식 전 퓨처스 감독이 "이승엽처럼 부드러운 스윙"이라고 극찬하면서 '제2의 이승엽'으로 기대받았다. 워낙 장타력이 있어 내야 백업과 대타를 논할 때 늘 우선 순위로 거론된다. 1군에 한 번도 못 올라간 지난 시즌과는 다른 2025년을 준비했다. 지난 연말 결혼했다.

기본기록

연도	경기	타석	타수	안타	2루타	3루타	홈런	타점	득점	볼넷	사구	삼진	도루	타율	출루율	장타율	OPS	WAR
2022	51	107	94	14	2	0	3	7	15	10	3	32	0	0.149	0.252	0.266	0.518	-0.31
2023	12	26	23	3	1	0	0	3	1	2	0	9	0	0.130	0.200	0.174	0.374	-0.40
2024	0	0	0	0	0	0	0	0	0	0	0	0	0	-	-	-	-	0
통산	69	155	138	22	3	0	4	13	17	12	4	49	0	0.159	0.247	0.268	0.515	-1.03

김태군

포지션	C	투타	우투우타	신장	182	체중	92
연봉	70000-70000			지명순위	08 LG 2차 3라운드 17순위		
생년월일	1989-12-30			학교	양정초-대동중-부산고-방송통신대		

나를 더 이상 식물이라 부르지 말라

공격형 포수 시대에 저평가 됐던 설움을 지난해 한국시리즈에서 완전히 털어버렸다. "내가 식물이 아니라는 것을 보여주겠다"더니 만루홈런까지 치며 생애 최강의 화력을 한국시리즈에서 뿜어냈다. 포수로서 수비도 수비지만 카리스마가 있다. 요즘 선배들이 꺼리는 악역을 자청해 선수단 분위기를 다잡는다. 어느 조직에나 꼭 필요하지만 찾기 힘든 선수다.

기본기록

연도	경기	타석	타수	안타	2루타	3루타	홈런	타점	득점	볼넷	사구	삼진	도루	타율	출루율	장타율	OPS	WAR
2022	102	235	205	61	11	0	2	25	20	17	4	34	0	0.298	0.358	0.380	0.738	1.25
2023	114	346	311	80	10	1	1	42	24	15	8	30	2	0.257	0.305	0.305	0.610	0.22
2024	105	270	235	62	7	0	7	34	24	12	11	24	0	0.264	0.328	0.383	0.711	1.13
통산	1400	3618	3170	791	122	2	32	337	291	185	99	464	3	0.250	0.309	0.320	0.629	6.53

김호령

27

포지션	CF	투타	우투우타	신장	178	체중	85
연봉	9000-8000			지명순위	15 KIA 2차 10라운드 102순위		
생년월일	1992-04-30			학교	관산초-안산중앙중-군산상고-동국대		

KIA엔 '호령존'이라는 것이 있단 말이다

2017년 KIA 우승의 주역인 로저 버나디나가 "메이저리그에서도 보기 힘든 세계 최고 수비"라고 진심으로 감탄했던, 그야말로 수비력은 리그 최고인 외야수. 명장면으로 남은 슈퍼캐치가 한 두 번이 아니다. 타격에서는 아쉬움이 있어 주전 경쟁력에서 밀렸지만, 타고난 타구 판단력과 빠른 발로 만드는 엄청난 수비력은 타의 추종을 불허한다.

기본기록																	
연도	경기	타석	타수	안타	2루타	3루타	홈런	타점	득점	볼넷	사구	삼진	도루	타율	출루율	장타율	OPS	WAR
2022	54	88	77	21	1	1	1	8	21	7	0	22	2	0.273	0.333	0.351	0.684	0.22
2023	76	107	95	17	7	0	0	6	16	8	1	38	1	0.179	0.25	0.253	0.503	0.90
2024	64	67	59	8	2	0	1	4	12	8	0	25	3	0.136	0.239	0.220	0.459	-0.07
통산	670	1477	1299	306	51	9	20	122	235	113	27	394	46	0.236	0.309	0.335	0.644	2.54

박민

2

포지션	SS	투타	우투우타	신장	184	체중	84
연봉	3500-3800			지명순위	20 KIA 2차 1라운드 6순위		
생년월일	2001-06-05			학교	갈산초-성남중-야탑고		

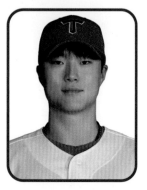

그가 있어 KIA 내야 미래는 밝다

2020년 2차 1라운드 지명 신인. 차분한 성격에 수비력이 높은 평가를 받는다. 일찍이 상무에 입대해 군 복무를 마쳤고 복귀한 뒤 지난해 16경기를 뛰었다. 특히 시즌 초반 유격수로 출전해 파울플라이를 끝까지 쫓아가다가 관중석 펜스에 부딪혀 무릎을 크게 다쳤다. 출전 경기 수는 적었지만 투혼의 수비로 깊이 각인됐다.

기본기록																	
연도	경기	타석	타수	안타	2루타	3루타	홈런	타점	득점	볼넷	사구	삼진	도루	타율	출루율	장타율	OPS	WAR
2022	6	2	2	0	0	0	0	0	1	0	0	0	0	0.000	0.000	0.000	0.000	0.00
2023	0	0	0	0	0	0	0	0	0	0	0	0	0	-	-	-	-	0
2024	16	30	29	8	4	0	0	2	5	1	0	7	0	0.276	0.300	0.414	0.714	-0.03
통산	46	72	67	14	5	0	0	5	10	4	1	18	0	0.209	0.264	0.284	0.548	-0.28

박정우

포지션	CF	투타	좌투좌타	신장	175	체중	68
연봉	3800-6500			지명순위	17 KIA 2차 7라운드 64순위	
생년월일	1998-02-01			학교	역삼초-언북중-덕수고	

KIA 외야의 날쌘돌이

외야의 날쌘돌이. 2023년 퓨처스리그 도루왕 출신이다. 빠른 발로 수비 범위가 넓고 어깨도 좋고 송구가 정확해 2024년부터 1군 붙박이 외야 백업으로 자리잡았다. '까불이'처럼 보이지만 눈물이 많다. 대타로 나가 동점 득점에 결승타까지 친 뒤 부모님 얘기하며 눈물을 펑펑 쏟아 취재진까지 눈시울을 붉히게 했다. 박찬호가 아주아주 예뻐한다.

										기본기록							
연도	경기	타석	타수	안타	2루타	3루타	홈런	타점	득점	볼넷	사구	삼진	도루	타율	출루율	장타율	OPS	WAR
2022	16	3	3	1	0	0	0	2	2	0	0	1	0	0.333	0.333	0.333	0.666	0.03
2023	21	12	9	3	0	0	0	0	2	0	0	1	0	0.333	0.333	0.333	0.666	0.25
2024	66	69	65	20	3	1	0	11	17	4	0	14	0	0.308	0.348	0.385	0.733	0.42
통산	135	145	125	33	4	1	0	17	24	14	2	24	0	0.264	0.348	0.312	0.66	0.77

변우혁

포지션	1B	투타	우투우타	신장	185	체중	95
연봉	6000-8500			지명순위	19 한화 1차	
생년월일	2000-03-18			학교	일산초-헌도중-북일고	

다시 보고 싶은 내 귀에 캔디

거포 기대주. 건장한 피지컬에서 뿜어내는 장타자의 분위기가 언젠가는 폭발할 것 같은 기대감을 준다. 무주공산이었던 1루수 경쟁에서 결국 주전을 쟁취하지는 못하고 외국인 타자 위즈덤을 맞이했다. 백업 내야수지만 제1대타다. 지난해 우승 팬페스트에서 여장을 하고 '내 귀에 캔디'를 공연해 충격과 공포를 선사했다.

										기본기록							
연도	경기	타석	타수	안타	2루타	3루타	홈런	타점	득점	볼넷	사구	삼진	도루	타율	출루율	장타율	OPS	WAR
2022	21	61	61	16	3	0	3	8	5	0	0	21	0	0.262	0.262	0.459	0.721	-0.05
2023	83	226	200	45	4	0	7	24	23	23	3	74	0	0.225	0.314	0.35	0.664	-0.28
2024	69	187	168	51	9	2	5	21	22	16	2	48	1	0.304	0.369	0.47	0.839	0.64
통산	202	535	482	124	17	2	16	55	57	46	6	160	1	0.257	0.329	0.40	0.729	0.16

서건창

58

포지션	2B	투타	우투좌타	신장	176	체중	84
연봉	5000-12000			지명순위	08 LG 신고선수		
생년월일	1989-08-22			학교	송정초-충장중-광주제일고		

KIA 수비의 마스터키, 지금은 행복야구 중

리그 역사에 남을 우여곡절의 선수. 그러나 고향 팀 KIA에서 '행복야구'를 한다. LG에서 방출 뒤 지난해 KIA에 입단해 결국 첫 FA 계약도 KIA에서 했다. 지난해 부상병동 KIA에 서건창이 없었다면 라인업은 구멍투성이였을 것. 주포지션 2루에 1루도 막아줬던 지난해에 이어 올해는 캠프에서 좌익수도 준비했다. KIA 수비 비상사태의 마스터키.

기본기록

연도	경기	타석	타수	안타	2루타	3루타	홈런	타점	득점	볼넷	사구	삼진	도루	타율	출루율	장타율	OPS	WAR
2022	77	247	219	49	10	1	2	18	39	20	4	44	8	0.224	0.299	0.306	0.605	-0.05
2023	44	126	110	22	5	2	0	12	14	10	0	14	3	0.200	0.260	0.282	0.542	-0.53
2024	94	248	203	63	14	1	1	26	40	36	3	31	3	0.310	0.416	0.404	0.820	1.61
통산	1494	6181	5313	1558	297	59	46	569	931	671	74	642	244	0.293	0.377	0.397	0.774	35.77

윤도현

9

포지션	2B	투타	우투우타	신장	181	체중	84
연봉	3000-3200			지명순위	22 KIA 2차 2라운드 15순위		
생년월일	2003-05-07			학교	광주화정초-무등중-광주제일고		

부상아, 넌 날 이길 수 없어

2022년 2차 2라운드 지명. 공·수·주 다 되는 내야수로 고교 시절까지 김도영과 라이벌. 같이 입단했으나 이후 잦은 부상으로 1군 출전은 3년 동안 단 7경기. 그러나 경력에 비해 두터운 팬덤을 보유하고 있다. 올해 건강한 1군 활약으로 비상을 준비한다. 김도영과는 데뷔 때부터 룸메이트. 내성적이라 고교 때는 안 친했는데 입단하고 친해졌다고. 드라마 보는 것을 좋아하고 농구 경기를 관람하며 스트레스를 푼다.

기본기록

연도	경기	타석	타수	안타	2루타	3루타	홈런	타점	득점	볼넷	사구	삼진	도루	타율	출루율	장타율	OPS	WAR
2022	0	0	0	0	0	0	0	0	0	0	0	0	0	-	-	-	-	0
2023	1	1	1	0	0	0	0	0	0	0	0	1	0	0	0	0	0	-0.07
2024	6	27	27	11	2	0	1	8	5	0	0	9	1	0.407	0.407	0.593	1.000	0.51
통산	7	28	28	11	2	0	1	8	5	0	0	10	1	0.393	0.393	0.571	0.964	0.44

이우성

25

포지션	LF	투타	우투우타	신장	182	체중	95
연봉	13000-17000			지명순위	13 두산 2라운드 15순위		
생년월일	1994-07-17			학교	대전유천초-한밭중-대전고		

대기만성, 그거 제 겁니다

대기만성으로 가는 선수. 두산, NC를 거친 뒤 2019년 KIA로 온 뒤에도 백업, 대타로 뛰다 2023년 처음으로 100경기 이상 400타석을 뛰면서 주전으로 올라섰다. 지난해에는 고교 시절 이후 처음으로 1루수로 변신도 했지만 올해 다시 외야로 복귀한다. 생각보다 발이 빠르다. 성실함의 표본. 덩치가 크지만 마음이 여리다. 최형우와 거의 친형제처럼 지낸다.

기본기록																	
연도	경기	타석	타수	안타	2루타	3루타	홈런	타점	득점	볼넷	사구	삼진	도루	타율	출루율	장타율	OPS	WAR
2022	80	137	120	35	7	0	1	12	23	12	1	20	1	0.292	0.361	0.375	0.736	0.14
2023	126	400	355	107	17	0	8	58	39	31	5	81	8	0.301	0.363	0.417	0.780	2.66
2024	112	449	399	115	16	1	9	54	56	44	3	89	7	0.288	0.361	0.401	0.762	-0.10
통산	697	1894	1681	433	72	1	38	223	221	162	23	415	21	0.258	0.329	0.369	0.698	0.66

이창진

8

포지션	LF	투타	우투우타	신장	173	체중	85
연봉	12000-14000			지명순위	14 롯데 2차 6라운드 60순위		
생년월일	1991-03-04			학교	신도초-동인천중-인천고-건국대		

언제나 그가 있다, 외야의 애니콜

KIA 야수진의 소금 같은 존재. 타격도 되고 수비도 된다. 외야수가 필요할 때는 투입 1순위. 분명히 주전으로 뛴 시즌들이 있었는데 주전으로 불리지는 못했다. 외야에서 외국인 타자가 빠진 올해 출전 기회가 크게 늘 것으로 보인다. "주전이 되고 싶은 이유는 연봉을 많이 받고파서"라고 말하는 야망의 외야수.

기본기록																	
연도	경기	타석	타수	안타	2루타	3루타	홈런	타점	득점	볼넷	사구	삼진	도루	타율	출루율	장타율	OPS	WAR
2022	111	404	346	104	14	0	7	48	56	41	2	63	3	0.301	0.374	0.402	0.776	2.51
2023	104	284	244	66	11	3	4	29	35	34	2	44	9	0.270	0.362	0.389	0.751	1.94
2024	103	247	191	50	10	0	1	18	36	45	2	36	4	0.262	0.401	0.330	0.731	0.64
통산	635	1879	1597	423	80	6	21	183	250	224	14	319	29	0.265	0.357	0.362	0.719	6.56

최원준

16

포지션	CF	투타	우투좌타	신장	178	체중	85
연봉	22000-40000			지명순위	16 KIA 2차 1라운드 3순위		
생년월일	1997-03-23			학교	연현초-경원중-서울고		

철없던 유망주, 이제 완전한 주전 외야수

과거 김기태 감독은 "언젠가 최원준이 일을 낼 것이다. 두고보라"고 했다. 일찍이 타격 재능을 드러내 출전 기회를 늘리고자 수비 포지션을 이동시키면서 KIA가 총애한 선수. 유망주에서 한 단계 올라설 무렵 입대. 상무 전역 이후 성숙해져 돌아와 이제 주전의 향기를 풍기고 있다. 시즌 뒤 FA라 대활약 기대.

기본기록

연도	경기	타석	타수	안타	2루타	3루타	홈런	타점	득점	볼넷	사구	삼진	도루	타율	출루율	장타율	OPS	WAR
2022	0	0	0	0	0	0	0	0	0	0	0	0	0	-	-	-	-	0
2023	67	274	239	61	11	2	1	23	37	31	0	39	13	0.255	0.341	0.331	0.672	0.82
2024	136	508	438	128	23	3	9	56	75	50	8	66	21	0.292	0.371	0.420	0.791	2.35
통산	746	2647	2339	667	112	21	25	239	377	221	35	340	110	0.285	0.353	0.383	0.736	6.55

한승택

26

포지션	C	투타	우투우타	신장	174	체중	83
연봉	6500-6500			지명순위	13 한화 3라운드 23순위		
생년월일	1994-06-21			학교	잠전초-잠신중-덕수고		

오뚝이 포수, 언젠간 너의 날이 올 거야

KIA의 오뚝이 같은 포수. 포수 기근의 시기가 길었던 KIA에서 버텼지만, 기회를 잡을 만하면 트레이드로 새 포수가 오곤 했다. 2023년에는 절호의 기회가 찾아왔지만 시즌 초반 부진으로 출전 경기 수가 줄었고 김태군이 이적하더니 한준수가 등장했다. 그러나 존재감은 작지 않다. 에이스 양현종이 굉장히 아낀다.

기본기록

연도	경기	타석	타수	안타	2루타	3루타	홈런	타점	득점	볼넷	사구	삼진	도루	타율	출루율	장타율	OPS	WAR
2022	66	119	102	18	2	0	1	12	11	9	3	30	0	0.176	0.261	0.225	0.486	-0.11
2023	49	104	85	11	2	0	0	3	6	11	2	32	0	0.129	0.245	0.153	0.398	-0.45
2024	20	15	11	3	0	0	0	2	2	4	0	1	0	0.273	0.467	0.273	0.740	-0.10
통산	613	1287	1111	230	34	2	19	118	100	117	19	333	1	0.207	0.293	0.293	0.586	0.64

한준수

포지션	C	투타	우투좌타	신장	184	체중	95
연봉	5000-14000			지명순위	18 KIA 1차		
생년월일	1999-02-13			학교	광주서석초-광주동성중-광주동성고		

55

KIA에도 공격형 포수 있다

반복된 트레이드로 포수 문제를 해결하던 KIA에 혜성처럼 나타난 공격형 포수. 2018년 1차 지명으로 입단했고 현역으로 군 복무를 마친 뒤 복귀한 2023년 후반기부터 가능성을 보인 뒤 꾸준히 1군에서 자리잡고 있다. KIA에서 오랜만에 대타로 활용하는 포수. 피지컬이 매우 좋고, 강렬해 보이는 외모와 달리 매우 순하고 잘 웃는다.

기본기록																
연도	경기	타석	타수	안타	2루타	3루타	홈런	타점	득점	볼넷	사구	삼진	도루	타율	출루율	장타율	OPS	WAR
2022	0	0	0	0	0	0	0	0	0	0	0	0	0	-	-	-	-	0
2023	48	94	86	22	4	0	2	12	9	7	0	26	0	0.256	0.312	0.372	0.684	0.63
2024	115	316	287	88	22	0	7	41	39	21	2	48	0	0.307	0.351	0.456	0.807	1.80
통산	170	430	393	116	28	0	9	55	50	28	2	76	0	0.295	0.340	0.435	0.775	2.19

황대인

포지션	1B	투타	우투우타	신장	178	체중	100
연봉	8000-7000			지명순위	15 KIA 2차 1라운드 2순위		
생년월일	1996-02-10			학교	군산신풍초-자양중-경기고		

52

포기할 수 없는 거포 기대주

KIA 내야에 거포 유망주 트리오가 있다. 변우혁, 김석환 그리고 황대인이다. 황대인은 그중 가장 성공에 가깝게 갔던 선수. 2021년 86경기에서 13홈런을 치고 2022년 1루수로 선발 출전하며 총 129경기에 출전, 차세대 거포이자 1루수로 기대받았다. 그러나 기회를 살리지 못했고 부상을 당하면서 무주공산이던 1루를 낚아채지 못했다. 그러나 타격 재능만은 포기할 수 없는 기대주다.

기본기록																
연도	경기	타석	타수	안타	2루타	3루타	홈런	타점	득점	볼넷	사구	삼진	도루	타율	출루율	장타율	OPS	WAR
2022	129	524	476	122	27	0	14	91	40	36	7	92	0	0.256	0.315	0.401	0.716	-0.10
2023	60	199	174	37	4	0	5	26	19	18	4	50	0	0.213	0.296	0.322	0.618	-0.22
2024	3	7	7	2	1	0	0	3	1	0	0	1	0	0.286	0.286	0.429	0.715	-0.02
통산	379	1255	1131	280	52	1	39	191	108	94	15	263	0	0.248	0.310	0.399	0.709	-0.47

김건국 43

포지션 P 투타 우투우타	신장 183	체중 86
연봉 4000-4500	지명순위	06 두산 2차 1라운드 6순위
생년월일 1988-02-02	학교	서부리틀-한서초-청량중-덕수정보고

연도	경기	선발	QS	승	패	세이브	BS	홀드	이닝	피안타	피홈런	4사구	삼진	피안타율	WHIP	피 OPS	ERA	WAR
2022	0	0	0	0	0	0	0	0	0	0	0	0	0	-	-	-	-	0.00
2023	6	5	0	0	1	0	0	0	16	18	0	4	9	0.286	1.38	0.746	6.75	0
2024	20	3	0	0	1	0	0	0	34.1	48	5	14	20	0.327	1.81	0.871	7.86	-0.23
통산	114	14	0	7	7	0	1	4	182.1	209	16	69	129	0.290	1.52	0.777	5.38	1.93

김민재 61

포지션 P 투타 우투우타	신장 188	체중 85
연봉 3000-3100	지명순위	24 KIA 8라운드 76순위
생년월일 2003-07-08	학교	효제초-청량중-신일고-동원과학기술대

연도	경기	선발	QS	승	패	세이브	BS	홀드	이닝	피안타	피홈런	4사구	삼진	피안타율	WHIP	피 OPS	ERA	WAR
2022	-	-	-	-	-	-	-	-	-	-	-	-	-	-	-	-	-	-
2023	-	-	-	-	-	-	-	-	-	-	-	-	-	-	-	-	-	-
2024	4	0	0	0	0	0	0	0	4	9	3	1	3	0.450	2.50	1.400	15.75	-0.15
통산	4	0	0	0	0	0	0	0	4	9	3	1	3	0.450	2.50	1.400	15.75	-0.15

김민주 49

포지션 P 투타 우투우타	신장 182	체중 85
연봉 3000-3100	지명순위	24 KIA 7라운드 66순위
생년월일 2002-09-08	학교	성동구리틀-청담초-건대부중-배명고-영동대

연도	경기	선발	QS	승	패	세이브	BS	홀드	이닝	피안타	피홈런	4사구	삼진	피안타율	WHIP	피 OPS	ERA	WAR
2022	-	-	-	-	-	-	-	-	-	-	-	-	-	-	-	-	-	-
2023	-	-	-	-	-	-	-	-	-	-	-	-	-	-	-	-	-	-
2024	2	0	0	0	0	0	0	0	1	3	0	1	2	0.429	4.00	1.071	9.00	-0.13
통산	2	0	0	0	0	0	0	0	1	3	0	1	2	0.429	4.00	1.071	9.00	-0.13

김사윤 21

포지션 P 투타 좌투좌타	신장 182	체중 90
연봉 3400-4000	지명순위	13 SK 3라운드 28순위
생년월일 1994-06-08	학교	광주화정초-무등중-화순고

연도	경기	선발	QS	승	패	세이브	BS	홀드	이닝	피안타	피홈런	4사구	삼진	피안타율	WHIP	피 OPS	ERA	WAR
2022	31	0	0	3	0	0	1	2	27	23	2	24	23	0.245	1.74	0.815	7.00	-0.43
2023	0	0	0	0	0	0	0	0	0	0	0	0	0	-	-	-	-	-
2024	23	2	0	0	1	1	0	0	37	40	2	25	36	0.288	1.76	0.810	4.62	-0.01
통산	119	8	0	4	3	2	2	12	131.2	122	14	118	125	0.254	1.82	0.822	6.08	-0.57

김승현 24

포지션 P 투타 우투우타	신장 180	체중 105
연봉 4100-4600	지명순위	16 삼성 2차 1라운드 10순위
생년월일 1992-07-09	학교	노암초-경포중-강릉고

연도	경기	선발	QS	승	패	세이브	BS	홀드	이닝	피안타	피홈런	4사구	삼진	피안타율	WHIP	피 OPS	ERA	WAR
2022	6	0	0	0	1	0	0	2	4	6	2	4	5	0.300	2.50	1.067	11.25	-0.35
2023	10	0	0	0	0	0	0	0	12.2	11	1	10	7	0.244	1.66	0.749	4.26	0.19
2024	14	0	0	1	0	0	0	0	18	23	3	7	11	0.295	1.67	0.853	4.00	0.20
통산	115	0	0	3	8	0	0	4	125.1	151	16	79	94	0.298	1.84	0.853	5.17	0.54

김정엽 46

포지션 P	투타 우투우타	신장 185	체중 96
연봉 3000	지명순위 25 KIA 5라운드 45순위
생년월일 2006-04-18	학교 수영초-개성중-부산고

연도	경기	선발	QS	승	패	세이브	BS	홀드	이닝	피안타	피홈런	4사구	삼진	피안타율	WHIP	피 OPS	ERA	WAR
2022	-	-	-	-	-	-	-	-	-	-	-	-	-	-	-	-	-	-
2023	-	-	-	-	-	-	-	-	-	-	-	-	-	-	-	-	-	-
2024	-	-	-	-	-	-	-	-	-	-	-	-	-	-	-	-	-	-
통산	-	-	-	-	-	-	-	-	-	-	-	-	-	-	-	-	-	-

김현수 32

포지션 P	투타 우투우타	신장 185	체중 90
연봉 4500-4500	지명순위 19 롯데 2차 3라운드 28순위
생년월일 2000-07-10	학교 효제초-흥은중-장충고

연도	경기	선발	QS	승	패	세이브	BS	홀드	이닝	피안타	피홈런	4사구	삼진	피안타율	WHIP	피 OPS	ERA	WAR
2022	1	0	0	0	0	0	0	0	2	3	0	1	1	0.375	2.00	0.944	4.50	0.03
2023	0	0	0	0	0	0	0	0	0	0	0	0	0	-	-	-	-	0
2024	5	0	0	0	0	0	0	0	5	7	0	5	4	0.333	2.40	0.988	18.00	-0.31
통산	44	12	0	2	7	0	0	0	91.1	111	11	74	55	0.300	2.03	0.906	7.69	-0.58

양수호 59

포지션 P	투타 우투우타	신장 187	체중 82
연봉 3000	지명순위 25 KIA 4라운드 35순위
생년월일 2006-09-09	학교 대전중구리틀-보성초-공주중-공주고

연도	경기	선발	QS	승	패	세이브	BS	홀드	이닝	피안타	피홈런	4사구	삼진	피안타율	WHIP	피 OPS	ERA	WAR
2022	-	-	-	-	-	-	-	-	-	-	-	-	-	-	-	-	-	-
2023	-	-	-	-	-	-	-	-	-	-	-	-	-	-	-	-	-	-
2024	-	-	-	-	-	-	-	-	-	-	-	-	-	-	-	-	-	-
통산	-	-	-	-	-	-	-	-	-	-	-	-	-	-	-	-	-	-

유지성 4

포지션 P	투타 좌투좌타	신장 189	체중 94
연봉 3100-3200	지명순위 20 KIA 2차 4라운드 36순위
생년월일 2000-11-15	학교 수유초-자양중-북일고

연도	경기	선발	QS	승	패	세이브	BS	홀드	이닝	피안타	피홈런	4사구	삼진	피안타율	WHIP	피 OPS	ERA	WAR
2022	0	0	0	0	0	0	0	0	0	0	0	0	0	-	-	-	-	0
2023	0	0	0	0	0	0	0	0	0	0	0	0	0	-	-	-	-	0
2024	3	0	0	0	0	0	0	0	2.1	5	1	0	3	0.385	2.14	1.044	7.71	-0.04
통산	3	0	0	0	0	0	0	0	2.1	5	1	0	3	0.385	2.14	1.044	7.71	-0.04

윤중현 19

포지션 P	투타 우언우타	신장 180	체중 84
연봉 6500-6000	지명순위 18 KIA 2차 9라운드 86순위
생년월일 1995-04-25	학교 광주서석초-무등중-광주제일고-성균관대

연도	경기	선발	QS	승	패	세이브	BS	홀드	이닝	피안타	피홈런	4사구	삼진	피안타율	WHIP	피 OPS	ERA	WAR
2022	47	0	0	3	1	0	1	5	53.2	63	4	14	27	0.294	1.43	0.738	5.03	0.31
2023	31	0	0	2	1	0	0	0	28	29	2	10	8	0.287	1.39	0.730	3.86	0.49
2024	11	0	0	0	0	0	0	0	10.1	22	4	9	4	0.458	3.00	1.340	13.94	-0.82
통산	119	13	1	10	8	0	1	7	174.2	205	17	64	72	0.300	1.54	0.785	4.84	1.35

이형범 28

포지션	P	투타 우투우타 신장 181 체중 80
연봉	7000-6500	지명순위 12 NC 특별 23순위
생년월일	1994-02-27	학교 화순초-화순중-화순고

연도	경기	선발	QS	승	패	세이브	BS	홀드	이닝	피안타	피홈런	4사구	삼진	피안타율	WHIP	피 OPS	ERA	WAR
2022	31	0	0	0	1	0	1	0	31	34	1	11	17	0.270	1.45	0.694	4.35	0.02
2023	23	0	0	1	0	0	0	1	27.2	40	2	12	13	0.348	1.88	0.904	6.51	-1.02
2024	16	0	0	0	1	0	0	2	15	26	2	7	9	0.371	2.20	0.972	7.80	-0.30
통산	207	8	1	10	10	20	5	14	251	285	22	110	123	0.290	1.57	0.782	4.77	-0.27

이호민 63

포지션	P	투타 우투우타 신장 182 체중 85
연봉	3000	지명순위 25 KIA 2라운드 15순위
생년월일	2006-08-26	학교 해남리틀-해남북일초-이평중-전주고

연도	경기	선발	QS	승	패	세이브	BS	홀드	이닝	피안타	피홈런	4사구	삼진	피안타율	WHIP	피 OPS	ERA	WAR
2022	-	-	-	-	-	-	-	-	-	-	-	-	-	-	-	-	-	-
2023	-	-	-	-	-	-	-	-	-	-	-	-	-	-	-	-	-	-
2024	-	-	-	-	-	-	-	-	-	-	-	-	-	-	-	-	-	-
통산	-	-	-	-	-	-	-	-	-	-	-	-	-	-	-	-	-	-

장재혁 38

포지션	P	투타 우투우타 신장 180 체중 86
연봉	3000-3100	지명순위 20 KIA 2차 6라운드 56순위
생년월일	2001-08-02	학교 부산금강초-대신중-경남고

연도	경기	선발	QS	승	패	세이브	BS	홀드	이닝	피안타	피홈런	4사구	삼진	피안타율	WHIP	피 OPS	ERA	WAR
2022	3	0	0	0	0	0	0	0	3	3	0	3	4	0.273	2.00	0.702	6.00	0.01
2023	0	0	0	0	0	0	0	0	0	0	0	0	0	-	-	-	-	0
2024	1	0	0	0	0	0	0	0	1.1	2	0	1	0	0.333	2.25	0.762	0.00	0.06
통산	4	0	0	0	0	0	0	0	4.1	5	0	4	4	0.294	2.08	0.723	4.15	0.07

고종욱 57

포지션	LF	투타 우투좌타 신장 184 체중 83
연봉	15000-15000	지명순위 11 넥센 3라운드 19순위
생년월일	1989-01-11	학교 역삼초-대치중-경기고-한양대

연도	경기	타석	타수	안타	2루타	3루타	홈런	타점	득점	볼넷	사구	삼진	도루	타율	출루율	장타율	OPS	WAR
2022	62	114	106	30	7	1	2	14	13	7	0	21	1	0.283	0.327	0.425	0.752	0.46
2023	114	286	270	80	17	0	3	39	35	14	0	58	2	0.296	0.329	0.393	0.722	1.29
2024	28	36	32	8	2	0	1	4	3	4	0	6	0	0.250	0.333	0.406	0.739	0.09
통산	1060	3374	3159	955	163	36	47	397	480	170	17	661	128	0.302	0.339	0.421	0.760	5.85

김두현 12

포지션	SS	투타 우투우타 신장 177 체중 76
연봉	3000-3100	지명순위 24 KIA 11라운드 106순위
생년월일	2003-04-25	학교 수원신곡초-매향중-공주고-동원대

연도	경기	타석	타수	안타	2루타	3루타	홈런	타점	득점	볼넷	사구	삼진	도루	타율	출루율	장타율	OPS	WAR
2022	0	0	0	0	0	0	0	0	0	0	0	0	0	-	-	-	-	0
2023	0	0	0	0	0	0	0	0	0	0	0	0	0	-	-	-	-	0
2024	3	6	5	2	0	0	0	0	2	0	1	0	0	0.400	0.500	0.400	0.900	-0.21
통산	3	6	5	2	0	0	0	0	2	0	1	0	0	0.400	0.500	0.400	0.900	-0.15

박재현

		포지션	LF	투타	우투좌타	신장	180	체중	73
36		연봉	3000		지명순위	25 KIA 3라운드 25순위			
		생년월일	2006-12-08		학교	동막초-재능중-인천고			

연도	경기	선발	QS	승	패	세이브	BS	홀드	이닝	피안타	피홈런	4사구	삼진	피안타율	WHIP	피 OPS	ERA	WAR
2022	-	-	-	-	-	-	-	-	-	-	-	-	-	-	-	-	-	-
2023	-	-	-	-	-	-	-	-	-	-	-	-	-	-	-	-	-	-
2024	-	-	-	-	-	-	-	-	-	-	-	-	-	-	-	-	-	-
통산	-	-	-	-	-	-	-	-	-	-	-	-	-	-	-	-	-	-

오선우

		포지션	RF	투타	좌투좌타	신장	186	체중	95
56		연봉	3300-3400		지명순위	19 KIA 2차 5라운드 50순위			
		생년월일	1996-12-13		학교	성동초-자양중-배명고-인하대			

연도	경기	타석	타수	안타	2루타	3루타	홈런	타점	득점	볼넷	사구	삼진	도루	타율	출루율	장타율	OPS	WAR
2022	0	0	0	0	0	0	0	0	0	0	0	0	0	-	-	-	-	0
2023	33	31	28	5	0	0	2	5	2	3	0	15	0	0.179	0.258	0.393	0.651	-0.22
2024	3	7	7	2	0	0	0	1	0	0	0	3	0	0.286	0.286	0.286	0.572	-0.03
통산	131	184	170	32	1	1	7	24	19	10	4	77	0	0.188	0.250	0.329	0.579	-1.20

이상준

		포지션	C	투타	우투우타	신장	182	체중	105
44		연봉	3000-3000		지명순위	24 KIA 3라운드 26순위			
		생년월일	2005-12-13		학교	도곡초-대치중-경기고			

연도	경기	선발	QS	승	패	세이브	BS	홀드	이닝	피안타	피홈런	4사구	삼진	피안타율	WHIP	피 OPS	ERA	WAR
2022	-	-	-	-	-	-	-	-	-	-	-	-	-	-	-	-	-	-
2023	-	-	-	-	-	-	-	-	-	-	-	-	-	-	-	-	-	-
2024	0	0	0	0	0	0	0	0	0	0	0	0	0	-	-	-	-	-
통산	-	-	-	-	-	-	-	-	-	-	-	-	-	-	-	-	-	-

주효상

		포지션	C	투타	우투좌타	신장	182	체중	85
22		연봉	4400-4400		지명순위	16 넥센 1차			
		생년월일	1997-11-11		학교	역북초-강남중-서울고			

연도	경기	타석	타수	안타	2루타	3루타	홈런	타점	득점	볼넷	사구	삼진	도루	타율	출루율	장타율	OPS	WAR
2022	0	0	0	0	0	0	0	0	0	0	0	0	0	-	-	-	-	0
2023	19	36	32	2	0	0	0	1	2	2	0	10	0	0.063	0.118	0.063	0.181	-0.40
2024	0	0	0	0	0	0	0	0	0	0	0	0	0	-	-	-	-	0
통산	256	441	391	75	15	1	2	37	33	36	4	139	1	0.192	0.266	0.251	0.517	-2.12

최정용

		포지션	2B	투타	우투좌타	신장	178	체중	75
23		연봉	4300-4500		지명순위	15 삼성 2차 2라운드 15순위			
		생년월일	1996-10-24		학교	서원초-세광중-세광고			

연도	경기	타석	타수	안타	2루타	3루타	홈런	타점	득점	볼넷	사구	삼진	도루	타율	출루율	장타율	OPS	WAR
2022	30	23	22	2	0	0	0	0	0	5	0	6	0	0.091	0.091	0.091	0.182	-0.41
2023	56	41	36	6	1	0	0	1	17	2	0	9	4	0.167	0.211	0.194	0.405	0.34
2024	6	12	11	2	0	0	0	1	0	1	0	4	0	0.182	0.250	0.182	0.432	-0.18
통산	244	290	258	55	4	1	1	12	49	18	0	76	6	0.213	0.264	0.248	0.512	-1.04

홍종표

포지션 2B	투타 우투좌타	신장 178	체중 72
연봉 3500-6500		지명순위 20 KIA 2차 2라운드 16순위	
생년월일 2000-05-02		학교 동막초-영남중-강릉고	

연도	경기	타석	타수	안타	2루타	3루타	홈런	타점	득점	볼넷	사구	삼진	도루	타율	출루율	장타율	OPS	WAR
2022	0	0	0	0	0	0	0	0	0	0	0	0	0	-	-	-	-	0
2023	40	12	7	0	0	0	0	0	10	3	1	1	0	0	0.364	0	0.364	0.12
2024	100	115	105	31	4	3	0	11	27	6	1	31	5	0.295	0.339	0.39	0.729	0.26
통산	180	215	192	51	7	3	0	18	44	13	2	45	5	0.266	0.317	0.333	0.650	0.04

2025시즌 육성선수

포지션	배번	투타	한글성명	생년월일	신장	체중	입단연도
투수	37	우우	강동훈	2000.11.23	185	98	2024
투수	02	우우	강이준	1998.4.7	190	86	2019
투수	029	우우	나연우	2006.7.24	184	90	2025
투수	03	우우	박건우	1998.6.3	193	97	2021
투수	039	우우	성영탁	2004.7.28	180	89	2024
투수	022	우우	오규석	2001.12.4	187	97	2020
투수	015	우우	이도현	2005.1.7	188	90	2023
투수	032	우우	이성원	2006.5.18	184	90	2025
투수	014	우우	이승재	2000.10.4	182	82	2021
투수	030	우우	임다온	2005.6.10	187	91	2025
투수	06	좌좌	장민기	2001.12.30	182	88	2021
투수	050	우우	조대현	2005.2.19	192	85	2024
투수	028	우우	최건희	2002.7.9	183	70	2025
투수	021	우우	홍원빈	2000.10.16	195	101	2019
포수	020	우우	권혁경	2002.1.23	187	94	2021
포수	042	우우	신명승	2002.11.2	183	94	2022
내야수	013	우우	강민제	2005.2.10	181	82	2024
내야수	010	우좌	김재현	2000.12.2	176	81	2023
내야수	05	좌좌	박상준	2001.8.21	178	104	2022
내야수	031	우우	엄준현	2006.4.20	174	75	2025
내야수	07	우좌	오정환	1999.3.27	185	85	2019
내야수	011	우우	이준범	2002.7.16	184	85	2021
내야수	01	우우	장시현	2001.12.21	178	75	2021
내야수	016	우우	정해원	2004.5.21	185	87	2023
외야수	04	우좌	김민수	2000.4.5	186	87	2019
외야수	036	좌좌	박헌	2006.1.5	185	90	2025
외야수	08	좌좌	예진원	1999.3.16	172	82	2018
외야수	09	우우	이영재	2002.1.11	185	95	2021

2024시즌 김도영 홈런일지

통산	시즌	날짜(2024년)	상대팀	구장	이닝	투수	비거리
11	1	4월 5일	삼성	광주	1회말	레예스	130m
12	2	4월 9일	LG	광주	6회말	박명근	120m
13	3	4월 12일	한화	대전	3회초	페냐	130m
14	4	4월 14일	한화	대전	1회초	산체스	110m
15	5	4월 16일	SSG	문학	3회초	김광현	120m
16	6	4월 17일	SSG	문학	7회초	최민준	125m
17	7	4월 17일	SSG	문학	9회초	이기순	115m
18	8	4월 21일	NC	광주	1회말	김시훈	120m
19	9	4월 23일	키움	고척	1회초	하영민	130m
20	10	4월 25일	키움	고척	5회초	김선기	130m
21	11	5월 4일	한화	광주	5회말	김범수	115m
22	12	5월 29일	NC	창원	7회초	김재열	110m
23	13	5월 31일	kt	광주	7회말	김민수	110m
24	14	6월 1일	kt	광주	5회말	육청명	105m
25	15	6월 6일	롯데	광주	8회말	전미르	110m
26	16	6월 7일	두산	잠실	5회초	알칸타라	125m
27	17	6월 16일	kt	수원	9회초	박영현	120m
28	18	6월 20일	LG	광주	5회말	엔스	110m
29	19	6월 21일	한화	광주	4회말	장시환	115m
30	20	6월 23일	한화	광주	4회말	류현진	130m
31	21	6월 27일	롯데	사직	7회초	이민석	110m
32	22	7월 2일	삼성	대구	4회초	코너	120m
33	23	7월 3일	삼성	대구	1회초	이승현	130m
34	24	7월 20일	한화	대전	3회초	김기중	130m
35	25	7월 23일	NC	광주	6회말	배재환	120m
36	26	7월 25일	NC	광주	5회말	하트	115m
37	27	7월 26일	키움	고척	3회초	김인범	125m
38	28	7월 27일	키움	고척	4회초	후라도	125m
39	29	8월 3일	한화	대전	5회초	와이스	110m
40	30	8월 15일	키움	고척	5회초	헤이수스	130m
41	31	8월 17일	LG	잠실	6회초	박명근	135m
42	32	8월 22일	롯데	광주	6회말	반즈	115m
43	33	8월 28일	SSG	광주	1회말	송영진	125m
44	34	8월 29일	SSG	광주	3회말	김광현	130m
45	35	9월 1일	삼성	대구	7회초	최지광	130m
46	36	9월 16일	kt	수원	3회초	벤자민	130m
47	37	9월 16일	kt	수원	9회초	김민수	125m
48	38	9월 23일	삼성	광주	1회말	이승민	125m

SAMSUNG Lions 삼성 라이온즈

주요 이슈

2024시즌 개막 전 그 누구도 삼성을 5위권으로 평가하지 않았다. 스토브리그 동안 쉼 없이 보강을 했음에도 여전히 전문가들의 시선은 차가웠다. 팀의 가장 큰 약점인 불펜을 보강하기 위해 자유계약선수(FA) 계약으로 임창민과 김재윤을 영입했다. 내부 FA 오승환도 앉혔다. 그럼에도 전력에는 물음표가 많았다. 야수진에서는 특별한 보강이 없었고 뎁스에 대한 의문이 있었기 때문이다. 실제로 삼성은 개막 2연전에서는 승리하면서 기분 좋게 스타트를 끊었지만 이후로 8연패에 빠졌다. 시즌 개막 전의 평가들이 정말로 현실로 이어지는 듯했다. 그러나 그 물음표가 모두 느낌표로 바뀌었다. 젊은 선수들이 모두 기량이 만개했다. 특히 김영웅의 발전이 반갑다. 그동안 소극적인 성격으로 제 기량을 발휘하지 못했던 김영웅은 2024시즌을 준비하던 스프링 캠프에서부터 박진만 삼성 감독에게서 자신의 타격 스타일에 대한 확신을 얻었다. 그리고 김영웅이 살아나기 시작하면서 삼성의 젊은 선수들이 전반적으로 살아났다. 그의 절친인 이재현도 함께 발전하면서 내야진이 든든해졌다. 어린 나이에 삼성 선발진의 한 축을 맡은 원태인은 이제 팀 내 국내 에이스로 자리 잡았다. 직전 해에 국제 대회 3개에 모두 참가하는 등의 일정으로 피로가 쌓였음에도 불구하고 시즌 초반부터 승 수를 쌓아 나갔다. 그러면서 다승왕까지 차지했다.

이 밖에 백업 자원들도 가능성을 드러내면서 좋은 선수들이 속속 나타났다. 그렇다고 고참 선수들도 마냥 손 놓고 있었던 게 아니었다. 구자욱이 커리어 하이급의 활약을 하면서 팀을 이끌었다. 주장을 맡은 구자욱은 야구장 안에서 자신의 성적을 내는 것과 동시에 야구 외적으로도 선수들을 감싸는 역할을 했다. 그리고 최다 출장 기록을 쓰고 있는 강민호도 데뷔 후 처음으로 월간 MVP를 수상하는 등 회춘하는 모습을 보였다. 팀 선수들은 모두 우리 팀이 신구 조화가 잘 이뤄졌다고 입을 모았다. 시즌 중 구단의 빠른 행보도 관심을 모았다. 외국인 타자가 유독 말썽이었다. 데이비드 맥키넌이 라팍의 강

2024시즌 2위
78승 2무 64패

점을 살리지 못했고, 대신 데려온 선수가 루벤 카데나스였다. 그러나 카데나스도 태업 논란을 일으키면서 교체됐고 최종적으로 르윈 디아즈를 품에 안았다. 마감 시한까지 아슬아슬하게 시간을 남겨두고 교체에 성공했다. 덕분에 삼성은 시즌 내내 선두를 노릴 정도로 1위 싸움을 하며 고공 행진을 이어갔다. 정규시즌을 2위로 마친 삼성은 3년 만에 포스트시즌 진출에 성공했다. 플레이오프에서는 신명나게 경기를 했다. 구자욱이 무릎 부상을 당하고 비로 경기가 미뤄지기도 했지만, 결국 강민호가 직접 한국시리즈의 한을 풀었다. 한국시리즈에서는 또다시 KIA의 벽에 막히며 준우승에 그쳤고 다음 시즌을 향한 마음을 다졌다. 한국시리즈를 아쉽게 마치면서 눈물을 흘린 삼성 선수들은 다시는 이런 눈물을 흘리지 않겠다고 다짐했다. 스토브리그에서는 불펜 보강에 집중했다. 하지만 사정이 여의치 않았다. FA 최대어 중 한 명이었던 장현식 영입전에 들어갔으나 잠실구장의 이점을 살린 LG에게 밀렸다. 결국 선발 자원인 최원태를 영입하면서 마운드를 보강했다. 키움에서 자유의 몸이 된 아리엘 후라도도 데리고 오면서 외국인 선수를 경험 위주로 구성했다.

베테랑 선수들에 대한 고민이 여실히 드러나기도 했다. 시즌 막판 부진으로 전력에서 빠졌던 오승환은 포스트시즌 엔트리에 포함되지 못했다. 최원태를 영입한 후 보상선수 명단 포함 여부가 뜨거운 감자로 떠올랐다. 구단이 이례적으로 포함 여부를 밝히기도 했지만 이번에는 박병호가 거론되기도 했다. 베테랑 선수들의 입지를 확인할 수 있었던 시간이었다.

어쨌든 삼성은 지난 시즌을 치르면서 위상이 순식간에 높아졌다. 5강권 밖으로 예상됐던 삼성은 이제는 강력한 우승 후보로 꼽힌다. 지난해 경험을 쌓은 선수들이 더욱 발돋움하길 바라면서 삼성은 대권을 노린다. 삼성이 왕조 시절을 건설했던 시기는 2010년대 초반으로 벌써 많은 시간이 지나갔다. 다시 정상의 자리를 향해 가려면 지난 시즌 성공한 최상의 시나리오들이 이번에도 가동되어야 한다. 다행히 이번에는 경험이라는 힘이 더해졌다.

종합

	경기당 득점		경기당 실점		경기당 실책		수비효율	
삼성	5.35	6위	4.99	1위	0.56	1위	0.669	1위
리그평균	5.38	7▶6	5.38	10▶1	0.76	3▶1	0.647	8▶1

	경기당 도루시도		도루성공률		경기당 희생번트		경기당 투수교체	
삼성	1.0	6위	79.6	2위	0.40	2위	3.88	4위
리그평균	1.1	6▶6	74.4	5▶2	0.34	2▶2	3.90	7▶4

타격

	타율		출루율		장타율		OPS	
삼성	0.269	9위	0.346	8위	0.428	3위	0.774	5위
리그평균	0.277	6▶9	0.352	7▶8	0.420	7▶3	0.772	7▶5

선발

	평균자책점		경기당 이닝		피안타율		피순장타	
삼성	4.49	3위	5.11	4위	0.270	4위	47	5위
리그평균	4.77	7▶3	5.00	3▶4	0.274	10▶4	48.8	6▶5

구원

	평균자책점		경기당 이닝		피안타율		피순장타	
삼성	4.97	2위	3.85	7위	0.283	6위	25	3위
리그평균	5.16	10▶2	3.91	8▶7	0.282	9▶6	19.9	9▶3

라인업

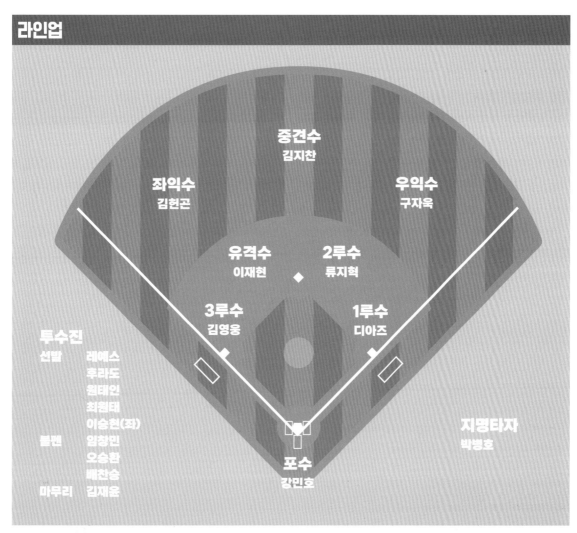

중견수
김지찬

좌익수
김헌곤

우익수
구자욱

유격수
이재현

2루수
류지혁

3루수
김영웅

1루수
디아즈

투수진
선발 레예스
      후라도
      원태인
      최원태
      이승현(좌)
불펜 임창민
      오승환
      배찬승
마무리 김재윤

지명타자
박병호

포수
강민호

최근 10시즌 성적

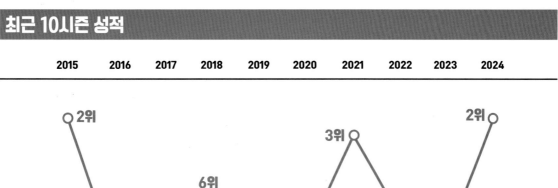

2015	2016	2017	2018	2019	2020	2021	2022	2023	2024
2위	9위	9위	6위	8위	8위	3위	7위	8위	2위

최상 시나리오

아쉬운 부분들까지 메우기 위해 합류한 '경력직' 후라도가 기복 없이 선발 로테이션을 돌고 FA 계약한 최원태가 땅볼 유도 능력으로 10승 이상을 달성한다. 김영웅, 이재현, 김지찬 등 젊은 선수들은 팀의 주축으로 자리 잡는다. 현재와 미래도 동시에 얻은 꿈 같은 시즌이다. 스프링 캠프에서부터 가능성을 보인 젊은 선수들이 라인업을 채운다. 150㎞ 배찬승이 필승조 한 자리에 눌러앉는다. 마운드에 올라갈 선수가 넘쳐난다. 작년에는 비가 그렇게 미웠는데, 올해는 일기예보를 볼 필요가 없다. 투자한 보람을 느낀 모기업이 통 큰 결정을 내린다.

최악 시나리오

삼성이 두려움을 느끼는 이유는 지난해 모든 것이 너무나도 잘 풀렸다는 점이다. 그렇게 잘하던 구자욱, 원태인, 김영웅, 이재현, 김지찬 모두 작년보다 하락한 성적을 보인다. 캠프부터 들려오던 부상 소식이 시즌 중에도 이어진다. 빈틈이 큰 마운드에 보탬이 되어야 할 김무신은 결국 시즌 중에 돌아오지 못했고, 캠프에서 조기 귀국했던 레예스와 김영웅의 컨디션은 시즌 절반이 지나도 올라오지 않는다. 개막전 라인업부터 최고의 상태와는 거리가 멀다. 비시즌 동안 들려온 트레이닝 파트의 잡음 탓일까? 선수들의 몸이 무겁다. 2025시즌 결과는 2024년보다 2023년에 가깝다.

코칭스태프

보직	배번	투타	이름	생년월일	키(cm)	몸무게(kg)
감독	70	우우	박진만	1976.11.30	178	82
수석	73	우우	정대현	1978.11.10	184	106
투수	84	좌좌	강영식	1981.6.17	189	99
불펜	87	좌좌	박희수	1983.7.13	184	88
타격	85	좌좌	이진영	1980.6.15	185	90
주루	97	우좌	강명구	1980.10.25	181	70
배터리	98	우우	채상병	1979.12.18	184	95
작전/외야	93	좌좌	이종욱	1980.6.18	176	78
수비	76	우우	손주인	1983.12.1	179	82
타격	77	우우	배영섭	1986.6.27	178	78
퓨처스 감독	81	우우	최일언	1961.7.27	177	80
퓨처스 투수	89	우우	박석진	1972.7.19	179	80
퓨처스 타격	74	좌좌	박한이	1979.1.28	182	91
퓨처스 배터리	78	우우	이흥련	1989.5.16	183	91
퓨처스 주루/내야	92	우우	정병곤	1988.3.23	173	73

감독 및 전력 포인트

박진만 감독

박진만 감독은 2023시즌을 앞두고 3년 계약으로 정식 감독이 됐다. 2025시즌은 감독 계약의 마지막 해다. 첫해에는 팀이 가을야구에 가지 못했지만 두 번째 해에는 팀을 한국시리즈 준우승까지 올리는 업적을 이뤘다. 다음 단계로 우승이라는 업적을 이뤄야 한다는 부담을 가지고 있다. 박 감독은 부임할 때부터 무한 경쟁을 통해 나오는 시너지 효과를 노렸다. 2022년부터 퓨처스 감독을 할 때부터 선수들을 발굴하고 육성하는 데 능력을 인정받았고 1군에서도 마찬가지로 선수층을 두텁게 하는 과정을 거쳤다. 덕분에 삼성은 신구 조화를 잘 이룬 팀으로 평가를 받고 있다. 매년 스프링 캠프마다 강도 높은 훈련을 하기로 유명한 삼성은 올해도 마찬가지로 선수들이 굵은 땀방울을 흘렸다. 지휘하는 동안 선수층이 많이 두터워졌다. 이제는 한 계단 더 오를 때다.

보직	배번	투타	이름	생년월일	키(cm)	몸무게(kg)
퓨처스 작전/외야	90	우좌	박찬도	1989.2.22	185	75
육성군 총괄/수비	71	우우	조동찬	1983.7.27	180	80
육성군 투수	95	우우	김동호	1985.9.10	185	100
육성군 타격	88	우우	김정혁	1985.8.3	182	82
육성군 배터리	82	우우	김응민	1991.10.22	178	90
재활	79	우우	정민태	1970.3.1	183	90
1군 컨디셔닝	96	우우	허준환	1985.1.27	175	83
1군 컨디셔닝	83	우우	윤석훈	1986.8.31	180	106
1군 컨디셔닝	80	우우	장근령	1988.3.31	180	83
1군 컨디셔닝	72	우우	최문석	1992.10.19	173	76
1군 컨디셔닝	99	우우	염상철	1997.7.19	172	75
퓨처스 컨디셔닝	86	우우	박성재	1988.1.30	170	75
퓨처스 컨디셔닝	91	우우	김용해	1991.11.12	175	75
퓨처스 컨디셔닝	94	우우	김수영	1994.2.17	165	56
퓨처스 컨디셔닝	00	우우	박창현	1999.7.19	183	87

구자욱

포지션	LF	투타	우투좌타	신장	189	체중	75
연봉	200000-200000			지명순위	12 삼성 2라운드 12순위		
생년월일	1993-02-12			학교	본리초-경복중-대구고		

숨겨진 MVP급 활약,
야구 잘하고 얼굴 잘하는
삼성의 슈퍼스타

© 삼성 라이온즈

김도영이 없었다면?

2024시즌 압도적인 활약을 한 KIA 김도영이 없었다면, 누가 MVP를 차지했을까. 답은 단연 구자욱이다. 지난 시즌 삼성이 예상을 깨고 고공행진을 한 주요한 이유 중 하나가 구자욱이다. 2023시즌에는 타율 2위(0.336)로 이 부문 2위를 기록했던 구자욱은 2024년에는 타율 4위(0.343), 타점4위(107타점), 홈런 5위(33개), 안타 8위(169안타), 득점 10위(92득점), 2루타 2위(39개) 등 타격 전반적인 부문에서 리그 상위권을 기록했다. 타이틀은 하나도 가져가지 못했지만 개인적으로는 커리어하이를 달성했다. 플레이오프에서 무릎 부상을 당하기 전, 2경기 5타수 4안타 타율 0.800를 기록했다. 건강한 구자욱이 있었더라면 한국시리즈에서도 맥없이 물러서지는 않았을 것이다.

'삼적화'도 구자욱에겐 해당 없음

지난 시즌부터 본격적으로 주장을 맡은 구자욱은 팀을 하나로 뭉치기 위해 적극적으로 나섰다. 평소 소극적인 성격임에도 더그아웃에서는 가장 먼저 달려나가 동료들을 끌어안는다. 구자욱은 2022시즌을 앞두고 5년 120억 원에 구단 첫 비 FA 다년계약을 했다. 처음에는 '오버페이'가 아닌가 하는 시선도 있었지만 이제는 완전히 성공 사례로 꼽힌다. 흔히 겪는 '삼적화'도 피했다. 평소 야구장에서는 머리카락과 수염을 기르고 자유 분방한 모습을 보이지만 지난해 골든글러브 시상식에서는 삼성 원조 미남의 모습을 잠시 선보이기도 했다. 여러모로 삼성은 구자욱이 없으면 안 된다.

---

yagumentary 원래 다들 팀에 구자욱 한 명씩은 있는 거 아닌가요

mulderous 머리도 수염도 기르지 마요

SIM 인간계 1위는 누가 뭐래도 구자욱이 맞다

기본기록																	
연도	경기	타석	타수	안타	2루타	3루타	홈런	타점	득점	볼넷	사구	삼진	도루	타율	출루율	장타율	OPS	WAR
2022	99	442	409	120	23	3	5	38	69	27	3	84	11	0.293	0.340	0.401	0.741	0.91
2023	119	515	453	152	37	1	11	71	65	53	4	81	12	0.336	0.407	0.494	0.901	5.44
2024	129	568	493	169	39	1	33	115	92	55	12	73	13	0.343	0.417	0.627	1.044	6.19
통산	1210	5307	4699	1495	300	56	167	786	879	478	66	910	140	0.318	0.385	0.512	0.897	37.22

강민호

47

포지션	C	투타	우투우타	신장	185	체중	100
연봉	40000-40000		지명순위	04 롯데 2차 3라운드 17순위			
생년월일	1985-08-18		학교	제주신광초-포철중-포철공고-국제디지털대			

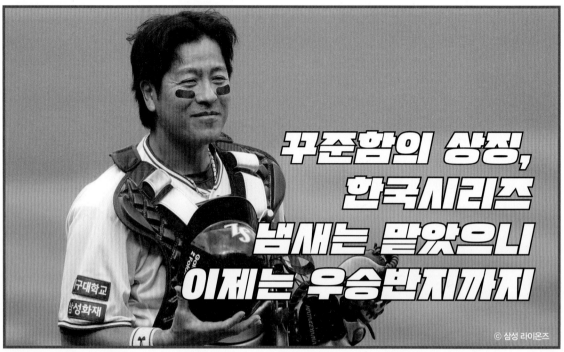

꾸준함의 상징, 한국시리즈 냄새는 맡았으니 이제는 우승반지까지

© 삼성 라이온즈

이렇게 꾸준히 자신의 자리를 지킨 선수가 있을까. 강민호는 KBO 리그 최다 출장 기록을 보유한 선수다. 가장 체력 소모가 큰 포수라는 포지션에서 역사를 써가고 있다. 심지어 지난해 7월에는 나이를 잊은 활약으로 프로 데뷔 처음으로 월간 MVP 까지 차지했다. 고대하던 '한국시리즈 냄새'도 맡았다. 플레이오프에서 결승 홈런으로 직접 한국시리즈 진출을 이끌었다. 2025시즌에도 여전히 강민호는 삼성의 주전 포수다. 그의 자리를 대체할 포수는 아직 없다. 한국시리즈 준우승에 그친 뒤 뜨거운 눈물을 흘렸던 그는 이제는 우승 반지라는 다음 목표를 바라본다.

---

yagumentary 아섭이보다 먼저, 대호 형은 못 가본 한국시리즈에 갔다.

mulderous 그때는 몰랐다. 강민호가 레전드 포수가 될 줄

SIM 40살 포수가 후반기 3할4푼을 때려?

기본기록																
연도	경기	타석	타수	안타	2루타	3루타	홈런	타점	득점	볼넷	사구	삼진	도루	타율	출루율	장타율	OPS	WAR
2022	130	444	396	102	19	1	13	66	38	41	3	58	0	0.258	0.330	0.409	0.739	1.41
2023	125	495	434	126	19	0	16	77	60	49	6	65	6	0.290	0.366	0.445	0.811	2.61
2024	136	452	403	122	19	1	19	77	48	35	8	52	3	0.303	0.365	0.496	0.861	3.50
통산	2369	8709	7620	2111	374	12	338	1242	969	803	162	1529	32	0.277	0.355	0.462	0.817	63.83

김영웅

30

포지션	3B	투타	우투좌타	신장	183	체중	81
연봉	3800-15000			지명순위	22 삼성 2차 1라운드 3순위		
생년월일	2003-08-24			학교	공주중동초-야로중-물금고		

뚝심 생긴 김영웅,
삼성 홈런타자의 계보를
이어라

© 삼성 라이온즈

김영웅은 2025시즌 연봉 계약에서 가장 높은 인상률인 295%를 기록했다. 동기 이재현에게 가려졌던 김영웅은 2024시즌을 준비하면서 소극적인 성격을 버렸고 뚝심이 생겼다. 스프링 캠프에서 박진만 감독의 지도에 "내가 준비한 걸 해보고 싶다"라고 말한 뒤 믿음을 받았다. 시즌 초반에는 선배들을 제치고 4번 타순을 맡기도 했고 정규시즌 28홈런을 때려내며 팀내 두 번째로 가장 많은 홈런을 기록했다. 포스트시즌에서도 4홈런을 치며 이승엽의 이름을 소환했다. 김영웅이 가수 임영웅이 외치는 구호대로 '건행'한다면 삼성은 올해도 해볼 수 있다.

---

yagumentary 우타 도영, 좌타 영웅이 대표팀에 함께… 아 포지션이 겹치네

mulderous 어쩌면 작년에 우린 역사적인 거포의 탄생을 보았는지도

SIM 데뷔 첫 타석 홈런, 시즌 첫 100안타도 홈런… 스타성은 타고났다

기본기록

연도	경기	타석	타수	안타	2루타	3루타	홈런	타점	득점	볼넷	사구	삼진	도루	타율	출루율	장타율	OPS	WAR
2022	13	15	15	2	0	0	1	1	2	0	0	7	0	0.133	0.133	0.333	0.466	0.00
2023	55	103	91	17	6	0	2	12	11	8	0	28	1	0.187	0.250	0.319	0.569	0.21
2024	126	509	456	115	16	3	28	79	65	45	3	155	9	0.252	0.321	0.485	0.806	3.23
통산	194	627	562	134	22	3	31	92	78	53	3	190	10	0.238	0.305	0.454	0.759	2.32

김재윤

62

포지션	P	투타	우투우타	신장	185	체중	91
연봉	40000-80000			지명순위	15 KT 2차 특별 13순위		
생년월일	1990-09-16			학교	도곡초-휘문중-휘문고		

불펜 보강의 첫 번째 카드, 삼성의 새 마무리로

© 삼성 라이온즈

김재윤은 삼성이 2024시즌을 앞두고 가장 먼저 영입한 외부 자원이었다. 하지만 삼성에 합류하자마자 마무리 투수가 된 건 아니었다. 스프링 캠프에서부터 오승환과 경쟁을 했고 이기지 못했다. 하지만 시즌 말미에는 오승환이 부진하면서 결국은 김재윤이 마무리 투수가 됐다. 포스트시즌에서도 마무리 투수로 활약했다. 플레이오프와 한국시리즈 4경기에서 단 1실점하며 큰 경기에서의 경험을 자랑했다. 2025시즌은 김재윤 마무리 투수 체제로 시작한다. 김재윤은 삼성 이적 전까지 3시즌 연속 30세이브를 넘겼다. 다시 30세이브를 달성하면 삼성의 뒷문은 더 단단해진다.

---

yagumentary Babip가 0.238로 커리어 평균 0.310에 비해 7푼이나 낮았다. 주의사항

mulderous 소원했던 연말 턱시도, 올해는 꼭 입을 수 있기를

SIM 마무리로 시작하는 김재윤은 다르지 않을까

기본기록

연도	경기	선발	QS	승	패	세이브	BS	홀드	이닝	피안타	피홈런	4사구	삼진	피안타율	WHIP	피 OPS	ERA	WAR
2022	61	0	0	9	7	33	6	0	66.1	46	5	21	78	0.190	1.01	0.531	3.26	2.26
2023	59	0	0	5	5	32	4	0	65.2	54	2	13	60	0.227	1.02	0.558	2.60	2.80
2024	65	0	0	4	8	11	5	25	66	58	13	25	51	0.232	1.26	0.733	4.09	1.42
통산	546	0	0	48	41	180	46	42	570.2	528	57	163	593	0.245	1.21	0.666	3.64	16.48

레예스

포지션	P	투타	우투우타	신장	198	체중	113
연봉	$50000-$700000			지명순위	24 삼성 자유선발		
생년월일	1996-11-02			학교	Melida Altagracia Baez (고)		

가을야구에서 검증한 1선발의 위용, 삼성 에이스 외인 계보 잇는다

© 삼성 라이온즈

2024시즌부터 삼성과 인연을 맺은 대니 레예스는 처음에는 2선발 역할을 맡았다. 스포트라이트는 코너 시볼드에 쏠려 있었다. 하지만 결국 살아남은 건 레예스였다. 코너는 부상으로 포스트시즌 엔트리조차 합류하지 못했고 레예스는 가을야구의 승자로 살아남았다. 플레이오프, 한국시리즈 3경기에서 3승을 거뒀다. 총 80만 달러의 몸값을 받았던 그는 120만 달러까지 가치를 높였다. 2025시즌 삼성의 선발진은 레예스로부터 시작된다. 스프링 캠프에서 발등 부상을 입긴 했지만 큰 부상은 아니었다. 팀이 가슴을 쓸어내릴만큼 레예스의 존재감은 크다.

yagumentary 똑같은 Reyes인데 롯데 타자는 레이예스, 삼성 투수는 레예스

mulderous 작년 가을의 반전, 그는 빅게임 피처였다

SIM 정보)스페인어로 reyes는 '왕'이라는 뜻. 라팍의 왕을 기대한다

기본기록

연도	경기	선발	QS	승	패	세이브	BS	홀드	이닝	피안타	피홈런	4사구	삼진	피안타율	WHIP	피 OPS	ERA	WAR
2022	0	0	0	0	0	0	0	0	0	0	0	0	0	-	-	-	-	-
2023	0	0	0	0	0	0	0	0	0	0	0	0	0	-	-	-	-	-
2024	26	26	12	11	4	0	0	0	144	159	15	30	114	0.278	1.31	0.724	3.81	5.06
통산	26	26	12	11	4	0	0	0	144	159	15	30	114	0.278	1.31	0.724	3.81	5.06

박병호

52

포지션	1B	투타	우투우타	신장	185	체중	107
연봉	70000-38000			지명순위	05 LG 1차		
생년월일	1986-07-10			학교	광명리틀-영일초-영남중-성남고		

마지막을 생각하지 않을 수 없는 홈런 타자, 라팍과 찰떡궁합으로

© 삼성 라이온즈

박병호는 2024년 가장 떠들썩한 트레이드의 주인공이었다. 5월 말 트레이드를 자청해 KT에서 삼성으로 팀을 옮긴 박병호는 '마지막'을 떠올렸다. 이적 후 첫 시즌은 절반의 성공이었다. 23홈런을 치며 2022시즌 35홈런 이후 2년 만에 다시 20홈런을 넘겼다. 다만 포스트시즌에서의 약점은 여전했다. 한국시리즈에서는 1할대 타율에 그쳤다. 시즌을 마치고 최원태 FA 영입 보상 선수로 오승환과 함께 다시 도마에 오르기도 했다. 홈런 타자인 박병호는 삼성의 라팍과 찰떡궁합이다. 젊은 선수들로 가득한 삼성 타선도 여전히 박병호가 필요하다.

yagumentary 에이징 커브, 에이징 커브 하는데 SSG 최정과 입단 동기다(최정은 빠른 87)

mulderous 팀이 어디든, 누가 뭐래도 박병호는 박병호다

SIM 400홈런은 넘겼고 500호까지 97개, 힘들 줄 알았는데 작년 보고 생각이 달라졌다

							기본기록										
연도	경기	타석	타수	안타	2루타	3루타	홈런	타점	득점	볼넷	사구	삼진	도루	타율	출루율	장타율	OPS	WAR
2022	124	487	429	118	17	0	35	98	72	40	12	131	5	0.275	0.349	0.559	0.908	4.52
2023	132	493	431	122	15	0	18	87	53	46	8	114	2	0.283	0.357	0.443	0.800	2.66
2024	120	406	350	81	7	0	23	70	52	47	7	121	4	0.231	0.333	0.449	0.782	0.36
통산	1690	6537	5508	1515	248	5	403	1211	996	815	139	1653	70	0.275	0.378	0.541	0.919	49.92

오승환

21

포지션	P	투타	우투우타	신장	178	체중	93
연봉	40000-80000			지명순위	05 삼성 2차 1라운드 5순위		
생년월일	1982-07-15			학교	도신초-우신중-경기고-단국대		

입지 좁아진 돌부처, 아직 작별하기에는 이르다

© 삼성 라이온즈

삼성은 3년 만에 포스트시즌에 진출했지만 그 자리에 오승환은 없었다. 시즌 막판 흔들린 오승환은 플레이오프에서도, 한국시리즈에서도 부름을 받지 못했다. 최원태가 FA 이적 했을 때에도 오승환의 보상 선수 명단 포함 여부가 화제가 될 정도로 입지가 좁아졌다. 오승환은 이제 1982년 황금 세대 중 마지막 남은 선수다. 부동의 클로저였던 오승환은 이제 중간 계투로 시즌을 시작한다. 2025시즌은 FA 2년 계약의 마지막 해이기도 하다. 하지만 아직 오승환은 떠날 때가 아니다. 이번 시즌을 앞두고 단단히 준비를 했다. 돌직구를 못 던지더라도 노련함으로 승부해야 한다.

---

yagumentary 이제는 마운드에서 빙그레 웃는 모습을 보고 싶다
mulderous 오승환이 홀드왕 먹는 모습도 보고 싶다
SIM 최고의 마무리, 커리어 마무리도 화려하길

기본기록																	
연도	경기	선발	QS	승	패	세이브	BS	홀드	이닝	피안타	피홈런	4사구	삼진	피안타율	WHIP	피 OPS	ERA	WAR
2022	57	0	0	6	2	31	7	2	57	59	8	13	51	0.263	1.26	0.727	3.32	1.54
2023	58	1	0	4	5	30	4	2	62.2	57	9	15	44	0.238	1.15	0.690	3.45	0.99
2024	58	0	0	3	9	27	8	2	55	75	9	18	42	0.321	1.69	0.898	4.91	0.09
통산	726	1	0	44	33	427	42	19	794.2	589	63	197	858	0.204	0.99	0.576	2.25	31.29

원태인

포지션	P	투타	우투우타	신장	183	체중	92
연봉	43000-63000			지명순위	19 삼성 1차		
생년월일	2000-04-06			학교	중구리틀-율하초-중구-경복중-경북고		

18

2024시즌 다승왕, 삼성 황태자의 경쟁자는 자기 자신

© 삼성 라이온즈

원태인에게 삼성의 에이스란 수식어는 이제 어색하지 않다. 원태인은 2024시즌 15승 6패 평균자책 3.66을 기록하며 다승 1위를 달성했다. 타자 친화적인 '라팍'에서 일궈낸 승수라 더욱 의미가 깊다. 15승 중 10승을 홈에서 올렸다. 게다가 포스트시즌에서 큰 경기 경험도 쌓았다. 한국시리즈 도중 어깨 부상을 입긴 했지만 무사히 회복해 큰 문제 없다. 새 시즌 원태인이 넘어서야 할 대상은 자기 자신이다. 더 많은 승수를 바라보기보다는 지난 시즌 수치를 유지하기만 해도 대단한 일이다. 원태인도 10승, 150이닝을 현실적인 목표로 잡았다.

yagumentary 이제는 꿈을 좀 더 크게 가져도 될 듯
mulderous '광현종의 후계자는 원태인'에 한 표
SIM 저 요즘도 원태인 6살 때 동영상 찾아봄

기본기록

연도	경기	선발	QS	승	패	세이브	BS	홀드	이닝	피안타	피홈런	4사구	삼진	피안타율	WHIP	피 OPS	ERA	WAR
2022	27	27	11	10	8	0	0	0	165.1	175	16	38	130	0.270	1.29	0.698	3.92	4.37
2023	26	26	17	7	7	0	0	0	150	157	15	34	102	0.268	1.27	0.706	3.24	4.43
2024	28	28	13	15	6	0	0	0	159.2	150	17	42	119	0.245	1.20	0.685	3.66	5.87
통산	160	153	76	56	46	0	1	2	885.2	910	90	260	626	0.264	1.32	0.718	3.87	25.06

이승현 57

포지션	P	투타	좌투좌타	신장	183	체중	102
연봉	7000-12000		지명순위	21 삼성 1차			
생년월일	2002-05-19		학교	남도초-경복중-상원고			

불펜으로 쌓은 경험, 선발로 큰 도움 되니 러키혀니잖아

© 삼성 라이온즈

삼성이 이승현을 지명할 때까지만 해도 충분히 즉시 선발도 가능한 자원이라는 평가를 받았다. 하지만 이승현이 삼성 마운드에서 선발에 비집고 들어갈 자리는 없었다. 그러나 불펜으로 쌓은 세 시즌의 경험은 헛되지 않았다. 준비된 자만이 잡을 수 있는 기회를 받았다. 2024년에는 선발로 풀타임을 뛰었다. 17경기 6승으로 승수는 많지 않지만 가능성을 확인했다. 2025시즌에도 이승현은 선발진을 지킨다. 지난해 큰 경기에서의 경험이 선발 투수로서 2년 차를 소화하는 데 큰 도움이 될 것이다. 다만 한 시즌을 소화할 체력 문제는 해결해야 할 과제다.

yagumentary 2021년 드래프트 좌완 트로이카는 이승현, 이의리, 김진욱

mulderous 이승현의 성장세가 올해 삼성의 키

SIM 볼넷은 확실하게 줄였고, 삼진만 원상회복한다면!

기본기록

연도	경기	선발	QS	승	패	세이브	BS	홀드	이닝	피안타	피홈런	4사구	삼진	피안타율	WHIP	피 OPS	ERA	WAR
2022	58	0	0	2	4	1	3	14	47.2	43	5	21	57	0.235	1.34	0.705	4.53	0.25
2023	48	0	0	1	5	5	4	7	43.1	41	6	29	37	0.252	1.62	0.768	4.98	0.07
2024	17	17	5	6	4	0	0	0	87.1	88	9	37	68	0.264	1.43	0.729	4.23	2.70
통산	164	17	5	10	17	6	8	28	217.2	207	23	110	208	0.252	1.46	0.731	4.63	3.56

이재현

포지션	SS	투타	우투우타	신장	180	체중	82
연봉	14000-21000		지명순위	22 삼성 1차			
생년월일	2003-02-04		학교	서울이수초-선린중-서울고			

삼성 유격수 계보 잇는 이재현, 매 시즌 한 단계 발전 중

© 삼성 라이온즈

프로 데뷔 3년 차에 이미 주전 유격수 자리를 꿰찼다. 2024년에는 절친 김영웅이 성장하면서 좋은 러닝메이트도 생겼다. 스스로 욕심도 많고 그만큼 결과물을 낸다. 지난해 이재현은 타율 홈런 타점 등 모든 부문에서 커리어 하이를 다시 작성했다. 라팍이 아무리 타자 친화적이라고는 하지만 두 자릿수 홈런을 치는 유격수는 흔하지 않다. 겨우내 타격 자세를 조정하는 과정도 거쳤다. 홈런은 '친구'인 김영웅에게 양보하고 상황에 맞는 더 정교한 타격을 하기 위해 미국에 '유학'도 다녀왔다. 포스트시즌 첫 경험까지 탑재하며 더 성장한 이재현은 한단계 더 나아간다.

yagumentary 수비 잘하고 홈런도 치는 젊은 유격수에게 '파이팅'이 더해진다면!
mulderous KBO 아이돌, 시크한 매력, 라팍 흥행 이해해
SIM '구장이 어떻게 선수를 키우는가'의 아주 좋은 사례

기본기록

연도	경기	타석	타수	안타	2루타	3루타	홈런	타점	득점	볼넷	사구	삼진	도루	타율	출루율	장타율	OPS	WAR
2022	75	239	230	54	4	0	7	23	23	5	1	44	0	0.235	0.254	0.343	0.597	0.06
2023	143	538	458	114	19	2	12	60	61	52	6	89	5	0.249	0.330	0.378	0.708	2.98
2024	109	458	389	101	18	1	14	66	71	58	8	83	2	0.260	0.365	0.419	0.784	4.27
통산	327	1235	1077	269	41	3	33	149	155	115	15	216	7	0.250	0.328	0.385	0.713	5.42

김무신

 48

포지션	P	투타	우투우타	신장	185	체중	95
연봉	7000-7000		지명순위	18 삼성 2차 6라운드 52순위			
생년월일	1999-12-08		학교	온양온천초-온양중-북일고			

건강하게 돌아올 무신, 개명효과는 다음 시즌부터

플레이오프에서 LG 오스틴 딘을 상대로 잡은 아웃카운트 세 개는 절대 잊지 못할 명장면이었다. 제구가 늘 문제였던 김윤수는 가을야구의 최대 아웃풋이었다. 하지만 불의의 부상으로 2026년에나 볼 수 있을 전망이다. 이름을 바꿨다. '김무신'으로 씽씽투를 던지는 모습을 기대한다.

기본기록																
연도	경기	선발	QS	승	패	세이브	BS	홀드	이닝	피안타	피홈런	4사구	삼진	피안타율	WHIP	피 OPS	ERA	WAR
2022	37	1	0	3	3	0	2	3	35	39	2	22	32	0.279	1.74	0.763	5.91	0.10
2023	0	0	0	0	0	0	0	0	0	0	0	0	0	-	-	-	-	-
2024	4	0	0	0	0	0	0	0	5.1	6	0	7	2	0.375	2.44	0.895	10.13	-0.24
통산	127	4	0	7	9	0	5	16	129	146	12	87	109	0.287	1.81	0.803	5.51	0.35

김태훈

 27

포지션	P	투타	우투우타	신장	187	체중	101
연봉	17000-24000		지명순위	12 넥센 9라운드 79순위			
생년월일	1992-03-02		학교	남부민초-대신중-부경고			

불펜 뎁스 깊게 하는 확실한 안정감

삼성이 2024년 전반기 임창민-김재윤-오승환으로 이어지는 철벽 불펜진을 자랑할 수 있었던 건 이들에 앞서 던졌던 김태훈이 있었기 때문이다. 삼성 이적 첫해에는 적응 과정이 있었지만 두 번째 해인 2024시즌부터는 필승조로 자리잡았다. 단, 새 시즌에도 주의해야 할 건 부상이다.

기본기록																
연도	경기	선발	QS	승	패	세이브	BS	홀드	이닝	피안타	피홈런	4사구	삼진	피안타율	WHIP	피 OPS	ERA	WAR
2022	43	0	0	3	2	9	4	10	43	40	3	20	34	0.255	1.40	0.696	3.14	0.53
2023	71	0	0	6	7	3	6	11	63.1	74	8	43	40	0.296	1.85	0.883	7.11	-0.69
2024	56	0	0	3	2	0	1	23	52.1	49	6	19	37	0.243	1.30	0.701	3.96	1.32
통산	382	15	1	34	19	25	19	73	461	493	42	216	323	0.276	1.54	0.765	4.84	4.72

배찬승

55

포지션	P	투타	좌투좌타	신장	180	체중	85
연봉	3000			지명순위	25 삼성 1라운드 3순위		
생년월일	2006-01-01			학교	옥산초-경복중-대구고		

모두가 묻는다 "배찬승 던지는 거 봤어?"

지옥에서 데려온다는 좌완 파이어볼러. 삼성의 왕조 시절부터 팬이 됐다던 배찬승은 반드시 가을야구의 일원이 되겠다는 다짐을 했다. 스프링 캠프에서 가장 눈에 띄는 선수가 됐다. 캠프가 끝나기도 전에 최고 152km를 뿌렸다. 삼진 유도 능력도 좋다. 덕분에 삼성은 올해도 또 웃는다.

									기본기록								
연도	경기	선발	QS	승	패	세이브	BS	홀드	이닝	피안타	피홈런	4사구	삼진	피안타율	WHIP	피 OPS	ERA	WAR
2022	-	-	-	-	-	-	-	-	-	-	-	-	-	-	-	-	-	-
2023	-	-	-	-	-	-	-	-	-	-	-	-	-	-	-	-	-	-
2024	-	-	-	-	-	-	-	-	-	-	-	-	-	-	-	-	-	-
통산	-	-	-	-	-	-	-	-	-	-	-	-	-	-	-	-	-	-

백정현

29

포지션	P	투타	좌투좌타	신장	184	체중	80
연봉	40000-40000			지명순위	07 삼성 2차 1라운드 8순위		
생년월일	1987-07-13			학교	옥산초-대구중-상원고		

커쇼보다 한 살 많은 백쇼, 쇼 머스트 고온

마운드 위의 철학자다. 절대로 변하지 않는 포커페이스는 투수라면 가지고 싶어할 만한 장점이다. 2021년에는 14승으로 커리어하이를 찍고 FA 자격을 선언한 뒤에도 영원한 삼성맨으로 남았다. 선발로서의 입지는 좁아졌지만 어느 자리에서든 묵묵하게 던질 투수다.

									기본기록								
연도	경기	선발	QS	승	패	세이브	BS	홀드	이닝	피안타	피홈런	4사구	삼진	피안타율	WHIP	피 OPS	ERA	WAR
2022	24	24	7	4	13	0	0	0	124.2	154	22	37	70	0.302	1.53	0.850	5.27	1.51
2023	18	18	8	7	5	0	0	0	100.2	100	6	30	61	0.264	1.29	0.688	3.67	2.92
2024	17	15	4	6	5	0	0	0	78.2	104	13	27	56	0.319	1.67	0.867	5.95	1.05
통산	424	169	65	67	62	2	0	24	1138.1	1240	142	420	862	0.279	1.46	0.782	4.60	24.05

송은범

46

포지션	P	투타	우투우타	신장	182	체중	93
연봉	5000-6000			지명순위	03 SK 1차		
생년월일	1984-03-17			학교	서흥초-동산중-동산고		

투심과 슬라이더는 익을수록 강해진다

삼성에게 필요한 경험을 가지고 있다. 땅볼 유도 능력도 삼성이 필요한 장점 중 하나다. 박진만 삼성 감독이 그를 포스트시즌 엔트리에 포함시킨 이유다. 하지만 아직 제대로 보여준 건 없다. 그에게 삼성은 마지막 팀이다. 명품 슬라이더를 던졌던 과거의 영광을 발판 삼아 마지막 빛을 내야 한다.

기본기록

연도	경기	선발	QS	승	패	세이브	BS	홀드	이닝	피안타	피홈런	4사구	삼진	피안타율	WHIP	피 OPS	ERA	WAR
2022	25	0	0	1	1	0	0	2	26.2	29	3	10	13	0.282	1.46	0.740	4.05	0.54
2023	4	0	0	0	0	0	0	0	3.2	6	0	3	2	0.429	2.45	0.958	2.45	0.07
2024	9	0	0	0	0	0	0	2	8.1	8	0	1	2	0.258	1.08	0.604	1.08	0.38
통산	689	194	47	88	95	27	10	59	1462.1	1641	140	633	948	0.289	1.56	0.777	4.55	20.89

육선엽

4

포지션	P	투타	우투우타	신장	190	체중	90
연봉	3000-3500			지명순위	24 삼성 1라운드 4순위		
생년월일	2005-07-13			학교	백마초-신월중-장충고		

1라운더의 자존심으로 성장한다

1군에서 첫 등판은 '새가슴'으로 오해를 샀다. 떨림을 이겨내고 11경기의 경험만 쌓았다. 시즌이 끝나고 나서는 호주리그로 파견을 갔고 가장 좋은 평가를 받았다. 가장 필요했던 마운드의 여유를 탑재했다. 마운드의 떨림을 잡는다면 삼성 팬들의 심장을 두근대게 할 수 있다.

기본기록

연도	경기	선발	QS	승	패	세이브	BS	홀드	이닝	피안타	피홈런	4사구	삼진	피안타율	WHIP	피 OPS	ERA	WAR
2022	-	-	-	-	-	-	-	-	-	-	-	-	-	-	-	-	-	-
2023	-	-	-	-	-	-	-	-	-	-	-	-	-	-	-	-	-	-
2024	11	1	0	0	0	0	0	0	17	19	3	17	11	0.284	2.12	0.885	5.29	0.14
통산	11	1	0	0	0	0	0	0	17	19	3	17	11	0.284	2.12	0.885	5.29	0.14

이상민

33

포지션	P	투타	좌투좌타	신장	180	체중	85
연봉	6500-8500			지명순위	13 NC 7라운드 66순위		
생년월일	1990-11-04			학교	남도초-수성-대구중-경북고-동의대		

마, 경북고 출신 아입니까

고향 팀인 삼성으로 돌아와 제법 자리를 잡았다. 2022년에는 데뷔 후 가장 많은 경기인 46 경기를 소화하며 커리어하이도 달성했다. 그렇다고 완전한 필승조는 아니다. 팀에 귀한 왼 손 불펜이지만 기복이 있다. 이젠 연차도 적지 않다. 한 시즌 꾸준한 모습을 보여야 한다.

기본기록

연도	경기	선발	QS	승	패	세이브	BS	홀드	이닝	피안타	피홈런	4사구	삼진	피안타율	WHIP	피 OPS	ERA	WAR
2022	46	0	0	0	0	0	1	9	29.1	30	5	15	23	0.254	1.53	0.799	3.68	-0.14
2023	23	0	0	2	1	0	0	1	18	32	2	3	17	0.405	1.94	0.966	8.50	-0.31
2024	37	0	0	2	1	1	0	8	30	31	2	6	12	0.282	1.23	0.724	3.90	0.94
통산	194	1	0	5	5	1	2	24	145.1	179	19	65	102	0.308	1.68	0.857	5.76	0.38

이승민

28

포지션	P	투타	좌투좌타	신장	174	체중	79
연봉	4100-5000			지명순위	20 삼성 2차 4라운드 35순위		
생년월일	2000-08-26			학교	본리초-경상중-대구고		

고교때 느낌 살리면, 대폭발도 가능

팀에 귀한 왼손 투수다. 선발 기회도 종종 잡았지만 많이 살리지는 못했다. 2024년 선발 로 등판한 8경기 중 50이닝을 넘긴 경기는 단 한 경기밖에 없었다. 2025년에도 선발 진입 은 어렵다. 다만 왼손 투수로서의 이점을 살려 불펜을 지킨다면 자신의 활용도를 더 높일 수 있다.

기본기록

연도	경기	선발	QS	승	패	세이브	BS	홀드	이닝	피안타	피홈런	4사구	삼진	피안타율	WHIP	피 OPS	ERA	WAR
2022	2	0	0	0	0	0	0	0	5.1	2	0	5	2	0.111	1.31	0.471	1.69	0.21
2023	0	0	0	0	0	0	0	0	0	0	0	0	0	-	-	-	-	-
2024	25	8	0	1	4	0	0	0	47.1	71	14	26	23	0.343	2.05	1.016	8.56	-0.33
통산	45	24	2	3	11	0	0	0	114.2	157	25	68	63	0.326	1.96	0.944	7.85	-0.06

이승현

20

포지션	P	투타	우투우타	신장	181	체중	92
연봉	17000-24000			지명순위	10 LG 2라운드 16순위		
생년월일	1991-11-20			학교	화순초-진흥중-화순고		

솔선수범 우완 베테랑의 안정감

오른손 투수 이승현은 이적생 성공 사례다. FA 차우찬의 보상 선수로 삼성 유니폼을 입은 이승현은 최근 몇 년 동안 팀에 필요한 오른손 계투로 활약하며 자리 잡았다. 불안정한 제구가 약점이었지만 경험과 함께 안정감을 찾아가고 있다. 고참임에도 불구하고 마무리 캠프까지 다녀오는 의지를 보였다.

기본기록

연도	경기	선발	QS	승	패	세이브	BS	홀드	이닝	피안타	피홈런	4사구	삼진	피안타율	WHIP	피 OPS	ERA	WAR
2022	54	0	0	0	2	0	0	13	50	48	5	22	39	0.258	1.40	0.768	4.68	0.66
2023	60	0	0	4	4	0	1	14	60	68	5	15	42	0.278	1.38	0.714	3.60	0.69
2024	60	0	0	6	2	1	2	9	60.1	68	6	23	51	0.292	1.51	0.802	4.48	1.17
통산	396	0	0	20	14	1	8	64	383.2	406	54	166	311	0.272	1.49	0.789	4.57	5.61

이호성

1

포지션	P	투타	우투우타	신장	184	체중	87
연봉	3200-4000			지명순위	23 삼성 1라운드 8순위		
생년월일	2004-08-14			학교	부천소사리틀-도원초-동인천중-인천고		

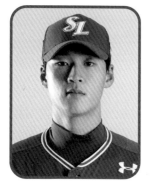

1라운더의 등번호 1번은, 에이스 성장 기대감

데뷔 첫해부터 선발 자원으로서의 가능성을 보였다. 2024년에도 백정현이 부상으로 빠진 자리를 대신 메웠다. 플레이오프 엔트리에도 합류했다가 한국시리즈에서 제외가 되면서 그 충격으로 새 시즌 준비에 더욱 몰두했다. 캠프 시작 전 불의의 옆구리 부상을 입었지만 여전히 준비된 투수다.

기본기록

연도	경기	선발	QS	승	패	세이브	BS	홀드	이닝	피안타	피홈런	4사구	삼진	피안타율	WHIP	피 OPS	ERA	WAR
2022	-	-	-	-	-	-	-	-	-	-	-	-	-	-	-	-	-	-
2023	5	2	0	1	0	0	0	0	17	11	1	10	11	0.19	1.24	0.649	2.65	0.65
2024	16	12	0	2	4	0	0	0	45	66	9	26	28	0.351	2.04	0.999	7.40	-0.04
통산	21	14	0	3	4	0	0	0	62	77	10	36	39	0.313	1.82	0.917	6.10	0.61

임창민

45

포지션	P	**투타**	우투우타	**신장**	183	**체중**	94
연봉	20000-20000			**지명순위**	08 현대 2차 2라운드 11순위		
생년월일	1985-08-25			**학교**	대성초-광주동성중-광주동성고-연세대		

세이버에 정통한, 보기 드문 베테랑

삼성으로 와서 세 번째 마무리 투수 후보로 밀려났지만 사실 임창민도 김재윤, 오승환 못지않게 마무리 투수를 맡을 만한 경험을 쌓았다. 통산 세이브 개수가 123개다. 심지어 우승 반지도 있다. 윽박지르는 투구를 하는 건 아니다. 하지만 반드시 제 몫을 해 줄 투수다.

기본기록																
연도	경기	선발	QS	승	패	세이브	BS	홀드	이닝	피안타	피홈런	4사구	삼진	피안타율	WHIP	피 OPS	ERA	WAR
2022	32	0	0	0	0	2	3	6	27.1	26	3	10	21	0.234	1.32	0.639	3.95	-0.39
2023	51	0	0	2	2	26	4	1	46.2	51	3	17	40	0.276	1.46	0.695	2.51	1.28
2024	60	0	0	2	1	1	3	28	54.1	60	4	30	50	0.279	1.66	0.748	3.98	1.97
통산	547	0	0	29	30	123	35	85	551.1	507	56	251	546	0.245	1.37	0.705	3.75	12.42

최지광

11

포지션	P	**투타**	우투우타	**신장**	173	**체중**	85
연봉	14000-17000			**지명순위**	17 삼성 2차 1라운드 9순위		
생년월일	1998-03-13			**학교**	감천초-대신중-부산고		

두산 최지강에게 밀릴 수 없다

비로소 유망주라는 수식어에서 벗어나 알을 깼다. 김태훈이 부상으로 빠졌을 때 대체자로 책임감을 짊어졌고 기대에 부응했다. 2점대(2.23) 평균자책으로 시즌을 끝낸 건 처음이다. 다만 부상이 문제다. 스프링 캠프에서도, 시즌 말미에도 부상을 입었다. 이제는 건강함만 증명하면 된다.

기본기록																
연도	경기	선발	QS	승	패	세이브	BS	홀드	이닝	피안타	피홈런	4사구	삼진	피안타율	WHIP	피 OPS	ERA	WAR
2022	0	0	0	0	0	0	0	0	0	0	0	0	0	-	-	-	-	-
2023	22	0	0	2	0	0	0	1	17.1	17	4	9	18	0.239	1.50	0.766	5.19	-0.13
2024	35	0	0	3	2	0	3	7	36.1	22	1	21	38	0.176	1.18	0.571	2.23	1.63
통산	248	6	0	16	16	2	12	47	251	229	18	157	240	0.247	1.54	0.724	4.70	4.12

최원태

3

포지션	P	투타	우투우타	신장	184	체중	104
연봉	40000-20000			지명순위	15 넥센 1차		
생년월일	1997-01-07			학교	용산리틀-인헌초-경원중-서울고		

원태 투심 오케이? 라팍 대박 오케이~!

LG에서 '우승 청부사' 기대를 못 채웠지만 FA 시장에서 오랜 줄다리기 끝에 삼성 유니폼을 입었다. 잠실에서 봉인했던 최원태의 주무기 투심이 돌아오면 라팍과의 상성은 더할 나위 없다. 삼성 입단 뒤 자진해서 미국에 '과외' 받으러 갔고, 투심의 디자인을 가다듬었다.

기본기록

연도	경기	선발	QS	승	패	세이브	BS	홀드	이닝	피안타	피홈런	4사구	삼진	피안타율	WHIP	피 OPS	ERA	WAR
2022	26	20	6	7	5	0	1	0	105.2	93	5	40	63	0.234	1.26	0.644	3.75	2.23
2023	26	26	13	9	7	0	0	0	146.2	149	12	46	118	0.265	1.33	0.688	4.30	2.93
2024	24	23	10	9	7	0	0	0	126.2	126	10	57	103	0.263	1.44	0.713	4.26	3.30
통산	217	204	93	78	58	0	1	0	1134.1	1205	92	361	818	0.273	1.38	0.719	4.36	25.15

황동재

61

포지션	P	투타	우투우타	신장	191	체중	97
연봉	4100-6200			지명순위	20 삼성 1차		
생년월일	2001-11-03			학교	율하초-경운중-경북고		

동재에서 은재 넘어 금재로 간다

2024년 오키나와 스프링 캠프에서 열린 닛폰햄과의 연습경기에서 상대 선수를 맞히며 불안하게 시즌을 시작했다. 하지만 결국 시즌 후반부 기회는 자신의 것으로 만들었다. 포스트시즌 선발 경험도 쌓았다. 비시즌에는 미국 '유학'도 다녀왔다. 2025년에는 황'금'재를 바란다.

기본기록

연도	경기	선발	QS	승	패	세이브	BS	홀드	이닝	피안타	피홈런	4사구	삼진	피안타율	WHIP	피 OPS	ERA	WAR
2022	16	13	2	1	3	0	0	0	66.1	91	9	31	53	0.327	1.84	0.903	7.06	-0.46
2023	7	7	0	0	5	0	0	0	31.2	40	6	21	27	0.305	1.93	0.974	7.11	-0.11
2024	15	6	0	1	2	0	1	0	42	38	2	18	30	0.248	1.33	0.696	4.07	1.18
통산	39	26	2	2	10	0	1	0	141.1	177	18	74	113	0.309	1.78	0.886	6.62	0.07

후라도

75

포지션	P	투타	우투우타	신장	187	체중	109
연봉	$120000-$700000		지명순위	23 키움 자유선발			
생년월일	1996-01-30		학교	San Judas Tadeo(고)			

고척보다 라팍에 더 어울리는 투수

130만 달러에서 30만 달러나 몸값이 깎였다. 하지만 이름값도 깎이는 건 아니다. 2시즌 연속 10승 달성, 1800이닝 이상 소화를 했다. 2024시즌 땅볼 비율이 리그 3위(53.3%)인 데다 라팍 통산 성적은 3승 1패 2.91이었다. 삼성의 강도 높기로 소문난 스프링 캠프도 소화하며 삼성맨이 될 준비를 끝냈다.

기본기록																	
연도	경기	선발	QS	승	패	세이브	BS	홀드	이닝	피안타	피홈런	4사구	삼진	피안타율	WHIP	피 OPS	ERA	WAR
2022	-	-	-	-	-	-	-	-	-	-	-	-	-	-	-	-	-	-
2023	30	30	20	11	8	0	0	0	183.2	164	7	41	147	0.234	1.12	0.573	2.65	6.61
2024	30	30	23	10	8	0	0	0	190.1	185	19	32	169	0.254	1.14	0.674	3.36	6.61
통산	60	60	43	21	16	0	0	0	374	349	26	73	316	0.244	1.13	0.624	3.01	13.22

김도환

24

포지션	C	투타	우투우타	신장	178	체중	90
연봉	5000-4700		지명순위	19 삼성 2차 2라운드 12순위			
생년월일	2000-04-14		학교	의정부리틀-언북초-영동중-신일고			

도환은 확실히 포수에게 어울리는 이름

2019년 데뷔 첫해에 앳된 얼굴로 61경기나 소화하며 삼성의 안방을 지킬 차기 재목으로 꼽혔다. 2021시즌을 마치고는 상무에 입대했다. 그러나 제대 후에는 자리가 없었다. 2025시즌을 앞두고 스프링 캠프에서는 이를 악물었고 캠프 MVP로 뽑히며 기대감을 높였다.

기본기록																	
연도	경기	타석	타수	안타	2루타	3루타	홈런	타점	득점	볼넷	사구	삼진	도루	타율	출루율	장타율	OPS	WAR
2022	0	0	0	0	0	0	0	0	0	0	0	0	0	-	-	-	-	0
2023	9	8	7	1	0	0	0	0	0	1	0	0	0	0.143	0.250	0.143	0.393	-0.13
2024	1	3	3	0	0	0	0	0	0	0	0	1	0	0	0	0	0	-0.11
통산	130	212	185	35	10	0	2	17	10	16	2	73	0	0.189	0.257	0.276	0.533	-1.17

김성윤

포지션	RF	투타	좌투좌타	신장	163	체중	62
연봉	10000-7000			지명순위	17 삼성 2차 4라운드 39순위		
생년월일	1999-02-02			학교	부산진리틀-창신초-양산원동중-포철공고		

김지찬과 같은 키, 몸무게는 2kg 적다

2023년 101경기에 출전하며 자리를 잡는 듯했다. 나름 국대 외야수다. 그러나 김지찬이 외야수로 전향하면서 갑자기 자리가 좁아졌다. 2025시즌에도 외야 경쟁을 펼쳐야 한다. 끝까지 물고 늘어지는 플레이가 장점이다. 롤모델인 이종욱 코치의 지도도 직접 받게 됐다.

기본기록

연도	경기	타석	타수	안타	2루타	3루타	홈런	타점	득점	볼넷	사구	삼진	도루	타율	출루율	장타율	OPS	WAR
2022	48	49	42	8	3	0	1	2	14	5	1	10	10	0.190	0.292	0.333	0.625	-0.29
2023	101	272	245	77	4	6	2	28	40	14	4	35	20	0.314	0.354	0.404	0.758	2.23
2024	32	89	74	18	4	0	0	6	15	9	1	16	3	0.243	0.326	0.297	0.623	0.09
통산	243	454	400	109	12	6	4	40	80	31	7	75	33	0.273	0.330	0.363	0.693	1.07

김지찬

포지션	CF	투타	우투좌타	신장	163	체중	64
연봉	16000-28000			지명순위	20 삼성 2차 2라운드 15순위		
생년월일	2001-03-08			학교	이천시리틀-백사초-모가중-라온고		

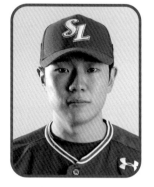

도전, 변신, 도전, 변신 뭐든지 해내는 히어로

리그 최단신 선수이지만 도전 정신은 가장 크다. 내야수에서 외야 전향을 받아들여 삼성 중견수로 자리잡았다. 박진만 감독은 김지찬이 볼을 따라가는 스피드는 LG 박해민 이상이라고 평가했다. 타격도 커리어하이를 찍었다. 본래 긍정적인 성격이라 새로운 도전도 덤덤하게 받아들인다.

기본기록

연도	경기	타석	타수	안타	2루타	3루타	홈런	타점	득점	볼넷	사구	삼진	도루	타율	출루율	장타율	OPS	WAR
2022	113	429	361	101	7	6	0	25	62	45	2	64	25	0.280	0.361	0.332	0.693	3.79
2023	99	355	291	85	4	2	1	18	59	48	9	36	13	0.292	0.408	0.330	0.738	2.46
2024	135	535	453	143	16	3	3	36	102	60	9	40	42	0.316	0.405	0.384	0.789	4.59
통산	602	1942	1655	469	38	12	6	118	320	204	22	215	124	0.283	0.368	0.332	0.700	10.8

김헌곤

32

포지션	LF	투타	우투우타	신장	174	체중	81
연봉	6000-10000			지명순위	11 삼성 5라운드 36순위		
생년월일	1988-11-09			학교	회원초-경복중-제주고-영남대		

FA 앞두고 가을야구에 잘 하는 게 중요하다

생애 첫 FA 계약인데 2년 6억 원에 그냥 도장을 찍었다. 자신은 야구를 할 수 있는 것만으로도 다행이라며 웃는다. 삼성이 KIA의 벽을 넘으려면 김헌곤이 반드시 필요하다. 김헌곤의 2024년 KIA전 성적은 15경기 0.404, 한국시리즈 5경기에서는 2홈런을 쏘아올렸다.

기본기록

연도	경기	타석	타수	안타	2루타	3루타	홈런	타점	득점	볼넷	사구	삼진	도루	타율	출루율	장타율	OPS	WAR
2022	80	239	224	43	8	0	1	20	18	9	1	22	3	0.192	0.224	0.241	0.465	-2.35
2023	6	4	4	0	0	0	0	0	0	0	0	1	0	0	0	0	0	-0.18
2024	117	311	281	85	8	1	9	34	43	22	3	50	4	0.302	0.358	0.434	0.792	1.59
통산	900	2834	2516	685	97	11	45	302	328	220	44	337	64	0.272	0.338	0.373	0.711	2.24

디아즈

0

포지션	1B	투타	좌투좌타	신장	188	체중	105
연봉	$100000-$500000			지명순위	24 삼성 자유선발		
생년월일	1996-11-19			학교	Daniel Smith(고)		

어딘가 어색해 보이지만, 1루수비도 탄탄 그 자체

첩보 과정을 방불케 하는 긴박한 교체 과정 끝에 삼성 유니폼을 입었다. 삼성이 그만큼 투자한 보람이 있었다. 멕시코리그를 두들겼던 디아즈는 KBO 리그에서도 연착륙했다. 첫 포스트시즌에서 플레이오프 3홈런, 한국시리즈에서 2홈런을 쏘아올렸다. 완전히 라팍 맞춤형 용병이었다.

기본기록

연도	경기	타석	타수	안타	2루타	3루타	홈런	타점	득점	볼넷	사구	삼진	도루	타율	출루율	장타율	OPS	WAR
2022	-	-	-	-	-	-	-	-	-	-	-	-	-	-	-	-	-	-
2023	-	-	-	-	-	-	-	-	-	-	-	-	-	-	-	-	-	-
2024	29	118	110	31	5	0	7	19	14	6	2	25	0	0.282	0.331	0.518	0.849	0.80
통산	29	118	110	31	5	0	7	19	14	6	2	25	0	0.282	0.331	0.518	0.849	0.53

류지혁

16

포지션	2B	투타	우투좌타	신장	181	체중	75
연봉	20000-60000		지명순위	12 두산 4라운드 36순위			
생년월일	1994-01-13		학교	청원초-선린중-충암고			

KIA 때도, 삼성 때도 인기 많은 형

내야진의 정신적 지주다. 한국시리즈에서 실책한 김영웅에게 "하늘 무너졌어?"라고 한 건 유명한 일화다. FA 자격을 획득했지만 동료들의 '남아달라'는 청에 잔류했다. 삼성이 KIA전 열세를 이기기 위해서는 류지혁이 필요하다. 다만 내구성 부분에서는 아직 물음표가 있다.

기본기록

연도	경기	타석	타수	안타	2루타	3루타	홈런	타점	득점	볼넷	사구	삼진	도루	타율	출루율	장타율	OPS	WAR
2022	127	477	405	111	19	2	2	48	55	56	6	83	8	0.274	0.369	0.346	0.715	1.96
2023	132	522	455	122	11	1	2	45	63	46	6	73	26	0.268	0.340	0.310	0.650	0.39
2024	100	348	302	78	9	1	3	36	43	33	6	70	11	0.258	0.341	0.325	0.666	0.09
통산	953	2791	2402	646	81	10	17	266	396	262	54	447	81	0.269	0.351	0.332	0.683	10.65

박승규

107

포지션	LF, CF, RF	투타	우투우타	신장	178	체중	78
연봉	5200-5200		지명순위	19 삼성 2차 9라운드 82순위			
생년월일	2000-09-02		학교	일산초-덕수중-경기고			

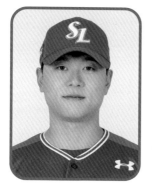

플라잉 수퍼 캐치로 증명하는 러키 보이

수비 능력 하나만큼은 인정을 받았다. 2020년 91경기를 뛰며 끈질긴 수비를 선보였다. 2022시즌을 마치고 상무에 입대했다가 돌아오니 외야가 더 치열해졌다. 1년 후배인 김지찬이 외야의 한 자리를 차지하고 있다. 약점으로 꼽힌 타격을 보완해야 살아남을 수 있다.

기본기록

연도	경기	타석	타수	안타	2루타	3루타	홈런	타점	득점	볼넷	사구	삼진	도루	타율	출루율	장타율	OPS	WAR
2022	-	-	-	-	-	-	-	-	-	-	-	-	-	-	-	-	-	-
2023	-	-	-	-	-	-	-	-	-	-	-	-	-	-	-	-	-	-
2024	-	-	-	-	-	-	-	-	-	-	-	-	-	-	-	-	-	-
통산	-	-	-	-	-	-	-	-	-	-	-	-	-	-	-	-	-	-

양도근

68

포지션	2B	투타	우투우타	신장	173	체중	72
연봉	3000-3500			지명순위	24 삼성 육성선수		
생년월일	2003-02-06			학교	동막초-상인천중-장안고-강릉영동대		

박진만 감독의 깐깐한 수비 평가도 통과

육성선수로 시작해 지난시즌 강렬한 인상을 남겼다. 1군 첫 타석에서 3루타를 쳤다. 몸을 날린 수비로 국민 유격수를 미소짓게 했다. 캠프 때 코뼈 골절 부상으로 가슴을 쓸어내렸지만 바로 복귀했다. 이름 때문에 가수 양동근의 노래 제목을 본따 '골모길'이라는 별명이 있다.

기본기록

연도	경기	타석	타수	안타	2루타	3루타	홈런	타점	득점	볼넷	사구	삼진	도루	타율	출루율	장타율	OPS	WAR
2022	0	0	0	0	0	0	0	0	0	0	0	0	0	-	-	-	-	0
2023	0	0	0	0	0	0	0	0	0	0	0	0	0	-	-	-	-	0
2024	16	29	23	4	0	1	0	2	5	5	0	8	0	0.174	0.321	0.261	0.582	0.02
통산	16	29	23	4	0	1	0	2	5	5	0	8	0	0.174	0.321	0.261	0.582	0.04

윤정빈

31

포지션	RF	투타	우투좌타	신장	182	체중	93
연봉	3700-7400			지명순위	18 삼성 2차 5라운드 42순위		
생년월일	1999-06-24			학교	신도초-부천중-부천고		

어쩐지 '가을 정권'의 분위기가 묻어난다

안경을 쓰고 야구를 더 잘하게 된 성공 사례. 워낙 힘이 좋아 2024년에도 7차례나 담장을 넘겼다. 포스트시즌에서는 강한 2번으로 배치돼 타격 능력을 뽐내기도 했다. 이렇게 재능이 있지만 그 역시 외야 경쟁을 펼쳐야 한다. 좌투수를 상대로 약하다는 점도 보완해야 할 부분이다.

기본기록

연도	경기	타석	타수	안타	2루타	3루타	홈런	타점	득점	볼넷	사구	삼진	도루	타율	출루율	장타율	OPS	WAR
2022	13	10	10	0	0	0	0	0	0	1	0	0	5	0	0	0	0	0
2023	28	43	34	5	0	0	1	3	5	7	2	12	1	0.147	0.326	0.235	0.561	-0.12
2024	69	188	161	46	4	1	7	20	26	22	3	47	1	0.286	0.378	0.453	0.831	1.74
통산	110	241	205	51	4	1	8	23	32	29	5	64	2	0.249	0.353	0.395	0.748	0.95

이병헌

23

포지션	C	투타	우투우타	신장	180	체중	87
연봉	4000-6500			지명순위	19 삼성 2차 4라운드 32순위		
생년월일	1999-10-26			학교	숭의초-신흥중-제물포고		

영화배우, 영화감독, 두산 투수 아닙니다

삼성은 제2의 포수 발굴이 필요한 팀이다. 이병헌은 2024시즌 백업 포수로 가장 많은 기회를 얻었다. 강한 어깨도 장점이다. 하지만 강민호의 벽은 아직도 너무 높다. 이병헌은 나름대로 자신만의 강점을 찾아가고 있다. 2군에서 영어 공부를 한 이병헌은 외국인 투수들과 소통이 되는 선수다.

기본기록																	
연도	경기	타석	타수	안타	2루타	3루타	홈런	타점	득점	볼넷	사구	삼진	도루	타율	출루율	장타율	OPS	WAR
2022	3	4	4	3	1	0	0	1	1	0	0	1	0	0.750	0.750	1.000	1.750	0.20
2023	23	33	28	4	0	0	0	2	3	3	0	11	0	0.143	0.219	0.143	0.362	-0.31
2024	95	166	145	36	4	0	1	9	9	17	2	48	0	0.248	0.335	0.297	0.632	0.18
통산	121	203	177	43	5	0	1	12	13	20	2	60	0	0.243	0.325	0.288	0.613	-0.05

이성규

13

포지션	RF	투타	우투우타	신장	178	체중	82
연봉	6000-13000			지명순위	16 삼성 2차 4라운드 31순위		
생년월일	1993-08-03			학교	광주대성초-광주동성중-광주동성고-인하대		

터지는데 8년 걸렸다, 이제 쭉 간다

2018년 퓨처스리그에서 홈런왕을 차지했다. 장타 능력은 인정받았으나 좀처럼 1군에서는 기를 펴지 못했다. 워낙 천성이 선해 치열한 프로야구계에서 경쟁을 이기지 못하는 듯했다. 그러나 결국 2024시즌 22홈런으로 빛을 봤다. 홈런을 치려면 결국 삼진은 불가피하단 걸 깨달았기 때문이다.

기본기록																	
연도	경기	타석	타수	안타	2루타	3루타	홈런	타점	득점	볼넷	사구	삼진	도루	타율	출루율	장타율	OPS	WAR
2022	13	34	27	2	0	0	0	1	5	5	2	8	0	0.074	0.265	0.074	0.339	-0.19
2023	109	162	145	30	10	1	1	18	23	8	3	42	4	0.207	0.259	0.310	0.569	-0.03
2024	122	355	302	73	10	1	22	57	56	31	15	109	9	0.242	0.339	0.500	0.839	1.86
통산	379	868	754	158	29	3	35	113	118	65	27	251	17	0.210	0.293	0.395	0.688	-0.06

전병우

34

포지션	3B	투타	우투우타	신장	182	체중	93
연봉	6000-7500			지명순위	15 롯데 2차 3라운드 28순위		
생년월일	1992-10-24			학교	동삼초-경남중-개성고-동아대		

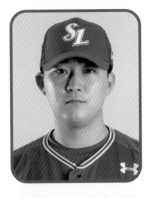

대타 가능 우타 백업 내야수는 엔트리의 소금

1992년생으로 연차가 많은 것도 아닌데 벌써 세 번째 팀에 몸담고 있다. 장타력을 갖춘 내야수라는 매력이 있기 때문이다. 2022년 키움 소속으로 한국시리즈에서 활약하기도 했다. 하지만 삼성 내야에서는 좀처럼 주전을 꿰차기는 힘들다. 그래도 삼성 내야에는 이런 소금 같은 존재가 필요하다.

기본기록																	
연도	경기	타석	타수	안타	2루타	3루타	홈런	타점	득점	볼넷	사구	삼진	도루	타율	출루율	장타율	OPS	WAR
2022	115	231	197	40	7	0	5	21	14	17	7	68	0	0.203	0.288	0.315	0.603	0.37
2023	41	75	62	9	3	0	1	6	6	10	1	28	0	0.145	0.274	0.242	0.516	-0.05
2024	58	128	111	25	5	0	5	14	17	14	1	42	0	0.225	0.313	0.405	0.718	0.46
통산	504	1229	1060	228	44	3	28	133	138	123	21	367	13	0.215	0.307	0.342	0.649	1.42

차승준

35

포지션	3B	투타	우투좌타	신장	181	체중	88
연봉	3000			지명순위	25 삼성 3라운드 23순위		
생년월일	2006-11-20			학교	무학초-신월중-용마고		

밀어서도 라팍 가뿐하게 넘기는 내야수

오키나와 스프링 캠프에서 박진만 감독을 미소짓게 한 신인 4인방 중 하나다. 삼성의 거포 계보를 이을 내야수로 주목받고 있다. 타자 친화적인 라팍에서 더욱 재능을 뽐낼 수 있을 것으로 보인다. 선배들을 제치고 내야 경쟁에서 살아남으려면 수비에서 안정감을 줘야 한다.

기본기록																	
연도	경기	타석	타수	안타	2루타	3루타	홈런	타점	득점	볼넷	사구	삼진	도루	타율	출루율	장타율	OPS	WAR
2022	-	-	-	-	-	-	-	-	-	-	-	-	-	-	-	-	-	-
2023	-	-	-	-	-	-	-	-	-	-	-	-	-	-	-	-	-	-
2024	-	-	-	-	-	-	-	-	-	-	-	-	-	-	-	-	-	-
통산	-	-	-	-	-	-	-	-	-	-	-	-	-	-	-	-	-	-

함수호

40

포지션	LF	투타	좌투좌타	신장	181	체중	88
연봉	3000			지명순위	25 삼성 4라운드 33순위		
생년월일	2006-03-10			학교	구미리틀-인동초-경복중-상원고		

강백호 닮은 타격폼, 한 방은 있다

2025시즌을 앞두고 스프링 캠프를 완주한 신인 중 하나다. 아마추어 시절 많은 홈런을 쏘아올려 이만수 홈런상을 수상하기도 했다. '라팍'과 잘 어울리는 자원이다. 스프링 캠프 연습경기에서는 외야 수비에 대한 테스트를 거쳤다. 삼성 외야진이야 워낙 쟁쟁하지만 뎁스를 두텁게 해 줄 자원이다.

기본기록

연도	경기	타석	타수	안타	2루타	3루타	홈런	타점	득점	볼넷	사구	삼진	도루	타율	출루율	장타율	OPS	WAR
2022	-	-	-	-	-	-	-	-	-	-	-	-	-	-	-	-	-	-
2023	-	-	-	-	-	-	-	-	-	-	-	-	-	-	-	-	-	-
2024	-	-	-	-	-	-	-	-	-	-	-	-	-	-	-	-	-	-
통산	-	-	-	-	-	-	-	-	-	-	-	-	-	-	-	-	-	-

홍현빈

63

포지션	CF	투타	우투좌타	신장	174	체중	70
연봉	4500-4500			지명순위	17 KT 2차 3라운드 21순위		
생년월일	1997-08-29			학교	신곡초-매송중-유신고		

겁나 빠른, 재간둥이 외야수

2024시즌을 마치고 KT에서 방출됐는데 그때 손을 내민 팀이 삼성이다. 방출 아픔을 딛고 새 시즌 준비에 몰두했다. 스프링 캠프에서 주력은 물론 공격력까지 뽐내면서 박진만 감독의 눈에 들었다. 캠프 MVP에도 선정됐다. 백업을 넘어 주전 외야수로까지 거론되는 상황이다.

기본기록

연도	경기	타석	타수	안타	2루타	3루타	홈런	타점	득점	볼넷	사구	삼진	도루	타율	출루율	장타율	OPS	WAR
2022	61	92	76	18	2	0	0	1	8	10	0	26	4	0.237	0.326	0.263	0.589	0.91
2023	44	86	73	17	2	0	0	1	15	13	0	21	2	0.233	0.349	0.260	0.609	0.18
2024	28	22	18	4	0	1	0	2	5	3	0	7	0	0.222	0.333	0.333	0.666	-0.16
통산	238	257	215	44	4	1	0	6	44	33	0	76	8	0.205	0.310	0.233	0.543	0.31

권현우

	41	포지션	P	투타	우투우타	신장	190	체중	93
		연봉	3000		지명순위	25 삼성 5라운드 43순위			
		생년월일	2006-03-28		학교	광주서림초-충장중-광주제일고			

연도	경기	선발	QS	승	패	세이브	BS	홀드	이닝	피안타	피홈런	4사구	삼진	피안타율	WHIP	피 OPS	ERA	WAR
2022	-	-	-	-	-	-	-	-	-	-	-	-	-	-	-	-	-	-
2023	-	-	-	-	-	-	-	-	-	-	-	-	-	-	-	-	-	-
2024	-	-	-	-	-	-	-	-	-	-	-	-	-	-	-	-	-	-
통산	-																	

김대우

	17	포지션	P	투타	우언우타	신장	183	체중	85
		연봉	10000-10000		지명순위	11 넥센 9라운드 67순위			
		생년월일	1988-11-21		학교	역삼초-대치중-서울고-홍익대			

연도	경기	선발	QS	승	패	세이브	BS	홀드	이닝	피안타	피홈런	4사구	삼진	피안타율	WHIP	피 OPS	ERA	WAR
2022	4	0	0	1	0	0	0	0	4.1	4	0	0	5	0.250	0.92	0.50	2.08	0.16
2023	44	5	0	0	2	0	0	4	64	66	7	22	49	0.273	1.38	0.74	4.50	0.39
2024	32	1	0	0	0	0	0	5	34.1	42	4	9	23	0.296	1.49	0.79	5.50	0.31
통산	384	43	4	27	26	2	2	28	615	737	77	246	418	0.301	1.60	0.842	5.74	4.04

김대호

	44	포지션	P	투타	우투우타	신장	185	체중	100
		연봉	3000-3300		지명순위	24 삼성 육성선수			
		생년월일	2001-10-15		학교	제주신광초-이평중-군산상고-고려대			

연도	경기	선발	QS	승	패	세이브	BS	홀드	이닝	피안타	피홈런	4사구	삼진	피안타율	WHIP	피 OPS	ERA	WAR
2022	-	-	-	-	-	-	-	-	-	-	-	-	-	-	-	-	-	-
2023	-	-	-	-	-	-	-	-	-	-	-	-	-	-	-	-	-	-
2024	1	1	0	0	1	0	0	0	4	7	1	2	1	0.350	2.25	1.009	11.25	-0.17
통산	1	1	0	0	1	0	0	0	4	7	1	2	1	0.350	2.25	1.009	11.25	-0.17

양창섭

	42	포지션	P	투타	우투우타	신장	182	체중	85
		연봉	4800-4800		지명순위	18 삼성 2차 1라운드 2순위			
		생년월일	1999-09-22		학교	노원리틀-녹천초-청량중-덕수고			

연도	경기	선발	QS	승	패	세이브	BS	홀드	이닝	피안타	피홈런	4사구	삼진	피안타율	WHIP	피 OPS	ERA	WAR
2022	6	6	2	2	3	0	0	0	20.1	24	3	12	10	0.293	1.77	0.877	8.41	-0.17
2023	15	4	0	0	3	0	0	2	28.2	45	7	16	12	0.366	2.13	1.033	9.10	-0.43
2024	0	0	0	0	0	0	0	0	0	0	0	0	0	-	-	-	-	-
통산	56	27	8	10	13	0	0	3	158	196	26	73	88	0.306	1.70	0.879	6.27	1.70

양현

	19	포지션	P	투타	우언우타	신장	189	체중	104
		연봉	9000-7000		지명순위	11 두산 10라운드 73순위			
		생년월일	1992-08-23		학교	영랑초-한밭중-대전고			

연도	경기	선발	QS	승	패	세이브	BS	홀드	이닝	피안타	피홈런	4사구	삼진	피안타율	WHIP	피 OPS	ERA	WAR
2022	25	0	0	3	2	2	1	5	36.2	39	4	17	14	0.273	1.53	0.740	5.15	-0.19
2023	54	0	0	0	5	0	1	8	57	83	5	21	16	0.356	1.82	0.878	5.05	-0.74
2024	18	0	0	0	1	0	0	2	13	21	4	5	10	0.375	2.00	1.054	7.62	0.02
통산	278	5	0	14	15	4	6	37	303.1	349	28	113	149	0.299	1.52	0.779	4.21	2.52

이재익 26

포지션	P	투타	좌투좌타	신장	180	체중	76
연봉	8200-6200			지명순위	13 삼성 8라운드 68순위		
생년월일	1994-03-18			학교	삼일초-중앙중-유신고		

연도	경기	선발	QS	승	패	세이브	BS	홀드	이닝	피안타	피홈런	4사구	삼진	피안타율	WHIP	피 OPS	ERA	WAR
2022	42	0	0	3	2	0	1	7	33.1	41	4	9	21	0.304	1.50	0.793	5.94	-0.15
2023	51	0	0	1	3	0	1	11	41	46	3	17	26	0.288	1.54	0.742	3.95	0.29
2024	9	0	0	1	0	0	0	0	9.2	29	2	4	6	0.537	3.41	1.273	17.69	-0.76
통산	117	0	0	7	5	0	2	18	94.2	135	12	44	59	0.340	1.89	0.885	7.04	-1.03

이재희 59

포지션	P	투타	우투좌타	신장	187	체중	88
연봉	3600-3600			지명순위	21 삼성 2차 1라운드 3순위		
생년월일	2001-10-11			학교	대전신흥초-한밭중-대전고		

연도	경기	선발	QS	승	패	세이브	BS	홀드	이닝	피안타	피홈런	4사구	삼진	피안타율	WHIP	피 OPS	ERA	WAR
2022	0	0	0	0	0	0	0	0	0	0	0	0	0	-	-	-	-	-
2023	2	1	0	0	0	0	0	0	8	4	1	5	5	0.143	1.13	0.559	3.38	0.15
2024	0	0	0	0	0	0	0	0	0	0	0	0	0	-	-	-	-	-
통산	7	6	0	0	1	0	0	0	29.2	28	3	15	22	0.250	1.45	0.723	4.85	0.66

최성훈 54

포지션	P	투타	좌투좌타	신장	178	체중	75
연봉	10000-7800			지명순위	12 LG 2라운드 16순위		
생년월일	1989-10-11			학교	가동초-잠신중-경기고-경희대		

연도	경기	선발	QS	승	패	세이브	BS	홀드	이닝	피안타	피홈런	4사구	삼진	피안타율	WHIP	피 OPS	ERA	WAR
2022	45	0	0	0	0	0	0	6	33.1	23	1	13	22	0.195	1.08	0.577	2.16	0.79
2023	5	0	0	0	0	1	0	0	3	7	0	1	2	0.438	2.67	1.034	15.00	-0.54
2024	28	0	0	0	1	0	1	3	13	14	1	9	10	0.292	1.77	0.768	6.92	0.08
통산	297	6	1	8	9	2	1	26	260	286	18	119	154	0.283	1.56	0.763	4.12	2.26

최충연 51

포지션	P	투타	우투우타	신장	190	체중	85
연봉	4700-4500			지명순위	16 삼성 1차		
생년월일	1997-03-05			학교	대구수창초-대구중-경북고		

연도	경기	선발	QS	승	패	세이브	BS	홀드	이닝	피안타	피홈런	4사구	삼진	피안타율	WHIP	피 OPS	ERA	WAR
2022	38	0	0	0	1	0	0	0	38.1	39	3	20	29	0.265	1.54	0.776	4.70	0.11
2023	7	0	0	0	0	0	0	0	9.1	10	3	7	8	0.278	1.82	0.991	4.82	-0.12
2024	0	0	0	0	0	0	0	0	0	0	0	0	0	-	-	-	-	-
통산	194	11	0	5	19	9	5	23	261	287	28	150	259	0.278	1.67	0.809	5.90	2.34

최하늘 3

포지션	P	투타	우언우타	신장	190	체중	99
연봉	4100-6000			지명순위	18 롯데 2차 7라운드 63순위		
생년월일	1999-03-26			학교	서울학동초-자양중-경기고		

연도	경기	선발	QS	승	패	세이브	BS	홀드	이닝	피안타	피홈런	4사구	삼진	피안타율	WHIP	피 OPS	ERA	WAR
2022	14	5	0	1	4	0	0	1	33.2	42	5	15	18	0.307	1.69	0.843	6.15	0.22
2023	3	2	0	0	2	0	0	0	6.1	14	2	5	3	0.438	3.00	1.351	19.89	-0.85
2024	27	0	0	1	1	0	1	1	32	26	2	16	18	0.234	1.31	0.662	5.34	0.32
통산	46	8	0	2	8	0	1	2	74	86	11	38	40	0.297	1.68	0.855	7.54	-0.59

홍원표

	65		
포지션 P	투타 우투우타	신장 183	체중 86
연봉 3300-3550		지명순위 20 삼성 2차 3라운드 25순위	
생년월일 2001-03-27		학교 신도초-부천중-부천고	

연도	경기	선발	QS	승	패	세이브	BS	홀드	이닝	피안타	피홈런	4사구	삼진	피안타율	WHIP	피 OPS	ERA	WAR
2022	0	0	0	0	0	0	0	0	0	0	0	0	0	-	-	-	-	-
2023	3	0	0	0	0	0	0	0	3.2	2	0	2	1	0.154	1.09	0.421	2.45	0.13
2024	4	0	0	0	0	0	0	0	6.1	4	1	6	5	0.200	1.58	0.757	4.26	0.08
통산	8	0	0	0	0	0	0	0	11	7	1	9	6	0.189	1.45	0.644	3.27	0.25

강한울

	6		
포지션 3B	투타 우투좌타	신장 181	체중 66
연봉 10000-7000		지명순위 14 KIA 2차 1라운드 5순위	
생년월일 1991-09-12		학교 사당초-중앙중-안산공고-원광대	

연도	경기	타석	타수	안타	2루타	3루타	홈런	타점	득점	볼넷	사구	삼진	도루	타율	출루율	장타율	OPS	WAR
2022	94	252	226	73	12	1	1	26	31	20	0	48	4	0.323	0.375	0.398	0.773	1.87
2023	72	240	212	46	7	2	0	10	30	20	0	54	1	0.217	0.282	0.269	0.551	-0.16
2024	18	25	21	2	0	0	0	1	1	0	0	6	0	0.095	0.091	0.095	0.186	-0.32
통산	847	2392	2162	576	67	18	2	159	276	154	5	422	43	0.266	0.315	0.317	0.632	0.94

공민규

	9		
포지션 1B	투타 우투좌타	신장 183	체중 85
연봉 4100-4300		지명순위 18 삼성 2차 8라운드 72순위	
생년월일 1999-09-27		학교 서화초-동산중-인천고	

연도	경기	타석	타수	안타	2루타	3루타	홈런	타점	득점	볼넷	사구	삼진	도루	타율	출루율	장타율	OPS	WAR
2022	15	22	19	3	0	0	0	2	0	1	1	10	0	0.158	0.227	0.158	0.385	0.06
2023	22	33	31	6	1	1	0	2	0	2	0	13	0	0.194	0.242	0.290	0.532	-0.42
2024	12	17	14	1	0	0	1	2	1	1	2	9	0	0.071	0.235	0.286	0.521	-0.22
통산	77	132	117	23	2	1	4	12	5	10	4	50	0	0.197	0.280	0.333	0.613	-0.59

김민수

	9		
포지션 C	투타 우투우타	신장 177	체중 80
연봉 4600-4600		지명순위 14 한화 2차 2라운드 24순위	
생년월일 1991-03-02		학교 옥산초-경복중-상원고-영남대	

연도	경기	타석	타수	안타	2루타	3루타	홈런	타점	득점	볼넷	사구	삼진	도루	타율	출루율	장타율	OPS	WAR
2022	0	0	0	0	0	0	0	0	0	0	0	0	0	-	-	-	-	0
2023	2	1	1	0	0	0	0	0	0	0	0	1	0	0	0	0	0	0
2024	9	8	8	2	0	0	1	3	1	0	0	1	0	0.25	0.25	0.625	0.875	0.06
통산	160	269	248	49	8	0	4	27	25	13	1	68	0	0.198	0.238	0.278	0.516	0.07

김재성

	2		
포지션 C	투타 우투좌타	신장 185	체중 85
연봉 7000-5500		지명순위 15 LG 1차	
생년월일 1996-10-30		학교 신광초-성남중-덕수고	

연도	경기	타석	타수	안타	2루타	3루타	홈런	타점	득점	볼넷	사구	삼진	도루	타율	출루율	장타율	OPS	WAR
2022	63	185	161	54	10	0	3	26	16	18	2	40	0	0.335	0.402	0.453	0.855	1.39
2023	57	125	99	19	3	0	1	7	7	19	5	31	0	0.192	0.350	0.253	0.603	0.27
2024	10	23	20	4	0	0	0	1	3	3	0	5	0	0.200	0.304	0.250	0.554	-0.23
통산	200	420	356	87	16	1	5	38	32	48	8	93	1	0.244	0.344	0.337	0.681	1.10

김재혁

8

포지션	LF	투타	우투우타	신장	182	체중	85
연봉	3000-3500			지명순위	22 삼성 2차 2라운드 13순위		
생년월일	1999-12-26			학교	제주남초-제주제일중-제주고-동아대		

연도	경기	타석	타수	안타	2루타	3루타	홈런	타점	득점	볼넷	사구	삼진	도루	타율	출루율	장타율	OPS	WAR
2022	15	39	33	8	1	0	0	3	5	4	1	9	4	0.242	0.333	0.273	0.606	0.33
2023	0	0	0	0	0	0	0	0	0	0	0	0	0	-	-	-	-	0
2024	35	54	49	9	2	1	0	6	6	3	0	19	2	0.184	0.222	0.265	0.487	-0.22
통산	50	93	82	17	3	1	0	9	11	7	1	28	6	0.207	0.269	0.268	0.537	-0.42

김태훈

25

포지션	RF	투타	우투좌타	신장	177	체중	78
연봉	4300-4500			지명순위	15 KT 2차 5라운드 53순위		
생년월일	1996-03-31			학교	안산리틀-진흥초-평촌중-유신고		

연도	경기	타석	타수	안타	2루타	3루타	홈런	타점	득점	볼넷	사구	삼진	도루	타율	출루율	장타율	OPS	WAR
2022	7	10	10	0	0	0	0	0	0	0	0	2	0	0	0	0	0	-0.15
2023	11	22	21	2	1	0	0	1	0	0	0	9	0	0.095	0.095	0.143	0.238	-0.43
2024	12	21	20	4	1	0	0	1	2	0	1	3	0	0.200	0.238	0.250	0.488	-0.02
통산	98	191	184	35	7	1	2	10	11	2	2	50	1	0.190	0.206	0.272	0.478	-1.60

김호진

60

포지션	2B	투타	우투우타	신장	183	체중	84
연봉	3000-3250			지명순위	24 삼성 6라운드 54순위		
생년월일	2005-07-16			학교	송정동초-충장중-진흥고		

연도	경기	타석	타수	안타	2루타	3루타	홈런	타점	득점	볼넷	사구	삼진	도루	타율	출루율	장타율	OPS	WAR
2022	-	-	-	-	-	-	-	-	-	-	-	-	-	-	-	-	-	-
2023	-	-	-	-	-	-	-	-	-	-	-	-	-	-	-	-	-	-
2024	26	32	29	2	0	0	0	3	4	1	1	11	0	0.069	0.125	0.069	0.194	-0.26
통산	26	32	29	2	0	0	0	3	4	1	1	11	0	0.069	0.125	0.069	0.194	-0.40

심재훈

38

포지션	2B	투타	우투우타	신장	180	체중	80
연봉	3000			지명순위	25 삼성 2라운드 13순위		
생년월일	2006-03-03			학교	삼일초-평촌중-유신고		

연도	경기	선발	QS	승	패	세이브	BS	홀드	이닝	피안타	피홈런	4사구	삼진	피안타율	WHIP	피 OPS	ERA	WAR
2022	-	-	-	-	-	-	-	-	-	-	-	-	-	-	-	-	-	-
2023	-	-	-	-	-	-	-	-	-	-	-	-	-	-	-	-	-	-
2024	-	-	-	-	-	-	-	-	-	-	-	-	-	-	-	-	-	-
통산	-	-	-	-	-	-	-	-	-	-	-	-	-	-	-	-	-	-

안주형

14

포지션	2B	투타	우투좌타	신장	176	체중	68
연봉	5200-7000			지명순위	16 삼성 육성선수		
생년월일	1993-08-14			학교	부산중앙초-부산중-부경고-영남대		

연도	경기	타석	타수	안타	2루타	3루타	홈런	타점	득점	볼넷	사구	삼진	도루	타율	출루율	장타율	OPS	WAR
2022	18	23	20	3	0	0	0	2	2	1	0	6	0	0.150	0.182	0.150	0.332	0.16
2023	53	91	79	19	2	0	1	10	12	10	0	20	0	0.241	0.322	0.304	0.626	-0.36
2024	82	166	142	31	2	0	0	8	24	11	1	39	4	0.218	0.279	0.232	0.511	-0.61
통산	179	298	259	58	5	0	1	23	40	22	1	69	5	0.224	0.285	0.255	0.540	-1.64

양우현 · 53

포지션	2B		투타	우투좌타		신장	175		체중	82
연봉	3700-4000			지명순위	19 삼성 2차 3라운드 22순위					
생년월일	2000-04-13			학교	남정초-충암중-충암고					

연도	경기	타석	타수	안타	2루타	3루타	홈런	타점	득점	볼넷	사구	삼진	도루	타율	출루율	장타율	OPS	WAR
2022	-	-	-	-	-	-	-	-	-	-	-	-	-	-	-	-	-	-
2023	-	-	-	-	-	-	-	-	-	-	-	-	-	-	-	-	-	-
2024	7	15	13	0	0	0	0	1	0	1	0	6	0	0.000	0.071	0.000	0.071	-0.13
통산	15	40	37	3	0	0	0	1	0	2	0	11	0	0.081	0.128	0.081	0.209	-0.57

이창용 · 50

포지션	1B		투타	우투우타		신장	184		체중	89
연봉	3000-3300			지명순위	21 삼성 2차 8라운드 73순위					
생년월일	1999-06-03			학교	노원리틀-을지초-청량중-신흥고-강릉영동대					

연도	경기	타석	타수	안타	2루타	3루타	홈런	타점	득점	볼넷	사구	삼진	도루	타율	출루율	장타율	OPS	WAR
2022	-	-	-	-	-	-	-	-	-	-	-	-	-	-	-	-	-	-
2023	-	-	-	-	-	-	-	-	-	-	-	-	-	-	-	-	-	-
2024	9	21	21	4	1	0	0	2	1	0	0	4	0	0.190	0.190	0.238	0.428	-0.19
통산	9	21	21	4	1	0	0	2	1	0	0	4	0	0.190	0.190	0.238	0.428	-0.24

이해승 · 56

포지션	2B		투타	우투우타		신장	180		체중	86
연봉	4200			지명순위	19 삼성 2차 8라운드 72순위					
생년월일	2000-08-01			학교	인천서림초-신흥중-인천고					

연도	경기	타석	타수	안타	2루타	3루타	홈런	타점	득점	볼넷	사구	삼진	도루	타율	출루율	장타율	OPS	WAR
2022	46	106	99	23	3	0	0	5	11	1	0	29	0	0.232	0.240	0.263	0.503	-0.19
2023	9	4	4	1	1	0	0	0	0	0	0	1	0	0.250	0.250	0.500	0.750	0.01
2024	-	-	-	-	-	-	-	-	-	-	-	-	-	-	-	-	-	-
통산	55	110	103	24	4	0	0	5	11	1	0	30	0	0.233	0.240	0.272	0.512	-0.41

2025시즌 육성선수

포지션	배번	투타	한글성명	생년월일	신장	체중	입단연도
투수	122	우우	김성경	1999-10-01	181	84	2024
투수	110	우우	신경민	2004-03-16	186	103	2024
투수	102	우우	유병선	2005-09-12	181	84	2024
투수	123	우우	김동현	2001-05-25	186	95	2024
투수	148	우우	정민성	2005-05-09	184	98	2024
투수	101	우우	박주혁	2001-05-18	182	82	2020
투수	113	우우	박준용	2003-12-19	184	92	2024
투수	109	우우	최예한	2002-06-02	183	90	2025
투수	112	우우	홍준영	2004-08-18	180	76	2025
투수	114	우우	천겸	2006-01-25	179	88	2025
투수	120	우우	김백산	2003-10-13	183	86	2025
투수	119	우우	김유현	2004-02-07	184	93	2025
투수	128	우우	우승완	2005-09-06	186	90	2025
투수	115	우우	진희성	2006-05-18	179	90	2025
포수	106	우우	차동영	2002-11-01	181	82	2022
포수	111	우우	박진우	2003-10-14	176	87	2023
내야수	103	우좌	오현석	2001-03-05	183	99	2021
내야수	116	우우	박장민	2003-09-02	179	80	2023
내야수	118	우우	이현준	2001-04-20	182	80	2024
내야수	124	우우	김재형	2005-11-22	186	102	2024
내야수	127	우우	강민성	2006-02-22	183	85	2025
내야수	125	우좌	김상준	2002-12-30	176	75	2025
외야수	108	우우	김태근	1996-08-10	175	74	2019
외야수	107	우우	박승규	2000-09-02	178	78	2019
외야수	104	우우	주한울	2002-06-08	183	83	2021
외야수	117	우좌	이진용	2006-06-30	183	80	2025

김지찬 ⓒ 삼성 라이온즈

김현준 ⓒ 삼성 라이온즈

이재현 ⓒ 삼성 라이온즈

김영웅 ⓒ 삼성 라이온즈

LG 트윈스

주요 이슈

29년 만의 한국시리즈 우승이 확정되는 순간, 영광의 시대가 올 것이라 예상했다. '왕조'가 언급됐고, '신바람' 얘기가 나왔다. 연속 우승이 쉽지 않다는 걸 확인하는 데 오래 걸리지 않았다. 주축 불펜이 빠져나갔어도 낙관적이던 전망은 이내 사라졌다. 우승을 위해서는 뎁스 또 뎁스라는 사실을 확인했다.

우승 후유증은 작지 않았다. 주장 오지환은 여러 스트레스를 받으면서 2군에 내려가야 했다. 저절로 성장할 것이라 여겼던 신예들의 성장은 더뎠다. 3위도 나쁘지 않은 성적이었지만, 목표였던 우승과는 거리가 멀었다. 스토브리그 준비의 흐름은 앞서 우승 때 그랬듯, 뎁스 또 뎁스였다.

시즌 종료 후 내부 평가와 분석을 통해 '주전 의존도'가 지나치게 높았다는 결론을 얻었다. 김현수, 박해민, 오지환 등으로 이어지는 베테랑 주전 라인업은 리그 최고 수준이지만, 이들에게만 의존해서는 시즌 내내 고른 전력을 유지하기 어려웠다. 새 얼굴을 찾아야 하고, 주전들에게 적절한 휴식을 줘야 했다.

마운드 역시 뎁스가 필요했다. 넘치는 것 같았던 불펜 필승조는 두세 명이 부진에 빠지자 와르르 무너졌다. 이겨야 하는 경기, 이길 것 같은 경기에 몇 안 되는 필승조가 자주 쓰이자, 이 역시 시즌 막판 전력 저하로 이어졌다.

야수와 투수 모두 뎁스 강화에 초점이 맞춰졌다. 가장 큰 변화는 스토브리그에서 보여준 적극적 선수 영입이었다.

LG는 FA 시장에서 KIA의 프라이머리 셋업맨 장현식을 데려왔다. 원 소속팀 KIA, 삼성과의 영입 경쟁이 치열했지만, 잠실 프리미엄에 '전액 보장' 4년 52억 원에 계약했다. 두산에서 FA 자격을 얻은 김강률도 영입했고, NC에서 방출된 심창민을 테스트를 거쳐 입단시켰다. 심창민 역시 한때 리그를 대표하던 불펜 투수였다. 장현식이 캠프 막판 발목을 다쳤지만, 시즌 중 등판에는 큰 문제가 없는 가운데, 일단 숫자만으로도 불펜이 확 달라졌다. 여기에 사실상 '2년 차 징크스'를 겪었다고 볼 수 있는 백승현, 박명근 등이 폼을 끌어올리면 LG 불펜은 그 어느 팀에도 뒤지지 않는다.

2024시즌 3위
76승 2무 66패

야수진에서도 뎁스 강화가 기대된다. 기존 주전 라인업의 변화가 거의 없는 것도 장점. 그 뒤를 받쳐줄 백업 선수들의 성장도 기대된다. 기대가 컸던 유망주 이영빈의 출전 기회와 활용도가 높아진다. 내외야를 모두 봤던 이영빈은 일단 내야 고정이다.

고민거리였던 백업 포수 자리에는 이주헌이 눈에 띈다. 지난 시즌 보다 더 많은 기회가 주어질 전망이다. 수비는 원래 안정됐고, 공격이 다소 약했던 내야수 구본혁은 지난 시즌을 거치면서 타격이 업그레이드됐다.

전역 뒤 퓨처스리그에서 대폭발한 내야수 문정빈은 팬들의 가슴을 두근거리게 한다. 뚜껑은 열어봐야 알 수 있겠지만, 구단 스태프들의 평가가 심상치 않다.

새 시즌의 목표는 당연히 우승이다. LG는 최근 6년 연속 가을야구에 오른 가을야구 단골 팀이다. 가을이 아니라 우승이 목표일 수밖에 없다. 염경엽 감독은 스프링 캠프 인터뷰에서 "2023년의 느낌이 난다"고 말했다. 공수 전력의 뎁스가 충분하고, 이를 통해 시즌 운영에 있어 전력적 여유를 갖고 갈 수 있겠다는 판단이다.

여기에 강력한 외국인 원투펀치가 힘을 더한다. 지난해 가을야구 마무리로 실력을 증명한 에르난데스와, 새로 영입한 치리노스 둘 다 강력한 구위의 공을 던진다. 염 감독은 '최근 수년간 LG 외국인 투수 중 최강 조합'이라고 기대를 드러냈다. 임찬규에 이어 지난해 수준급 선발 투수로 성장한 손주영이 선발 마운드를 지킨다. 5선발 자리에는 지난해 퓨처스리그에서 투수 3관왕에 오른 송승기가 앞서 있다.

팀 전력에 큰 빈틈이 보이지 않는다. 시즌을 치르면서 발생할 수 있는 여러 변수에 대응할 뎁스도 확보됐다. 후반기가 되면 부상에서 돌아온 마운드 전력도 상당하다. 팀 전력에 있어 신구 조화도 잘 만들어졌다. 여기에 굳이 '뛰는 야구'에 매달리지 않아도 될 만큼 팀 타선에 힘이 생겼는데, 오히려 뛰는 야구의 경험이 경기 후반 팽팽한 승부에서 유리한 고지를 잡는 힘이 된다.

확실히 2025년의 LG에게서 2023년 LG의 향기가 난다.

순위기록

종합

	경기당 득점		경기당 실점		경기당 실책		수비효율	
LG	5.61	2위	5.06	2위	0.71	3위	0.647	4위
리그평균	5.38	1▶2	5.38	1▶2	0.76	9▶3	0.647	4▶4

	경기당 도루시도		도루성공률		경기당 희생번트		경기당 투수교체	
LG	1.7	1위	68.4	9위	0.32	6위	3.90	6위
리그평균	1.1	1▶1	74.4	10▶9	0.34	1▶6	3.90	9▶6

타격

	타율		출루율		장타율		OPS	
LG	0.283	3위	0.366	2위	0.414	8위	0.780	4위
리그평균	0.277	1▶3	0.352	1▶2	0.420	1▶8	0.772	1▶4

선발

	평균자책점		경기당 이닝		피안타율		피순장타	
LG	4.26	2위	5.24	3위	0.274	6위	58	1위
리그평균	4.77	5▶2	5.00	9▶3	0.274	7▶6	48.8	8▶1

구원

	평균자책점		경기당 이닝		피안타율		피순장타	
LG	5.21	6위	3.68	8위	0.278	4위	20	6위
리그평균	5.16	1▶6	3.91	2▶8	0.282	1▶4	19.9	6▶6

라인업

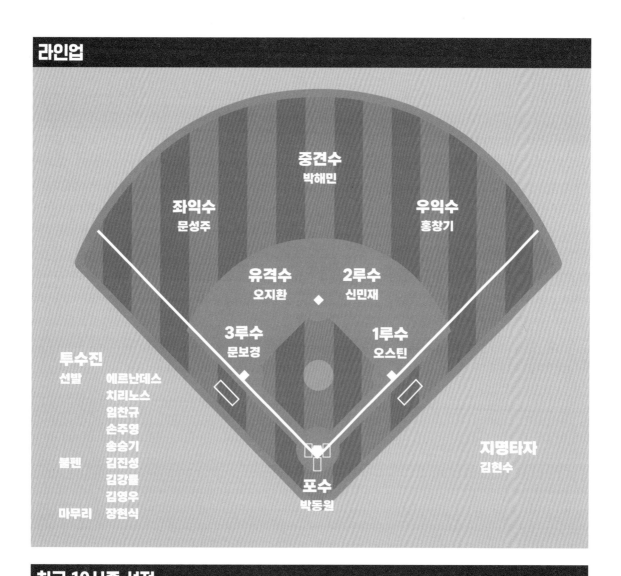

중견수
박해민

좌익수
문성주

우익수
홍창기

유격수
오지환

2루수
신민재

3루수
문보경

1루수
오스틴

투수진
선발　에르난데스
　　　치리노스
　　　임찬규
　　　손주영
　　　송승기
불펜　김진성
　　　김강률
　　　김영우
마무리　장현식

지명타자
김현수

포수
박동원

최근 10시즌 성적

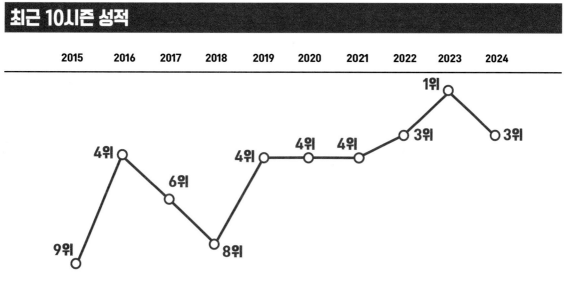

2015	2016	2017	2018	2019	2020	2021	2022	2023	2024
9위	4위	6위	8위	4위	4위	4위	3위	1위	3위

최상 시나리오

에르난데스-치리노스 원투펀치는 누구를 앞에 세워야 할지 고민될 정도로 막강하다. 손주영이 한층 더 성장한 투구를 하는 가운데, 송승기가 손주영이 갔던 길을 그대로 따라간다. 5선발이 안정적으로 돌아가는 가운데 불펜도 톱니바퀴처럼 돌아간다. 문정빈이 폭발하면서 염경엽 감독의 타선 운영 고민이 커진다. 오스틴 지타, 1루수 문보경, 3루수 문정빈 라인업이 자주 나온다. 알아서 잘 굴러가는 팀 분위기 속 주장 박해민의 할 일이 별로 없다. 타선이 터지면서 새 마무리 장현식은 등판 기회가 줄어드는 게 답답할 지경이다. 그마저도 신인 김영우가 경기를 끝내는 경우가 많다. 지난해 많은 이닝에 대한 관리가 저절로 이뤄진다. 일찌감치 정규시즌 우승을 확정한 뒤 가을야구의 마지막 경기, 구광모 구단주가 새 롤렉스 시계를 꺼낸다.

최악 시나리오

전력 평준화 시즌이다 보니 시즌 초반부터 치열한 경쟁이 이어진다. 위로 치고 나가지 못한 채 상위권에서 엎치락뒤치락 순위 싸움이 반복된다. 한 경기 한 경기가 살얼음판이다. 지난해 폭발했던 선수들의 성장이 기대됐지만, 2024시즌 그랬던 것처럼 '2년생 징크스'가 혹독하게 팀을 할퀴고 지나간다. 백업의 성장이 더디면서 다시 한번 타선에서 주전 라인업에 대한 의존도가 높아지는데, 베테랑 선수들이 모두 한 살씩 더 먹고 치르는 시즌이다. 시즌 중반을 넘어서면서 염경엽 감독을 둘러싼 묘한 분위기가 감지된다. 구단이 '재계약'을 언급하지 않는 가운데 코치들은 여기저기 눈치를 볼 수밖에 없다. 시즌 막판 '재활 대신 수술'을 선택하는 선수들이 하나둘씩 나타나며 순위 싸움이 더욱 어려워진다. 2018년 이후 처음으로 가을에 푹 쉰다.

코칭스태프

보직	배번	투타	이름	생년월일	키(cm)	몸무게(kg)
감독	85	우우	염경엽	1968.3.1	178	65
수석	81	우우	김정준	1970.2.11	181	84
수석 트레이닝	88	–	김용일	1966.10.1	170	83
투수	99	우좌	김광삼	1980.8.15	184	90
투수	93	우우	장진용	1986.1.28	187	92
타격	97	우우	모창민	1985.5.8	188	89
타격	94	우우	김재율	1989.1.14	186	99
수비	73	우우	김일경	1978.7.1	178	68
주루/외야수비	74	우우	송지만	1973.3.2	178	85
작전	83	우좌	정수성	1978.3.4	173	72
배터리	80	우우	박경완	1972.7.11	178	76
퓨처스 감독	70	좌좌	이병규	1974.10.25	185	85
퓨처스 투수 총괄	71	좌좌	김경태	1975.11.6	178	75
퓨처스 투수	86	좌좌	신재웅	1982.3.28	181	85
퓨처스 타격	72	우우	황병일	1960.3.22	180	86
퓨처스 수비	79	우우	손지환	1978.11.13	180	87
퓨처스 주루/외야수비	78	좌좌	양영동	1983.7.16	173	70

감독 및 전력 포인트

LG 염경엽 감독은 2023년 우승으로 개인 커리어의 한도 풀었다. 계약 마지막 해인 이번 시즌 다시 한번 우승에 도전한다. 염 감독은 여러 가지 시나리오를 그려두고 하나하나 대비하는 스타일이다. 뎁스의 강화는 염 감독의 운영 스타일과 잘 맞아떨어진다. 후반기 유영찬, 함덕주가 돌아온다는 걸 고려하면 시즌 초반은 다소 무리하게 운영할 가능성도 있다.

주전 라인업에 큰 변화가 보이지 않는데 백업들의 성장이 어느 정도 확인됐다. '출루 머신' 홍창기를 1번에 쓰는 것은 살짝 아쉽다. 다른 1번이 있고, 홍창기가 2번에 들어갈 수 있다면 더 큰 시너지가 나올 수 있다. 염 감독의 타순 실험이 빨리 마무리되는 것이 좋다. 주전급 외야수가 살짝 넘친다. 지명타자 슬롯을 적당히 활용해 체력 안배를 하는 것이 열쇠다.

염경엽 감독

보직	배번	투타	이름	생년월일	키(cm)	몸무게(kg)
퓨처스 작전	77	우우	정주현	1990.10.13	176	76
퓨처스 배터리	82	우우	최경철	1980.8.15	182	90
잔류 책임	84	좌좌	이종운	1966.4.6	176	79
잔류 투수	92	우우	최상덕	1971.3.31	188	98
잔류 주루/외야수비	89	우좌	양원혁	1991.7.21	174	71
잔류 수비	76	우우	윤진호	1986.6.23	178	78
잔류 작전	75	우좌	김용의	1985.8.20	187	74
재활	68	우우	여건욱	1986.9.16	185	92
컨디셔닝	98	–	박종곤	1979.8.20	167	70
컨디셔닝	87	–	안영태	1978.1.30	170	78
컨디셔닝	91	–	이권엽	1983.3.2	171	80
컨디셔닝	95	–	고정환	1985.1.7	175	78
컨디셔닝	69	–	유현원	1989.11.17	165	70
퓨처스 총괄 컨디셔닝	96	–	배요한	1974.10.24	187	94
퓨처스 컨디셔닝	–	–	김종욱	1989.10.12	177	88
퓨처스 컨디셔닝	–	–	최재훈	1988.12.2	172	73
퓨처스 컨디셔닝	–	–	양희준	1989.3.30	168	72

홍창기

51

포지션	RF	투타	우투좌타	신장	189	체중	94
연봉	51000-65000		지명순위	16 LG 2차 3라운드 27순위			
생년월일	1993-11-21		학교	대일초-매송중-안산공고-건국대			

출루 기계에
장타력 한 숟갈이
뿌려진다면

© LG 트윈스

LG를 대표하는 타자

데뷔 후 꾸준한 성장 속 이제는 LG를 대표하는 타자가 됐다. 2년 연속 출루왕에 오를 만큼 리그에서 가장 생산성 높은 타자 중 한 명이다. 탁월한 출루 능력으로 리그 역사도 새로 썼다. 올시즌 막판 3,000타석을 넘기면서 '통산 기록' 규정타석을 채웠고, 홍창기가 기록 중인 통산 출루율 0.430은 고 장효조의 0.427을 넘어서는 역대 1위 기록이다. ABS가 도입됐고 시즌 초반 다소 어려움을 겪기도 했지만 이내 자신의 존을 정렬하며 출루율 0.447로 1위에 올랐다. 새 시즌의 기대치도 크게 다르지 않다.

새 시즌의 목표는 출루율 4할 + 장타율 상승

"출루율 목표를 5할로 잡을 수는 없는 것 아닌가"라고 웃으면서 "일단은 출루율 4할이 목표"라고 말한다. 여기에 장타율을 더하는 것이 홍창기의 새 시즌 목표다. 발사각을 높이고, 조금 더 강한 타구를 만들어내면 출루율보다 낮은 장타율 0.410을 끌어올릴 수 있다. 지난 시즌 5개에 머물렀던 홈런 숫자도 늘어날 가능성이 높다. 홍창기는 지난해 프리미어12 대표팀에 합류해 국가대표 1번타자로 활약했다. 하지만 LG 염경엽 감독은 출루왕 홍창기를 '2번 타자'에 두고 싶어한다. 타석에서의 생산성이 더 높아질 것에 대한 기대감을 바탕으로 한다. 연봉이 6억 5,000만 원으로 올랐다. LG 비 FA 선수 중 최고 금액이다. 2026시즌이 끝나면 FA 자격을 얻는데 미리 장기계약으로 묶일 수도 있다. 대졸 드래프티로서 책임감이 크다.

SIM 국가대표 타자들이 말했다 "홍창기 눈은 배운다고 배워지는 게 아니다"
mulderous 어느 새 LG에서 가장 무서운 타자가 된 2020년대 출루왕
hjkim 괜히 악마라고 불리는 게 아니다

연도	경기	타석	타수	안타	2루타	3루타	홈런	타점	득점	볼넷	사구	삼진	도루	타율	출루율	장타율	OPS	WAR
2022	118	525	437	125	19	4	1	51	76	59	19	75	13	0.286	0.390	0.355	0.745	4.00
2023	141	643	524	174	35	2	1	65	109	88	22	83	23	0.332	0.444	0.412	0.856	7.91
2024	139	637	524	176	18	3	5	73	96	96	12	93	10	0.336	0.447	0.410	0.857	6.29
통산	715	3019	2463	770	131	17	16	280	475	443	81	453	83	0.313	0.430	0.399	0.829	26.63

기본기록

김현수

22

포지션	DH	투타	우투좌타	신장	188	체중	105
연봉	100000-50000			지명순위	06 두산 육성선수		
생년월일	1988-01-12			학교	쌍문초-신일중-신일고		

"2년 동안 은퇴하란 소리 많이 들었다" 기계의 절치부심

© LG 트윈스

어느 새 LG 유니폼 입고 8번째 시즌을 치른다. 과거 '안타 기계'의 명성과는 조금씩 멀어지고 있다. 클래식 스탯은 큰 변화가 없어 보이지만, 조정 득점 생산력(wRC+)은 2년 연속 하락세가 뚜렷했다. 이런 주변 시선을 잘 알고 있는 김현수는 캠프에 들어가는 태도가 남달랐다. 몸을 잘 만들었고, 새롭게 타격 메커니즘의 미세한 변화에도 도전한다. 경기 상황에 맞는 타격을 하는 것은 쌓인 연차 만큼이나 능수능란하다. 주장은 박해민이지만, 김현수가 더그아웃 분위기에 미치는 영향은 여전히 상당하다. 캠프에서 보여준 장타력은 시즌 기대감을 높인다.

SIM 85년생 골든글러브 84년생 홀드왕 88년생 김현수는 아직 한창이다
mulderous 계속 자극하면 터지는 법. 안타 기계 재부팅 예감
hjkim 김현수는 언제나 잘 해왔다

기본기록

연도	경기	타석	타수	안타	2루타	3루타	홈런	타점	득점	볼넷	사구	삼진	도루	타율	출루율	장타율	OPS	WAR
2022	141	604	524	150	25	2	23	106	78	71	5	62	2	0.286	0.375	0.473	0.848	4.81
2023	133	556	488	143	22	2	6	88	53	58	1	53	2	0.293	0.364	0.383	0.747	2.19
2024	137	583	517	152	36	2	8	69	61	47	9	76	6	0.294	0.357	0.418	0.775	1.01
통산	2081	8832	7627	2388	447	29	249	1432	1190	1014	73	900	71	0.313	0.394	0.477	0.871	64.07

문보경

포지션	3B	투타	우투좌타	신장	182	체중	88

2

연봉	30000-41000	지명순위	19 LG 2차 3라운드 25순위
생년월일	2000-07-19	학교	동대문구리틀–송중초–덕수중–신일고

지금까지는 예고편, 대폭발이 기대된다

© LG 트윈스

LG 3루수는 오랫동안 고민 포지션이었다. 외국인 선수로 채워보려 했지만 잘 되지 않았다. 이제 3루수 고민은 없다. 문보경은 확실한 LG 3루수다. 2년 전부터 성장세가 뚜렷했고, 지난 시즌 22홈런을 때리며 확실히 올라섰다. 다소 슬럼프 기간이 길다는 평가도 나오지만, 타석에서의 생산력은 팀 내 세 손가락 안에 든다. 국가대표로 나서 맡은 1루수 수비도 무리가 없었다. 타격의 업그레이드에 욕심이 많고, 미세한 디테일을 조정하는 데도 진심이다. 새 시즌을 맞아 타격의 안정감 유지를 위한 준비를 열심히 했다. 폭발 가능성이 있다.

SIM 꾸준함은 증명했고, 고점이 궁금하다

mulderous 최연소 4번 타자, 파워를 보여줘

hjkim 잠실구장 20홈런은 분명 쉽지 않은 기록

기본기록																	
연도	경기	타석	타수	안타	2루타	3루타	홈런	타점	득점	볼넷	사구	삼진	도루	타율	출루율	장타율	OPS	WAR
2022	126	466	406	128	22	3	9	56	52	47	1	56	7	0.315	0.382	0.451	0.833	4.93
2023	131	542	469	141	29	5	10	72	77	58	2	83	9	0.301	0.377	0.448	0.825	4.45
2024	144	602	519	156	35	3	22	101	80	65	2	112	7	0.301	0.372	0.507	0.879	4.30
통산	508	1939	1672	489	97	12	49	268	246	216	5	315	26	0.292	0.370	0.453	0.823	13.72

박동원

포지션 C	투타 우투우타	신장 178	체중 92	
연봉 250000-120000		지명순위 09 히어로즈 2차 3라운드 19순위		
생년월일 1990-04-07		학교 양정초-개성중-개성고		

홈런 치고, 도루 잡고, ABS 시대 최적화된 포수

© LG 트윈스

2024년은 거의 모든 부분에서 최고의 시즌이었다. 데뷔 후 최다인 498타석에 들어섰고, 마스크를 거의 혼자 도맡아 쓰다시피 했다. 체력적으로 무척 힘든 시즌이었지만 2년 연속 20홈런도 때렸다. 허도환이 은퇴하면서 박동원의 뒤를 받쳐 줄 백업 포수가 안정적이진 않다. 올해도 혼자 다 하다시피 해야 하지만, 지난해 강민호에게 아쉽게 뺏긴 포수 골든글러브는 새로운 도전 목표가 된다. ABS 도입 후로 '공격형 포수'의 가치는 더욱 높아졌다. 도루 저지는 박동원의 오랜 장기다. ABS 시대 최적화된 포수가 박동원이다.

SIM 양의지, 강민호의 15년 포수 GG 독점… 올해는?

mulderous 144경기 다 뛸 순 없다. 백업이 필요해

hjkim 강민호도 긴장했다, 리그 포수진에 신선한 자극

기본기록

연도	경기	타석	타수	안타	2루타	3루타	홈런	타점	득점	볼넷	사구	삼진	도루	타율	출루율	장타율	OPS	WAR
2022	123	447	385	93	21	0	18	57	52	45	9	95	1	0.242	0.334	0.436	0.77	3.98
2023	130	481	409	102	17	1	20	75	54	49	7	90	0	0.249	0.334	0.443	0.777	4.13
2024	130	498	434	118	22	0	20	80	58	55	0	112	1	0.272	0.349	0.461	0.810	4.40
통산	1286	4255	3719	955	179	6	154	619	500	384	56	872	11	0.257	0.333	0.432	0.765	26.77

박해민

포지션	CF	투타	우투좌타	신장	180	체중	75
연봉	60000-60000			지명순위	12 삼성 육성선수		
생년월일	1990-02-24			학교	영중초-양천중-신일고-한양대		

이제 LG 주장 박해민, 더 거침없이 뛴다

ⓒ LG 트윈스

리그 최고의 중견수 수비를 자랑한다. 타격에서는 조금 뒷걸음질 쳤지만 도루는 다시 43개나 했다. 해마다 겪는 '슬로스타트'는 박해민 팬이라면 다 알고 있는 사실. 이번 시즌에는 주장을 맡았다. 오지환이 내려놓은 주장을 김현수가 임시로 맡았다가 박해민에게 넘어왔다. 타 팀 출신 주장이지만, 기대감이 높다. 박해민은 선수단을 두루두루 잘 챙길 뿐만 아니라 쓴소리도 마다하지 않는다. 김현수처럼 '연습생' 출신 주장이다. 팀 분위기를 다잡는데 최적이다. 물론 주장 역할의 원활한 수행을 위해 시즌 초반 성적이 더 중요해진다.

SIM 개근상의 가치가 옛날 같지 않다는 게 때로 아쉽다

mulderous 반가웠던 40도루, 달리는 야구가 그립다

hjkim 박해민이 수비로 막은 실점은 측정할 수 없다

기본기록																	
연도	경기	타석	타수	안타	2루타	3루타	홈런	타점	득점	볼넷	사구	삼진	도루	타율	출루율	장타율	OPS	WAR
2022	144	636	570	165	20	8	3	49	97	44	9	85	24	0.289	0.347	0.368	0.715	6.52
2023	144	558	485	138	14	2	6	59	80	45	3	74	26	0.285	0.348	0.359	0.707	4.80
2024	144	553	482	127	16	6	6	56	72	46	11	101	43	0.263	0.336	0.359	0.695	2.71
통산	1528	6320	5531	1574	220	70	57	578	955	549	46	936	411	0.285	0.351	0.381	0.732	30.14

손주영

29

포지션	P	투타	좌투좌타	신장	191	체중	95
연봉	4300-17200			지명순위	17 LG 2차 1라운드 2순위		
생년월일	1998-12-02			학교	대현초-개성중-경남고		

손주영에게서 류현진의 향기가 난다

© LG 트윈스

시즌 초반 염경엽 감독의 끝없는 칭찬은 '설레발' 걱정이 앞섰다. 시즌을 거듭하면서 설레발이 아니라 확신으로 바뀌었고, 포스트시즌에서 사실상 에이스 역할을 했다. 190cm가 넘는 큰 키에서 내리꽂는 제구 잡힌 속구의 위력이 상당했다. 대형 왼손 투수로 류현진의 향기가 난다. 일단은 4선발이지만, 3선발 위로 올라갈 수 있는 잠재력이 충분하다. 지난해 많이 던진 데다 포스트시즌 막판 부상이 있었기 때문에 컨디션을 천천히 끌어올리며 시즌을 준비했다. 1차 캠프 막판 구속이 140km에 머물렀지만 스태프도 본인도, 서두를 필요가 없다는 입장이다.

SIM 포스트 류김양이라는 염갈량의 말이 이제는 정말 농담으로 들리지 않는다

mulderous 못 잊을 가을야구 피칭. 그래도 일단 올해까진 봅시다

hjkim LG팬들을 설레게 하는 왼손 투수

기본기록

연도	경기	선발	QS	승	패	세이브	BS	홀드	이닝	피안타	피홈런	4사구	삼진	피안타율	WHIP	피 OPS	ERA	WAR
2022	3	3	1	0	1	0	0	0	12.2	10	0	8	8	0.222	1.42	0.695	4.97	0.10
2023	3	2	0	1	0	0	0	0	8.2	12	0	6	5	0.300	2.08	0.691	5.19	-0.16
2024	28	27	11	9	10	0	0	1	144.2	157	11	54	112	0.279	1.46	0.717	3.79	4.31
통산	50	41	13	11	16	0	0	1	210.1	229	15	103	158	0.280	1.58	0.745	4.79	4.08

오스틴

23

포지션	1B	투타	우투우타	신장	183	체중	97
연봉	$800000-$1200000			지명순위	23 LG 자유선발		
생년월일	1993-10-14			학교	klein collins		

이제 신인 선수들에게
조언도 하는 오스틴

© LG 트윈스

LG 구단 사상 최고의 외국인선수에 한 걸음 더 가까워졌다. WAR 기준 리그 전체 6위, 팀 내 1위 타자였다. 다소 불안했던 1루수 수비도 올시즌 경기 후반 교체할 필요가 없는 수준으로 성장했다. 무엇보다 리그와 팀에 대한 애정이 넘치는 선수다. 다른 외인들과 달리 골든글러브 시상식 때 태평양을 건너와 직접 참석했고 수상했다. 캠프에서도 'LG사랑'을 외치며 팬들의 박수를 받았다. 이제 LG 3년 차, 신인급 선수들에게 '조언'을 아끼지 않는 입장이 됐다. LG에서 은퇴할 때까지 뛰는 게 목표라고 말했다. 이제 32세 시즌, 아직 전성기다.

SIM 1루수 골든글러브가 왜 홈런왕 데이비슨이 아니라 오스틴인지 궁금하다면 볼넷과 삼진을 보자

mulderous 페르시안 고양이 같은 남자

hjkim LG에 진심인 외국인이 또 나타났다

기본기록

연도	경기	타석	타수	안타	2루타	3루타	홈런	타점	득점	볼넷	사구	삼진	도루	타율	출루율	장타율	OPS	WAR
2022	-	-	-	-	-	-	-	-	-	-	-	-	-	-	-	-	-	-
2023	139	583	520	163	29	4	23	95	87	53	3	75	7	0.313	0.376	0.517	0.893	5.74
2024	140	604	527	168	32	3	32	132	99	61	3	82	12	0.319	0.384	0.573	0.957	5.62
통산	279	1187	1047	331	61	7	55	227	186	114	6	157	19	0.316	0.380	0.545	0.925	10.03

오지환

10

포지션	SS	투타	우투좌타	신장	185	체중	80
연봉	30000-30000			지명순위	09 LG 1차		
생년월일	1990-03-12			학교	군산초-자양중-경기고		

유격수 수비는 여전히 리그를 지배한다

© LG 트윈스

29년 만의 우승, 한국시리즈 MVP를 받은 뒤 이어진 주장 자리는 '극한 직업'에 가까웠다. 팀 안팎의 기대감이 잔뜩 커진 데다 이를 둘러싼 잡음 등을 처리하느라 타격 밸런스에 영향을 미쳤다. 한동안 2군에 내려가 있었고, 돌아온 뒤 수비부터 안정감을 찾으며 한 시즌을 보냈다. 어려움을 겪으면서 한 단계 또 다르게 성장했다는 평가가 나온다. 주장 부담을 내려놓고, 새 시즌에 나선다. 유격수의 가치는 공격보다 수비에 있다. 유격수 수비는 여전히 오지환이 리그 최고 수준이다. 성장하는 타 팀 후배들의 도전은 오히려 긍정적 자극이 될 수 있다.

SIM KBO 유격수 통산 홈런·안타·타점 1위는 오지환이다… 간과하기 쉬운 꾸준함의 미덕

mulderous 롤렉스의 기운을 믿습니다

hjkim 다시 리그 최고 유격수로 발돋움해야 하는 해

기본기록

연도	경기	타석	타수	안타	2루타	3루타	홈런	타점	득점	볼넷	사구	삼진	도루	타율	출루율	장타율	OPS	WAR
2022	142	569	494	133	16	4	25	87	75	62	7	107	20	0.269	0.357	0.470	0.827	6.99
2023	126	502	422	113	24	3	8	62	65	64	8	82	16	0.268	0.371	0.396	0.767	5.14
2024	108	428	370	94	24	2	10	59	67	51	4	106	17	0.254	0.350	0.411	0.761	3.12
통산	1858	7339	6324	1673	323	62	164	866	1012	785	93	1611	273	0.265	0.351	0.413	0.764	57.43

임찬규

포지션	P	투타	우투우타	신장	185	체중	80
연봉	20000-20000			지명순위	11 LG 1라운드 2순위		
생년월일	1992-11-20			학교	가동초-청원중-휘문고		

체인지업
구종가치,
류현진보다
높았다

© LG 트윈스

임찬규의 최고 무기는 속구가 아니다. 배꼽을 빼는 입담과, 입담보다 더 무서운 체인지업이다. 정곡을 찌르는 듯하면서도 강한 허풍과 이어지는 실소로 무장된 임찬규의 입담은 속구와 똑같은 코스로 날아오다 움직이는 체인지업을 쏙 닮았다. 임찬규는 시즌 전 샌디에이고와의 연습경기에서 체인지업을 앞세워 메이저리그 타자들을 꽁꽁 묶었고, 자신감 충전 뒤 시즌 중에도 10승 6패로 2년 연속 국내 투수 에이스 역할을 했다. 물오른 체인지업은 올시즌에도 기대를 더하게 하는 요소다. 통산 75승을 거둔 임찬규의 목표는 LG 구단 최초의 100승이다.

SIM 앤드류 매튜 홀리데이는 더 자랑스러워해도 좋다

mulderous 투수로서, 선수로서 매년 무르익어간다. 공도, 인터뷰 실력도

hjkim 앳된 얼굴은 여전하지만 어느새 팀 마운드를 짊어지는 연차가 됐다

기본기록

연도	경기	선발	QS	승	패	세이브	BS	홀드	이닝	피안타	피홈런	4사구	삼진	피안타율	WHIP	피 OPS	ERA	WAR
2022	23	23	3	6	11	0	0	0	103.2	113	10	39	75	0.281	1.47	0.753	5.04	1.16
2023	30	26	7	14	3	0	0	1	144.2	142	10	54	103	0.252	1.35	0.674	3.42	3.78
2024	25	24	11	10	6	0	0	1	134	144	12	42	136	0.276	1.39	0.737	3.83	4.46
통산	323	205	57	75	78	8	3	6	1209.2	1271	124	516	1005	0.272	1.48	0.759	4.53	21.28

장현식

50

포지션	P	투타	우투우타	신장 181	체중 91
연봉	16000-20000		지명순위	13 NC 1라운드 9순위	
생년월일	1995-02-24		학교	신도초-서울이수중-서울고	

리그에서 가장 강한 141km '고속 포크'의 위력

© LG 트윈스

KIA 한국시리즈 우승의 주역 중 한 명이었다. 스토브리그에서 FA 자격을 얻었고 치열한 쟁탈전 끝에 LG와 계약했다. 불펜 필승조로 꾸준한 활약을 이어오던 중이었는데, 지난 시즌 특히 강했다. 포크볼의 평균 구속이 141km나 됐다. 웬만한 투수의 속구와 비슷한 빠르기로 날아와 뚝 떨어지는 장현식표 '고속 포크'는 리그에서 손꼽히는 강력한 무기다. 덕분에 땅볼 비율이 지난해 52.3%까지 높아졌다. 유영찬 대신 LG 마무리 투수로 낙점됐지만 캠프 막판에 발등 인대를 다쳤다. 개막전 합류는 어렵지만 10경기 안에 돌아온다.

SIM 서울고 장현식의 좋아하는 야구팀은 LG 트윈스였다

mulderous 올해의 궁금증. 장현식이 정말 마무리를 하게 될까

hjkim 투수 친화적인 잠실구장이 장현식의 편이 되길

기본기록

연도	경기	선발	QS	승	패	세이브	BS	홀드	이닝	피안타	피홈런	4사구	삼진	피안타율	WHIP	피 OPS	ERA	WAR
2022	54	0	0	2	3	1	5	19	52	54	4	26	40	0.266	1.54	0.748	3.12	1.09
2023	56	0	0	2	2	3	2	5	51	58	6	26	44	0.296	1.65	0.807	4.06	0.63
2024	75	0	0	5	4	0	1	16	75.1	75	8	34	75	0.260	1.45	0.738	3.94	1.94
통산	437	30	9	32	36	7	19	91	592	623	72	301	520	0.272	1.56	0.781	4.91	8.10

김강률

포지션	P	투타	우투우타	신장	187	체중	95
연봉	15000-10000			지명순위	07 두산 2차 4라운드 26순위		
생년월일	1988-08-28			학교	일산리틀-문촌초-일산서구-장성중-경기고		

이젠 건너편 덕아웃의 마당쇠다

FA 자격을 얻었고, 3+1년 최대 14억 원에 잠실 라이벌 LG로 유니폼을 갈아입었다. LG의 불펜 뎁스 강화의 중요한 열쇠다. 지난해에도 53경기 나와 12홀드를 기록했다. 구속이 다소 떨어졌지만 포심-슬라이더 조합은 오른손 타자를 확실히 잡아낼 수 있다.

기본기록

연도	경기	선발	QS	승	패	세이브	BS	홀드	이닝	피안타	피홈런	4사구	삼진	피안타율	WHIP	피 OPS	ERA	WAR
2022	26	0	0	3	4	9	4	1	24.2	28	2	8	15	0.295	1.46	0.770	4.38	-0.42
2023	32	0	0	1	0	1	0	7	25.2	23	2	12	21	0.232	1.36	0.648	4.21	0.49
2024	53	0	0	2	2	1	0	12	42	41	1	21	33	0.255	1.48	0.663	3.00	1.78
통산	448	1	0	26	14	46	16	56	476.2	492	33	224	398	0.270	1.50	0.727	3.81	9.09

김대현

포지션	P	투타	우투우타	신장	188	체중	100
연봉	5700-7500			지명순위	16 LG 1차		
생년월일	1997-03-08			학교	마포구리틀-홍연초-마포-홍은중-선린고		

웅크렸다 뛰어 오르면 더 높이 뛴다

지난해 살짝 얇아진 LG 불펜 뎁스에서 중요한 역할이 기대됐지만 필승조에 포함되기는 어려웠다. 삼진율을 끌어올렸지만 그만큼 볼넷이 늘어나면서 효율적인 피칭이 이뤄지지 않았다. 캠프를 치르는 동안 성장이 확인됐다는 점은 긍정적 요소다. 자신 있는 투구가 강점이다.

기본기록

연도	경기	선발	QS	승	패	세이브	BS	홀드	이닝	피안타	피홈런	4사구	삼진	피안타율	WHIP	피 OPS	ERA	WAR
2022	0	0	0	0	0	0	0	0	0	0	0	0	0	-	-	-	-	-
2023	5	0	0	0	0	0	0	0	3.1	8	1	2	3	0.421	3.00	1.184	10.80	-0.16
2024	37	0	0	2	0	1	2	1	35	33	6	18	30	0.248	1.46	0.786	5.40	0.11
통산	172	39	8	18	21	1	5	13	341.2	391	45	153	218	0.291	1.59	0.837	5.90	1.91

김영우

67

포지션	P	투타	우투우타	신장	185	체중	90
연봉	3000			지명순위	25 LG 1라운드 10순위		
생년월일	2005-01-14			학교	서대문구리틀-양원초-신월중-서울고		

아프지 말고 건강하게 자라만 준다면

LG가 1라운드에 지명한 강속구 오른손 투수다. 고교 때 팔꿈치 수술을 받아 1년 유급해 동기들보다 한 살 많다. 캠프 연습경기에서 154km를 던지며 주목받았다. 염경엽 감독이 발목을 다친 장현식 대신 시범경기에서 마무리로 테스트해 보겠다고 할 정도로 구위가 좋다.

| | | | | | | | | 기본기록 | | | | | | | | |

연도	경기	선발	QS	승	패	세이브	BS	홀드	이닝	피안타	피홈런	4사구	삼진	피안타율	WHIP	피 OPS	ERA	WAR
2022	-	-	-	-	-	-	-	-	-	-	-	-	-	-	-	-	-	-
2023	-	-	-	-	-	-	-	-	-	-	-	-	-	-	-	-	-	-
2024	-	-	-	-	-	-	-	-	-	-	-	-	-	-	-	-	-	-
통산	-	-	-	-	-	-	-	-	-	-	-	-	-	-	-	-	-	-

김유영

0

포지션	P	투타	좌투좌타	신장	180	체중	83
연봉	6700-10500			지명순위	14 롯데 1차		
생년월일	1994-05-02			학교	양정초-개성중-경남고		

리그에서 왼손 불펜은 존재만으로 귀하다

롯데에서 데뷔해 유강남 FA 이적 때 보상선수로 LG 유니폼을 입었다. 지난 시즌 함덕주가 빠진 자리를 그나마 잘 메우면서 LG에 부족한 왼손 불펜 투수로 활약했다. 후반기 다소 아쉬웠지만 올시즌 역시 LG에는 왼손 불펜이 부족하다. 김유영의 활약이 필수다.

| | | | | | | | | 기본기록 | | | | | | | | |

연도	경기	선발	QS	승	패	세이브	BS	홀드	이닝	피안타	피홈런	4사구	삼진	피안타율	WHIP	피 OPS	ERA	WAR
2022	68	0	0	6	2	0	2	13	51	73	4	30	44	0.333	2.02	0.885	5.65	-0.95
2023	0	0	0	0	0	0	0	0	0	0	0	0	0	-	-	-	-	-
2024	53	2	0	1	2	1	0	6	47.2	50	2	16	42	0.269	1.38	0.674	3.78	0.84
통산	250	3	0	8	5	2	3	24	215.1	245	15	129	182	0.287	1.74	0.782	5.22	1.01

김진성

42

포지션	P	투타	우투우타	신장	186	체중	90
연봉	20000-33000			지명순위	04 SK 2차 6라운드 42순위		
생년월일	1985-03-07			학교	인헌초-성남중-성남서고		

오해는 풀렸다. 포크볼은 여전하다

2023시즌에 비해 지난해 성적은 다소 떨어졌다. FIP가 5.17로 높아진 점이 다소 아쉽지만, 여전히 김진성은 LG 필승조 핵심자원이다. 시즌 중 1군 말소 때 'SNS 파문'을 일으켰지만 이내 사과했고, 잘 마무리됐다. 2시즌 연속 70이닝은 관리가 필요할 수 있다.

기본기록

연도	경기	선발	QS	승	패	세이브	BS	홀드	이닝	피안타	피홈런	4사구	삼진	피안타율	WHIP	피 OPS	ERA	WAR
2022	67	0	0	6	3	0	2	12	58	44	6	22	54	0.212	1.14	0.625	3.10	1.49
2023	80	0	0	5	1	4	2	21	70.1	41	8	26	69	0.174	0.95	0.560	2.18	2.41
2024	71	0	0	3	3	1	7	27	70.1	62	11	23	61	0.239	1.21	0.733	3.97	1.23
통산	688	0	0	46	38	39	30	127	693.1	608	106	237	698	0.236	1.22	0.715	4.14	11.55

박명근

39

포지션	P	투타	우언우타	신장	174	체중	75
연봉	6500-6000			지명순위	23 LG 3라운드 27순위		
생년월일	2004-03-27			학교	구리시리틀-수택초-구리인창중-라온고		

돌직구에 뱀직구가 더해진 공도 가능하다

LG가 2024년 고우석의 해외진출 등 불펜 뎁스 약화에도 자신감을 가졌던 건, 박명근의 성장에 대한 기대 때문이었는데, '2년생 징크스'를 겪는 모습이었다. 사이드암 특유의 무브먼트가 가장 큰 무기. 올시즌 다시 반등할 가능성이 높다. 배드민턴 선수 안세영과 닮았다는 소리를 듣는다.

기본기록

연도	경기	선발	QS	승	패	세이브	BS	홀드	이닝	피안타	피홈런	4사구	삼진	피안타율	WHIP	피 OPS	ERA	WAR
2022	-	-	-	-	-	-	-	-	-	-	-	-	-	-	-	-	-	-
2023	57	1	0	4	3	5	3	9	51.1	49	4	28	40	0.249	1.50	0.718	5.08	-0.01
2024	33	0	0	2	2	1	0	8	25.1	29	6	12	13	0.287	1.62	0.878	6.39	-0.34
통산	90	1	0	6	5	6	3	17	76.2	78	10	40	53	0.262	1.54	0.773	5.52	-0.35

백승현

61

포지션	P	투타	우투우타	신장	183	체중	78
연봉	9200-7000			지명순위	15 LG 2차 3라운드 30순위		
생년월일	1995-05-26			학교	소래초-상인천중-인천고		

잃었던 구속은 어느 정도 회복했다

박명근과 마찬가지로 2023년에 비해 2024년 성적이 뚝 떨어졌다. 장기인 포심의 평균 구속이 전년 대비 2km 줄었다. 구위로 승부하는 투수로서 구속 하락은 큰 약점이 됐다. 캠프를 거치면서 구속 회복 가능성을 보였다. 유격수에서 투수로 전향 5년째 시즌을 맞는다.

기본기록																
연도	경기	선발	QS	승	패	세이브	BS	홀드	이닝	피안타	피홈런	4사구	삼진	피안타율	WHIP	피 OPS	ERA	WAR
2022	12	0	0	0	1	0	1	1	10	15	2	9	3	0.366	2.40	1.081	10.80	-0.59
2023	42	0	0	2	0	3	1	11	40	28	2	18	30	0.197	1.15	0.556	1.58	2.14
2024	36	0	0	2	1	2	1	1	26.2	33	3	22	14	0.314	2.06	0.899	9.11	-0.50
통산	106	0	0	4	2	5	3	14	93.1	89	7	53	57	0.256	1.52	0.724	4.82	1.74

송승기

13

포지션	P	투타	좌투좌타	신장	181	체중	90
연봉	3500-3600			지명순위	21 LG 2차 9라운드 87순위		
생년월일	2002-04-10			학교	삼일초-매향중-야탑고		

송승헌 아닙니다. 송승기입니다

올시즌 LG에서 가장 주목해야 할 투수 중 한 명이다. 9라운더 하위 지명에서 급성장, 올시즌 5선발로 나선다. 2021년 평균 구속 141km에 그쳤는데, 상무를 거치면서 구속이 크게 늘었고 퓨처스 투수 3관왕에 올랐다. 캠프 청백전에서 147km를 던졌다.

기본기록																
연도	경기	선발	QS	승	패	세이브	BS	홀드	이닝	피안타	피홈런	4사구	삼진	피안타율	WHIP	피 OPS	ERA	WAR
2022	7	0	0	0	1	0	0	0	8.1	9	1	6	10	0.265	1.80	0.787	5.40	0.01
2023	1	0	0	0	0	0	0	0	1	1	0	1	0	0.250	2.00	0.650	0.00	0.04
2024	0	0	0	0	0	0	0	0	0	0	0	0	0	-	-	-	-	0
통산	8	0	0	0	1	0	0	0	9.1	10	1	7	10	0.263	1.82	0.773	4.82	0.05

심창민 28

포지션	P	투타	우언우타	신장	185	체중	86
연봉	8500-8000		지명순위	11 삼성 1라운드 4순위			
생년월일	1993-02-01		학교	동삼초-경남중-경남고-대구사이버대			

잠실에선 굳이 땅볼 필요 없다

오랫동안 삼성의 필승조였으나 NC 트레이드 이후 성적이 추락했다. 지난해 방출 뒤 테스트를 거쳐 LG 유니폼을 입었다. 2023년 포심 평균 구속이 139km까지 떨어졌다. 최근 수년간 뜬공 비율이 높아졌는데, 이는 오히려 잠실구장과 잘 맞을 수 있다.

기본기록																	
연도	경기	선발	QS	승	패	세이브	BS	홀드	이닝	피안타	피홈런	4사구	삼진	피안타율	WHIP	피 OPS	ERA	WAR
2022	11	0	0	1	2	0	0	0	6.1	9	0	7	6	0.346	2.53	0.951	14.21	-0.18
2023	5	0	0	0	1	0	0	0	3.1	2	0	5	5	0.167	2.10	0.611	2.70	0.08
2024	0	0	0	0	0	0	0	0	0	0	0	0	0	-	-	-	-	0
통산	485	0	0	31	29	51	21	80	491	404	58	240	564	0.223	1.31	0.694	4.22	10.72

에르난데스 30

포지션	P	투타	우투우타	신장	185	체중	97
연봉	$44000-$800000		지명순위	24 LG 자유선발			
생년월일	1995-05-03		학교	U.E.N Monsenor Perez Leon			

선발에서도 마무리 때 모습 그대로

메이저리그에서도 유망주로 평가가 높았다. 지난해 중반 LG와 계약해 포스트시즌에서 마무리 투수로 맹활약했다. 강속구를 바탕으로 슬라이더와 체인지업이 수준급이다. ML에서 슬라이더가 장타로 연결됐지만 KBO에서는 공략하기 힘든 공이다. 올시즌에는 풀타임 선발이다.

기본기록																	
연도	경기	선발	QS	승	패	세이브	BS	홀드	이닝	피안타	피홈런	4사구	삼진	피안타율	WHIP	피 OPS	ERA	WAR
2022	-	-	-	-	-	-	-	-	-	-	-	-	-	-	-	-	-	-
2023	-	-	-	-	-	-	-	-	-	-	-	-	-	-	-	-	-	-
2024	11	9	2	3	2	1	0	1	47	41	5	16	55	0.233	1.21	0.667	4.02	1.59
통산	11	9	2	3	2	1	0	1	47	41	5	16	55	0.233	1.21	0.667	4.02	1.59

유영찬

54

포지션	P	투타	우투우타	신장	185	체중	90
연봉	8500-21000			지명순위	20 LG 2차 5라운드 43순위		
생년월일	1997-03-07			학교	안산시리틀-안산덕성초-배명중-배명고-건국대		

불펜 뎁스 깊어졌다. 여유있게 돌아오면 된다

미국으로 떠난 고우석의 빈자리를 채우며 26세이브를 거뒀다. 힘 있는 속구를 당당하게 뿌린다. 부친상 뒤 포스트시즌 성적이 다소 안 좋았고 시즌 뒤 팔꿈치 뼛조각 수술을 받았다. 본격적으로 마운드에 오르는 건 후반기가 될 전망이다. 오히려 휴식이 도움 될 수 있다.

기본기록

연도	경기	선발	QS	승	패	세이브	BS	홀드	이닝	피안타	피홈런	4사구	삼진	피안타율	WHIP	피 OPS	ERA	WAR
2022	0	0	0	0	0	0	0	0	0	0	0	0	0	-	-	-	-	0
2023	67	0	0	6	3	1	2	12	68	55	4	40	55	0.220	1.40	0.671	3.44	1.57
2024	62	0	0	7	5	26	6	1	63.2	61	2	30	77	0.246	1.43	0.662	2.97	1.06
통산	129	0	0	13	8	27	8	13	131.2	116	6	70	132	0.233	1.41	0.666	3.21	2.62

정우영

18

포지션	P	투타	우언우타	신장	193	체중	99
연봉	32000-18000			지명순위	19 LG 2차 2라운드 15순위		
생년월일	1999-08-19			학교	가평초-강남중-서울고		

이유를 확인했고, 자신감도 돌아왔다

2022년 35홀드의 위력이 지난 2년간 잘 보이지 않았다. 지난 시즌엔 겨우 27경기만 나섰다. 포크볼처럼 보였던 무시무시한 투심의 무브먼트가 줄었다. 미국 트레드 애슬레틱스에서 6주간 수련했다. 팔 높이와 익스텐션, 회전을 체크하며 감각을 회복했다. 올해는 다르다.

기본기록

연도	경기	선발	QS	승	패	세이브	BS	홀드	이닝	피안타	피홈런	4사구	삼진	피안타율	WHIP	피 OPS	ERA	WAR
2022	67	0	0	2	3	0	4	35	58	48	3	32	40	0.230	1.38	0.653	2.64	1.37
2023	60	0	0	5	6	0	2	11	51.2	63	1	17	41	0.297	1.55	0.752	4.70	-0.66
2024	27	0	0	2	1	0	2	3	22.2	31	0	11	17	0.344	1.85	0.860	4.76	0.09
통산	345	0	0	24	23	8	18	112	337.2	290	9	135	236	0.234	1.26	0.631	3.33	7.16

최채흥

포지션	P	투타	좌투좌타	신장	186	체중	97
연봉	15000-13000			지명순위	18 삼성 1차		
생년월일	1995-01-22			학교	동천초-포항중-상원고-한양대		

분위기를 바꿀 때가 됐다. 잠실은 넓다

FA로 떠난 최원태의 보상선수로 지명돼 LG 유니폼을 입었다. 2020년 11승 이후 내리막이 계속됐다. 지난해는 선발 1경기, 불펜으로 13경기에 나왔다. 왼손 불펜이 부족한 LG 상황을 고려하면, 경기 중반 중요한 활약을 할 수 있다. 1이닝 이상 가능한 것도 장점.

									기본기록									
연도	경기	선발	QS	승	패	세이브	BS	홀드	이닝	피안타	피홈런	4사구	삼진	피안타율	WHIP	피 OPS	ERA	WAR
2022	0	0	0	0	0	0	0	0	0	0	0	0	0	-	-	-	-	0
2023	15	14	2	1	7	0	0	0	63.1	90	9	16	33	0.330	1.67	0.867	6.68	-0.02
2024	14	1	0	0	0	0	0	1	20	24	4	12	14	0.300	1.80	0.921	6.30	-0.04
통산	117	80	27	27	29	0	0	5	486.1	545	56	160	366	0.280	1.45	0.765	4.59	8.96

치리노스

포지션	P	투타	우투우타	신장	188	체중	102
연봉	$800,000			지명순위	25 LG 자유선발		
생년월일	1993-12-26			학교	Unidad educativa nacional heroes		

몸쪽 싱커는 보여주기만 해도, 무시무시

ML 통산 20승을 거뒀고, 지난해에도 마이애미에서 6경기 등판했다. 무브먼트가 상당한 투심(싱커)이 주무기다. 왼손 타자도 공략하기 까다롭다. 캠프에서 투구를 확인한 염경엽 감독은 극찬을 아끼지 않았다. 다만, ML에서도 부상이 잦았던 점은 조심해야 할 부분이다.

									기본기록									
연도	경기	선발	QS	승	패	세이브	BS	홀드	이닝	피안타	피홈런	4사구	삼진	피안타율	WHIP	피 OPS	ERA	WAR
2022	-	-	-	-	-	-	-	-	-	-	-	-	-	-	-	-	-	-
2023	-	-	-	-	-	-	-	-	-	-	-	-	-	-	-	-	-	-
2024	-	-	-	-	-	-	-	-	-	-	-	-	-	-	-	-	-	-
통산	-	-	-	-	-	-	-	-	-	-	-	-	-	-	-	-	-	-

함덕주

11

포지션	P	투타	좌투좌타	신장	181	체중	78
연봉	20000-20000			지명순위	13 두산 5라운드 43순위		
생년월일	1995-01-13			학교	일산초-원주중-원주고		

함덕주가 날았을 때, 2년 전 우승했다

2023년 LG 우승 때 불펜에서 쏠쏠한 활약을 펼쳤다. 그 기세를 지난 시즌 이어가지 못했고, 팔꿈치 부상을 당해 올시즌 전반기 등판은 어려운 상황이다. 왼손투수로서 독특한 체인지업을 던지고 오른손 타자에 강하다. 후반기 돌아왔을 때 LG 전력에 큰 힘이 될 수 있다.

								기본기록									
연도	경기	선발	QS	승	패	세이브	BS	홀드	이닝	피안타	피홈런	4사구	삼진	피안타율	WHIP	피 OPS	ERA	WAR
2022	13	0	0	0	0	0	0	0	12.2	9	0	11	13	0.214	1.58	0.637	2.13	0.44
2023	57	0	0	4	0	4	0	16	55.2	32	1	22	59	0.165	0.97	0.494	1.62	2.67
2024	15	0	0	0	1	0	0	3	11.2	13	2	7	8	0.302	1.71	0.900	5.40	0.32
통산	412	33	10	35	22	59	11	52	513.1	446	31	280	523	0.235	1.41	0.672	3.54	14.8

구본혁

6

포지션	3B	투타	우투우타	신장	177	체중	75
연봉	7000-13500			지명순위	19 LG 2차 6라운드 55순위		
생년월일	1997-01-11			학교	중대초-잠신중-장충고-동국대		

타격까지 잘해 버리면, 벤치 고민 깊어질 듯

데뷔 초기만 해도 수비 원 툴로 여겨졌지만, 상무를 다녀온 뒤 타격 성적이 부쩍 늘었다. 0.132와 0.257은 큰 차이다. 안정된 수비를 가진 유격수는 0.250만 쳐도 된다. 내야 전 포지션 소화가 가능하다. 외모와 달리 매우 적극적이고, 창의적인 플레이를 한다.

								기본기록									
연도	경기	타석	타수	안타	2루타	3루타	홈런	타점	득점	볼넷	사구	삼진	도루	타율	출루율	장타율	OPS	WAR
2022	0	0	0	0	0	0	0	0	0	0	0	0	0	-	-	-	-	0
2023	0	0	0	0	0	0	0	0	0	0	0	0	0	-	-	-	-	0
2024	133	389	339	87	14	2	2	43	48	38	4	51	8	0.257	0.335	0.327	0.662	1.57
통산	438	627	548	121	17	3	4	59	88	54	9	93	10	0.221	0.298	0.285	0.583	0.25

김민수

포지션	3B	투타	우투우타	신장	184	체중	97
연봉	6000-6000		지명순위	17 롯데 2차 2라운드 13순위			
생년월일	1998-03-18		학교	서화초-동산중-제물포고			

터질 때가 됐고, 터지면 크게 터진다.

롯데의 내야 유망주였으나 터지지 않았다. 지난 시즌을 앞두고 김민성과 트레이드 됐다. 내야 백업으로 19경기에 나섰지만 타석 수는 22개에 그쳤다. 퓨처스에서 거의 매년 OPS 0.9를 찍는다는 점에서 1군 성적에 대한 아쉬움이 크다. 1군 스캠에서 많은 땀을 흘렸다.

														기본기록					
연도	경기	타석	타수	안타	2루타	3루타	홈런	타점	득점	볼넷	사구	삼진	도루	타율	출루율	장타율	OPS	WAR
2022	57	156	140	36	6	0	0	11	9	9	4	48	0	0.257	0.320	0.300	0.620	0.33
2023	25	51	43	9	1	1	0	2	4	7	0	17	0	0.209	0.320	0.279	0.599	-0.23
2024	19	22	20	3	0	0	0	0	1	1	1	4	0	0.150	0.227	0.150	0.377	-0.36
통산	207	519	461	109	21	2	3	39	34	39	10	158	1	0.236	0.309	0.310	0.619	-0.33

김범석

포지션	DH	투타	우투우타	신장	178	체중	110
연봉	3300-4700		지명순위	23 LG 1라운드 7순위			
생년월일	2004-05-21		학교	김해삼성초-경남중-경남고			

재능은 어디 가지 않는다, 차분하게 한걸음씩

1라운더로 야수를 뽑는 건 그만큼 재능이 돋보인다는 뜻이다. 리그를 대표할 포수로 성장이 기대됐던 김범석은 부상 등이 이어지며 출전 기회가 많지 않았다. 체중이 늘 이슈가 됐다. 허리 부상 때문에 캠프에도 가지 못했다. 대타 또는 지명타자로 역할이 제한될 것으로 보인다.

														기본기록					
연도	경기	타석	타수	안타	2루타	3루타	홈런	타점	득점	볼넷	사구	삼진	도루	타율	출루율	장타율	OPS	WAR
2022	0	0	0	0	0	0	0	0	0	0	0	0	0	-	-	-	-	0
2023	10	29	27	3	1	0	1	4	3	1	0	5	0	0.111	0.138	0.259	0.397	-0.37
2024	70	180	162	39	4	0	6	24	14	14	2	49	0	0.241	0.306	0.377	0.683	-0.31
통산	80	209	189	42	5	0	7	28	17	15	2	54	0	0.222	0.282	0.360	0.642	-0.8

김주성

5

포지션	2B	투타	우투우타	신장	180	체중	81
연봉	3500-3500		지명순위	16 LG 2차 2라운드 14순위			
생년월일	1998-01-30		학교	신곡초-덕수중-휘문고			

가장 버프, 분유 버프는 매직이다

어느덧 입단 10년 차 시즌을 맞는다. 상위 지명 내야수로 오랜 기간 갈고 닦았지만 1군에서 때린 안타는 아직 4개다. 퓨처스에서 출루율 4할 언저리를 매년 기록했다. 유격수를 메인으로 내야 전 포지션 백업이 가능하다. 지난겨울 결혼했다. 책임감이 더 커졌다.

	기본기록																
연도	경기	타석	타수	안타	2루타	3루타	홈런	타점	득점	볼넷	사구	삼진	도루	타율	출루율	장타율	OPS	WAR
2022	0	0	0	0	0	0	0	0	0	0	0	0	0	-	-	-	-	0
2023	11	7	5	1	0	0	0	0	1	1	1	2	0	0.200	0.429	0.200	0.629	-0.09
2024	12	9	6	1	0	0	0	0	1	3	0	0	0	0.167	0.444	0.167	0.611	0.17
통산	28	24	18	4	0	0	1	1	4	5	1	5	0	0.222	0.417	0.389	0.806	-0.12

김현종

66

포지션	CF	투타	우투우타	신장	186	체중	85
연봉	3000-3200		지명순위	24 LG 2라운드 18순위			
생년월일	2004-08-04		학교	상인천초-동인천중-인천고			

김도영도 3년째 터졌다. 아직 시간은 있다

LG가 2024년 드래프트에서 최상위 지명한 미래 전력감 외야수다. 훤칠한 키와 좋은 피지컬, 준수한 외모를 갖고 있어 '딱 LG 스타일'이다. 데뷔 첫 시즌, 1군에서는 17경기, 16타석만 들어섰다. LG 외야는 아직 급하지 않고, 오른손 타자 성장은 기다리는 게 답이다.

	기본기록																
연도	경기	타석	타수	안타	2루타	3루타	홈런	타점	득점	볼넷	사구	삼진	도루	타율	출루율	장타율	OPS	WAR
2022	-	-	-	-	-	-	-	-	-	-	-	-	-	-	-	-	-	-
2023	-	-	-	-	-	-	-	-	-	-	-	-	-	-	-	-	-	-
2024	17	16	15	3	1	0	0	2	8	0	1	4	0	0.200	0.250	0.267	0.517	0.17
통산	17	16	15	3	1	0	0	2	8	0	1	4	0	0.200	0.250	0.267	0.517	0.06

문성주

 8

포지션	LF	투타	좌투좌타	신장	175	체중	78
연봉	20000-18000		지명순위	18 LG 2차 10라운드 97순위			
생년월일	1997-02-20		학교	포철서초-포철중-경북고-강릉영동대			

아니 문성주 한 명씩은 있는 거 아닌가요? 후훗

전반기 동안 펄펄 날았지만 햄스트링, 복사근 부상이 이어지면서 시즌 96경기밖에 나서지
못했다. 타율 0.315를 기록했으나 규정타석 미만이다. 콘택트 능력은 발군이고, 이를 바탕
으로 출루율이 0.411이나 된다. 리그에서 밀어치는 타구 비율 2위다. 1위는 신민재.

기본기록																		
연도	경기	타석	타수	안타	2루타	3루타	홈런	타점	득점	볼넷	사구	삼진	도루	타율	출루율	장타율	OPS	WAR
2022	106	390	327	99	15	3	6	41	55	51	3	36	9	0.303	0.401	0.422	0.823	3.62
2023	136	534	449	132	21	4	2	57	77	67	8	34	24	0.294	0.392	0.372	0.764	4.76
2024	96	361	305	96	16	2	0	48	47	49	3	38	13	0.315	0.411	0.380	0.791	2.89
통산	374	1377	1163	346	53	9	9	156	191	174	16	124	47	0.298	0.394	0.382	0.776	9.07

문정빈

 53

포지션	2B	투타	우투우타	신장	186	체중	90
연봉	3000-3100		지명순위	22 LG 2차 8라운드 77순위			
생년월일	2003-08-15		학교	가동초-잠신중-서울고			

두근두근 퓨처스, 1군서도 터져주길

8라운드 지명에 1군 기록이 하나도 없는 선수가, 겨우내 큰 관심을 모았다. 육군 병장으로
지난해 5월 만기전역 했고 퓨처스에서 타율 0.489, OPS 1.369로 씹어 먹었다. 1군 스태프
들의 평가가 매우 좋고, 오른손 거포 성장이 기대된다. 문승훈 심판의 아들.

기본기록																		
연도	경기	타석	타수	안타	2루타	3루타	홈런	타점	득점	볼넷	사구	삼진	도루	타율	출루율	장타율	OPS	WAR
2022	0	0	0	0	0	0	0	0	0	0	0	0	0	-	-	-	-	0
2023	0	0	0	0	0	0	0	0	0	0	0	0	0	-	-	-	-	0
2024	0	0	0	0	0	0	0	0	0	0	0	0	0	-	-	-	-	0
통산	-	-	-	-	-	-	-	-	-	-	-	-	-	-	-	-	-	-

송찬의

14

포지션	RF	투타	우투우타	신장	182	체중	77
연봉	3600-3500			지명순위	18 LG 2차 7라운드 67순위		
생년월일	1999-02-20			학교	화곡초-선린중-선린고		

오른손 타자 성장의 필수는 참고 기다리는 것

2022년 시범경기 때 홈런왕에 오르며 온 리그의 주목을 받았다. 이후 3년 동안 1군 62경기가 전부였고 홈런은 2022년의 3개뿐이다. 공격력에 집중하는 차원에서 외야로 옮겼지만, 여기도 경쟁은 치열하다. 타구에 힘을 싣는 능력은 상당하다. 오른손 타자라는 것도 장점이다.

기본기록

연도	경기	타석	타수	안타	2루타	3루타	홈런	타점	득점	볼넷	사구	삼진	도루	타율	출루율	장타율	OPS	WAR
2022	33	78	72	17	4	0	3	10	8	2	3	24	2	0.236	0.282	0.417	0.699	0.52
2023	19	22	18	1	1	0	0	1	2	4	0	6	1	0.056	0.227	0.111	0.338	-0.32
2024	10	21	15	1	0	0	0	1	2	3	1	6	1	0.067	0.250	0.067	0.317	-0.12
통산	62	121	105	19	5	0	3	12	12	9	4	36	4	0.181	0.267	0.314	0.581	-0.04

신민재

4

포지션	2B	투타	우투좌타	신장	171	체중	67
연봉	11500-20000			지명순위	15 두산 육성선수		
생년월일	1996-01-21			학교	서흥초-동인천중-인천고		

어느 팀에나 신민재 한 명씩은 있지 않나요? 후훗

LG에서 수년째 이어지고 있는 '하위픽 반란'의 주인공 중 한 명이다. 2015년 두산에 육성선수로 입단했고, LG 이적 뒤 이제 주전 2루수를 넘어, 국가대표 2루수가 됐다. 삼진 안 당하기로 리그 5위, 볼넷 많이 얻기로도 리그 5위다. 이제 '3할타자'가 눈앞이다.

기본기록

연도	경기	타석	타수	안타	2루타	3루타	홈런	타점	득점	볼넷	사구	삼진	도루	타율	출루율	장타율	OPS	WAR
2022	14	3	3	0	0	0	0	0	2	0	0	2	0	0.000	0.000	0.000	0.000	0.06
2023	122	331	282	78	5	2	0	28	47	29	1	34	37	0.277	0.344	0.309	0.653	1.43
2024	128	474	387	115	11	6	0	40	78	64	5	47	32	0.297	0.401	0.357	0.758	2.36
통산	445	961	802	223	20	8	0	80	186	109	9	108	91	0.278	0.368	0.323	0.691	4.07

안익훈

15

포지션	CF	투타	좌투좌타	신장	176	체중	76
연봉	5500-5200		지명순위	15 LG 2차 1라운드 7순위			
생년월일	1996-02-12		학교	대전신흥초-충남중-대전고			

LG 외야는 주전 정리도 쉽지 않다

2차 1라운더지만, 주전으로 성장하지 못한 채 11년 차 시즌을 맞는다. 타구 판단 능력 등 외야 수비에서는 좋은 모습을 보여주지만, 타격과 주루에서는 장점이 적다. 지난 시즌 외야 백업으로 나와 OPS 0.445에 그쳤다. LG 외야는 주전 정리도 쉽지 않을 정도로 넘친다.

기본기록

연도	경기	타석	타수	안타	2루타	3루타	홈런	타점	득점	볼넷	사구	삼진	도루	타율	출루율	장타율	OPS	WAR
2022	14	4	3	0	0	0	0	0	0	1	0	0	0	0.000	0.250	0.000	0.250	-0.04
2023	11	23	22	7	1	0	0	2	1	0	1	2	0	0.318	0.348	0.364	0.712	0.12
2024	37	56	49	9	1	0	0	3	8	4	0	13	2	0.184	0.241	0.204	0.445	0.01
통산	398	608	537	148	14	2	1	38	86	46	8	76	7	0.276	0.339	0.315	0.654	0.05

이영빈

7

포지션	SS	투타	우투좌타	신장	181	체중	85
연봉	5500-6000		지명순위	21 LG 2차 1라운드 7순위			
생년월일	2002-06-17		학교	대전중구리틀-동산초-충남중-세광고			

김도영도 3년째 터졌다. 이제 300타석 섰다

입단 당시 제2의 오지환으로 주목받았다. 수비보다는 공격에 강점이 있었고, 이를 살리기 위해 내야는 물론 1루와 외야도 오갔다. 상무 전역 뒤 지난 시즌 31경기에 나왔다. 이제 포지션은 내야 고정이다. 마무리 캠프부터 타격 루틴 정립을 위해 많은 땀을 흘렸다.

기본기록

연도	경기	타석	타수	안타	2루타	3루타	홈런	타점	득점	볼넷	사구	삼진	도루	타율	출루율	장타율	OPS	WAR
2022	60	83	76	14	3	0	1	5	16	7	0	25	0	0.184	0.253	0.263	0.516	0.13
2023	0	0	0	0	0	0	0	0	0	0	0	0	0	-	-	-	-	0
2024	31	71	63	14	2	0	2	12	11	4	0	20	0	0.222	0.261	0.349	0.610	0.00
통산	163	323	287	64	14	0	5	33	48	26	3	96	6	0.223	0.292	0.324	0.616	-0.14

이주헌

포지션	C	투타	우투우타	신장	185	체중	92
연봉	3000-3300			지명순위	22 LG 2차 3라운드 27순위		
생년월일	2003-03-04			학교	서울이수초-성남중-성남고		

26

포수는 한 번 자리 잡으면 오래가는 자리

김범석의 수비가 흔들리면서 이주헌에게 기회가 왔다. LG는 허도환이 은퇴한 가운데 박동원의 백업 포수가 필요하고, 2022년 3라운더 이주헌이 가장 앞서 있다. 수비력은 안정적이라는 평가를 받는다. 염경엽 감독은 "충분히 경기에 나갈 정도는 된다"라고 말했다.

기본기록																	
연도	경기	타석	타수	안타	2루타	3루타	홈런	타점	득점	볼넷	사구	삼진	도루	타율	출루율	장타율	OPS	WAR
2022	0	0	0	0	0	0	0	0	0	0	0	0	0	-	-	-	-	0
2023	0	0	0	0	0	0	0	0	0	0	0	0	0	-	-	-	-	0
2024	3	6	6	4	2	0	0	3	0	0	0	2	0	0.667	0.667	1.000	1.667	0.10
통산	3	6	6	4	2	0	0	3	0	0	0	2	0	0.667	0.667	1.000	1.667	0.13

이한림

포지션	C	투타	우투우타	신장	182	체중	92
연봉	3000			지명순위	25 LG 3라운드 30순위		
생년월일	2006-11-18			학교	해남군리틀-해남동초-화순중-전주고		

00

포수는 오래가는 포지션, 시간은 많다

LG 주전포수 박동원은 내년 시즌 뒤 FA가 된다. 그 사이 연차 공백이 크다. 포수의 3라운더 지명은 '팀의 미래'라는 뜻이다. 포수로서 갖춰야 할 성격적인 면이 충분히 잘 갖춰졌다는 평가를 받는다. 신인 포수의 성장은 더딜 수밖에 없다. 길게 보고 준비하는 게 좋다.

기본기록																	
연도	경기	타석	타수	안타	2루타	3루타	홈런	타점	득점	볼넷	사구	삼진	도루	타율	출루율	장타율	OPS	WAR
2022	-	-	-	-	-	-	-	-	-	-	-	-	-	-	-	-	-	-
2023	-	-	-	-	-	-	-	-	-	-	-	-	-	-	-	-	-	-
2024	-	-	-	-	-	-	-	-	-	-	-	-	-	-	-	-	-	-
통산	-	-	-	-	-	-	-	-	-	-	-	-	-	-	-	-	-	-

최승민

포지션	LF	투타	우투좌타	신장	181	체중	73
연봉	4000-4300		지명순위	15 NC 육성선수			
생년월일	1996-07-01		학교	서울학동초-대치중-신일고			

스피드는 인정 다른 걸 어필해야 할 때

LG로 트레이드되기 이전에도 주루 원 툴에 가까웠다. 도루뿐만 아니라 베이스를 도는 스피드가 워낙 빠르다. 2023년 한국시리즈에서도 대주자로 나서 두 차례 득점했다. 지난 시즌 20득점을 올렸다. 하지만 '대주자' 한 명을 1군 엔트리에 계속 두긴 어렵다.

기본기록

연도	경기	타석	타수	안타	2루타	3루타	홈런	타점	득점	볼넷	사구	삼진	도루	타율	출루율	장타율	OPS	WAR
2022	44	34	34	11	0	0	0	3	19	0	0	7	6	0.324	0.324	0.324	0.648	-0.44
2023	38	15	14	1	0	0	0	1	10	1	0	4	8	0.071	0.133	0.071	0.204	-0.12
2024	57	16	13	1	0	0	0	1	20	2	0	3	11	0.077	0.200	0.077	0.277	-0.02
통산	211	109	101	24	2	0	0	7	62	5	0	23	35	0.238	0.274	0.257	0.531	-0.44

최원영

포지션	LF	투타	우투우타	신장	174	체중	76
연봉	3000-4000		지명순위	22 LG 2차 6라운드 57순위			
생년월일	2003-07-18		학교	수영초-사직중-부산고			

수비와 도루가 모두 되는 포스트 박해민

입단하자마자 군 문제부터 해결했다. 콘택트 능력과 빠른 발을 무기로 하는 외야수 자원이다. 도루 능력에 주루 센스를 더해 지난 시즌 후반부터 1군 대주자 전문 요원으로 활약했다. 포스트 박해민이라는 평가를 받는다. 최승민을 밀어내고 1군 스프링 캠프에 합류했다.

기본기록

연도	경기	타석	타수	안타	2루타	3루타	홈런	타점	득점	볼넷	사구	삼진	도루	타율	출루율	장타율	OPS	WAR
2022	0	0	0	0	0	0	0	0	0	0	0	0	0	-	-	-	-	0
2023	0	0	0	0	0	0	0	0	0	0	0	0	0	-	-	-	-	0
2024	57	41	37	10	2	0	1	5	18	1	3	7	6	0.270	0.341	0.405	0.746	0.25
통산	57	41	37	10	2	0	1	5	18	1	3	7	6	0.270	0.341	0.405	0.746	0.17

김영준 35

포지션 P	투타 우투우타	신장 185 체중 90
연봉 3600-4200	지명순위 18 LG 1차	
생년월일 1999-01-12	학교 인천남-선린중-선린고	

연도	경기	선발	QS	승	패	세이브	BS	홀드	이닝	피안타	피홈런	4사구	삼진	피안타율	WHIP	피 OPS	ERA	WAR
2022	2	2	1	0	0	0	0	0	9.2	8	1	4	7	0.229	1.24	0.728	1.86	0.51
2023	1	0	0	1	0	0	0	0	0.1	1	0	1	0	0.500	6.00	1.167	27.00	-0.02
2024	14	0	0	1	1	0	1	0	15.1	21	2	9	11	0.318	1.96	0.855	8.22	-0.33
통산	31	4	1	4	2	0	1	0	46	49	6	29	34	0.268	1.70	0.777	5.28	0.43

김주온 57

포지션 P	투타 우투우타	신장 187 체중 89
연봉 3000-3000	지명순위 15 삼성 2차 7라운드 72순위	
생년월일 1996-12-08	학교 대현초-구미중-울산공고	

연도	경기	선발	QS	승	패	세이브	BS	홀드	이닝	피안타	피홈런	4사구	삼진	피안타율	WHIP	피 OPS	ERA	WAR
2022	5	0	0	0	0	0	0	0	4	3	1	5	4	0.200	2.00	0.867	11.25	-0.02
2023	1	0	0	0	0	0	0	0	0.1	2	0	1	1	0.667	9.00	1.467	81.00	-0.11
2024	2	0	0	0	0	0	0	0	4.2	8	2	3	4	0.381	2.36	1.154	15.43	-0.26
통산	39	0	0	0	3	0	1	0	42	60	8	33	30	0.343	2.21	0.996	9.00	-0.46

김진수 45

포지션 P	투타 우투우타	신장 179 체중 82
연봉 3200-3600	지명순위 21 LG 2차 2라운드 17순위	
생년월일 1998-08-31	학교 군산중-군산상고-중앙대	

연도	경기	선발	QS	승	패	세이브	BS	홀드	이닝	피안타	피홈런	4사구	삼진	피안타율	WHIP	피 OPS	ERA	WAR
2022	0	0	0	0	0	0	0	0	0	0	0	0	0	-	-	-	-	0
2023	0	0	0	0	0	0	0	0	0	0	0	0	0	-	-	-	-	0
2024	7	0	0	0	1	0	0	0	13.1	17	3	4	6	0.315	1.58	0.881	6.75	0.09
통산	10	0	0	0	1	0	0	0	15.2	19	3	4	8	0.302	1.47	0.835	6.32	0.13

배재준 25

포지션 P	투타 우투우타	신장 188 체중 80
연봉 6000-4500	지명순위 13 LG 2라운드 16순위	
생년월일 1994-11-24	학교 본리초-경상중-상원고	

연도	경기	선발	QS	승	패	세이브	BS	홀드	이닝	피안타	피홈런	4사구	삼진	피안타율	WHIP	피 OPS	ERA	WAR
2022	17	5	0	0	1	0	0	0	31.1	22	0	15	23	0.202	1.18	0.593	2.30	1.00
2023	1	0	0	0	0	0	0	0	1	2	0	1	0	0.400	3.00	1.300	18.00	-0.07
2024	0	0	0	0	0	0	0	0	0	0	0	0	0	-	-	-	-	0
통산	68	28	6	6	7	0	0	0	165.2	161	7	82	131	0.252	1.47	0.716	4.35	1.78

성동현 34

포지션 P	투타 우투우타	신장 189 체중 108
연봉 3200-3400	지명순위 18 LG 2차 1라운드 7순위	
생년월일 1999-05-18	학교 백마초-홍은중-장충고	

연도	경기	선발	QS	승	패	세이브	BS	홀드	이닝	피안타	피홈런	4사구	삼진	피안타율	WHIP	피 OPS	ERA	WAR
2022	0	0	0	0	0	0	0	0	0	0	0	0	0	-	-	-	-	0
2023	1	0	0	0	0	0	0	0	1	2	0	1	1	0.400	3.00	0.900	9.00	-0.02
2024	2	0	0	0	0	0	0	0	2	0	0	3	1	0.000	1.50	0.375	0.00	0.08
통산	4	0	0	1	0	0	0	0	3.1	3	0	4	2	0.250	2.10	0.688	2.70	0.08

우강훈

20

포지션	P	투타	우언우타	신장	183	체중	88
연봉	3100-3600			지명순위	21 롯데 2차 5라운드 41순위		
생년월일	2002-10-03			학교	희망대초-매송중-야탑고		

연도	경기	선발	QS	승	패	세이브	BS	홀드	이닝	피안타	피홈런	4사구	삼진	피안타율	WHIP	피 OPS	ERA	WAR
2022	0	0	0	0	0	0	0	0	0	0	0	0	0	-	-	-	-	0
2023	3	1	0	0	0	0	0	0	6	6	0	4	5	0.261	1.67	0.697	6.00	-0.01
2024	14	0	0	1	0	0	0	0	11.2	11	0	8	10	0.256	1.63	0.718	3.09	0.23
통산	17	1	0	1	0	0	0	0	17.2	17	0	12	15	0.258	1.64	0.712	4.08	0.22

이우찬

21

포지션	P	투타	좌투좌타	신장	185	체중	97
연봉	12500-10000			지명순위	11 LG 2라운드 15순위		
생년월일	1992-08-04			학교	온양온천초-온양중-북일고		

연도	경기	선발	QS	승	패	세이브	BS	홀드	이닝	피안타	피홈런	4사구	삼진	피안타율	WHIP	피 OPS	ERA	WAR
2022	36	0	0	5	0	0	0	2	44.2	29	2	21	42	0.185	1.12	0.531	1.81	1.49
2023	38	0	0	1	3	0	0	5	38.1	35	1	18	30	0.261	1.38	0.666	3.52	1.00
2024	42	1	0	3	2	0	0	6	33.2	42	2	30	31	0.300	2.14	0.827	8.82	-0.73
통산	169	21	4	14	10	0	0	15	247	234	15	172	192	0.255	1.64	0.727	5.14	2.16

이종준

40

포지션	P	투타	우투우타	신장	191	체중	93
연봉	3000-4200			지명순위	20 NC 2차 9라운드 81순위		
생년월일	2001-03-09			학교	중앙초-군산남중-군산상고		

연도	경기	선발	QS	승	패	세이브	BS	홀드	이닝	피안타	피홈런	4사구	삼진	피안타율	WHIP	피 OPS	ERA	WAR
2022	0	0	0	0	0	0	0	0	0	0	0	0	0	-	-	-	-	0
2023	0	0	0	0	0	0	0	0	0	0	0	0	0	-	-	-	-	0
2024	27	0	0	1	2	0	0	1	26	26	4	16	28	0.255	1.62	0.778	4.15	0.52
통산	27	0	0	1	2	0	0	1	26	26	4	16	28	0.255	1.62	0.778	4.15	0.52

이지강

32

포지션	P	투타	우투우타	신장	183	체중	85
연봉	6800-8300			지명순위	19 LG 2차 9라운드 85순위		
생년월일	1999-07-02			학교	수원선일초-수원북중-소래고		

연도	경기	선발	QS	승	패	세이브	BS	홀드	이닝	피안타	피홈런	4사구	삼진	피안타율	WHIP	피 OPS	ERA	WAR
2022	0	0	0	0	0	0	0	0	0	0	0	0	0	-	-	-	-	0
2023	0	0	0	0	0	0	0	0	0	0	0	0	0	-	-	-	-	0
2024	3	0	0	0	0	0	0	0	2.1	5	1	0	3	0.385	2.14	1.044	7.71	-0.04
통산	3	0	0	0	0	0	0	0	2.1	5	1	0	3	0.385	2.14	1.044	7.71	-0.04

임준형

59

포지션	P	투타	좌투좌타	신장	180	체중	87
연봉	4800-5500			지명순위	19 LG 2차 8라운드 75순위		
생년월일	2000-11-16			학교	광주서석초-진흥중-진흥고		

연도	경기	선발	QS	승	패	세이브	BS	홀드	이닝	피안타	피홈런	4사구	삼진	피안타율	WHIP	피 OPS	ERA	WAR
2022	10	5	1	1	3	0	0	1	30	36	2	14	26	0.300	1.67	0.770	6.00	-0.02
2023	0	0	0	0	0	0	0	0	0	0	0	0	0	-	-	-	-	0
2024	18	1	0	0	0	0	0	0	13.2	16	2	4	13	0.302	1.46	0.868	6.59	0.19
통산	34	10	2	2	3	0	0	1	66.2	76	4	22	60	0.292	1.47	0.754	5.13	0.99

정지헌 49

포지션	P	투타	우언우타	신장	180	체중	85
연봉	3000-3500			지명순위	24 LG 6라운드 58순위		
생년월일	2003-01-01			학교	영통리틀-동수원초-매향중-유신고-고려대		

연도	경기	선발	QS	승	패	세이브	BS	홀드	이닝	피안타	피홈런	4사구	삼진	피안타율	WHIP	피 OPS	ERA	WAR
2022	-	-	-	-	-	-	-	-	-	-	-	-	-	-	-	-	-	-
2023	-	-	-	-	-	-	-	-	-	-	-	-	-	-	-	-	-	-
2024	17	0	0	0	0	0	0	1	12.1	19	2	11	11	0.352	2.43	0.978	11.68	-0.41
통산	17	0	0	0	0	0	0	1	12.1	19	2	11	11	0.352	2.43	0.978	11.68	-0.41

진우영 48

포지션	P	투타	우투우타	신장	188	체중	97
연봉	3000-3400			지명순위	24 LG 4라운드 38순위		
생년월일	2001-02-05			학교	성동초-글로벌선진중-글로벌선진고		

연도	경기	선발	QS	승	패	세이브	BS	홀드	이닝	피안타	피홈런	4사구	삼진	피안타율	WHIP	피 OPS	ERA	WAR
2022	-	-	-	-	-	-	-	-	-	-	-	-	-	-	-	-	-	-
2023	-	-	-	-	-	-	-	-	-	-	-	-	-	-	-	-	-	-
2024	6	0	0	0	0	0	0	0	7.2	8	1	4	6	0.267	1.57	0.810	4.70	0.12
통산	6	0	0	0	0	0	0	0	7.2	8	1	4	6	0.267	1.57	0.810	4.70	0.12

추세현 63

포지션	P	투타	우투우타	신장	187	체중	90
연봉	3000			지명순위	25 LG 2라운드 20순위		
생년월일	2006-04-19			학교	서울중구리틀-성신초-청량중-경기상고		

연도	경기	선발	QS	승	패	세이브	BS	홀드	이닝	피안타	피홈런	4사구	삼진	피안타율	WHIP	피 OPS	ERA	WAR
2022	-	-	-	-	-	-	-	-	-	-	-	-	-	-	-	-	-	-
2023	-	-	-	-	-	-	-	-	-	-	-	-	-	-	-	-	-	-
2024	-	-	-	-	-	-	-	-	-	-	-	-	-	-	-	-	-	-
통산	-	-	-	-	-	-	-	-	-	-	-	-	-	-	-	-	-	-

허용주 43

포지션	P	투타	우투우타	신장	194	체중	88
연봉	3000-3000			지명순위	23 LG 7라운드 67순위		
생년월일	2003-06-05			학교	사파초-마산동중-용마고		

연도	경기	선발	QS	승	패	세이브	BS	홀드	이닝	피안타	피홈런	4사구	삼진	피안타율	WHIP	피 OPS	ERA	WAR
2022	-	-	-	-	-	-	-	-	-	-	-	-	-	-	-	-	-	-
2023	0	0	0	0	0	0	0	0	0	0	0	0	0	-	-	-	-	0
2024	0	0	0	0	0	0	0	0	0	0	0	0	0	-	-	-	-	0
통산	-	-	-	-	-	-	-	-	-	-	-	-	-	-	-	-	-	-

허준혁 58

포지션	P	투타	우투우타	신장	180	체중	85
연봉	3300-3300			지명순위	22 LG 2차 5라운드 47순위		
생년월일	1999-07-02			학교	가평군리틀-가평초-영동중-경기고-한일장신대		

연도	경기	선발	QS	승	패	세이브	BS	홀드	이닝	피안타	피홈런	4사구	삼진	피안타율	WHIP	피 OPS	ERA	WAR
2022	6	0	0	0	0	0	0	0	4.2	11	3	2	4	0.440	2.79	1.401	9.64	-0.16
2023	0	0	0	0	0	0	0	0	0	0	0	0	0	-	-	-	-	0
2024	0	0	0	0	0	0	0	0	0	0	0	0	0	-	-	-	-	0
통산	6	0	0	0	0	0	0	0	4.2	11	3	2	4	0.440	2.79	1.401	9.64	-0.16

김성우

44

포지션 C	투타 우투우타	신장 180	체중 85
연봉 3100-3100		지명순위 22 LG 2차 7라운드 67순위	
생년월일 2003-11-15		학교 성동초-건대부중-배재고	

연도	경기	타석	타수	안타	2루타	3루타	홈런	타점	득점	볼넷	사구	삼진	도루	타율	출루율	장타율	OPS	WAR
2022	0	0	0	0	0	0	0	0	0	0	0	0	0	-	-	-	-	0
2023	0	0	0	0	0	0	0	0	0	0	0	0	0	-	-	-	-	0
2024	4	5	5	0	0	0	0	0	0	0	0	4	0	0.000	0.000	0.000	0.000	-0.24
통산	4	5	5	0	0	0	0	0	0	0	0	4	0	0.000	0.000	0.000	0.000	-0.26

김성진

36

포지션 C	투타 우투우타	신장 183	체중 100
연봉 3100-3300		지명순위 19 LG 2차 7라운드 65순위	
생년월일 2000-03-17		학교 수원신곡초-매향중-야탑고	

연도	경기	타석	타수	안타	2루타	3루타	홈런	타점	득점	볼넷	사구	삼진	도루	타율	출루율	장타율	OPS	WAR
2022	0	0	0	0	0	0	0	0	0	0	0	0	0	-	-	-	-	0
2023	0	0	0	0	0	0	0	0	0	0	0	0	0	-	-	-	-	0
2024	14	16	15	4	0	0	1	2	1	1	0	4	0	0.267	0.313	0.467	0.780	-0.04
통산	14	16	15	4	0	0	1	2	1	1	0	4	0	0.267	0.313	0.467	0.780	-0.07

박관우

64

포지션 LF	투타 좌투좌타	신장 174	체중 82
연봉 3000		지명순위 25 LG 5라운드 50순위	
생년월일 2006-03-22		학교 경산시리틀-옥수초-경운중-경북고	

연도	경기	타석	타수	안타	2루타	3루타	홈런	타점	득점	볼넷	사구	삼진	도루	타율	출루율	장타율	OPS	WAR
2022	-	-	-	-	-	-	-	-	-	-	-	-	-	-	-	-	-	-
2023	-	-	-	-	-	-	-	-	-	-	-	-	-	-	-	-	-	-
2024	-	-	-	-	-	-	-	-	-	-	-	-	-	-	-	-	-	-
통산	-	-	-	-	-	-	-	-	-	-	-	-	-	-	-	-	-	-

서영준

60

포지션 RF	투타 우투우타	신장 186	체중 90
연봉 3000		지명순위 25 LG 5라운드 44순위	
생년월일 2006-03-18		학교 광주화정초-진흥중-전주고	

연도	경기	타석	타수	안타	2루타	3루타	홈런	타점	득점	볼넷	사구	삼진	도루	타율	출루율	장타율	OPS	WAR
2022	-	-	-	-	-	-	-	-	-	-	-	-	-	-	-	-	-	-
2023	-	-	-	-	-	-	-	-	-	-	-	-	-	-	-	-	-	-
2024	-	-	-	-	-	-	-	-	-	-	-	-	-	-	-	-	-	-
통산	-	-	-	-	-	-	-	-	-	-	-	-	-	-	-	-	-	-

이태훈

65

포지션 2B	투타 우투우타	신장 183	체중 83
연봉 3000		지명순위 25 LG 4라운드 40순위	
생년월일 2006-08-21		학교 가동초-덕수중-경동고	

연도	경기	타석	타수	안타	2루타	3루타	홈런	타점	득점	볼넷	사구	삼진	도루	타율	출루율	장타율	OPS	WAR
2022	-	-	-	-	-	-	-	-	-	-	-	-	-	-	-	-	-	-
2023	-	-	-	-	-	-	-	-	-	-	-	-	-	-	-	-	-	-
2024	-	-	-	-	-	-	-	-	-	-	-	-	-	-	-	-	-	-
통산	-	-	-	-	-	-	-	-	-	-	-	-	-	-	-	-	-	-

함창건

24

포지션	LF	투타	좌투좌타	신장	176	체중	83
연봉	3000-3200			지명순위	20 LG 2차 7라운드 63순위		
생년월일	2001-08-18			학교	백운초-충암중-충암고		

연도	경기	타석	타수	안타	2루타	3루타	홈런	타점	득점	볼넷	사구	삼진	도루	타율	출루율	장타율	OPS	WAR
2022	0	0	0	0	0	0	0	0	0	0	0	0	0	-	-	-	-	0
2023	0	0	0	0	0	0	0	0	0	0	0	0	0	-	-	-	-	0
2024	15	17	14	2	0	0	0	0	3	2	0	3	0	0.143	0.250	0.143	0.393	-0.19
통산	15	17	14	2	0	0	0	0	3	2	0	3	0	0.143	0.250	0.143	0.393	-0.19

2025시즌 육성선수

포지션	배번	투타	한글성명	생년월일	신장	체중	입단연도
투수	100	우우	강민	2001-04-20	188	88	2020
투수	116	좌좌	고영웅	2004-07-29	180	90	2025
투수	129	우우	김웅	2002-05-10	191	96	2025
투수	115	우우	김의준	1999-10-16	183	80	2018
투수	122	우우	김종운	2006-09-11	186	85	2025
투수	120	좌좌	김지용	2002-10-07	180	75	2021
투수	102	우우	김형욱	2002-01-29	187	90	2021
투수	121	우우	박시원	2006-04-12	193	93	2025
투수	114	좌좌	백선기	1998-08-27	186	70	2018
투수	118	우우	성준서	2006-04-09	190	96	2025
투수	109	우우	안시후	2006-05-02	190	84	2025
투수	105	우우	이믿음	2000-07-18	188	80	2021
투수	111	우우	전준호	1998-07-01	181	80	2017
투수	101	좌좌	조건희	2002-03-26	184	84	2021
투수	112	우우	최용하	2002-11-29	183	84	2022
투수	119	우우	하영진	2001-02-28	182	80	2020
포수	106	우우	박민호	1998-04-06	177	80	2021
포수	128	우우	전경원	1999-03-18	184	95	2018
내야수	107	우우	김도윤	2005-02-17	180	71	2024
내야수	103	우우	김수인	1997-10-19	178	81	2020
내야수	123	우좌	박건우	1998-10-19	180	85	2024
내야수	113	우우	손용준	2000-02-15	178	85	2024
내야수	110	우좌	우정안	2006-01-03	181	79	2025
외야수	108	우좌	심규빈	2001-03-27	181	81	2024

LG 마운드의 기대주들

2월 27일 연습경기에서 154㎞를 던진 김영우

153㎞의 강속구를 던지면서, 투타겸업이 가능한 추세현

두 루키가 LG 마운드를 얼마나 두텁게 만들지 기대된다. ⓒ 엘지 트윈스

두산 베어스

주요 이슈

2025년 두산의 키워드는 '야수진 세대교체'다. 허경민을 FA로 떠나보냈고, 김재호는 은퇴를 택했다. 왕조 시절 주역 2명이 빠져나가며 내야진은 일대 대격변을 준비한다. 주전 2루수 강승호를 3루로 옮겼고, 키스톤 2자리는 개막 직전까지 서바이벌 경쟁 예정이다. 내야에 비하면 정도가 덜하지만, 외야 역시 세대교체를 앞두고 있다. 신인왕 출신 정철원을 롯데로 내보내면서 20대 외야수 2명(김민석, 추재현)을 데려왔다. 경쟁을 통한 또래들의 성장은 물론, 베테랑들을 향한 '메기 효과'까지 기대하는 모양새다.

세대교체는 언젠가는 내려야 할 결단이었다. 양의지, 김재환, 양석환, 정수빈 등 두산의 주전 야수 절반이 30대 중후반, FA 고액 연봉자들이다. 베테랑들은 매년 한 살씩 나이를 먹어가는데, 왕년의 화수분은 진작에 말라붙었다. 야수 중 새 얼굴이 좀처럼 보이지 않았다.

단적인 사례가 지난해 와일드카드 결정전 2경기다. 선발 야수 9명 중 8명을 30대로 채웠다. 유일한 20대 김기연조차 양의지의 부상으로 어쩔 수 없이 선발 마스크를 쓴 경우다.

늦은 감이 있는 세대교체지만, 일단 써볼 만한 자원들이 많다는 건 희망적이다. 1군 준주전 자원인 이유찬, 박준영, 박계범에 오명진, 여동건, 박준순 등 새 얼굴들이 2루와 유격수 자리를 놓고 경쟁한다. 이들 중 확실한 주전이 나오고 허경민, 김재호의 빈자리를 빠르게 메워주는 게 베스트 시나리오다.

전원 교체를 단행한 외국인 선수 3인방이 얼마나 활약하느냐는 이번 시즌 두산의 성적을 좌우할 중대 변수다. 외부 FA는커녕 있던 FA(허경민, 김강률)도 모두 떠나보낸 두산이지만, 외국인 시장에서는 가장 화끈하게 움직였다. 1선발 콜 어빈과 외야수 제이크 케이브에게 각각 100만 달러 풀베팅을 했다. 둘 다 바로 지난 시즌까지 빅리그에서 풀타임을 소화했다. 2선발 잭 로그도 이번 시즌 두산의 야심작이다. 제구 좋은 왼손 투수이며 각도 큰 스위퍼를 겸비했다.

지난 시즌 두산의 외국인 농사는 '역대급' 흉작이었다. 투타 합쳐 6명을 돌려썼지만, 가장 마지막에 합류한 제러드 영을 제외하고 누구도 기대치를 채우지 못했다. 지난해 이들이 기록한 WAR(스탯티즈 기준) 총합이 겨우 8.81로, 외국인의 활약이 가장 두드러졌던 롯데의 16.64와 비교하면 절반이 채 되지 않았다.

어빈 등 3명이 지난 시즌 각 구단 외국인들의 평균 수준(WAR 12.63) 역할만 해줘도 WAR 4에 가까운 전력 상승을 기대할 수 있다. 단순 계산이지만 한화가 총액 기준 128억 원을 쏟아부으며 영입한 엄상백과 심우준의 지난 시즌 WAR 합계가 4.57이었다. 물론 두산이 외국인 3인방에게 바라는 건 리그 평균 그 이상이다. FA 영입 없이 유출만 있었던 두산을 두고 비시즌 가장 큰 폭의 전력 보강에 성공했다는 일각의 평가가 나오는 것 또한 외국인 기대치가 워낙 높기 때문이다.

오재원발 수면제 대리 처방에 연루돼 1년을 고스란히 날렸던 이들이 돌아온다는 것도 반가운 소식이다. 김인태, 박계범은 당장 1군 백업으로 뎁스를 채워줄 자원이다. 주전들의 체력 부담은 줄이고, 라인업 운용도 훨씬 폭넓게 가져갈 수 있다.

계약 마지막 해를 맞은 이승엽 감독의 마운드 운용은 이번 시즌 관전 포인트 중 하나다. 선발진 줄부상을 감안하더라도, 지난해 두산 구원 투수들은 너무 많이 던졌다. 리그에서 유일하게 불펜 6000이닝을 넘겼다. 김택연, 이병헌, 최지강 등 20대 초반 어린 투수들을 둘러싼 혹사 논란이 시즌 내내 이어졌다. 이들이 지난해만큼 강력한 구위를 유지하지 못한다면 전력 계산을 처음부터 다시 해야 할지도 모른다. 이 감독이 '올 시즌은 선발야구'라고 일찌감치 공언한 것도 이런 배경과 무관하지 않다. 불펜 투수들의 이닝 부담을 최소화하면서 퍼포먼스는 극대화하겠다는 구상이다.

순위기록

종합

	경기당 득점		경기당 실점		경기당 실책		수비효율	
두산	*5.48*	**4위**	*5.19*	**3위**	*0.58*	**2위**	*0.664*	**2위**
리그평균	5.38	8▶4	5.38	4▶3	0.76	6▶2	0.647	3▶2

	경기당 도루시도		도루성공률		경기당 희생번트		경기당 투수교체	
두산	*1.6*	**2위**	*78.6*	**4위**	*0.38*	**3위**	*4.36*	**10위**
리그평균	1.1	2▶2	74.4	7▶4	0.34	8▶3	3.90	3▶10

타격

	타율		출루율		장타율		OPS	
두산	*0.276*	**5위**	*0.350*	**6위**	*0.424*	**5위**	*0.774*	**5위**
리그평균	0.277	9▶5	0.352	8▶6	0.420	5▶5	0.772	6▶5

선발

	평균자책점		경기당 이닝		피안타율		피순장타	
두산	*5.07*	**8위**	*4.75*	**9위**	*0.257*	**1위**	*42*	**8위**
리그평균	4.77	1▶8	5.00	6▶9	0.274	2▶1	48.8	3▶8

구원

	평균자책점		경기당 이닝		피안타율		피순장타	
두산	*4.54*	**1위**	*4.20*	**1위**	*0.278*	**3위**	*20*	**6위**
리그평균	5.16	6▶1	3.91	4▶1	0.282	5▶3	19.9	3▶6

라인업

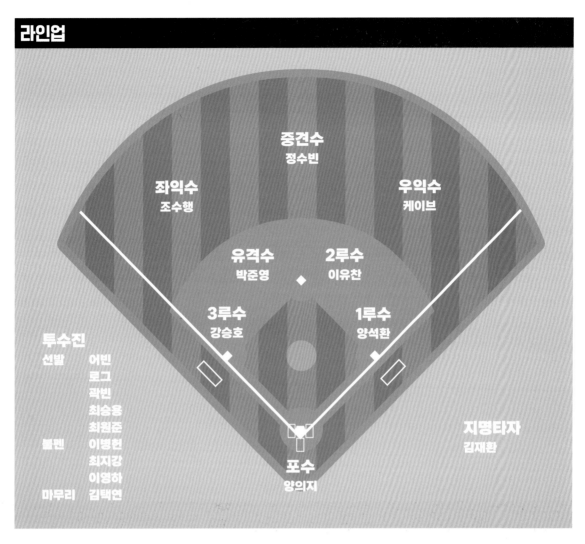

중견수
정수빈

좌익수
조수행

우익수
케이브

유격수
박준영

2루수
이유찬

3루수
강승호

1루수
양석환

투수진
선발   어빈
       로그
       곽빈
       최승용
       최원준
불펜   이병헌
       최지강
       이영하
마무리 김택연

포수
양의지

지명타자
김재환

최근 10시즌 성적

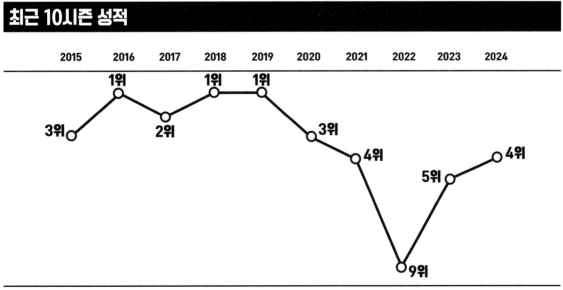

2015 2016 2017 2018 2019 2020 2021 2022 2023 2024

3위   1위   2위   1위   1위   3위   4위   9위   5위   4위

최상 시나리오

39세 시즌 골든글러브를 차지한 강민호에게 자극받은 '포수' 양의지가 38세로 시즌 생애 10번째 황금장갑을 예약한다. 이승엽 감독과 함께 KBO 역대 최다 기록. 김재환, 이영하, 홍건희에 조수행까지 'FA로이드'가 동시다발적으로 폭발한다. 모두가 행복한데, 김태룡 단장 홀로 고민에 빠진다. 김대한이 지난 4년간 때린 홈런을 4월 한 달 동안 몰아치면서 '킹캉 스쿨' 사전 예약 문의가 여름이 되기도 전에 빗발친다. 이병헌과 최지강이 1년 만에 '귀족 불펜'으로 신분 상승을 경험하는 사이, '제2의 오승환' 김택연은 오승환의 2년 차를 재연한다. 콜 어빈과 잭 로그가 한 번의 엔트리 말소 없이 KBO 리그를 폭격하며 선발야구를 진두지휘한다. '왕조 재건' 구호와 함께 한국시리즈 문이 열리고, 정규시즌 단독 다승왕 곽빈이 생애 첫 포스트시즌 승리를 위해 출격한다.

최악 시나리오

김기연의 포수 수비 이닝이 결국 양의지를 넘어선다. 강승호는 익숙했던 2루로 돌아가고, 선발 유격수는 하루걸러 이름이 바뀐다. KT로 넘어간 허경민이 개인 최고 타율에 도전하지만, 두산 내야 세 자리는 올스타 브레이크가 지나도록 주인을 찾지 못한다. 해설위원으로 변신한 김재호의 SNS에는 그라운드가 그립지 않냐는 댓글이 달리기 시작한다. 콜 어빈과 잭 로그는 이름값만 못하고, 5회 이전 불펜 등판이 다시 잦아진다. 2년 차를 맞은 김택연은 여전히 강력한 포심을 뿌리지만, 경험치 쌓인 타자들이 버텨내는 요령을 익혀간다. 말라붙은 야수 쪽 화수분은 올해도 새 얼굴을 찾지 못하고, 한 살씩 더 나이를 먹은 베테랑 야수들의 고군분투가 이어진다.

코칭스태프

보직	배번	투타	이름	생년월일	키(cm)	몸무게(kg)
감독	77	좌좌	이승엽	1976.8.18	183	88
수석	88	우좌	고토	1969.5.14	186	90
QC	73	우우	조성환	1976.12.23	181	81
수비/작전	83	우우	김동한	1988.6.24	174	73
투수	84	우우	김지용	1988.2.20	174	86
타격	81	우우	박석민	1985.6.22	178	88
투수	79	우우	박정배	1982.4.1	180	90
전력분석		우우	안승한	1992.1.25	176	98
트레이닝			유종수	1996.8.26	186	88
타격	76	우우	이영수	1981.5.9	184	90
전력분석			이창석	1993.4.2	173	67
주루/외야	75	우우	임재현	1991.5.29	175	76
트레이닝			조광희	1994.1.7	178	71
배터리	74	우우	조인성	1975.5.25	182	110

감독 및 전력 포인트

이승엽 감독

현역 시절 '약속의 8회'를 상징했던 이승엽 감독이 '약속의 2025년'을 다짐했다. 올해로 부임 3년 차, 어느새 계약 마지막 해다. 현역 시절 박수와 함성만 들었던 '국민타자'에게 지난해 와일드카드 업셋 패배 이후 잠실 홈팬들의 야유와 조롱은 낯설고 어색한 경험일 수밖에 없었다. 왕조 재건을 바라는 두산이나, 자존심 회복을 벼르는 이 감독이나 2025시즌 의미가 엄중하다.

시즌 초 가장 눈여겨볼 변수는 역시 '3루수 강승호'다. 강승호가 새 포지션에 안착하지 못한다면 이 감독의 시즌 구상은 통째로 흔들릴 수 있다. 마운드에서 키포인트는 마무리 김택연이다. 지난 시즌 많이 던졌고, '2년 차 징크스' 역시 완전히 무시할 수는 없다. 양질의 두산 불펜이지만, 마무리 김택연을 대체할 자원을 당장 떠올리기는 쉽지 않다.

보직	배번	투타	이름	생년월일	키(cm)	몸무게(kg)
트레이닝			천종민	1984.10.30	183	92
퓨처스 총괄	85	우우	니무라	1961.12.26	182	82
퓨처스 투수	90	좌좌	가득염	1969.10.1	184	81
퓨처스 트레이닝			곽성욱	1998.11.16	182	98
퓨처스 재활/잔류	82	우우	권명철	1969.10.28	183	90
퓨처스 작전/주루	86	우우	김재현	1987.11.7	174	70
퓨처스 배터리	80	우우	김진수	1979.4.19	180	90
퓨처스 수비	78	우우	서예일	1993.6.19	178	83
퓨처스 투수	91	좌좌	오노	1965.11.13	179	75
퓨처스 트레이닝			이덕현	1996.5.12	188	80
퓨처스 타격	71	우우	이도형	1975.5.24	182	102
퓨처스 재활/잔류	72	우우	조경택	1970.11.25	183	94
퓨처스 재활/잔류	70	우우	조웅천	1971.3.17	183	82
퓨처스 타격	87	좌좌	조중근	1982.12.20	183	92

양의지

포지션	C	투타 우투우타	신장	180	체중	95
연봉	50000-160000		지명순위 06 두산 2차 8라운드 59순위			
생년월일 1987-06-05			학교	송정동초-무등중-진흥고		

25

두산의 캡틴,
건강한 양의지는
여전히 국내 최고

© 두산 베어스

다시는 지켜보는 입장이 되지 않겠다

건강만 하다면 여전히 국내 최고 포수. 그러나 지난해 가을은 너무나 뼈아팠다. 두산이 와일드카드 결정전 초유의 '업셋'을 당하는 동안 양의지는 쇄골 통증으로 단 한 타석도 나가지 못하고 더그아웃에서 팀의 패배를 바라만 봐야 했다. '야만없'이라지만 1차전 1회 곽빈의 거짓말 같은 4실점도, 2경기 도합 무득점의 안타까운 빈공도 양의지가 있었더라면 다르지 않았을까. OPS 1이 넘던 전성기 타격을 기대하기는 쉽지 않은 나이이지만, 그럼에도 리그에서 가장 까다로운 타자인 건 분명하다. 지난해 타석당 삼진율(K%) 11.5%는 리그 전체에서 8번째로 훌륭한 숫자다. 교타자들로 가득한 K% 상위권 순위에서 17홈런 양의지의 이름은 유독 돋보인다.

위기 상황에서 가장 두려운 타자

찬스에서 더 무서워지는 것도 여전. 지난해 득점권 타율 0.385로 리그 전체 4위, 국내 타자 중 2위를 기록했다. 2017년부터 8년 연속 타율 3할 이상 기록 중. 2018년 1차례를 빼고는 시즌 전체 타율보다 득점권 타율이 더 높았다. '클러치히터' 회의론이 작지 않지만, 양의지의 사례를 보면 달리 생각하지 않을 수 없다. 문제는 역시 건강. 크고 작은 부상에 시달린 지난시즌은 485타석에 그쳤다. 2019년 이후 6년 만에 500타석을 밑돌았다. 608.1이닝에 그친 포수 수비이닝도 아쉬운 숫자. 2살 위 강민호의 골든글러브 수상은 새로운 동기부여가 됐다. 두산에서는 처음으로 주장 완장까지 달았으니 어느 때보다 책임감도 강하게 느낀다.

---

yagumentary 피치클록의 시대, 계산 빠른 양의지에게 유리한 시즌이 될 수 있다.
mulderous 그보다 더한 '곰의 탈을 쓴 여우'는 앞으로도 영원히 없을 듯
hjkim 다시 건강하게 안방을 지킨다면 골글 경쟁 흥미로워질 듯

기본기록																	
연도	경기	타석	타수	안타	2루타	3루타	홈런	타점	득점	볼넷	사구	삼진	도루	타율	출루율	장타율	OPS	WAR
2022	130	510	427	121	24	0	20	94	61	60	13	48	3	0.283	0.380	0.480	0.860	5.48
2023	129	510	439	134	23	0	17	68	56	57	11	56	8	0.305	0.396	0.474	0.870	6.10
2024	119	485	430	135	18	1	17	94	57	40	9	56	2	0.314	0.379	0.479	0.858	3.38
통산	1833	6866	5904	1815	326	11	262	1106	876	668	172	757	56	0.307	0.389	0.499	0.888	68.84

강승호

23

포지션	2B	투타	우투우타	신장	178	체중	88
연봉	25500-37000			지명순위	13 LG 1라운드 3순위		
생년월일	1994-02-09			학교	순천북초-천안북중-북일고		

3년 연속
고과 1위의 자존심

© 두산 베어스

내야진 세대교체에 팔을 걷어붙인 두산의 2025시즌, 아이러니하게도 그 핵심은 31세 중고참 강승호다. 강승호의 3루 전향이라는 대전제가 성립하지 않는다면, 두산의 내야 구상 또한 처음부터 새로 그려야 할 수밖에 없다. 2루에 비해 수비 부담이 덜하다는 3루로 이동한 만큼 타석에서 기대치 또한 더 높아졌다. MVP 김도영을 비롯해 최정, 노시환, 김영웅 등 KBO 리그 최고의 파워 포지션이 된 3루 자리에서 강승호가 얼마만큼 장타를 때려내느냐에 따라 두산 타선의 파괴력이 달라진다.

yagumentary 옆집 좌타 3루수는 지난해 22홈런, OPS 0.879를 기록했다

mulderous 3루수 경쟁 뜨겁다

hjkim 강승호가 내야의 키를 쥐고 있다

기본기록

연도	경기	타석	타수	안타	2루타	3루타	홈런	타점	득점	볼넷	사구	삼진	도루	타율	출루율	장타율	OPS	WAR
2022	134	487	444	117	28	1	10	62	54	29	3	100	13	0.264	0.310	0.399	0.709	3.56
2023	127	459	419	111	18	6	7	59	51	27	6	110	13	0.265	0.316	0.387	0.703	1.98
2024	140	566	521	146	34	7	18	81	81	32	7	158	16	0.280	0.328	0.476	0.804	4.39
통산	770	2627	2378	615	133	18	55	340	312	157	31	657	54	0.259	0.310	0.399	0.709	8.77

곽빈

포지션	P	투타	우투우타	신장	187	체중	95
연봉	21000-38000		지명순위	18 두산 1차			
생년월일	1999-05-28		학교	서울학동초-자양중-배명고			

성장하는 최고 우완, 이제는 가을에도 웃자

© 두산 베어스

2022년 첫 규정이닝 진입에 이어 2023년 프로 첫 10승, 그리고 지난해 다승왕까지. '도장깨기' 하듯 매년 하나씩 과제를 달성하더니 어느새 국내 최고 오른손 선발로 성장했다. 여전히 많은 볼넷(9이닝당 4.08개)과 '홀수달 호투 · 짝수달 부진'을 반복한 게 아쉽지만, 소년가장처럼 홀로 로테이션을 지킨 공로는 누구도 무시할 수 없다. 가장 큰 과제는 가을무대(통산 6경기 0승 3패 평균자책점 7.58) 호투다.

yagumentary 가을에도 웃고, WBC에서도 웃었으면

mulderous 곽빈 시대의 시작을 보고 있다

hjkim 가을에 다시 발돋움한 모습 보이려면 이번 시즌에도 지난해만큼 해야

기본기록

연도	경기	선발	QS	승	패	세이브	BS	홀드	이닝	피안타	피홈런	4사구	삼진	피안타율	WHIP	피 OPS	ERA	WAR
2022	27	27	10	8	9	0	0	0	147.2	143	13	60	138	0.253	1.37	0.71	3.78	3.27
2023	23	23	13	12	7	0	0	0	127.1	96	7	58	106	0.212	1.21	0.609	2.90	4.42
2024	30	30	17	15	9	0	0	0	167.2	142	11	76	154	0.229	1.30	0.647	4.24	5.00
통산	133	101	41	42	33	1	2	4	572.1	503	44	290	520	0.237	1.39	0.69	3.98	14.81

김재환

32

포지션	LF	투타	우투좌타	신장	183	체중	90
연봉	150000-100000			지명순위	08 두산 2차 1라운드 4순위		
생년월일	1988-09-22			학교	영랑초-상인천중-인천고		

© 두산 베어스

부활한 4번 타자, FA 효과 받고 더 무서워진다

KBO 리그에 '올해의 재기상'이 있다면 2024시즌 수상자는 아마도 김재환이었을 것이다. 타율 0.220 10홈런에 OPS 0.674 로 처참하게 몰락했던 2023년을 뒤로 하고 지난해 두산의 4번 타자로 화려하게 부활했다. 타율 0.283에 29홈런, OPS는 0.893까지 끌어올렸다. 호사가들은 반등의 이유로 '킹캉 스쿨' 효과를 말하지만, 그보다 먼저 말해야 할 건 모두가 최고로 인정하는 훈련량과 성실성이다. 5년 만의 30홈런에 도전한다. FA 계약 마지막 해, 동기부여도 확실하다.

yagumentary 어쩌면 ABS 효과 때문이었는지도 모른다. 1cm 낮아진 건 김재환에게 호재다

mulderous 올해도, 감독이 김재환 걱정 안 해도 되는 시즌이 되기를

hjkim 결국은 두산은 김재환이 쳐야 산다

기본기록

연도	경기	타석	타수	안타	2루타	3루타	홈런	타점	득점	볼넷	사구	삼진	도루	타율	출루율	장타율	OPS	WAR
2022	128	517	448	111	24	1	23	72	64	61	4	133	2	0.248	0.340	0.460	0.800	2.75
2023	132	484	405	89	15	0	10	46	40	72	5	100	3	0.220	0.343	0.331	0.674	0.48
2024	136	552	474	134	28	0	29	92	78	63	6	168	1	0.283	0.368	0.525	0.893	3.07
통산	1383	5509	4728	1342	256	15	263	932	794	680	45	1239	37	0.284	0.375	0.511	0.886	36.31

김택연

63

포지션	P	투타	우투우타	신장	181	체중	88
연봉	3000-14000		지명순위	24 두산 1라운드 2순위			
생년월일	2005-06-03		학교	동막초-상인천중-인천고			

'제2의 오승환' 첫해부터 증명했다

© 두산 베어스

김택연의 직구는 말 그대로 '알고도 못 치는' 공이다. 구사율 75%에 피안타율 0.207이라는 사기적인 숫자를 기록했다. 김태룡 단장은 '빠르면 2~3년 안에 두산의 스토퍼로 성장할 것'이라고 했지만, 김택연은 프로 첫해부터 마무리 자리를 꿰찼다. 고졸 신인 최다 세이브 기록을 갈아치웠고, 만장일치 가까운 득표로 신인왕을 따냈다. 데뷔전 부진과 2군행이라는 시즌 초반 아픔을 이겨냈기에 더 의미가 컸던 루키 시즌. 올해는 제3 구종 스플리터까지 장착해 KBO리그 최고 마무리를 노린다.

---

yagumentary 양의지가 공 몇 개 받아보더니 말했다. "진짜, 고졸 신인 맞아?"
mulderous 작년 고척돔, 데이브 로버츠 칭찬에 화답하는 모습부터 범상치 않았다
hjkim 어린 나이임에도 항상 덤덤한 모습이 마무리에 딱

기본기록

연도	경기	선발	QS	승	패	세이브	BS	홀드	이닝	피안타	피홈런	4사구	삼진	피안타율	WHIP	피 OPS	ERA	WAR
2022	-	-	-	-	-	-	-	-	-	-	-	-	-	-	-	-	-	-
2023	-	-	-	-	-	-	-	-	-	-	-	-	-	-	-	-	-	-
2024	60	0	0	3	2	19	5	4	65	51	2	31	78	0.216	1.26	0.605	2.08	3.23
통산	60	0	0	3	2	19	5	4	65	51	2	31	78	0.216	1.26	0.605	2.08	3.23

이병헌

29

포지션	P	투타	좌투좌타	신장	183	체중	95
연봉	3600-13000			지명순위	22 두산 1차		
생년월일	2003-06-04			학교	역삼초-영동중-서울고		

쉴 새 없이 던진
숨은 히어로

© 두산 베어스

지난해 두산은 리그에서 가장 젊고 강력한 영건들로 불펜진을 재구축하는 데 성공했다. 스포트라이트를 받은 건 신인왕 김택연이었지만, 공헌도로 따지면 좌완 이병헌이 오히려 앞설지도 모른다. SSG 노경은과 함께 리그 최다인 77차례 등판해 65.1이닝 동안 6승 1패 22홀드 1세이브를 기록했다. 선입견 없는 로봇 심판 버프를 받으면서 9이닝당 볼넷을 7.33개에서 4.68개로 크게 떨어뜨렸다. 여전히 적은 숫자는 아니지만, 원체 구위가 좋아 그 정도만 해도 충분히 위력적인 투수로 활약할 수 있었다. 올해는 좌타뿐 아니라 우타까지 잡아먹는 완성형 불펜으로 성장하는 게 목표.

yagumentary 영화배우도, 영화감독도 아니고 씩씩한 공 던지는 두산의 좌완 투수

mulderous 안경 쓴 파이어볼러의 매력

hjkim 두산 팬들이 그를 아끼는 이유

기본기록

연도	경기	선발	QS	승	패	세이브	BS	홀드	이닝	피안타	피홈런	4사구	삼진	피안타율	WHIP	피 OPS	ERA	WAR
2022	9	0	0	0	0	0	0	0	5	5	0	7	5	0.25	2.40	0.764	3.60	0.10
2023	36	0	0	0	0	0	2	5	27	25	2	22	28	0.248	1.74	0.760	4.67	-0.12
2024	77	0	0	6	1	1	1	22	65.1	61	3	34	57	0.256	1.45	0.681	2.89	1.91
통산	122	0	0	6	1	1	3	27	97.1	91	5	63	90	0.253	1.58	0.709	3.42	1.89

정수빈

31

포지션	RF	투타 좌투좌타	신장	175	체중	70
연봉	60000-60000		지명순위 09 두산 2차 5라운드 39순위			
생년월일	1990-10-07		학교	신곡초-수원북중-유신고		

클래식의 매력

© 두산 베어스

원조 '잠실 아이돌'이 어느새 30대 중반의 베테랑이 됐다. 올해로 프로 17년 차 베테랑이지만 두산의 리드오프는 여전히 정수빈이다. 지난 시즌도 출루율 0.376에 52도루로 만점 활약을 했다. 시즌 52도루는 데뷔 후 개인 최다 기록. 50도루 벽을 넘은 것도 처음이다. '강한 2번'을 넘어 '강한 1번'의 물결이 슬금슬금 KBO 리그까지 밀려오고 있지만, 고전적인 1번 타자를 보는 맛은 여전한 야구의 매력 중 하나. 박건우, 허경민의 이적으로 '90라인' 중 홀로 남은 정수빈, 지난 역사의 산증인이나 다름없는 그가 왕조 부활을 위한 최전선에 다시 선다.

yagumentary 이름 한 글자 다른 팀 선배의 시즌 최다 도루 기록은 57개(1999년)였다.

mulderous 30대에 50도루. 잠실 아이돌을 포기할 수 없는 이유

hjkim 홀로 남은 90라인, 두산을 지켜야 한다

기본기록

연도	경기	타석	타수	안타	2루타	3루타	홈런	타점	득점	볼넷	사구	삼진	도루	타율	출루율	장타율	OPS	WAR
2022	127	455	405	105	12	4	3	41	58	39	1	56	15	0.259	0.323	0.331	0.654	1.97
2023	137	583	498	143	14	11	2	33	75	64	7	63	39	0.287	0.375	0.371	0.746	4.87
2024	136	608	510	145	21	3	4	47	95	71	9	72	52	0.284	0.376	0.361	0.737	3.13
통산	1679	6071	5277	1477	202	87	36	544	915	543	80	778	327	0.28	0.353	0.372	0.725	27.73

최승용

포지션	P	투타	좌투좌타	신장	190	체중	87
연봉	10200-8500			지명순위	21 두산 2차 2라운드 20순위		
생년월일	2001-05-11			학교	양오초-모가중-소래고		

28

피로골절 아픔 털어낸
'최강 4선발' 후보

© 두산 베어스

일찍이 선동열 전 감독이 '더 가르칠 것 없다'고 한 천재투수. 2023시즌 후반기 마지막 8차례 선발 등판에서 평균자책점 1.64를 기록하며 화려한 '브레이크아웃'을 예고했지만, 예기치 못한 피로골절 부상에 발목이 잡혔다. 부상 복귀 후 제 역할을 다했고, 와일드카드 결정 2차전 4.2이닝 무실점 역투로 여전한 가능성을 증명했다. 부상 없이 말끔한 몸 상태로 준비하는 2025년, 최승용은 두산 선발진의 키 플레이어다. 외국인 원투펀치에 곽빈까지 두산 1~3선발에 걸린 기대치는 리그 최고 수준, 4선발 최승용까지 10승급 활약을 해준다면 로테이션 무게감은 배가된다.

yagumentary 공이 아주 빠르지 않더라도 좌완이 던지는 포크볼은 만만치 않다

mulderous 곽빈이 외롭지 않게, 풀타임 선발부터

hjkim 이제 경험이 쌓였으니 든든한 선발이 되지 않을까.

										기본기록						
연도	경기	선발	QS	승	패	세이브	BS	홀드	이닝	피안타	피홈런	4사구	삼진	피안타율	WHIP	피 OPS	ERA	WAR
2022	48	15	2	3	7	0	0	5	93.1	104	8	43	64	0.278	1.58	0.760	5.30	0.85
2023	34	20	4	3	6	1	0	0	111	116	9	34	82	0.269	1.35	0.688	3.97	2.02
2024	12	6	1	2	0	0	0	1	27	37	6	7	21	0.319	1.63	0.910	6.00	0.14
통산	109	43	7	8	13	1	0	8	249.2	277	26	94	183	0.28	1.49	0.754	4.69	3.03

케이브

포지션	RF	투타 좌투좌타	신장	183	체중	90
연봉	$800,000		지명순위	25 두산 자유선발		
생년월일	1992-12-04		학교	Kecoughtan HS		

5툴 에너자이저

© 두산 베어스

콜 어빈에 이어 '이 선수가 왜 KBO에?'라는 각 구단 단장들의 탄식을 끌어낸 두산의 새 외국인 타자. 홈런보다 2루타가 많은 '갭 히터' 스타일로 잠실에서 더 큰 위력을 낼 수 있을 거라는 기대를 받는다. 지난해 콜로라도에서 광활한 쿠어스 필드 외야를 책임진 만큼 잠실 외야 역시 무리 없이 커버할 전망. 근래 두산에서 찾기 어려웠던 에너지 넘치는 성향으로 더그아웃에서 분위기메이커 역할까지 기대할 만하다는 이야기가 나온다. 지난해 압도적으로 약했던 두산의 '2번 고민'을 해결해 줄 유력 후보.

yagumentary ML에선 좌상바였는데… (왼손 상대 OPS 0.195) 크보에선 다르겠지

mulderous 넘치는 에너지, 두산 외인 타자의 압박감을 잘 이겨내길

hjkim 잠실과 찰떡궁합 자랑할 예감

기본기록

연도	경기	타석	타수	안타	2루타	3루타	홈런	타점	득점	볼넷	사구	삼진	도루	타율	출루율	장타율	OPS	WAR
2022	-	-	-	-	-	-	-	-	-	-	-	-	-	-	-	-	-	-
2023	-	-	-	-	-	-	-	-	-	-	-	-	-	-	-	-	-	-
2024	-	-	-	-	-	-	-	-	-	-	-	-	-	-	-	-	-	-
통산	-	-	-	-	-	-	-	-	-	-	-	-	-	-	-	-	-	-

콜 어빈

57

포지션	P	투타	좌투좌타	신장	193	체중	102
연봉	$800,000			지명순위	25 두산 자유선발		
생년월일	1994-01-31			학교	University of Oregon		

독보적 이름값,
2025 최고 외국인 투수
사전예약

© 두산 베어스

♡   ○   ◁   🔖

개막전 등판부터 조짐이 불길했다. 6이닝 무실점 호투 후 허벅지 근육통을 호소하며 조기 퇴근했던 라울 알칸타라는 결국 지난 시즌 12차례 등판에 그쳤고, 그 공백으로 인한 부담은 두산 마운드 전체로 이어졌다. 외국인 에이스 공백으로 시즌 내내 고통받던 두산의 올시즌 야심작은 누가 뭐래도 콜 어빈이다. 빅리그 통산 28승, 당장 지난 시즌까지 MLB 선발 로테이션을 돌던 검증된 투수. KBO 입성 직전까지의 성적만 따지면 에릭 페디조차 능가한다. 리그에서 가장 투수 친화적인 '잠실 프리미엄'까지 등에 업었으니 2023시즌 MVP 페디 이상의 성적을 기대하는 것도 이상하지 않다.

yagumentary 페디는 오른손, 어빈은 심지어 왼손 투수다. ML서도 왼손 타자 상대 극강(OPS 0.529)

mulderous 외인 MVP 단골 구단 명성을 되찾기 위한 두산의 선택

hjkim 두산의 외국인 투수는 일단 믿고 본다

기본기록

연도	경기	선발	QS	승	패	세이브	BS	홀드	이닝	피안타	피홈런	4사구	삼진	피안타율	WHIP	피 OPS	ERA	WAR
2022	-	-	-	-	-	-	-	-	-	-	-	-	-	-	-	-	-	-
2023	-	-	-	-	-	-	-	-	-	-	-	-	-	-	-	-	-	-
2024	-	-	-	-	-	-	-	-	-	-	-	-	-	-	-	-	-	-
통산	-	-	-	-	-	-	-	-	-	-	-	-	-	-	-	-	-	-

김명신

포지션	P	투타	우투우타	신장	178	체중	90
연봉	22500-16500		지명순위	17 두산 2차 2라운드 20순위			
생년월일	1993-11-29		학교	남도초-대구중-경북고-경성대			

두산의 언성 히어로, 그가 돌아온다

불펜 투수의 숙명과도 같은 안식년을 보내고 새 시즌을 준비한다. 지난시즌 부진에도 김명신을 원망하는 사람은 아무도 없었다. 2021~2023 도합 225.2이닝 투구의 헌신을 모두가 알기 때문. 새 구종 추가, 피칭 디자인 변화로 부활을 꿈꾼다.

									기본기록							
연도	경기	선발	QS	승	패	세이브	BS	홀드	이닝	피안타	피홈런	4사구	삼진	피안타율	WHIP	피 OPS	ERA	WAR
2022	68	0	0	3	3	0	0	10	79.2	75	5	25	61	0.253	1.26	0.660	3.62	1.18
2023	70	0	0	3	3	1	1	24	79	72	3	27	65	0.245	1.25	0.655	3.65	1.37
2024	35	0	0	2	1	0	1	4	32.2	63	8	8	25	0.409	2.17	1.050	9.37	-1.42
통산	286	3	0	14	11	1	6	45	319	356	27	90	243	0.286	1.40	0.751	4.46	2.86

김민규

포지션	P	투타	우투좌타	신장	183	체중	90
연봉	5000-4200		지명순위	18 두산 2차 3라운드 30순위			
생년월일	1999-05-07		학교	광진구리틀-장평초-잠신중-휘문고			

뜨거웠던 5년 전 가을, 올해도 다시 한번

2020년 21세 나이로 맞은 생애 첫 포스트시즌에서 도합 12이닝 1실점 대호투. 이후의 시즌 성적이 그래서 더 아쉽다. 올 시즌 목표는 일단 1군 생존, 나아가 5선발 진입. 최원준, 최준호, 김유성과 개막 직전까지 경쟁한다.

									기본기록							
연도	경기	선발	QS	승	패	세이브	BS	홀드	이닝	피안타	피홈런	4사구	삼진	피안타율	WHIP	피 OPS	ERA	WAR
2022	0	0	0	0	0	0	0	0	0	0	0	0	0	-	-	-	-	0
2023	6	1	0	0	0	0	0	0	8.1	6	0	4	5	0.207	1.20	0.678	4.32	0.08
2024	13	4	0	0	1	0	0	0	25	23	4	19	19	0.247	1.68	0.892	4.32	0.75
통산	81	15	0	3	6	1	1	1	145.1	143	16	76	117	0.254	1.51	0.763	5.26	1.94

김유성

20

포지션 P 투타 우투우타	신장 190 체중 98
연봉 3000-3300	지명순위 23 두산 2라운드 19순위
생년월일 2002-01-01	학교 김해삼성초-김해내동중-김해고-고려대

리스크 감수 신인 지명, 올해로 3년차... 잠재력 터질까

학폭 파문 속에서도 잠재력 하나만큼은 손꼽히던 대형 유망주. 지난겨울 "구위가 정말 좋다"는 사령탑의 칭찬을 여러 차례 받았다. 미야자키 교육리그 효과가 대단하단 평가. 고글 착용으로 새 시즌 '아이템 효과'까지 기대 중.

기본기록

연도	경기	선발	QS	승	패	세이브	BS	홀드	이닝	피안타	피홈런	4사구	삼진	피안타율	WHIP	피 OPS	ERA	WAR
2022	-	-	-	-	-	-	-	-	-	-	-	-	-	-	-	-	-	-
2023	7	0	0	0	0	0	0	0	6.1	6	2	12	6	0.250	2.84	0.974	9.95	-0.33
2024	17	7	0	1	2	0	0	0	28	28	1	24	29	0.252	1.86	0.772	6.43	0.23
통산	24	7	0	1	2	0	0	0	34.1	34	3	36	35	0.252	2.04	0.811	7.08	-0.10

김호준

56

포지션 P 투타 좌투좌타	신장 180 체중 82
연봉 3100-3300	지명순위 18 두산 육성선수
생년월일 1998-05-17	학교 일산초-성일중-안산공고

꽃 피울 날 기다리는 '잡초'

드래프트 미지명 이후 독립구단을 거쳐 육성선수로 2018년 입단했다. 2023년 1군 데뷔 감격을 누렸고, 지난해는 데뷔 첫 승까지 성공했다. 구위는 충분히 1군감이라는 평가. 경험과 제구가 문제. 불펜은 많으면 많을수록 좋다. 왼손 불펜은 특히 귀하다.

기본기록

연도	경기	선발	QS	승	패	세이브	BS	홀드	이닝	피안타	피홈런	4사구	삼진	피안타율	WHIP	피 OPS	ERA	WAR
2022	0	0	0	0	0	0	0	0	0	0	0	0	0	-	-	-	-	0
2023	3	0	0	0	0	0	0	0	3	3	1	4	2	0.273	2.33	0.983	120	-0.11
2024	16	1	0	1	2	0	0	0	13.1	22	1	4	6	0.393	1.95	1.066	8.78	-0.31
통산	19	1	0	1	2	0	0	0	16.1	25	2	8	8	0.373	2.02	1.051	9.37	-0.42

박지호

포지션	P	투타	좌투좌타	신장	181	체중	99
연봉	3000-3100		지명순위	24 두산 5라운드 42순위			
생년월일	2003-07-02		학교	천안유소년-부성초-모가중-장안고-동강대			

화수분 불펜, 나도 있다

마운드부터 다시 문을 연 두산의 화수분 야구. 김택연, 최지강, 이병헌에 이은 2025년 새 야심작. 평균 148㎞를 던지는 좌완은 시대불문 존재 자체로 매력적이다. 전지훈련 일본 2군팀들과 연습경기에서 이미 가능성은 입증했다.

기본기록

연도	경기	선발	QS	승	패	세이브	BS	홀드	이닝	피안타	피홈런	4사구	삼진	피안타율	WHIP	피 OPS	ERA	WAR
2022	-	-	-	-	-	-	-	-	-	-	-	-	-	-	-	-	-	-
2023	-	-	-	-	-	-	-	-	-	-	-	-	-	-	-	-	-	-
2024	1	0	0	0	0	0	0	0	0.2	0	0	1	2	0.000	1.50	0.333	0.00	0.10
통산	1	0	0	0	0	0	0	0	0.2	0	0	1	2	0.000	1.50	0.333	0.00	0.10

박치국

포지션	P	투타	우언우타	신장	177	체중	78
연봉	13000-11000		지명순위	17 두산 2차 1라운드 10순위			
생년월일	1998-03-10		학교	숭의초-신흥중-제물포고			

반등 절실한 2025년, 낮춰야 산다

최원준과 함께 사이드암 동병상련을 겪었던 박치국. 최원준과 반대로 팔 각도를 낮추는 게 올 시즌 반등의 열쇠. 지난겨울 자비로 다녀온 오키나와 독립리그에서 이상적인 팔 각도를 다시 찾았다. 시즌 내내 유지하는 게 관건.

기본기록

연도	경기	선발	QS	승	패	세이브	BS	홀드	이닝	피안타	피홈런	4사구	삼진	피안타율	WHIP	피 OPS	ERA	WAR
2022	15	0	0	1	2	0	0	3	11.2	6	0	9	12	0.158	1.29	0.518	5.40	0.15
2023	62	0	0	5	3	2	2	11	52.2	54	3	21	48	0.258	1.42	0.704	3.59	0.73
2024	52	0	0	2	3	1	3	3	48	59	8	18	35	0.316	1.60	0.873	6.38	0.03
통산	364	3	0	18	21	9	15	63	357	386	31	136	299	0.279	1.46	0.763	4.34	4.49

윤태호

65

포지션	P	투타	우투우타	신장	190	체중	88
연봉	3000-3000		지명순위	22 두산 2차 5라운드 49순위			
생년월일	2003-10-10		학교	상인천초-동인천중-인천고			

올해는 1군 데뷔? '쌍둥이 맞대결' 기대만발

키 1m90cm, 좋은 신체조건에 150km 빠른 공을 던진다. 수직 무브먼트가 좋아 직구 구위는 김택연을 연상시킨다는 내부 평가. 1군 경험은 아직 없지만, 이승엽 감독은 "기대해볼 만한 새 얼굴"로 점찍었다. 쌍둥이 형제인 SSG 윤태현과 맞대결이 성사될지도 관심거리.

기본기록

연도	경기	선발	QS	승	패	세이브	BS	홀드	이닝	피안타	피홈런	4사구	삼진	피안타율	WHIP	피 OPS	ERA	WAR
2022	0	0	0	0	0	0	0	0	0	0	0	0	0	-	-	-	-	0
2023	0	0	0	0	0	0	0	0	0	0	0	0	0	-	-	-	-	0
2024	0	0	0	0	0	0	0	0	0	0	0	0	0	-	-	-	-	0
통산	-	-	-	-	-	-	-	-	-	-	-	-	-	-	-	-	-	-

이영하

50

포지션	P	투타	우투우타	신장	192	체중	91
연봉	10000-18000		지명순위	16 두산 1차			
생년월일	1997-11-01		학교	영일초-강남중-선린고			

마음고생 씻어내니 제 기량 나오네

학폭 논란을 털어내며 2024년 화려하게 반등했다. 65.1이닝 평균자책점 3.99의 대활약. 언제든 20이닝 이상을 버텨줄 수 있어 가치가 더 크다. 사령탑은 일찌감치 '대체불가 자원'으로 선언. 지난해 이상 활약한다면 시즌 후 'FA 대박'도 충분히 가능하다.

기본기록

연도	경기	선발	QS	승	패	세이브	BS	홀드	이닝	피안타	피홈런	4사구	삼진	피안타율	WHIP	피 OPS	ERA	WAR
2022	21	20	6	6	8	0	0	0	98.2	109	5	57	83	0.283	1.68	0.742	4.93	0.29
2023	36	0	0	5	3	0	0	4	39.1	40	2	21	28	0.256	1.55	0.724	5.49	-0.29
2024	59	1	0	5	4	2	1	5	65.1	62	4	36	59	0.243	1.50	0.688	3.99	0.60
통산	282	98	38	56	42	9	3	13	735.2	771	57	368	514	0.271	1.55	0.750	4.77	10.22

잭 로그

포지션	P	투타	좌투좌타	신장	183	체중	84
연봉	$700,000		지명순위	25 두산 자유선발			
생년월일	1996-04-23		학교	University of Kentucky			

좌완+제구+스위퍼 = KBO 성공 보증수표, 이번에도 증명할까

어쩌면 콜 어빈 이상일 수도 있다는 기대가 나오는 두산의 외인 야심작 제 2탄. 좌완에 안정된 제구, 각도 큰 스위퍼까지. KBO리그에서 망하기 어려운 조건을 두루두루 다 갖춘 완성형 선발.

기본기록

연도	경기	선발	QS	승	패	세이브	BS	홀드	이닝	피안타	피홈런	4사구	삼진	피안타율	WHIP	피 OPS	ERA	WAR
2022	-	-	-	-	-	-	-	-	-	-	-	-	-	-	-	-	-	-
2023	-	-	-	-	-	-	-	-	-	-	-	-	-	-	-	-	-	-
2024	-	-	-	-	-	-	-	-	-	-	-	-	-	-	-	-	-	-
통산	-	-	-	-	-	-	-	-	-	-	-	-	-	-	-	-	-	-

최원준

포지션	P	투타	우언우타	신장	182	체중	91
연봉	25000-22500		지명순위	17 두산 1차			
생년월일	1994-12-21		학교	수유초-신일중-신일고-동국대			

팔 각도 높인 원조 토종 에이스

2024시즌 평균자책점 6.46. 커리어 로우를 기록한 두산의 원조 토종 에이스. ABS보다는 구위 하락이 문제였다는 진단. 비시즌 상체를 세우면서 직구와 스플리터 모두 위력이 살아났다는 평가.

기본기록

연도	경기	선발	QS	승	패	세이브	BS	홀드	이닝	피안타	피홈런	4사구	삼진	피안타율	WHIP	피 OPS	ERA	WAR
2022	30	30	16	8	13	0	0	0	165	183	21	37	113	0.279	1.33	0.749	3.60	3.23
2023	26	20	7	3	10	0	0	0	107.2	119	11	28	71	0.287	1.37	0.799	4.93	1.41
2024	24	24	3	6	7	0	0	0	110	125	21	34	72	0.283	1.45	0.835	6.46	1.42
통산	191	124	45	40	38	1	0	4	727.2	795	86	187	506	0.277	1.35	0.763	4.22	15.41

최종인

40

포지션	P	투타	우투우타	신장	185	체중	84
연봉	3000-3500			지명순위	20 두산 2차 9라운드 89순위		
생년월일	2001-05-01			학교	해강초-센텀중-부산고		

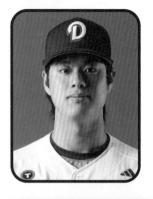

두산 불펜의 행복회로가 계속해서 돌아간다

입단 5년 만인 지난해 감격의 첫 세이브를 기록한 두산의 또 다른 파이어볼러. 스프링 캠프부터 시속 150㎞를 찍으며 기대치가 더 올랐다. 그러잖아도 두터운 두산 불펜, 최종인까지 가세한다면 더 바랄 나위가 없다.

										기본기록								
연도	경기	선발	QS	승	패	세이브	BS	홀드	이닝	피안타	피홈런	4사구	삼진	피안타율	WHIP	피 OPS	ERA	WAR
2022	0	0	0	0	0	0	0	0	0	0	0	0	0	-	-	-	-	-
2023	0	0	0	0	0	0	0	0	0	0	0	0	0	-	-	-	-	-
2024	11	0	0	1	0	1	0	2	9.2	8	2	5	8	0.222	1.34	0.699	3.72	0.20
통산	11	0	0	1	0	1	0	2	9.2	8	2	5	8	0.222	1.34	0.699	3.72	0.20

최준호

41

포지션	P	투타	우투우타	신장	188	체중	90
연봉	3000-5800			지명순위	23 두산 1라운드 9순위		
생년월일	2004-06-03			학교	온양온천초-온양중-북일고		

불펜만 세대교체? 선발도 있다

지난해 계속된 대체 선발 실험 속 이승엽이 찾은 최종 해답. 템포 빠른 시원시원한 투구, 보고 있으면 눈이 즐거워지는 영건. 임시 선발 넘어 정식 5선발에 도전하는 2025년. 경쟁률은 4 대 1.

										기본기록								
연도	경기	선발	QS	승	패	세이브	BS	홀드	이닝	피안타	피홈런	4사구	삼진	피안타율	WHIP	피 OPS	ERA	WAR
2022	-	-	-	-	-	-	-	-	-	-	-	-	-	-	-	-	-	-
2023	0	0	0	0	0	0	0	0	0	0	0	0	0	-	-	-	-	0
2024	17	15	3	3	6	0	0	0	72.1	69	11	30	58	0.246	1.37	0.735	5.1	1.40
통산	17	15	3	3	6	0	0	0	72.1	69	11	30	58	0.246	1.37	0.735	5.1	1.40

최지강

포지션	P	투타	우투좌타	신장	180	체중	88
연봉	3400-9500			지명순위	22 두산 육성선수		
생년월일	2001-07-23			학교	광주서석초-광주동성중-광주동성고-영동대		

시작은 미약했으나 끝은 창대하리라

"뒷문 닫고 프로 들어왔다"는 첫 세이브 소감으로 두산 팬 모두를 뭉클하게 했던 신데렐라 스토리의 주인공. 붙박이 필승조로 또 다른 육성선수 신화를 만들었다. 강력한 투심과 커터의 조합이 일품. 조심해야 할 건 부상 단 하나.

기본기록

연도	경기	선발	QS	승	패	세이브	BS	홀드	이닝	피안타	피홈런	4사구	삼진	피안타율	WHIP	피 OPS	ERA	WAR
2022	2	0	0	0	0	0	0	0	1.2	6	0	2	2	0.667	4.80	1.505	21.60	-0.17
2023	25	0	0	2	1	0	0	2	22	16	0	20	14	0.205	1.64	0.622	5.32	0.13
2024	55	0	0	3	1	1	2	15	50	48	6	24	45	0.253	1.44	0.758	3.24	1.26
통산	82	0	0	5	2	1	2	17	73.2	70	6	46	61	0.253	1.57	0.744	4.28	1.22

홍건희

포지션	P	투타	우투우타	신장	187	체중	97
연봉	30000-30000			지명순위	11 KIA 2라운드 9순위		
생년월일	1992-09-29			학교	화순초-화순중-화순고		

이제는 마운드 맏형, 모범 FA 향해 또 달린다

자타가 공인하는 인격자. 옵트 아웃 조항 걸린 중요한 이번 시즌, 자청해서 투수조장을 다시 맡을 만큼 책임감 강한 마운드 최선참. 지난해 흔들림은 있었지만 빠르게 회복했다. 평균자책점 2.73 건실한 활약. 영건들 가득한 불펜 속 돋보이는 베테랑의 존재감.

기본기록

연도	경기	선발	QS	승	패	세이브	BS	홀드	이닝	피안타	피홈런	4사구	삼진	피안타율	WHIP	피 OPS	ERA	WAR
2022	58	0	0	2	9	18	4	9	62	58	5	21	60	0.250	1.27	0.666	3.48	0.49
2023	64	0	0	1	5	22	3	5	61.2	67	4	24	62	0.272	1.48	0.722	3.06	1.23
2024	65	0	0	4	3	9	6	11	59.1	55	5	33	45	0.253	1.48	0.719	2.73	1.59
통산	468	33	7	25	47	58	24	55	661	740	74	288	587	0.286	1.56	0.791	4.89	7.47

홍민규

67

포지션	P	투타	우투좌타	신장	183	체중	87
연봉	3000		지명순위	25 두산 3라운드 26순위			
생년월일	2006-09-11		학교	용산구리틀—논현초—대원중—야탑고			

19세 신인이 스캠 MVP, 떡잎이 새파랗네

2025 스프링 캠프 멤버 중 유일한 신인 투수. 나이답지 않은 안정된 제구로 코칭스태프의 시선을 모으더니, 스프링 캠프 투수 MVP까지 따냈다. 조금만 더 성장한다면 1군 전력으로도 가능성 충분하다는 평가.

기본기록

연도	경기	선발	QS	승	패	세이브	BS	홀드	이닝	피안타	피홈런	4사구	삼진	피안타율	WHIP	피 OPS	ERA	WAR
2022	-	-	-	-	-	-	-	-	-	-	-	-	-	-	-	-	-	-
2023	-	-	-	-	-	-	-	-	-	-	-	-	-	-	-	-	-	-
2024	-	-	-	-	-	-	-	-	-	-	-	-	-	-	-	-	-	-
통산	-	-	-	-	-	-	-	-	-	-	-	-	-	-	-	-	-	-

강현구

60

포지션	LF	투타	우투우타	신장	186	체중	98
연봉	3000-3000		지명순위	21 두산 2차 3라운드 30순위			
생년월일	2002-06-16		학교	남동구리틀—도림초—동산중—인천고			

역대급 입담, 살벌한 파워… 걸리기만 해라

입담은 이미 역대급. 특유의 걸음걸이가 킥이다. 강현구만 봐도 웃음이 터진다는 이들이 여럿이다. 촉망받는 더그아웃 분위기메이커 기대주. 우람한 체격에서 나오는 파워도 일품이다. 롤모델은 양석환. 걸리기면 하면 잠실 담장도 그냥 넘긴다.

기본기록

연도	경기	타석	타수	안타	2루타	3루타	홈런	타점	득점	볼넷	사구	삼진	도루	타율	출루율	장타율	OPS	WAR
2022	3	5	3	1	0	0	0	0	0	1	1	0	0	0.333	0.600	0.333	0.933	-0.09
2023	0	0	0	0	0	0	0	0	0	0	0	0	0	-	-	-	-	0
2024	0	0	0	0	0	0	0	0	0	0	0	0	0	-	-	-	-	0
통산	3	5	3	1	0	0	0	0	0	1	1	0	0	0.333	0.600	0.333	0.933	-0.13

김기연

45

포지션	C	투타	우투우타	신장	178	체중	106
연봉	4000-11000		지명순위	16 LG 2차 4라운드 34순위			
생년월일	1997-09-07		학교	광주수창초-진흥중-진흥고			

'너 없으면 어쩔 뻔했니'

2024 두산의 가장 끔찍한 상상. '2차 드래프트에서 김기연을 안 뽑았다면' 양의지의 계속된 부상 속에 김기연마저 없었다면 두산의 지난 시즌은 일찌감치 끝이 났을지도 모른다. 주전 양의지가 1살 더 먹은 2025년, 김기연의 역할도 더 커졌다.

기본기록																
연도	경기	타석	타수	안타	2루타	3루타	홈런	타점	득점	볼넷	사구	삼진	도루	타율	출루율	장타율	OPS	WAR
2022	12	9	9	2	0	0	0	1	0	0	0	3	0	0.222	0.222	0.222	0.444	0.03
2023	28	40	34	4	0	0	0	2	3	5	0	10	1	0.118	0.231	0.118	0.349	-0.73
2024	95	283	252	70	10	0	5	31	31	22	2	47	0	0.278	0.337	0.377	0.714	1.49
통산	137	332	295	76	10	0	5	34	34	27	2	60	1	0.258	0.321	0.342	0.663	0.49

김대한

27

포지션	CF	투타	우투우타	신장	185	체중	83
연봉	3700-4200		지명순위	19 두산 1차			
생년월일	2000-12-06		학교	강북구리틀-숭인초-덕수중-휘문고			

해볼 건 다 해봤다, 올해는 터진다

올해는 터질까, 올해는 터질까 기다린 세월도 벌써 7년. 더는 물러설 곳이 없는 두산의 아픈 손가락. 용하기로 소문난 '킹캉 스쿨'까지 다녀왔으니 해볼 건 다 해본 셈. '휘문고 오타니'의 가능성, 두산은 아직 포기하지 않았다.

기본기록																
연도	경기	타석	타수	안타	2루타	3루타	홈런	타점	득점	볼넷	사구	삼진	도루	타율	출루율	장타율	OPS	WAR
2022	51	110	96	23	6	1	4	11	13	5	6	27	2	0.240	0.315	0.448	0.763	0.60
2023	33	89	81	16	3	1	1	7	10	7	1	21	1	0.198	0.270	0.296	0.566	-0.94
2024	61	89	75	10	1	0	1	7	10	8	2	26	1	0.133	0.230	0.187	0.417	-0.51
통산	164	306	267	49	10	2	6	25	37	23	9	83	4	0.184	0.268	0.303	0.571	-1.19

김동준

48

포지션	LF	투타	좌투좌타	신장	193	체중	100
연봉	3000-3000		지명순위	22 두산 2차 1라운드 9순위			
생년월일	2002-09-04		학교	군산신풍초-군산중-군산상고			

닮은꼴도 롤모델도 김재환, 그대로만 자라다오

두산+좌타+거포+외야+미남. 프로필만 놓고 보면 김재환 그 자체. 공교롭게도 김동준의 롤모델도 김재환이다. '토 탭'으로도 가뿐히 담장을 넘길 만큼 힘이 좋다. 더 많은 기회를 위해 1루 훈련도 병행 중

기본기록

연도	경기	타석	타수	안타	2루타	3루타	홈런	타점	득점	볼넷	사구	삼진	도루	타율	출루율	장타율	OPS	WAR
2022	0	0	0	0	0	0	0	0	0	0	0	0	0	-	-	-	-	0
2023	0	0	0	0	0	0	0	0	0	0	0	0	0	-	-	-	-	0
2024	0	0	0	0	0	0	0	0	0	0	0	0	0	-	-	-	-	0
통산	-	-	-	-	-	-	-	-	-	-	-	-	-	-	-	-	-	0

김민석

2

포지션	CF	투타	우투좌타	신장	185	체중	83
연봉	8500-7500		지명순위	23 롯데 1라운드 3순위			
생년월일	2004-05-09		학교	신도초-휘문중-휘문고			

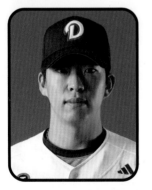

목표는 200안타, 롯데전 첫 안타는 김원중에게

새 시즌 목표를 묻는 감독의 말에 호기롭게 200안타를 질렀다. 약점이라는 송구 능력도 '걱정만큼은 아니다'라는 평가. 롯데전 첫 안타는 김원중에게 때리고 싶다고 했다. 롯데 상대 시즌 첫 경기는 4월4일. 1군에서 그날을 맞이하는 게 우선 과제다.

기본기록

연도	경기	타석	타수	안타	2루타	3루타	홈런	타점	득점	볼넷	사구	삼진	도루	타율	출루율	장타율	OPS	WAR
2022	-	-	-	-	-	-	-	-	-	-	-	-	-	-	-	-	-	-
2023	129	454	400	102	24	0	3	39	53	31	6	112	16	0.255	0.314	0.338	0.652	-0.21
2024	41	83	76	16	3	1	0	6	14	2	4	20	3	0.211	0.268	0.276	0.544	-0.32
통산	170	537	476	118	27	1	3	45	67	33	10	132	19	0.248	0.307	0.328	0.635	-0.31

김인태

33

포지션	LF	투타	좌투좌타	신장	178	체중	78
연봉	9000-7200			지명순위	13 두산 1라운드 4순위		
생년월일	1994-07-03			학교	포철서초-천안북중-북일고		

돌아오지 않을 2024, 그래서 더 소중한 2025

범죄자를 선배로 둔 탓에 소중한 1년을 날렸다. 지난해 이승엽 감독이 가장 그리워했던 더 그아웃의 분위기메이커. 막막했던 인내의 시간은 끝났다. 이제는 쌓인 울분을 그라운드 위에서 토해낼 때.

									기본기록								
연도	경기	타석	타수	안타	2루타	3루타	홈런	타점	득점	볼넷	사구	삼진	도루	타율	출루율	장타율	OPS	WAR
2022	83	279	235	58	6	0	5	25	25	41	3	47	1	0.247	0.366	0.336	0.702	1.88
2023	47	115	98	25	5	0	1	14	8	15	1	26	2	0.255	0.36	0.337	0.697	0.38
2024	10	26	23	4	0	0	1	2	3	2	0	7	0	0.174	0.231	0.304	0.535	-0.40
통산	467	1190	1000	243	42	2	21	124	129	163	9	213	4	0.243	0.352	0.352	0.704	4.73

박준순

52

포지션	SS	투타	우투우타	신장	180	체중	80
연봉	3000			지명순위	25 두산 1라운드 6순위		
생년월일	2006-07-13			학교	동대문리틀-배봉초-청량중-덕수고		

작년은 김택연, 올해는 박준순?

화제의 야수 1라운더. 레전드 김재호의 등번호 52번을 자청해서 물려받았다. 번호의 무게감을 모르지 않지만, 어차피 무서운 것 없는 나이. 타격은 물론 수비까지 평가가 좋다. 목표는 당연히 신인왕.

									기본기록								
연도	경기	타석	타수	안타	2루타	3루타	홈런	타점	득점	볼넷	사구	삼진	도루	타율	출루율	장타율	OPS	WAR
2022	-	-	-	-	-	-	-	-	-	-	-	-	-	-	-	-	-	-
2023	-	-	-	-	-	-	-	-	-	-	-	-	-	-	-	-	-	-
2024	-	-	-	-	-	-	-	-	-	-	-	-	-	-	-	-	-	-
통산	-	-	-	-	-	-	-	-	-	-	-	-	-	-	-	-	-	-

박준영

16

포지션	SS	투타	우투우타	신장	180	체중	90
연봉	7000-8500		지명순위		16 NC 1차		
생년월일	1997-08-05		학교		남양주리틀-도곡초-잠신중-경기고		

첫째도, 둘째도 문제는 건강

지난해 주전 유격수로 낙점받았지만, 한 달 만에 햄스트링 부상으로 이탈했다. 올해도 부상이 말썽이다. 허리 통증으로 호주 시드니 스프링 캠프에 빠졌다. 주전 경쟁 가능성은 충분하지만 건강이 관건.

기본기록

연도	경기	타석	타수	안타	2루타	3루타	홈런	타점	득점	볼넷	사구	삼진	도루	타율	출루율	장타율	OPS	WAR
2022	75	240	208	45	8	1	4	19	27	27	1	54	7	0.216	0.308	0.322	0.630	-0.18
2023	51	138	127	29	8	2	4	17	16	9	2	53	2	0.228	0.29	0.417	0.707	1.88
2024	65	212	186	42	9	2	7	28	25	21	3	58	2	0.226	0.313	0.409	0.722	1.58
통산	336	956	840	180	36	7	23	98	109	86	19	274	16	0.214	0.300	0.356	0.656	2.42

양석환

53

포지션	1B	투타	우투우타	신장	185	체중	90
연봉	30000-30000		지명순위		14 LG 2차 3라운드 28순위		
생년월일	1991-07-15		학교		백운초-신일중-신일고-동국대		

걸리면 넘긴다, 풀히터의 원초적 본능

잠실에서만 9시즌을 뛰며 내내 염원하던 시즌 30홈런을 지난해 드디어 달성했다. 프로 통산 156홈런 중 밀어서 넘긴 건 '0'. KBO를 대표하는 풀 히터. 언제든 담장을 넘길 수 있는 능력은 존재만으로도 위협적.

기본기록

연도	경기	타석	타수	안타	2루타	3루타	홈런	타점	득점	볼넷	사구	삼진	도루	타율	출루율	장타율	OPS	WAR
2022	107	446	405	99	14	1	20	51	58	32	7	101	1	0.244	0.309	0.432	0.741	1.16
2023	140	582	524	147	28	0	21	89	73	41	6	133	4	0.281	0.333	0.454	0.787	3.33
2024	142	593	533	131	25	1	34	107	83	49	7	128	5	0.246	0.316	0.488	0.804	2.31
통산	1039	3913	3557	932	180	7	156	606	463	260	44	820	26	0.262	0.317	0.448	0.765	9.32

여동건

포지션	SS	투타	우투우타	신장	175	체중	75
연봉	3000-3300		지명순위	24 두산 2라운드 12순위			
생년월일	2005-08-04		학교	가동초-자양중-서울고			

패기의 MZ, 야무진 스무 살

소문난 명언 제조기. '국민타자' 이승엽 앞에서도 주눅 들지 않는 패기까지. 스타성 충만한 스무 살. 성격만큼 야무진 스윙, 이제는 실전에서 보여야 할 때. 무주공산 2루의 새 주인을 노린다.

기본기록																	
연도	경기	타석	타수	안타	2루타	3루타	홈런	타점	득점	볼넷	사구	삼진	도루	타율	출루율	장타율	OPS	WAR
2022	-	-	-	-	-	-	-	-	-	-	-	-	-	-	-	-	-	-
2023	-	-	-	-	-	-	-	-	-	-	-	-	-	-	-	-	-	-
2024	9	11	10	4	0	0	0	0	2	1	0	2	3	0.400	0.455	0.400	0.855	-0.02
통산	9	11	10	4	0	0	0	0	2	1	0	2	3	0.400	0.455	0.400	0.855	-0.03

오명진

포지션	SS	투타	우투좌타	신장	179	체중	79
연봉	3100-3100		지명순위	20 두산 2차 6라운드 59순위			
생년월일	2001-09-04		학교	대전신흥초-한밭중-북일고			

'야구에 미쳤다' 키스톤 한 축은 나의 것

내야 새 얼굴을 찾는 두산의 히든 카드. 1군 경험은 고작 9타석이지만 일찌감치 코칭스태프의 눈도장을 받았다. 사령탑이 '야구에 미쳤다'고 할 만큼 독하게 훈련했다. 눈빛부터 다르다는 오명진, 기회는 충분하다.

기본기록																	
연도	경기	타석	타수	안타	2루타	3루타	홈런	타점	득점	볼넷	사구	삼진	도루	타율	출루율	장타율	OPS	WAR
2022	0	0	0	0	0	0	0	0	0	0	0	0	0	-	-	-	-	0
2023	0	0	0	0	0	0	0	0	0	0	0	0	0	-	-	-	-	0
2024	2	2	1	0	0	0	0	1	0	1	0	1	0	0.000	0.500	0.000	0.500	0.01
통산	9	9	8	0	0	0	0	1	1	1	0	3	0	0.000	0.111	0.000	0.111	-0.36

이유찬

13

포지션	2B	투타	우투우타	신장	175	체중	68
연봉	8500-10500			지명순위	17 두산 2차 5라운드 50순위		
생년월일	1998-08-05			학교	동막초-천안북중-북일고		

슈퍼 유틸? 천직은 유격수

FA로 나간 허경민의 등번호 13번을 이어받으며 새 시즌 각오를 다졌다. 지난해는 1루수, 포수를 제외하고 내·외야 전 포지션을 소화하며 '슈퍼 유틸'로 활약했다. 올해는 확실한 주전 유격수가 목표. 최유력 후보인 것도 분명.

기본기록

연도	경기	타석	타수	안타	2루타	3루타	홈런	타점	득점	볼넷	사구	삼진	도루	타율	출루율	장타율	OPS	WAR
2022	13	31	29	7	0	0	1	2	3	0	0	12	1	0.241	0.233	0.345	0.578	-0.2
2023	104	239	210	51	7	2	1	16	31	20	3	51	12	0.243	0.316	0.310	0.626	1.43
2024	103	262	231	64	11	0	3	23	39	22	1	51	16	0.277	0.341	0.364	0.705	0.73
통산	374	677	594	154	21	3	5	50	114	57	7	148	48	0.259	0.329	0.330	0.659	2.13

전다민

9

포지션	RF	투타	우투좌타	신장	177	체중	75
연봉	3000-3500			지명순위	24 두산 6라운드 52순위		
생년월일	2001-08-21			학교	길동초-청원중-설악고-강릉영동대		

'제2의 정수빈' 가능성은 보였다

정수빈이 콕 집은 차기 잠실 중견수 유력 후보. 빠른 발은 원조와 비교해도 크게 밀리지 않는다. 다만 아직은 좀 더 숙성이 필요하다. 대학에 들어가서야 외야로 전향해 경험이 부족하다. 일단은 타격으로 먼저 어필하겠다는 각오.

기본기록

연도	경기	타석	타수	안타	2루타	3루타	홈런	타점	득점	볼넷	사구	삼진	도루	타율	출루율	장타율	OPS	WAR
2022	-	-	-	-	-	-	-	-	-	-	-	-	-	-	-	-	-	-
2023	-	-	-	-	-	-	-	-	-	-	-	-	-	-	-	-	-	-
2024	25	34	27	9	2	0	0	1	10	7	0	8	1	0.333	0.471	0.407	0.878	0.35
통산	25	34	27	9	2	0	0	1	10	7	0	8	1	0.333	0.471	0.407	0.878	0.30

조수행

포지션	LF	투타	우투좌타	신장	178	체중	73
연봉	9500-20000			지명순위	16 두산 2차 1라운드 5순위		
생년월일	1993-08-30			학교	노암초-경포중-강릉고-건국대		

대도루 시대, 피치클록 날개 달까

고작 164번 나가서 64도루. 뛰는 능력은 그야말로 경이적. 조수행의 빠른 발은 승부처 두산의 확실한 무기 중 하나. 피치클록 시대 더 무서워질 건 분명. 숙제는 역시 출루율. 나가면 나갈수록 '예비 FA' 조수행의 가치도 오른다.

기본기록

연도	경기	타석	타수	안타	2루타	3루타	홈런	타점	득점	볼넷	사구	삼진	도루	타율	출루율	장타율	OPS	WAR
2022	117	134	119	28	4	1	1	9	36	10	1	31	22	0.235	0.295	0.311	0.606	-0.31
2023	126	249	219	48	2	1	1	17	41	23	2	38	26	0.219	0.298	0.251	0.549	0.49
2024	130	382	328	87	5	2	0	30	60	33	3	53	64	0.265	0.334	0.293	0.627	1.83
통산	797	1188	1047	269	21	9	4	90	251	97	10	205	150	0.257	0.324	0.306	0.630	1.98

추재현

포지션	RF	투타	좌투좌타	신장	178	체중	85
연봉	5600-6000			지명순위	18 넥센 2차 3라운드 28순위		
생년월일	1999-02-22			학교	성동구리틀-경수초-건대부중-신일고		

부산에서 온 다크호스, 두산 외야 경쟁 불붙였다

'정철원 트레이드'의 숨은 알짜배기라는 평가. 스프링 캠프 야수 MVP로 출발이 좋다. 이적하자마자 사령탑의 '원 포인트 레슨'을 받았다. 국민타자의 특강은 아무나 받을 수 없는 기회. 기회를 성과로 살리는 건 본인의 몫.

기본기록

연도	경기	타석	타수	안타	2루타	3루타	홈런	타점	득점	볼넷	사구	삼진	도루	타율	출루율	장타율	OPS	WAR
2022	33	66	58	13	4	0	0	5	10	7	1	17	1	0.224	0.318	0.293	0.611	-0.23
2023	0	0	0	0	0	0	0	0	0	0	0	0	0	-	-	-	-	0
2024	2	0	0	0	0	0	0	0	1	0	0	0	1	-	-	-	-	0
통산	144	395	345	82	19	0	5	31	51	37	8	82	6	0.238	0.326	0.336	0.662	0.49

권휘 18

포지션 P	투타 우투우타	신장 181 체중 87
연봉 3700-3700	지명순위 20 두산 육성선수	
생년월일 2000-12-07	학교 대림초-강남중-덕수고	

연도	경기	선발	QS	승	패	세이브	BS	홀드	이닝	피안타	피홈런	4사구	삼진	피안타율	WHIP	피 OPS	ERA	WAR
2022	10	0	0	0	0	0	0	1	9.1	8	1	5	5	0.242	1.39	0.683	5.79	-0.02
2023	0	0	0	0	0	0	0	0	0	0	0	0	0	-	-	-	-	0
2024	8	0	0	0	0	0	0	0	9	15	0	7	11	0.366	2.44	0.897	11	-0.1
통산	56	0	0	0	1	0	0	3	52.1	55	2	32	41	0.272	1.66	0.722	5.33	0.41

김무빈 64

포지션 P	투타 좌투좌타	신장 181 체중 85
연봉 3000-3000	지명순위 24 두산 7라운드 62순위	
생년월일 2005-04-11	학교 역삼초-대치중-신일고	

연도	경기	선발	QS	승	패	세이브	BS	홀드	이닝	피안타	피홈런	4사구	삼진	피안타율	WHIP	피 OPS	ERA	WAR
2022	-	-	-	-	-	-	-	-	-	-	-	-	-	-	-	-	-	-
2023	-	-	-	-	-	-	-	-	-	-	-	-	-	-	-	-	-	-
2024	0	0	0	0	0	0	0	0	0	0	0	0	0	-	-	-	-	0
통산	-	-	-	-	-	-	-	-	-	-	-	-	-	-	-	-	-	-

김정우 30

포지션 P	투타 우투우타	신장 183 체중 87
연봉 3100-3000	지명순위 18 SK 1차	
생년월일 1999-05-15	학교 소래초-동산중-동산고	

연도	경기	선발	QS	승	패	세이브	BS	홀드	이닝	피안타	피홈런	4사구	삼진	피안타율	WHIP	피 OPS	ERA	WAR
2022	0	0	0	0	0	0	0	0	0	0	0	0	0	-	-	-	-	0
2023	7	0	0	0	0	0	0	0	6.2	11	1	7	6	0.355	2.7	0.990	9.45	-0.21
2024	1	0	0	0	0	0	0	0	0.1	3	0	0	0	1.000	9.00	2.667	81.00	-0.13
통산	9	0	0	0	0	0	0	0	8	16	1	8	6	0.41	3.00	1.101	12.38	-0.35

박신지 49

포지션 P	투타 우투우타	신장 185 체중 75
연봉 3500-3200	지명순위 18 두산 2차 1라운드 10순위	
생년월일 1999-07-16	학교 의정부시리틀-묵암초-영동중-경기고	

연도	경기	선발	QS	승	패	세이브	BS	홀드	이닝	피안타	피홈런	4사구	삼진	피안타율	WHIP	피 OPS	ERA	WAR
2022	29	9	0	1	6	0	0	0	61.2	84	7	40	38	0.326	2.01	0.881	6.71	-0.68
2023	15	1	0	0	0	0	0	0	26	39	1	11	15	0.342	1.92	0.893	5.54	0.02
2024	6	1	0	0	1	0	0	0	8.2	8	0	8	3	0.258	1.85	0.748	2.08	0.22
통산	71	11	0	2	9	0	1	0	120.1	155	12	71	75	0.311	1.88	0.861	5.91	-0.15

박정수 12

포지션 P	투타 우언좌타	신장 178 체중 74
연봉 5500-5200	지명순위 15 KIA 2차 7라운드 65순위	
생년월일 1996-01-29	학교 서울청구초-서울이수중-야탑고	

연도	경기	선발	QS	승	패	세이브	BS	홀드	이닝	피안타	피홈런	4사구	삼진	피안타율	WHIP	피 OPS	ERA	WAR
2022	13	0	0	1	1	0	0	0	19.2	17	1	9	18	0.233	1.32	0.626	3.20	0.32
2023	25	0	0	1	0	1	0	0	36.2	37	1	18	28	0.268	1.50	0.754	4.17	0.16
2024	29	1	0	1	2	0	0	4	29.2	38	2	12	22	0.309	1.69	0.787	5.16	0.20
통산	134	13	0	7	10	1	0	6	210	229	19	105	166	0.280	1.59	0.803	5.70	0.65

이교훈 7

포지션	P	투타	좌투좌타	신장	181	체중	83
연봉	3300-3800			지명순위	19 두산 2차 3라운드 29순위		
생년월일	2000-05-29			학교	남양주리틀-구리초-청원중-서울고		

연도	경기	선발	QS	승	패	세이브	BS	홀드	이닝	피안타	피홈런	4사구	삼진	피안타율	WHIP	피 OPS	ERA	WAR
2022	0	0	0	0	0	0	0	0	0	0	0	0	0	-	-	-	-	0
2023	0	0	0	0	0	0	0	0	0	0	0	0	0	-	-	-	-	0
2024	33	0	0	1	1	0	0	1	35.1	43	7	17	27	0.297	1.70	0.909	7.39	-0.56
통산	49	0	0	1	1	0	0	1	48	62	10	24	38	0.308	1.79	0.932	8.25	-0.97

이승진 55

포지션	P	투타	우투우타	신장	186	체중	86
연봉	5500-4400			지명순위	14 SK 2차 7라운드 73순위		
생년월일	1995-01-07			학교	수원신곡초-매송중-야탑고		

연도	경기	선발	QS	승	패	세이브	BS	홀드	이닝	피안타	피홈런	4사구	삼진	피안타율	WHIP	피 OPS	ERA	WAR
2022	35	0	0	3	1	0	1	2	31.1	35	5	12	29	0.280	1.50	0.759	6.61	-0.36
2023	1	0	0	0	0	0	0	0	0.2	1	0	1	1	0.250	3.00	0.75	0.00	-0.11
2024	0	0	0	0	0	0	0	0	0	0	0	0	0	-	-	-	-	0
통산	167	9	1	6	10	2	2	21	192	194	20	98	163	0.262	1.52	0.738	5.34	1.22

최민석 68

포지션	P	투타	우투우타	신장	188	체중	84
연봉	3000			지명순위	25 두산 2라운드 16순위		
생년월일	2006-07-02			학교	중대초-양천중-서울고		

연도	경기	선발	QS	승	패	세이브	BS	홀드	이닝	피안타	피홈런	4사구	삼진	피안타율	WHIP	피 OPS	ERA	WAR
2022	-																	
2023	-																	
2024	-																	
통산	-																	

황희천 58

포지션	P	투타	좌투좌타	신장	190	체중	93
연봉	3000			지명순위	25 두산 4라운드 36순위		
생년월일	2006-11-06			학교	수영초-개성중-충암고		

연도	경기	선발	QS	승	패	세이브	BS	홀드	이닝	피안타	피홈런	4사구	삼진	피안타율	WHIP	피 OPS	ERA	WAR
2022	-																	
2023	-																	
2024	-																	
통산	-																	

김민혁 10

포지션	1B	투타	우투우타	신장	188	체중	100
연봉	3800-3420			지명순위	15 두산 2차 2라운드 16순위		
생년월일	1996-05-03			학교	광주대성초-광주동성중-광주동성고		

연도	경기	타석	타수	안타	2루타	3루타	홈런	타점	득점	볼넷	사구	삼진	도루	타율	출루율	장타율	OPS	WAR
2022	38	97	88	25	2	0	5	16	11	7	2	25	0	0.284	0.351	0.477	0.828	0.03
2023	21	36	29	4	1	0	0	3	2	4	1	9	0	0.138	0.250	0.172	0.422	-0.14
2024	5	8	5	1	0	0	1	2	1	3	0	3	0	0.200	0.500	0.800	1.300	0.22
통산	110	228	202	46	7	0	8	33	22	21	3	64	0	0.228	0.307	0.381	0.688	-0.13

류현준

포지션 C	투타 우투우타	신장 182	체중 92
연봉 3000-3100		지명순위 24 두산 10라운드 92순위
생년월일 2003-01-01		학교 송파구리틀-문정초-배재중-신일고

연도	경기	타석	타수	안타	2루타	3루타	홈런	타점	득점	볼넷	사구	삼진	도루	타율	출루율	장타율	OPS	WAR
2022	-	-	-	-	-	-	-	-	-	-	-	-	-	-	-	-	-	-
2023	-	-	-	-	-	-	-	-	-	-	-	-	-	-	-	-	-	-
2024	2	3	3	2	1	0	0	1	0	0	0	0	0	0.667	0.667	1.000	1.667	0.15
통산	2	3	3	2	1	0	0	1	0	0	0	0	0	0.667	0.667	1.000	1.667	0.12

박계범

포지션 SS	투타 우투우타	신장 177	체중 84
연봉 8500-6800		지명순위 14 삼성 2차 2라운드 17순위
생년월일 1996-01-11		학교 순천북초-서울이수중-효천고-대구사이버대

연도	경기	타석	타수	안타	2루타	3루타	홈런	타점	득점	볼넷	사구	삼진	도루	타율	출루율	장타율	OPS	WAR
2022	77	168	145	32	8	0	2	14	21	12	3	40	5	0.221	0.29	0.317	0.607	0.34
2023	78	194	169	37	6	0	2	15	18	15	2	44	2	0.219	0.286	0.290	0.576	-0.06
2024	24	20	15	3	1	0	0	0	5	5	0	7	1	0.200	0.400	0.267	0.667	-0.47
통산	443	1146	983	233	42	2	16	116	136	105	19	246	20	0.237	0.319	0.333	0.652	1.66

박민준

포지션 C	투타 우투우타	신장 183	체중 95
연봉 3000-3100		지명순위 23 두산 8라운드 79순위
생년월일 2002-10-21		학교 마산동초-용마고-동강대

연도	경기	타석	타수	안타	2루타	3루타	홈런	타점	득점	볼넷	사구	삼진	도루	타율	출루율	장타율	OPS	WAR
2022	-	-	-	-	-	-	-	-	-	-	-	-	-	-	-	-	-	-
2023	0	0	0	0	0	0	0	0	0	0	0	0	0	-	-	-	-	0
2024	5	5	5	0	0	0	0	0	0	0	0	3	0	0.000	0.000	0.000	0.000	-0.13
통산	5	5	5	0	0	0	0	0	0	0	0	3	0	0.000	0.000	0.000	0.000	-0.14

박지훈

포지션 2B	투타 우투우타	신장 183	체중 80
연봉 3600-3240		지명순위 20 두산 2차 5라운드 49순위
생년월일 2000-09-07		학교 김해삼성초-경남중-마산고

연도	경기	타석	타수	안타	2루타	3루타	홈런	타점	득점	볼넷	사구	삼진	도루	타율	출루율	장타율	OPS	WAR
2022	0	0	0	0	0	0	0	0	0	0	0	0	0	-	-	-	-	0
2023	22	21	19	4	1	0	0	2	2	2	0	7	1	0.211	0.286	0.263	0.549	-0.17
2024	0	0	0	0	0	0	0	0	0	0	0	0	0	-	-	-	-	0
통산	66	37	33	8	2	0	0	4	9	3	1	12	4	0.242	0.324	0.303	0.627	-0.09

이선우

포지션 2B	투타 우투좌타	신장 182	체중 80
연봉 3000		지명순위 25 두산 5라운드 46순위
생년월일 2006-04-04		학교 일산서리틀-일산서초-충암중-충암고

연도	경기	타석	타수	안타	2루타	3루타	홈런	타점	득점	볼넷	사구	삼진	도루	타율	출루율	장타율	OPS	WAR
2022	-	-	-	-	-	-	-	-	-	-	-	-	-	-	-	-	-	-
2023	-	-	-	-	-	-	-	-	-	-	-	-	-	-	-	-	-	-
2024	-	-	-	-	-	-	-	-	-	-	-	-	-	-	-	-	-	-
통산	-	-	-	-	-	-	-	-	-	-	-	-	-	-	-	-	-	-

임종성

3

포지션	2B	투타	우투우타	신장	183	체중	90
연봉	3000-3100			지명순위	24 두산 3라운드 22순위		
생년월일	2005-03-03			학교	본리초-대구중-경북고		

연도	경기	타석	타수	안타	2루타	3루타	홈런	타점	득점	볼넷	사구	삼진	도루	타율	출루율	장타율	OPS	WAR
2022	-	-	-	-	-	-	-	-	-	-	-	-	-	-	-	-	-	-
2023	-	-	-	-	-	-	-	-	-	-	-	-	-	-	-	-	-	-
2024	1	4	3	0	0	0	0	0	0	1	0	1	0	0.000	0.250	0.000	0.250	-0.02
통산	1	4	3	0	0	0	0	0	0	1	0	1	0	0.000	0.250	0.000	0.250	-0.01

장승현

22

포지션	C	투타	우투우타	신장	184	체중	86
연봉	6000-4800			지명순위	13 두산 4라운드 36순위		
생년월일	1994-03-07			학교	서림초-동산중-제물포고		

연도	경기	타석	타수	안타	2루타	3루타	홈런	타점	득점	볼넷	사구	삼진	도루	타율	출루율	장타율	OPS	WAR
2022	60	109	96	20	3	0	0	9	6	5	4	27	0	0.208	0.274	0.240	0.514	0.09
2023	76	158	139	22	1	0	3	9	11	6	8	36	1	0.158	0.235	0.230	0.465	-0.93
2024	9	23	20	4	2	0	0	0	1	2	0	5	0	0.200	0.273	0.300	0.573	-0.07
통산	315	585	506	104	21	0	5	52	46	37	22	139	1	0.206	0.287	0.277	0.564	0.32

2025시즌 육성선수

포지션	배번	투타	한글성명	생년월일	신장	체중	입단연도
투수	66	우좌	김도윤	2002-06-28	181	83	2021
투수	122	우우	김지윤	2004-01-13	183	84	2025
투수	112	우우	김태완	2005-03-29	184	87	2024
투수	121	우우	김한중	2004-11-03	183	89	2025
투수	102	좌좌	남호	2000-07-20	185	86	2020
투수	123	우우	박민제	2003-10-20	190	98	2025
투수	120	우우	박연준	2000-07-05	184	94	2025
투수	106	우우	박웅	1997-11-12	192	103	2020
투수	115	우우	양재훈	2003-05-01	186	89	2025
투수	118	좌좌	연서준	2006-04-13	185	88	2025
투수	43	우우	이주엽	2001-03-26	188	90	2020
투수	101	우좌	제환유	2000-09-30	183	76	2020
투수	38	우우	조제영	2001-02-12	182	89	2020
투수	109	우우	최세창	2001-06-01	187	95	2020
투수	108	우우	최우인	2002-08-09	191	91	2021
포수	116	우우	김성재	2006-05-16	182	98	2025
포수	15	우우	박성재	2002-11-18	186	98	2021
포수	44	우우	장규빈	2001-04-21	186	98	2020
포수	103	우좌	천현재	1999-07-05	183	90	2022
내야수	124	우우	김민호	2002-02-08	180	76	2025
내야수	125	우좌	김준상	2004-08-02	184	75	2025
내야수	107	우우	이민석	2001-11-01	182	88	2022
내야수	114	우좌	한다현	2006-08-25	181	85	2025
외야수	104	우좌	강동형	1999-12-07	186	86	2022
외야수	110	우좌	손율기	2005-06-11	180	100	2024
외야수	100	우우	양현진	2002-01-03	191	86	2021
외야수	117	우우	주양준	2006-04-09	188	85	2025
외야수	119	우좌	최우혁	2005-12-02	190	90	2025
외야수	34	우좌	홍성호	1997-07-15	187	98	2016

두산 베어스 엠블럼 변천사

두산 베어스 역대 엠블럼

두산 베어스 역대 심볼 마크

1982~1998
1999~2009
2010~2024

2025 새 엠블럼

KT 위즈

주요 이슈

KT는 지난 스토브리그에서 창단 이후 가장 많은 전력 변화를 경험했다. 선발 투수 엄상백과 주전 유격수 심우준을 내주면서 마운드와 내야 기둥이 이탈했다. 5년 연속 가을야구에 나가는 강팀이 된 KT로서는 그 공백을 드러나지 않게 하면서 오히려 전년도보다는 강해져야 하는 과제를 어떤 식으로 해결해 나갈지가 이번 시즌의 포인트다.

엄상백은 에이스는 아니지만, 지난해까지 최근 3년간 KT 선발 중 가장 꾸준히 선발 로테이션을 지킨 국내 투수였다. 있을 때보다 없을 때 흔적이 남을 만한 투수라고 볼 수 있다. KT로서는 재활을 마치고 돌아온 소형준과 트레이드로 영입한 오원석이 그 흔적을 지워주기를 기대해야 한다.

소형준이 관건이다. 어쩌다 한 명이 다쳐도 전혀 공백이 드러나질 않아 선발들끼리 경쟁을 펼치던 KT는 지난해 크게 흔들렸다. 소형준의 공백이 컸다. 2023년 5월 팔꿈치 인대 접합 수술을 받고 재활한 소형준은 지난해 9월 마운드로 돌아와 중간계투로 던지며 가을야구까지 뛰었다. 올해 선발 로테이션에 복귀하는 소형준은 일단 휴식을 부여받으면서 점진적으로 이닝을 늘려갈 계획이다. KT는 소형준이 쉴 때 선발로 던질 만한 투수로 김동현, 강건 등을 염두에 두고 시즌을 준비했다. 지난해 원상현, 육청명처럼 젊은 투수들 중 또 한 명의 풀타임 1군 전력감을 찾아내는 것도 미래를 함께 준비하는 KT의 과제다.

오원석은 KT가 엄상백의 이적 가능성을 감안하고 트레이드 영입한 투수다. 5선발로 나서게 될 오원석은 왼손 투수가 많지 않은 KT의 유일한 왼손 선발이 되었다. SSG에서 기대만큼 성장하지 못한 오원석이 풀타임 선발로 자리를 지킬 정도의 투구만 보여줘도, 고영표와 소형준이 건재하다면 KT는 다시 선발 강팀으로 올라갈 수 있다.

키움에서 1년 뛰었던 엔마누엘 데 헤이수스를 영입하면서 KT는 사실상 3년 만에 외국인 투수에도 변화를 줬다. 지난해 고영표까지 부상을 당하면서 초반 붕괴됐던 KT 선발진이 올해는 강팀으로 올라선

2024시즌 5위
72승 2무 70패

이래 가장 큰 변화를 맞았다. '선발야구'로 대표돼온 KT 야구가 다시 안정을 찾을지, 전력 변화로 방황의 시간을 가질지 주목되는 시즌이다.

지난해 고졸 신인으로 선발을 경험했던 원상현을 중간에 합류시킨 것 외에 불펜은 거의 그대로다. 동시에 손동현, 박영현까지 20대 초반의 젊은 투수로 구성되어 리그에서 가장 어린 필승계투조로 시즌을 끌고 나가야 한다. 늘 시즌마다 불펜에 위기가 있었지만, 올해는 젊은 투수들이 완전히 안착할 수 있을지도 지켜볼 필요가 있다.

유격수 심우준의 이적을 3루수 허경민의 이적으로 채운 KT는 격동의 내야진을 안정시켜야 한다. 그동안 붙박이 3루수로, 창단 이래 최고액 FA 선수인 황재균의 활용법이 뜨거운 감자가 됐다. 3루를 내놓은 황재균이 1루, 2루, 3루는 물론 유격수와 좌익수까지 훈련하며 시즌을 준비했다. 단순히 고연차 선수의 생존을 위한 변신이 아닌 팀 전력 변화에 따른 이동을 고액 연봉 선수 황재균이 어떻게 소화할 것인지는 이번 시즌 KT 선수단 분위기에도 영향을 미칠 수 있다. 공격력을 우선으로 두고 주전을 짤 경우, 그동안 풀타임 선발 출전을 하지 않았던 문상철(1루), 천성호(2루) 등이 어떻게 시즌을 출발하느냐에 따라 KT의 내야 구상은 또다시 변화를 주어야 할 수도 있다.

예비 FA 강백호의 새로운 모습이 끌어올 에너지도 주목받는다. 강백호는 지난해 시즌 중 전격적으로 포수 출전하기 시작했고 올해는 그 경기 수를 더 늘릴 계획이다. 처음으로 전지훈련에서 시즌 준비 자체를 포수로서 하기도 했다. 최근 우여곡절을 겪은 후 지난 시즌 다시 일어선 강백호는 이번 전지훈련을 통해 새로 태어났다고 할 정도로 밝은 모습을 찾았다. 강백호의 활약이 KT에 미치는 영향은 더 말할 필요도 없을 정도로 중요하다. 올해는 1번 타자를 맡아 멜 로하스 주니어와 테이블세터로 시즌을 출발하는 것도 화제다. 시즌 뒤 FA 예정이며 이미 '최대어'로 불리는 만큼 강백호의 변화와 그 활약상도 올 시즌 KT를 주목해서 지켜봐야 할 이유다.

종합

	경기당 득점		경기당 실점		경기당 실책		수비효율	
KT	5.33	7위	5.58	9위	0.81	7위	0.638	8위
리그평균	5.38	4▶7	5.38	2▶9	0.76	1▶7	0.647	6▶8

	경기당 도루시도		도루성공률		경기당 희생번트		경기당 투수교체	
KT	0.6	9위	69.3	8위	0.43	1위	3.56	2위
리그평균	1.1	8▶9	74.4	6▶8	0.34	8▶1	3.90	1▶2

타격

	타율		출루율		장타율		OPS	
KT	0.279	4위	0.355	3위	0.417	7위	0.772	7위
리그평균	0.277	4▶4	0.352	4▶3	0.420	6▶7	0.772	5▶7

선발

	평균자책점		경기당 이닝		피안타율		피순장타	
KT	5.23	9위	4.97	5위	0.283	9위	48	5위
리그평균	4.77	4▶9	5.00	1▶5	0.274	5▶9	48.8	3▶5

구원

	평균자책점		경기당 이닝		피안타율		피순장타	
KT	5.00	4위	3.95	5위	0.286	7위	18	3위
리그평균	5.16	4▶4	3.91	10▶5	0.282	6▶7	19.9	2▶3

라인업

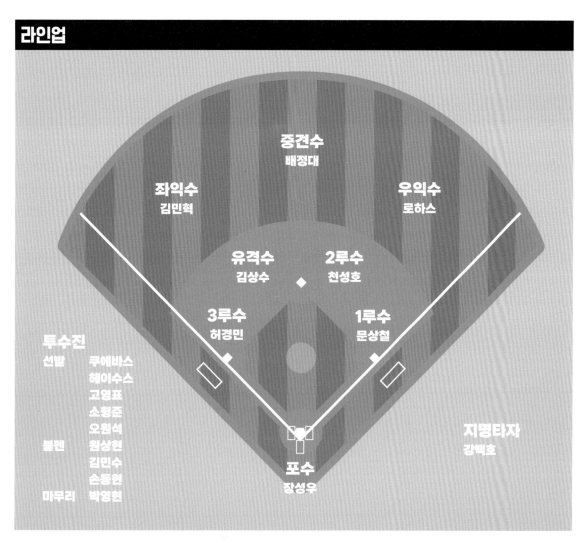

중견수
배정대

좌익수
김민혁

우익수
로하스

유격수
김상수

2루수
천성호

3루수
허경민

1루수
문상철

투수진
선발 쿠에바스
       헤이수스
       고영표
       소형준
       오원석
불펜 원상현
       김민수
       손동현
마무리 박영현

포수
장성우

지명타자
강백호

최근 10시즌 성적

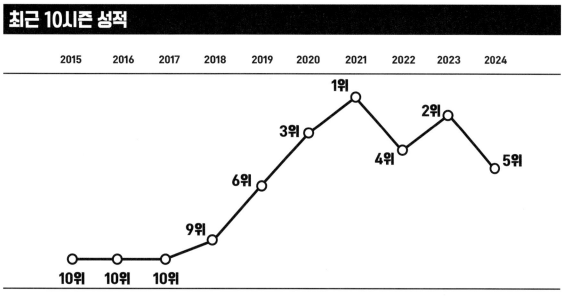

2015	2016	2017	2018	2019	2020	2021	2022	2023	2024
10위	10위	10위	9위	6위	3위	1위	4위	2위	5위

최상 시나리오

KT가 선발 강팀으로 다시 올라서는 것은 꿈꾸던 최상의 결말이다. 토종 에이스 고영표가 다시 리그 퀄리티스타트 선두를 달린다. 쿠에바스는 지난해처럼 나왔다 하면 이닝을 잡아먹는다. 더 이상 초반 부진이나 낮 경기에 약한 모습은 없다. 25세이브에 10승까지 거둬 마무리임에도 승률왕에 오르는 진기록을 쓴 박영현의 세이브가 앞자리를 3으로 바꾼다. 새로운 톱타자 강백호는 데뷔 첫 30홈런을 터뜨리고 2번 로하스는 한술 더 떠 40홈런으로 홈런왕 경쟁에서 우위에 선다. 역대 최강 테이블세터로 기억에 남는다. 황재균은 포지션 방황이 이어지는 가운데에도 안정적인 타격으로 커리어 하이, 다시 FA 시장에 나갈 수 있는 자격을 증명한다. 수원의 한국시리즈 무대는 한층 더 화려하다.

최악 시나리오

처음부터 잘 치고 나가는 게 목표였다. 그러나 달리려는 찰나에 선수들의 부상 소식이 알려진다. 올해도 여름까지 바닥을 찍는다. 후반기 맹렬히 달려나가야 하지만, 줄부상으로 달릴 동력이 사라진다. 내야 각 포지션의 새로운 주인공들은 시즌 중반으로 넘어가도록 갈팡질팡. 이강철 감독은 매일 라인업 고민으로 표정이 굳는다. 시즌 초반부터 가라앉은 공격력은 떠오를 기미가 보이지 않는다. KT 타선의 핵심인 강백호는 예비 FA인 올해 원만한 성적을 보여주지만 '터졌다'고 할 만큼은 아니다. 이번 시즌에는 타이 브레이크가 열리지 않는다. 공기업 성격이 강한 모기업 특성상 계약기간이 남았는데도 새 감독 가능성을 두고 주변에서 이런저런 소문이 돈다.

코칭스태프

보직	배번	투타	이름	생년월일	키(cm)	몸무게(kg)
감독	71	우우	이강철	1966-5-24	180	78
수석	77	좌좌	김태한	1969-10-22	181	87
타격	81	우우	유한준	1981-7-1	186	97
타격보조	72	좌좌	김강	1988-10-16	188	92
투수	82	우우	제춘모	1982-4-5	190	91
불펜	87	좌좌	전병두	1984-10-14	181	77
배터리	75	우우	장재중	1971-5-19	172	72
작전	84	우우	최만호	1974-3-4	170	73
주루/외야수비	73	우우	이종범	1970-8-15	178	73
내야	76	우우	박기혁	1981-6-4	179	77
QC	69	우우	박경수	1984-3-31	178	80

감독 및 전력 포인트

이강철 감독

이강철 감독 특유의 용병술이 어느 해보다 빛나야 할 시즌이다. 투수마다 맞는 보직을 찾아주고 색깔을 입혀주는 것이 이강철 감독 최고의 특기다. 지금까지 KT 마운드도 그렇게 완성됐다. 지난 시즌을 통해 한 번 반환점을 돈 KT는 올해 많은 변화 속에 새로 세팅됐다. 이강철 감독의 마운드 운용을 주목해야 한다. 다만 이강철 감독은 계획했던 것도 그때그때 선수 컨디션이나 팀 상황에 따라 바꾸는 융통성이 좋은 감독이다. 라인업이나 내야 주전 구성 등은 시즌을 치르면서 첫 구상과는 상당히 바뀔 가능성이 있다. 그동안 증명된 투수 용병술뿐 아니라 야수진 운영에서도 감독의 용병술이 전보다 더 중요해진 시즌이다. '발 야구'와는 거리가 아주 멀었던 KT가 이종범 주루코치의 입성으로 맞이하게 될 경기 흐름의 변화도 기대를 모은다.

보직	배번	투타	이름	생년월일	키(cm)	몸무게(kg)
퓨처스 감독	70	우우	김태균	1971-8-19	176	82
퓨처스 타격	85	우좌	이성열	1984.07.13	185	102
퓨처스 투수	74	좌좌	홍성용	1986-11-18	180	85
퓨처스 배터리	79	우우	이준수	1988-6-17	176	80
퓨처스 수비	80	우우	박정환	1977-10-23	180	88
퓨처스 작전/주루	78	우우	김호	1967-5-3	175	80
(육성/재활)투수	91	우양	배우열	1986-5-19	181	80
(육성/재활)타격	89	우우	백진우	1988-5-9	179	79
(육성/재활)수비	86	우우	김연훈	1984-12-23	180	80
재활군	88	우우	곽정철	1986-3-14	186	97

강백호

포지션	DH	투타	우투좌타	신장	184	체중	98
연봉	29000-70000		지명순위	18 KT 2차 1라운드 1순위			
생년월일	1999-07-29		학교	부천북초-서울이수중-서울고			

50

웃음 찾은 슈퍼스타, 역대급 시즌을 기대해

© KT 위즈

이번에는 포수다

누가 뭐래도 KT 최고의 슈퍼스타다. 입단 후 첫 경기 첫 타석부터 홈런을 때리며 출발, 역대 고졸신인 최고인 29홈런을 치고 신인왕을 받은 강백호는 아직 바닥에서 나오지 못하던 KT의 희망이었다. 강백호가 주전으로 궤도에 오르면서 KT는 급속도로 성장해 2021년 우승까지 차지할 수 있었다.

팀 내 최고 스타인 동시에 가장 아픈 손가락이기도 하다. KT가 본격적으로 강팀 반열에 오른 뒤로 강백호는 매우 심한 기복을 겪었다. 2021년에 열린 도쿄올림픽과 2023년 WBC에서 운 나쁜 장면들로 거듭 구설에 오르면서 심리적으로 어려움을 겪었다. 포지션 이동 과정까지 겹치면서 강백호는 2022~2023년 2시즌 연속 뒷걸음질치고 말았다.

2025년 겨울 최대어, 해외로 갈 것인가

그러나 절치부심해 돌아온 2024년 보란 듯이 일어섰고, 2025년 포수로 새출발하며 완전히 새로 태어났다. 고교 시절 투수로, 포수로, 4번 타자로 뛰며 투타겸업을 했던 강백호는 프로 입단 이후 처음으로 포수 마스크를 쓰고 완전히 포수로 올시즌을 준비했다. 포수들과 조를 이뤄 생활하면서 다시 활력을 찾은 강백호는 "가장 힘든 스프링캠프였지만 가장 재미있는 스프링캠프였다"고 시즌을 기대한다.

예비 FA로서도 강백호는 올해 리그 화제의 중심에 선다. 미리 '최대어'로 불리는 강백호가 KT 사상 최고액에 잔류할지, 타구단으로 이적할지, 해외리그로 진출할지는 시즌 뒤 리그를 장악할 이슈다. 입단 후 최고의 기분으로 비시즌을 보낸 강백호는 "커리어 하이까지는 아니더라도 비슷하게는 칠 자신 있다"며 타격 활약도 기대 중이다.

---

yagumentary ABS가 가져온 나비효과과 '포수 강백호', 이닝 채우면 '양강' 제치고 골든글러브도 가능

SIM 장성우가 말했다 "포수 FA 최대어는 강백호죠"

hjkim 예비 FA 버프가 얼마나 힘이 될까

기본기록

연도	경기	타석	타수	안타	2루타	3루타	홈런	타점	득점	볼넷	사구	삼진	도루	타율	출루율	장타율	OPS	WAR
2022	62	264	237	58	12	0	6	29	24	23	1	44	0	0.245	0.312	0.371	0.683	-0.12
2023	71	271	238	63	10	1	8	39	32	31	0	55	3	0.265	0.347	0.416	0.763	0.98
2024	144	614	550	159	27	0	26	96	92	59	3	127	6	0.289	0.360	0.480	0.840	2.75
통산	802	3440	3006	924	186	6	121	504	499	395	14	615	38	0.307	0.388	0.494	0.882	21.5

고영표

포지션	P	투타	우언우타	신장	187	체중	88
연봉	200000-200000			지명순위	14 KT 2차 1라운드 10순위		
생년월일	1991-09-16			학교	대성초-광주동성중-화순고-동국대		

K(T) 장남, 올해는 다시 QS의 사나이로

© KT 위즈

KT의 오리지널 토종 에이스. 퀄리티스타트(QS)의 남자. KT 최초의 100억대 선수. 군 복무를 마치고 돌아온 2021년부터 3년 연속 리그 최다 QS를 기록한 리그에서 가장 안정적인 선발 투수지만, 지난해 팔꿈치가 아파 개막 직후 잠시 쉬면서 처음으로 제동이 걸렸다. 올해는 이를 만회하고자 겨울에 후배들과 일본의 투수 아카데미에서 훈련했고 새 구종까지 연마하며 다시 비상하기 위해 이를 악물었다. 체인지업의 대가 고영표의 컷패스트볼을 올해는 꽤 볼 수 있을 듯. '마운드의 장남' 고영표가 웃어야 KT가 일어선다.

yagumentary 스트라이크 존 1cm 하락은 작아 보이지만, 잠수함 투수들의 부활 신호가 될 수도

SIM KT 영건들은 '선배 고영표'가 얼마나 고마운 존재인지 잊어서는 안된다

hjkim 다년계약 2년 차, 반드시 몸값을 해 줄 투수

기본기록

연도	경기	선발	QS	승	패	세이브	BS	홀드	이닝	피안타	피홈런	4사구	삼진	피안타율	WHIP	피 OPS	ERA	WAR
2022	28	28	21	13	8	0	0	0	182.1	191	7	23	156	0.269	1.17	0.657	3.26	6.13
2023	28	27	21	12	7	0	0	0	174.2	181	7	19	114	0.269	1.15	0.652	2.78	6.77
2024	18	17	9	6	8	0	0	0	100	141	6	14	79	0.333	1.55	0.825	4.95	1.86
통산	249	144	90	61	58	0	4	7	1020.2	1138	67	162	857	0.284	1.27	0.718	4.06	27.85

김상수

포지션	SS	투타	우투우타	신장	175	체중	68
연봉	30000-30000		지명순위	09 삼성 1차			
생년월일	1990-03-23		학교	옥산초-경복중-경북고-대구사이버대			

방황 끝,
유격수는 내 운명

© KT 위즈

국가대표 유격수였지만 계속 포지션 이동을 하면서 정체성을 잃어갈 때 두 번째 FA가 돼 KT 유니폼을 입었다. 계약 당시 "전 경기 출장 준비하라"는 이강철 감독의 말에 가장 큰 힘을 얻었다고 했다. KT 입성 후 다시 유격수로 뛰었고, 군에서 돌아왔던 심우준이 곧바로 이적하면서 결국 천상 유격수의 운명을 이어간다. 허경민과는 2008년 캐나다 에드먼턴 세계청소년선수권대회 우승 동기다. 허경민이 FA 계약을 하고 KT로 온다는 소식에 좋아서 허경민 응원가를 부르며 춤까지 추는 모습이 구단 동영상에 찍혀 화제가 됐다. 주변에서 "술 마신 것 아니냐" 했다고.

---

yagumentary 90년생 최고 유격수 경쟁은 아직 끝나지 않았다. 34세 시즌, 오지환과 맞대결 한 번

SIM 90년생 최고 내야수 2명이 지키는 내야가 그저 든든하다

hjkim 사람은 하고 싶은 걸 해야 한다

기본기록																
연도	경기	타석	타수	안타	2루타	3루타	홈런	타점	득점	볼넷	사구	삼진	도루	타율	출루율	장타율	OPS	WAR
2022	72	260	235	59	11	0	2	29	30	18	1	44	2	0.251	0.305	0.323	0.628	-0.13
2023	129	512	443	120	19	1	3	56	58	55	3	68	5	0.271	0.353	0.339	0.692	2.53
2024	113	420	369	102	18	4	4	45	60	37	6	59	3	0.276	0.351	0.379	0.730	1.95
통산	1794	6759	5900	1601	263	38	62	650	872	576	99	890	259	0.271	0.343	0.360	0.703	25.78

로하스

포지션	LF	투타	우투양타	신장	189	체중	102
연봉	$50000-$1500000		지명순위	17 KT 자유선발			
생년월일	1990-02-24		학교	Wabash Valley			

3

돌아온
조원동
섹시가이,
노학수

ⓒ KT 위즈

언더셔츠는 절대 입지 않고 늘 유니폼 상의 단추를 몇 개 풀어헤친 채로 타석에 나선다. KT위즈파크가 위치한 조원동의 여심은 물론 남심까지 뒤흔드는 파워히터. 타격 4관왕에 MVP까지 먹고 궁극적으로는 메이저리그 진출을 꿈꾸며 일본으로 떠났지만 정착하지 못하고 멕시코리그까지 거치며 방황하다 4년 만에 다시 KT로 컴백, 다시 절정의 타격감을 과시하며 KBO 리그와 천생연분임을 확인했다. 비시즌에는 배정대 등 동료 야수들을 도미니카공화국으로 초청해 함께 운동하고 추억도 쌓는 낭만파다.

yagumentary 타이브레이커 김광현 상대 스리런의 여운이 여전하다. 이게 바로 '스위치 타자'의 힘

SIM KBO MVP가 일본에 다녀오더니 '타격의 신'이 되고 말았다

hjkim KT는 무슨 복이 있어서 이런 외국인 타자와 오래 동행할 수 있을까

기본기록

연도	경기	타석	타수	안타	2루타	3루타	홈런	타점	득점	볼넷	사구	삼진	도루	타율	출루율	장타율	OPS	WAR
2022	-	-	-	-	-	-	-	-	-	-	-	-	-	-	-	-	-	-
2023	-	-	-	-	-	-	-	-	-	-	-	-	-	-	-	-	-	-
2024	144	670	572	188	39	1	32	112	108	88	6	115	2	0.329	0.421	0.568	0.989	7.26
통산	655	2888	2543	821	165	9	164	521	458	296	26	590	29	0.323	0.396	0.588	0.984	29.70

박영현

60

포지션	P	투타	우투우타	신장	183	체중	91
연봉	16000-24000		지명순위	22 KT 1차			
생년월일	2003-10-11		학교	부천북초-부천중-유신고			

강철 멘탈의
KT 아이돌,
제2의 오승환

© KT 위즈

한때 제춘모 투수코치로부터 '아기'라고 불렸지만 이제는 국가대표 마무리. 팀 내 최강 구위로 단숨에 필승계투조를 차지하고 2년 차에 32홀드, 3년 차에 마무리를 덜컥 맡아 25세이브와 함께 10승까지 거둬 승률왕을 먹어 버렸다. 마운드만 올라가면 달라지는 강철 멘탈의 소유자로, 스스로를 '이중인격'이라고 소개한다. 오승환을 매우 존경해 신인 시절에는 다른 팀인데도 삼성과 경기할 때 라커룸을 찾아가 연락처를 받아오기도 했다. 투구도 비슷한 점이 많고 국가대표 마무리로서도 뒤를 잇고 있다. KT의 아이돌. 배우 박서준을 닮았다는 이야기를 종종 듣는데 본인은 일단 굉장히 부정하는 중.

---

yagumentary 포시 포함 83이닝에 프리미어12에서도 던졌다. 이제 진짜 9회에만 나와야 한다

SIM 프리미어12 아쉬움은 컸지만, 김도영과 박영현은 빛났다

hjkim 박영현이 9회 나오면 마음이 편해진다

기본기록

연도	경기	선발	QS	승	패	세이브	BS	홀드	이닝	피안타	피홈런	4사구	삼진	피안타율	WHIP	피 OPS	ERA	WAR
2022	52	0	0	0	1	0	1	2	51.2	46	5	20	55	0.235	1.28	0.655	3.66	0.93
2023	68	0	0	3	3	4	6	32	75.1	63	3	23	79	0.230	1.14	0.610	2.75	2.69
2024	66	0	0	10	2	25	5	0	76.2	63	12	22	87	0.220	1.11	0.653	3.52	2.72
통산	186	0	0	13	6	29	12	34	203.2	172	20	65	221	0.228	1.16	0.638	3.27	6.34

소형준

30

포지션	P	투타	우투우타	신장	189	체중	92
연봉	22000-22000			지명순위	20 KT 1차		
생년월일	2001-09-16			학교	의정부리틀—호암초—구리인창중—유신고		

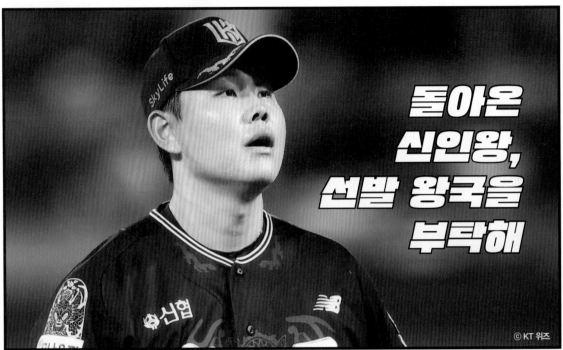

돌아온 신인왕, 선발 왕국을 부탁해

© KT 위즈

거둬들였던 신인왕. 이후 벌써 5년이 지났다. 3년간 꾸준히 달렸지만 2023년 팔꿈치 수술을 받았고 1년여의 재활 끝에 지난 시즌 막바지에 복귀해 중간계투로 예열을 했다. 올해 선발로 제대로 시작, KT를 다시 선발 왕국으로 올려놓을 열쇠를 바로 소형준이 쥐고 있다. 늘 차분하고 진중한 성격으로 젊은 나이임에도 감정의 변화를 드러내지 않는다. 선발진 중 계속 막내였으나 오원석이 합류하면서 올해 처음으로 동기가 생겼다.

yagumentary 소형준의 올시즌 투구 내용에 따라 WBC 대표팀 선발 마운드 구성이 달라질 수 있다

SIM 날고 기는 신인이 많다지만 2020년 소형준 같은 완성형은 드물다 (feat.이강철)

hjkim 견고한 KT 선발진, 핵심은 소형준의 부활 여부다

기본기록

연도	경기	선발	QS	승	패	세이브	BS	홀드	이닝	피안타	피홈런	4사구	삼진	피안타율	WHIP	피 OPS	ERA	WAR
2022	27	27	18	13	6	0	0	0	171.1	158	8	39	117	0.243	1.15	0.615	3.05	5.39
2023	3	3	0	0	0	0	0	0	11	22	1	3	4	0.423	2.27	1.041	11.45	-0.23
2024	6	0	0	2	0	0	0	0	8.1	7	1	1	3	0.250	0.96	0.729	3.24	0.33
통산	86	78	36	35	19	0	0	0	442.2	451	22	139	301	0.265	1.33	0.672	3.80	11.96

장성우

22

포지션	C	투타	우투우타	신장	187	체중	100
연봉	50000-50000		지명순위	08 롯데 1차			
생년월일	1990-01-17		학교	감천초-경남중-경남고-영남사이버대			

**캡틴,
진정한 이강철의
남자**

© KT 위즈

주전 포수이자 올해 주장이며 KT 마운드의 숨은 조련사. KT의 1군 첫해였던 2015년 트레이드로 합류하면서 사실상 창단 때부터 KT와 함께해 현재 어린 투수부터 고영표까지, 투수들의 모든 것을 꿰뚫고 있다. 리그에서 워낙 공격형 포수들이 인기라 과소평가되는 면이 있지만 팀 내의 평가는 대단히 높다. 투수들이 굉장히 신뢰하며, 특히 이강철 감독이 전적으로 믿고 의지하는 포수다. 투수 컨디션이나 교체 여부 등에 대해서도 장성우에게 물어보고 확인한 뒤 결정하는 경우가 종종 있다. 정말 진한 사투리를 쓰는 경상도 사나이.

yagumentary 볼배합에 있어 리그 최고 수준의 타짜로 1루 천천히 뛰는 것도 용서 받을 정도다
SIM 이강철이 인정한 최고의 클러치 히터, 찬스만 되면 표정이 달라진다
hjkim KT 이강철 감독이 매 경기 후 승리 인터뷰에서 장성우를 언급하는 이유가 있다

기본기록

연도	경기	타석	타수	안타	2루타	3루타	홈런	타점	득점	볼넷	사구	삼진	도루	타율	출루율	장타율	OPS	WAR
2022	117	420	362	94	11	0	18	55	48	52	2	79	1	0.260	0.353	0.439	0.792	3.25
2023	131	464	410	118	22	0	11	65	37	42	2	70	1	0.288	0.351	0.422	0.773	3.43
2024	131	489	418	112	19	0	19	81	53	60	1	86	5	0.268	0.355	0.450	0.805	3.51
통산	1486	4816	4201	1109	165	3	132	666	462	490	17	854	14	0.264	0.339	0.399	0.738	21.31

쿠에바스

32

포지션	P	투타	우투우타	신장	188	체중	98
연봉	$1000000-$1000000			지명순위	19 KT 자유선발		
생년월일	1990-10-14			학교	Universidad De Carabobo		

영원한 타이브레이커의 사나이

© KT 위즈

어느덧 KBO 리그 7년 차. 현역 KBO 리그 최장수 외국인 선수다. '강철매직'의 영혼의 동반자. 이강철 감독이 지휘봉을 잡은 2019년 KT에 입성해 한 번 떠났다가 다시 돌아와 지금까지 함께 하고 있다. 이강철 감독과 끊임없는 '밀당'을 통해 에이스로 성장한 KBO 스타일 외국인 선수로, 잘 던지고도 패전이 쌓이던 지난해, 미안해하는 선수들에게 "얘들아, 허리 펴고 고개를 들어"라며 박수를 보내는 더그아웃 리더. 베네수엘라 출신 선수들이 많아진 올해 리그에서 사실상 '맏형' 노릇을 할 예정이다. 특히 큰 경기에 강한 투수다.

yagumentary 좌타 상대 커터가 얼마나 효과적으로 구사되느냐에 따라 성적이 달라질 수 있다

SIM 외국인 8년이면 국내 선수 자격 얻는 일본야구가 때로 부럽다

hjkim 외국인 선수인데도 어느새 KT 대표 선수로 발돋움했다

기본기록

연도	경기	선발	QS	승	패	세이브	BS	홀드	이닝	피안타	피홈런	4사구	삼진	피안타율	WHIP	피 OPS	ERA	WAR
2022	2	2	1	1	0	0	0	0	11	2	1	5	8	0.059	0.64	0.347	2.45	0.48
2023	18	18	14	12	0	0	0	0	114.1	95	4	24	100	0.224	1.04	0.551	2.60	5.19
2024	31	31	19	7	12	0	0	0	173.1	158	17	59	154	0.240	1.25	0.687	4.10	5.06
통산	131	131	77	52	35	0	0	0	774	691	67	248	644	0.238	1.21	0.659	3.74	22.92

허경민

포지션	3B	투타	우투우타	신장	176	체중	69
연봉	60000-30000		지명순위	09 두산 2차 1라운드 7순위			
생년월일	1990-08-26		학교	송정동초-충장중-광주제일고			

KT 내야에 태풍을 몰고 온 남자

© KT 위즈

유격수 심우준을 한화에 뺏긴 KT가 뒤도 안 돌아보고 FA 시장에서 영입한 3루수로, 2025년 KT 내야는 바로 허경민 때문에 완전히 달라졌다. 타순에 있어 다채로운 변신이 가능한 허경민을 다양하게 활용하겠다는 구상도 이강철 감독의 계산을 풍부하게 해 준다. 원래 수줍음이 많다면서도 엄청난 재치와 입담을 자랑하지만 마음이 여리고 주변에 신경을 많이 쓰는 편이다. 데뷔 이후 13년을 뛴 두산을 떠나는 과정에서 가슴앓이도 했으나 이제는 KT에 적응해야 한다.

---

yagumentary 지난해 KT 3루수 WAR은 −0.34였고, 허경민은 3.20이었다. + 3.5의 효과는 상당하다

SIM 타순 변화에 가장 유연한 감독이 어디 갖다놔도 제몫할 타자를 손에 얻었다

hjkim KT가 투자를 많이 안 했다고 하는데, 허경민을 데려온 건 정말 좋은 투자였다

기본기록																
연도	경기	타석	타수	안타	2루타	3루타	홈런	타점	득점	볼넷	사구	삼진	도루	타율	출루율	장타율	OPS	WAR
2022	121	493	432	125	23	0	8	60	59	36	16	40	10	0.289	0.360	0.398	0.758	2.08
2023	130	475	429	115	23	1	7	48	44	35	6	26	9	0.268	0.328	0.375	0.703	2.35
2024	115	477	417	129	28	0	7	61	69	36	18	25	5	0.309	0.384	0.427	0.811	3.66
통산	1548	5733	5065	1483	269	18	60	636	765	408	137	442	125	0.293	0.358	0.389	0.747	22.58

헤이수스

65

포지션	P	투타	좌투좌타	신장	192	체중	104
연봉	$600000-$800000		지명순위	24 키움 자유선발			
생년월일	1996-12-10		학교	Juanita Hernandez High School			

어서와 임해수, 수원은 처음이지?

©KT 위즈

키움에서 171.1이닝을 던지고 13승에 평균자책 3.68. 에이스급 성적을 거뒀으나 풀려나자 특급 인기 속에 KT를 선택했다. 여러 팀의 러브콜을 받으면서 '왜 나를 영입하려 하나'라고 질문을 던지며 구단들을 심층 면접하기도. 지난해 호투하면서도 KT에게만은 3경기에 나가 평균자책 5.28로 부진하며 3패를 안았는데 KT 유니폼을 입어 올시즌 더 상승세가 기대된다. KT와 함께한 첫 스프링 캠프에서는 젊은 투수들에게 멘털, 워크에식 등에 대해 조언을 하면서 '멘토' 역할까지 하는, 보기보다 오지랖 넓은 형님 스타일이다. KT 선수들은 그 이름을 한국식으로 바꿔 '임해수'라고 부른다.

---

yagumentary 좌나쌩으로 LG와 롯데 킬러다. LG 상대 WHIP 0.74, 롯데 상대 WHIP 0.70

SIM 좌완 파이어볼러 외국인이 워크에식까지 갖췄단 건 그냥 복이다

hjkim 이제는 수원에서 아내의 응원소리 들을 수 있을까?

연도	경기	선발	QS	승	패	세이브	BS	홀드	이닝	피안타	피홈런	4사구	삼진	피안타율	WHIP	피 OPS	ERA	WAR
2022	-	-	-	-	-	-	-	-	-	-	-	-	-	-	-	-	-	-
2023	-	-	-	-	-	-	-	-	-	-	-	-	-	-	-	-	-	-
2024	30	30	20	13	11	0	0	0	171.1	171	22	44	178	0.258	1.25	0.726	3.68	5.09
통산	30	30	20	13	11	0	0	0	171.1	171	22	44	178	0.258	1.25	0.726	3.68	5.09

기본기록

강건

99

포지션	P	투타	우투우타	신장	183	체중	85
연봉	3500-3500			지명순위	23 KT 11라운드 110순위		
생년월일	2004-07-12			학교	수원영통리틀-원일초-매향중-장안고		

캠프의 황태자, 올시즌엔 기대해

겨울이면 이강철 감독을 사로잡는 투수. 입단 2년 차였던 지난해 스프링캠프에서 가장 많은 칭찬을 받았으나 정작 개막 이후에는 1군에서 4경기밖에 던지지 못했다. 2군에서 좀 더 갈고닦은 뒤 2025년 시즌을 앞두고 마무리 캠프에 이어 스프링 캠프에서도 다시 특급 칭찬을 받으며 올해는 5선발 혹은 대체 선발 후보 중 한 명으로 기대받고 있다.

기본기록																	
연도	경기	선발	QS	승	패	세이브	BS	홀드	이닝	피안타	피홈런	4사구	삼진	피안타율	WHIP	피 OPS	ERA	WAR
2022	-	-	-	-	-	-	-	-	-	-	-	-	-	-	-	-	-	-
2023	4	0	0	0	0	1	0	0	6.2	4	0	3	8	0.167	1.05	0.509	1.35	0.22
2024	4	1	0	0	1	0	0	0	4	8	1	4	3	0.421	3.00	1.226	11.25	-0.18
통산	8	1	0	0	1	1	0	0	10.2	12	1	7	11	0.279	1.78	0.834	5.06	0.03

김동현

40

포지션	P	투타	우투우타	신장	193	체중	97
연봉	3000			지명순위	25 KT 1라운드 9순위		
생년월일	2006-01-21			학교	고양덕양구리틀-신천초-잠신중-서울고		

KT에도 신인왕 후보 있다

2025년 1라운드 전체 9순위. KT가 기대하는 신인 투수. 재활을 마치고 다시 선발로 돌아온 소형준의 휴식 때 대체 선발로 투입될 1순위로 계산됐으나 고3 때 투구 이닝 수가 워낙 적다는 점에서 롱릴리프도 가능할 듯 보인다. 큰 키에서 내리꽂는 직구가 장점이고 스플리터까지 가졌다. 서울고에서 같이 선수 생활한 LG 신인 김영우와 친하다.

기본기록																	
연도	경기	선발	QS	승	패	세이브	BS	홀드	이닝	피안타	피홈런	4사구	삼진	피안타율	WHIP	피 OPS	ERA	WAR
2022	-	-	-	-	-	-	-	-	-	-	-	-	-	-	-	-	-	-
2023	-	-	-	-	-	-	-	-	-	-	-	-	-	-	-	-	-	-
2024	-	-	-	-	-	-	-	-	-	-	-	-	-	-	-	-	-	-
통산	-	-	-	-	-	-	-	-	-	-	-	-	-	-	-	-	-	-

김민수

26

포지션 P	투타 우투우타	신장 188	체중 80	
연봉 16000-21000		지명순위 15 KT 2차 특별 11순위		
생년월일 1992-07-24		학교 청원초-청원중-청원고-성균관대		

그가 없는 불펜은 상상할 수 없다

KT 불펜의 기둥. 점잖고 무뚝뚝해 보이지만 대화를 나누다 보면 블랙홀처럼 빠져드는 엉뚱한 매력이 있다. 야구에 대해서는 깊이 생각하고 고민을 많이 하는 편. 투수 선배이자 지금은 KT 심리상담코치인 안영명을 매우 따른다. 언변이 좋고 논리적이다. 지난해 11월 KBO의 제도개선회의에 선수단 대표로 참석해 관계자들의 감탄을 샀다. 평소엔 안경을 쓴다.

기본기록

연도	경기	선발	QS	승	패	세이브	BS	홀드	이닝	피안타	피홈런	4사구	삼진	피안타율	WHIP	피 OPS	ERA	WAR
2022	76	0	0	5	4	3	5	30	80.2	66	3	15	91	0.221	1.00	0.571	1.90	3.24
2023	14	0	0	0	1	0	0	3	13	17	1	5	4	0.354	1.69	1.004	6.92	-0.11
2024	75	0	0	5	3	0	2	12	81.1	84	8	33	75	0.264	1.44	0.744	5.20	0.70
통산	306	31	5	25	24	6	11	58	450.1	506	40	154	369	0.284	1.47	0.755	4.60	6.69

문용익

18

포지션 P	투타 우투우타	신장 178	체중 93	
연봉 6300-5800		지명순위 17 삼성 2차 6라운드 59순위		
생년월일 1995-02-04		학교 고양덕양-양천중-청원고-세계사이버대		

KT 최고의 파이어볼러, 올해는 보여주리

삼성으로 간 FA 김재윤의 보상선수로 뽑은 뒤 이강철 감독의 큰 사랑을 받았다. 강속구 투수가 많지 않은 KT에서는 흔치 않은, 빠른 공과 강한 구위, 그리고 변화구까지 겸비한 투수. 큰 기대를 충족시키지 못한 지난 시즌을 털고 올해는 도약을 다짐한다.

기본기록

연도	경기	선발	QS	승	패	세이브	BS	홀드	이닝	피안타	피홈런	4사구	삼진	피안타율	WHIP	피 OPS	ERA	WAR
2022	39	0	0	1	2	1	0	2	37.2	31	2	22	23	0.230	1.41	0.653	3.35	0.42
2023	14	0	0	1	0	0	0	0	13	8	0	12	12	0.182	1.54	0.584	4.15	0.28
2024	12	0	0	0	0	0	0	0	17	23	2	22	17	0.315	2.65	0.932	12.18	-0.79
통산	87	0	0	4	2	1	1	4	89.2	83	7	66	71	0.246	1.66	0.725	5.42	0.23

박세진

33

포지션	P	투타	좌투좌타	신장	178	체중	93
연봉	3500-3700			지명순위	16 KT 1차		
생년월일	1997-06-27			학교	본리초-경운중-경북고		

세웅이 동생, 이제는 세진이로 날아오르리

2016년 1차 지명돼 입단한 이후 늘 관심을 받았지만 터지지 못한 미완의 기대주. 그러나 포기하는 법 없이 언젠가 빛을 볼 그날을 위해 성실하게 늘 밝게 노력한다. 롯데 투수 박세웅의 친동생으로 겨울이면 형과 함께 운동한다. 이번 시즌 전에는 미국 '드라이브라인'식 훈련을 형과 같이 배우며 준비했다. 왼손 투수가 부족한 KT 불펜에서 올해 더욱 주목하는 투수 중 한 명이다.

기본기록

연도	경기	선발	QS	승	패	세이브	BS	홀드	이닝	피안타	피홈런	4사구	삼진	피안타율	WHIP	피 OPS	ERA	WAR
2022	0	0	0	0	0	0	0	0	0	0	0	0	0	-	-	-	-	0
2023	16	0	0	0	1	0	0	1	11.2	15	1	14	10	0.288	2.49	0.824	3.86	0.06
2024	6	0	0	0	0	0	0	0	5.1	7	0	4	2	0.333	2.06	0.821	3.38	-0.09
통산	42	14	0	1	10	0	0	1	80	111	16	57	52	0.33	2.1	0.985	7.99	-0.57

손동현

41

포지션	P	투타	우투좌타	신장	183	체중	88
연봉	12000-10000			지명순위	19 KT 2차 3라운드 21순위		
생년월일	2001-01-23			학교	강서리틀-염창초-덕수중-성남고		

KT의 해피 바이러스, 그러나 던질 땐 악당

마무리 앞 8회를 책임진다. 힘들 때도 긍정적인 낭만 청년. 좋은 생각을 많이 하니 항상 웃는 상이다. 심성이 착하다. 화를 내본 적이 별로 없고, 원래 성격이 여유로운 편. 뭘 급하게 해본 적 없고 먹을 때만 빠르다고. 발라드를 즐겨듣는다. 그러나 마운드 위에서는 확 달라져 고졸 신인 때 선배들로부터 '악당'이라고 불리기도 했다.

기본기록

연도	경기	선발	QS	승	패	세이브	BS	홀드	이닝	피안타	피홈런	4사구	삼진	피안타율	WHIP	피 OPS	ERA	WAR
2022	0	0	0	0	0	0	0	0	0	0	0	0	0	-	-	-	-	0
2023	64	0	0	8	5	1	4	15	73.2	68	5	20	40	0.256	1.19	0.661	3.42	2.07
2024	42	0	0	1	2	1	4	4	47.1	50	5	20	27	0.267	1.48	0.726	5.32	0.28
통산	163	3	0	11	10	2	8	25	188.2	190	17	81	108	0.266	1.44	0.720	4.44	2.79

오원석

47

포지션	P	투타	좌투좌타	신장	182	체중	80
연봉	14000-14000		지명순위	20 SK 1차			
생년월일	2001-04-23		학교	수진초-매송중-야탑고			

KT 좌완 선발의 새 시대를 기대해

KT의 새로운 좌완. SSG에서 기대만큼 폭발하지 못하고 KT로 넘어와 새롭게 출발한다. KT의 선발왕국 1기가 군입대, FA 이적 등으로 해체됐다면 오원석의 활약 여부에 따라 선발왕국 2기 완성이 결정된다. 소형준과는 청소년 대표팀에서도 함께했던 동기생으로 이번 시즌 전 일본 돗토리에서 같이 훈련했다.

기본기록

연도	경기	선발	QS	승	패	세이브	BS	홀드	이닝	피안타	피홈런	4사구	삼진	피안타율	WHIP	피 OPS	ERA	WAR
2022	31	24	11	6	8	0	1	0	144	158	16	58	112	0.280	1.50	0.758	4.50	2.53
2023	28	27	7	8	10	0	0	0	144.2	158	11	69	88	0.283	1.57	0.756	5.23	1.41
2024	29	25	2	6	9	0	0	1	121.2	122	17	65	112	0.261	1.54	0.769	5.03	2.67
통산	129	98	25	27	34	0	1	3	530	575	56	271	416	0.277	1.60	0.771	5.13	6.45

우규민

12

포지션	P	투타	우언우타	신장	184	체중	75
연봉	25000-20000		지명순위	03 LG 2차 3라운드 19순위			
생년월일	1985-01-21		학교	성동초-휘문중-휘문고			

제구의 왕자, 형은 외롭지 않아

선발로 10승, 마무리로 30세이브를 모두 기록한 KBO 리그의 희귀 투수. 어느덧 최고참. 2차 드래프트로 KT에 지명돼 이적한 지난해에는 동기생 박경수와 절친 동생 박병호가 있었으나 둘 다 은퇴와 이적으로 떠나 혼자 남았다. 특유의 씩씩함과 자상함으로 KT 젊은 마운드를 끌어간다. 언더핸드들이 고전하는 ABS 시대에도 안정된 제구와 경험으로 큰 영향을 받지 않았다는 평가를 받는다.

기본기록

연도	경기	선발	QS	승	패	세이브	BS	홀드	이닝	피안타	피홈런	4사구	삼진	피안타율	WHIP	피 OPS	ERA	WAR
2022	60	0	0	4	3	1	6	16	47	55	3	6	31	0.291	1.30	0.722	3.26	0.57
2023	56	0	0	3	1	0	2	13	43	55	3	5	28	0.316	1.40	0.759	4.81	0.27
2024	45	0	0	4	1	1	1	4	43.1	47	1	2	39	0.272	1.13	0.636	2.49	1.48
통산	804	130	57	86	87	91	41	110	1426.2	1568	111	308	905	0.283	1.31	0.728	3.90	31.70

원상현

63

포지션	P	투타	우투우타	신장	183	체중	83
연봉	3000-4000		지명순위	24 KT 1라운드 7순위			
생년월일	2004-10-16		학교	부산진구리틀-가산초-개성중-부산고			

욕망의 2년 차, 크레이지 가이

지난해 사실상 첫 위기를 맞았던 KT 선발진에서 기회를 잡고 강렬하게 존재감을 신고한 신인. 2년 차인 올해는 불펜으로 자리를 옮겨 필승조 투입을 준비한다. 궁금한 것은 거침없이 물어보고 신기한 것은 뚫어져라 쳐다보는 독특하고 엉뚱한 스타일로 데뷔 첫해 크게 화제가 됐다. 외국인 투수인 쿠에바스와 헤이수스가 '크레이지 가이'라 부른다.

기본기록																
연도	경기	선발	QS	승	패	세이브	BS	홀드	이닝	피안타	피홈런	4사구	삼진	피안타율	WHIP	피 OPS	ERA	WAR
2022	-	-	-	-	-	-	-	-	-	-	-	-	-	-	-	-	-	-
2023	-	-	-	-	-	-	-	-	-	-	-	-	-	-	-	-	-	-
2024	22	10	1	2	5	0	0	1	65.1	105	6	31	59	0.370	2.08	0.938	7.03	0.04
통산	22	10	1	2	5	0	0	1	65.1	105	6	31	59	0.370	2.08	0.938	7.03	0.04

육청명

64

포지션	P	투타	우투우타	신장	186	체중	90
연봉	3000-3500		지명순위	24 KT 2라운드 17순위			
생년월일	2005-07-18		학교	강남초-선린중-강릉고			

청명한 미래를 위해, 곧 돌아갑니다

지난해 고졸 신인으로서 선발로 성장할 가능성을 보이며 큰 칭찬을 받았던 오른손 투수다. 그러나 7월에 팔꿈치 뼛조각 제거 수술을 받아 재활하고 있다. KT가 복귀를 기다리는 투수. 소형준과 같이 재활하면서 많은 것을 배웠다. 이야기할 때 늘 미소를 짓고 있다. 지난해 데뷔 첫 선발 등판해 호투한 뒤, 별명을 묻자 "육천원"이라며 수줍게 웃었다.

기본기록																
연도	경기	선발	QS	승	패	세이브	BS	홀드	이닝	피안타	피홈런	4사구	삼진	피안타율	WHIP	피 OPS	ERA	WAR
2022	-	-	-	-	-	-	-	-	-	-	-	-	-	-	-	-	-	-
2023	-	-	-	-	-	-	-	-	-	-	-	-	-	-	-	-	-	-
2024	13	10	0	1	5	0	0	0	44.2	52	6	20	20	0.297	1.61	0.865	5.44	0.61
통산	13	10	0	1	5	0	0	0	44.2	52	6	20	20	0.297	1.61	0.865	5.44	0.61

이상동

37

포지션	P	투타	우투우타	신장	181	체중	88
연봉	6000-5900			지명순위	19 KT 2차 4라운드 31순위		
생년월일	1995-11-24			학교	옥산초-경복중-경북고-영남대		

KT 불펜의 소금 같은 존재

군 복무를 마친 2023년부터 1군 불펜에서 중용되기 시작했다. 언제나 개막만 하면 위기가 닥치는 KT 불펜에서 때로는 필승조로, 때로는 추격조로 감초 같은 역할을 한다. 직구와 함께 던지는 포크볼이 주무기. 새 시즌 슬라이더를 연마해 좀 더 쓰면서 많은 이닝을 던지겠다는 목표로 나선다.

								기본기록								
연도	경기	선발	QS	승	패	세이브	BS	홀드	이닝	피안타	피홈런	4사구	삼진	피안타율	WHIP	피 OPS	ERA	WAR
2022	0	0	0	0	0	0	0	0	0	0	0	0	0	-	-	-	-	0
2023	36	0	0	4	1	0	0	1	40.2	45	4	15	43	0.280	1.48	0.757	3.98	0.83
2024	29	0	0	0	1	0	0	3	32	42	3	14	30	0.328	1.75	0.860	5.34	0.01
통산	82	0	0	4	3	0	0	5	91.1	115	9	37	81	0.314	1.66	0.840	5.81	0.35

전용주

29

포지션	P	투타	좌투좌타	신장	188	체중	87
연봉	3200-3600			지명순위	19 KT 1차		
생년월일	2000-02-12			학교	안성시리틀-양진초-성일중-안산공고		

좌완 귀한 불펜의 보석

2019년 1차 지명 신인으로 KT가 올해 더욱 기대하는 왼손 영건. 입단 이듬해에 군에 입대, 전역 뒤 육성선수로 등록됐다가 2023년 정식선수로 전환됐다. 지난시즌을 마치고 마무리 캠프에서 이강철 감독이 강건과 함께 가장 많이 칭찬하고 기대한 투수. 왼손 투수가 많지 않은 KT에서 올해는 불펜으로 요긴하게 활용하려 한다.

								기본기록								
연도	경기	선발	QS	승	패	세이브	BS	홀드	이닝	피안타	피홈런	4사구	삼진	피안타율	WHIP	피 OPS	ERA	WAR
2022	0	0	0	0	0	0	0	0	0	0	0	0	0	-	-	-	-	0
2023	15	0	0	0	1	0	0	1	10.1	6	0	6	9	0.167	1.16	0.58	4.35	0.34
2024	4	0	0	0	0	0	0	0	1.2	2	0	3	4	0.286	3.00	0.831	10.8	-0.22
통산	23	0	0	0	1	0	0	1	15	14	1	15	14	0.250	1.93	0.806	7.20	-0.11

조이현

54

포지션	P	투타	우투좌타	신장	185	체중	95
연봉	6000-5700			지명순위	14 한화 2차 5라운드 47순위		
생년월일	1995-06-27			학교	송정동초-배재중-제주고		

선발도, 불펜도 다 되는 호출 1순위

선발진이 붕괴됐던 지난 시즌 KT를 구한 투수. 16경기 중 9경기를 선발 등판해 대체 선발 투수의 반란을 보여주었다. 올해는 2군에서 스프링캠프를 치렀지만 개막 후 중간계투나 대체 선발이 필요해지면 가장 먼저 호출될 1순위 투수다. 지난해 말 결혼한 새신랑이다.

기본기록

연도	경기	선발	QS	승	패	세이브	BS	홀드	이닝	피안타	피홈런	4사구	삼진	피안타율	WHIP	피 OPS	ERA	WAR
2022	0	0	0	0	0	0	0	0	0	0	0	0	0	-	-	-	-	0
2023	18	4	0	2	1	0	0	1	35	61	3	6	17	0.389	1.91	0.956	6.69	-0.43
2024	16	9	0	1	2	0	0	0	40	53	9	10	19	0.314	1.58	0.902	6.30	0.55
통산	113	31	3	9	16	1	0	1	243	325	41	75	138	0.326	1.65	0.890	6.33	1.05

주권

38

포지션	P	투타	우투우타	신장	181	체중	82
연봉	20000-20000			지명순위	15 KT 신생팀 특별지명		
생년월일	1995-05-31			학교	우암초-청주중-청주고		

KT 마운드, '최초'에는 그가 있었다

KT 마운드의 소나무 같은 존재. 창단 초기에 선발로 던지며 구단 역사 최초의 완봉승을 거뒀고 2020년 홀드왕에 올라 구단 역사 최초의 타이틀홀더가 되었다. 이강철 감독 체제에서 불펜으로 완전히 전환해 성공 가도를 달렸고 근래 들어 비교적 구위가 줄었지만 급할 때면 결국 찾게 되는 KT 불펜의 상징이다. 포수 장성우를 잘 따르고 매우 친하다.

기본기록

연도	경기	선발	QS	승	패	세이브	BS	홀드	이닝	피안타	피홈런	4사구	삼진	피안타율	WHIP	피 OPS	ERA	WAR
2022	58	0	0	3	3	1	1	15	50.2	58	3	8	31	0.304	1.30	0.728	3.91	1.37
2023	42	3	0	1	2	0	0	5	47	49	4	19	17	0.278	1.45	0.748	4.40	0.41
2024	48	1	0	1	1	0	2	0	58	78	7	11	31	0.342	1.53	0.884	6.67	-0.18
통산	486	55	8	34	39	4	17	110	678	775	81	214	359	0.293	1.46	0.804	5.22	10.40

최동환

16

포지션	P	투타	우투우타	신장	184	체중	83
연봉	13000-11000		지명순위	09 LG 2차 2라운드 13순위			
생년월일	1989-09-19		학교	인헌초-선린중-경동고			

필승조만 불펜인가, 더 강하게 해드릴게

16년 뛴 LG를 떠나 KT로 이적했다. 어린 시절 LG에서 함께 했던 선배 우규민을 KT에서 다시 만나 함께 불펜을 든든히 지킬 예정. LG에서도 필승 계투조는 아니더라도 늘 뒤에서 마운드를 지켰던 최동환은 보이지 않는 곳에서 뛰고 있는 불펜 투수들의 존재를 중요하게 여기며 KT에서도 그 역할을 톡톡히 해내 불펜을 더 강하게 만드는 데 일조하겠다 다짐하고 있다.

기본기록

연도	경기	선발	QS	승	패	세이브	BS	홀드	이닝	피안타	피홈런	4사구	삼진	피안타율	WHIP	피 OPS	ERA	WAR
2022	47	0	0	0	1	0	0	0	50	45	5	17	30	0.239	1.24	0.668	4.14	0.63
2023	45	0	0	0	0	1	0	1	42.1	42	1	17	20	0.255	1.39	0.674	3.19	0.79
2024	26	0	0	0	1	0	0	2	22	35	4	9	14	0.372	2.00	0.983	6.95	-0.23
통산	344	0	0	10	6	4	6	16	368.1	388	51	150	238	0.272	1.46	0.786	5.11	2.38

강민성

5

포지션	2B	투타	우투우타	신장	180	체중	85
연봉	3600-3700		지명순위	19 KT 2차 6라운드 51순위			
생년월일	1999-12-08		학교	옥산초-경상중-경북고			

KT 1, 3루는 치열하지만 그래도 모른다

장타력을 갖고 있는 코너 내야수. 2019년 입단 뒤 1군 경기는 2023년 27타석, 지난해 1타석이 전부지만, 퓨처스에서는 홈런왕에 오른 이력이 있다. 지난해 퓨처스에서 장타율 0.478을 기록했다. 성장에 대한 욕심이 많고, 타격 이론 수용에 적극적이다.

기본기록

연도	경기	타석	타수	안타	2루타	3루타	홈런	타점	득점	볼넷	사구	삼진	도루	타율	출루율	장타율	OPS	WAR
2022	0	0	0	0	0	0	0	0	0	0	0	0	0	-	-	-	-	0
2023	12	27	22	4	1	0	0	0	2	4	0	10	0	0.182	0.308	0.227	0.535	0.26
2024	1	1	1	0	0	0	0	0	0	0	0	0	0	0.000	0.000	0.000	0.000	0.01
통산	13	28	23	4	1	0	0	0	2	4	0	10	0	0.174	0.296	0.217	0.513	0.19

강현우 · 55

포지션	C	투타	우투우타	신장	180	체중	90
연봉	5000-5000			지명순위	20 KT 2차 1라운드 2순위		
생년월일	2001-04-13			학교	부천시리틀-원중초-부천중-유신고		

1라운더 출신 공격형 포수의 기대감

소형준과 함께 유신고 우승 배터리였고, 나란히 1차, 2차 1라운드로 KT에 지명됐다. 향후 KT 주전 포수로 성장이 기대되는 재목이다. 타격은 캠프에서도 펄펄 날았다. 포수 수비에서는 아직 가다듬을 점이 많다. 올시즌 강백호가 마스크를 쓰면서 자리가 더 좁아졌다.

																	기본기록

연도	경기	타석	타수	안타	2루타	3루타	홈런	타점	득점	볼넷	사구	삼진	도루	타율	출루율	장타율	OPS	WAR
2022	0	0	0	0	0	0	0	0	0	0	0	0	0	-	-	-	-	0
2023	53	111	103	20	6	0	1	11	11	6	1	17	0	0.194	0.245	0.282	0.527	-0.07
2024	18	36	26	8	1	0	1	8	4	8	0	10	0	0.308	0.471	0.462	0.933	0.38
통산	97	179	159	34	9	0	3	22	17	16	1	38	0	0.214	0.290	0.327	0.617	-0.20

권동진 · 52

포지션	2B	투타	우투좌타	신장	178	체중	87
연봉	4600-4600			지명순위	21 KT 2차 1라운드 5순위		
생년월일	1998-09-12			학교	제주신광초-세광중-세광고-원광대		

즉시전력 내야수라는 평가를 증명할 때

대학을 다니면서 야구가 크게 늘었다. 즉시전력 내야수라고 판단해 1라운드 지명했지만 이후 성장이 더뎠다. 지난해 상무 전역 뒤 퓨처스에서 OPS 0.845를 기록하며 기대감을 높였다. 빠른 발을 이용한 폭넓은 내야 수비도 강점이다. 복잡한 KT 내야진의 변수가 될 가능성이 있다.

																	기본기록

연도	경기	타석	타수	안타	2루타	3루타	홈런	타점	득점	볼넷	사구	삼진	도루	타율	출루율	장타율	OPS	WAR
2022	48	40	38	5	1	1	0	4	9	1	0	16	4	0.132	0.154	0.211	0.365	0.13
2023	0	0	0	0	0	0	0	0	0	0	0	0	0	-	-	-	-	0
2024	9	10	9	2	0	0	0	0	3	1	0	2	0	0.222	0.300	0.222	0.522	-0.07
통산	143	136	114	24	6	1	1	10	33	20	0	48	7	0.211	0.328	0.307	0.635	0.10

김민석

97

포지션	C	투타	우투우타	신장	181	체중	93
연봉	3000-3000			지명순위	24 KT 10라운드 97순위		
생년월일	2005-07-22			학교	창영초-동인천중-제물포고		

수원 제니 아니고요, 수원 초롱이

사직 제니에서 잠실 제니로 바뀐 두산 김민석과 동명이인. 2024년 10라운드에 KT에 지명된 포수다. '제니'만큼은 아니지만 귀여운 외모로 인기가 많다. 퓨처스 올스타전에서 '초롱이' 코스프레로 화제를 모았다. KT의 5번째 포수. 시간은 아직 많이 남았다.

기본기록

연도	경기	타석	타수	안타	2루타	3루타	홈런	타점	득점	볼넷	사구	삼진	도루	타율	출루율	장타율	OPS	WAR
2022	-	-	-	-	-	-	-	-	-	-	-	-	-	-	-	-	-	-
2023	-	-	-	-	-	-	-	-	-	-	-	-	-	-	-	-	-	-
2024	0	0	0	0	0	0	0	0	0	0	0	0	0	-	-	-	-	0
통산	-	-	-	-	-	-	-	-	-	-	-	-	-	-	-	-	-	-

김민혁

53

포지션	LF	투타	우투좌타	신장	181	체중	71
연봉	24000-30000			지명순위	14 KT 2차 6라운드 56순위		
생년월일	1995-11-21			학교	서석초-배재중-배재고		

안 아프고 풀 타임이면 손아섭급

이강철 감독이 아끼는 매력적인 왼손 타자 외야수. 외야 수비와 송구에 다소 아쉬운 면이 있지만, 빠른 배트 스피드에서 나오는 타구의 파괴력이 상당하다. 부상 때문에 규정타석을 못 채웠지만 타율 0.353, OPS 0.819로 대폭발했다. 햄스트링 관리가 이슈다.

기본기록

연도	경기	타석	타수	안타	2루타	3루타	홈런	타점	득점	볼넷	사구	삼진	도루	타율	출루율	장타율	OPS	WAR
2022	132	434	373	106	10	2	0	35	47	37	2	62	6	0.284	0.349	0.322	0.671	1.20
2023	113	448	397	118	20	3	3	41	68	36	3	48	11	0.297	0.356	0.385	0.741	3.85
2024	115	393	351	124	14	3	1	34	47	35	1	45	4	0.353	0.410	0.419	0.829	2.70
통산	778	2454	2166	633	68	16	10	190	311	198	25	322	71	0.292	0.356	0.352	0.708	6.33

문상철

포지션	1B	투타	우투우타	신장	184	체중	85
연봉	11000-17000		지명순위	14 KT 2차 특별 11순위			
생년월일	1991-04-06		학교	중대초-잠신중-배명고-고려대			

자신감을 더했다, 이제 진짜 터진다.

지난해 '만년 유망주' 꼬리표를 뗐지만, 아직 OPS 0.80이 되지 않는다. 이강철 감독은 문상철의 공격이 더 성장할 것을 믿으며 황재균 대신 1루수를 맡겼다. 수원 KT위즈파크는 우타자에게서 홈런이 더 많이 나오는 구장이다. 20홈런을 넘길 차례다.

기본기록																	
연도	경기	타석	타수	안타	2루타	3루타	홈런	타점	득점	볼넷	사구	삼진	도루	타율	출루율	장타율	OPS	WAR
2022	28	52	49	11	3	0	2	4	5	3	0	17	1	0.224	0.269	0.408	0.677	-0.24
2023	112	330	304	79	20	0	9	46	30	16	3	81	3	0.260	0.298	0.414	0.712	0.11
2024	125	403	347	89	11	0	17	58	50	45	7	86	6	0.256	0.351	0.435	0.786	3.43
통산	524	1306	1170	281	54	2	43	169	150	98	18	344	15	0.240	0.305	0.400	0.705	-0.02

배정대

포지션	CF	투타	우투우타	신장	185	체중	80
연봉	32000-34000		지명순위	14 LG 2차 1라운드 3순위			
생년월일	1995-06-12		학교	도신초-성남중-성남고-디지털문예대			

아이언맨 + 끝내주는 사나이

3년 연속 전 경기에 출전한 강골이지만, 최근 2시즌에는 그러지 못했다. 지난 시즌 초반에도 자신의 타구에 맞아 골절상을 당했다. 폭넓은 중견수 수비와 과감한 허슬이 강점. 끝내기 찬스에 강한 것도 매력이다. 하지만 5툴 재능의 천장을 뚫지 못하는 공격력은 다소 아쉽다.

기본기록																	
연도	경기	타석	타수	안타	2루타	3루타	홈런	타점	득점	볼넷	사구	삼진	도루	타율	출루율	장타율	OPS	WAR
2022	144	575	508	135	24	2	6	56	64	54	4	126	19	0.266	0.339	0.356	0.695	2.97
2023	97	361	311	86	16	0	2	38	48	38	3	76	13	0.277	0.356	0.347	0.703	1.82
2024	113	473	404	111	25	1	7	59	49	50	4	114	9	0.275	0.355	0.394	0.749	0.77
통산	853	2831	2460	653	119	7	41	297	368	287	30	656	87	0.265	0.346	0.370	0.716	10.06

송민섭

28

포지션	RF	투타	우투우타	신장	177	체중	80
연봉	6500-6000			지명순위	14 KT 육성선수		
생년월일	1991-08-02			학교	안산리틀-청파초-선린중-선린고-단국대		

9시의 남자로 살아온 긍정의 생존왕

KT 창단 당시 테스트 멤버로 입단해 지금까지 뛰고 있는 근성의 생존왕. 경기 후반 대수비, 대주자로 주로 나서는 '9시의 남자'다. 잠깐의 출전을 위해 철저히 준비한다. 대수비, 대주자만으로도 1군 풀 타임이 가능했지만, 최근 2년은 1군 기간이 크게 줄었다.

기본기록

연도	경기	타석	타수	안타	2루타	3루타	홈런	타점	득점	볼넷	사구	삼진	도루	타율	출루율	장타율	OPS	WAR
2022	119	72	64	10	1	2	0	3	17	5	0	19	0	0.156	0.217	0.234	0.451	0.01
2023	69	25	23	3	0	0	0	0	6	1	1	8	3	0.130	0.200	0.130	0.330	0.42
2024	36	20	14	3	0	0	0	1	8	3	2	6	0	0.214	0.421	0.214	0.635	-0.27
통산	640	377	314	66	5	5	1	21	125	35	7	102	26	0.210	0.302	0.268	0.570	1.83

오윤석

4

포지션	2B	투타	우투우타	신장	180	체중	87
연봉	14000-16000			지명순위	14 롯데 육성선수		
생년월일	1992-02-24			학교	화중초-자양중-경기고-연세대		

후반기 기세라면, 주전 2루수가 바뀔 수도

당초 2루 수비가 불안해 1루수로도 많이 뛰었다. 최근 2루 수비 안정감이 크게 늘었다. 지난해 후반기 타격에서도 각성하며 후반기 OPS가 1.077이나 됐다. 이강철 감독의 구상은 일단 천성호가 선발 2루수, 수비가 중요해지는 순간 오윤석을 투입하겠다는 계산이다.

기본기록

연도	경기	타석	타수	안타	2루타	3루타	홈런	타점	득점	볼넷	사구	삼진	도루	타율	출루율	장타율	OPS	WAR
2022	112	337	286	67	13	0	6	37	23	34	6	69	2	0.234	0.322	0.343	0.665	1.78
2023	82	223	199	50	13	1	4	17	24	13	5	44	3	0.251	0.313	0.387	0.700	0.76
2024	73	201	174	51	12	2	6	27	33	18	4	41	0	0.293	0.369	0.489	0.858	1.57
통산	642	1631	1398	353	70	4	30	169	188	166	23	351	15	0.253	0.339	0.373	0.712	6.03

오재일

36

포지션	1B	투타	좌투좌타	신장	187	체중	95
연봉	50000-15000			지명순위	05 현대 2차 3라운드 24순위		
생년월일	1986-10-29			학교	구리리틀-인창초-구리인창중-야탑고		

이제 리그에서 왼손 1루수가 사라지는 걸까

동갑내기 친구 박병호와의 시즌 중 깜짝 트레이드는 예상 밖이었다. 왼손 1루수는 매우 귀한 존재지만, 1루 주전은 문상철이다. 통산 홈런 200개를 넘겼지만(215개), 지난해 홈런은 11개에 그쳤다. 캠프를 앞두고 5kg을 감량했다. 불꽃을 태우겠다는 의지다.

																기본기록	

연도	경기	타석	타수	안타	2루타	3루타	홈런	타점	득점	볼넷	사구	삼진	도루	타율	출루율	장타율	OPS	WAR
2022	135	536	470	126	42	0	21	94	57	57	2	133	2	0.268	0.345	0.491	0.836	2.45
2023	106	364	315	64	15	0	11	54	31	43	3	110	1	0.203	0.302	0.356	0.658	0.30
2024	105	343	296	72	18	1	11	45	33	36	2	88	0	0.243	0.321	0.422	0.743	-0.68
통산	1491	5188	4498	1229	274	7	215	873	616	582	31	1132	14	0.273	0.356	0.481	0.837	24.55

장준원

56

포지션	3B	투타	우투우타	신장	183	체중	77
연봉	5300-5100			지명순위	14 LG 2차 2라운드 23순위		
생년월일	1995-11-21			학교	김해리틀-경운초-개성중-경남고		

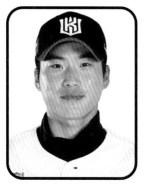

무릎부상에서 완전히 돌아왔다

LG의 내야 유망주 상위 라운더였지만 주전이 되지 못했고, 내야가 급한 KT에 2022년 트레이드 됐다. 트레이드 뒤 폭발하는 듯했지만 아쉽게도 그해 막판 십자 인대 파열 부상을 당했다. 지난해 1군 타율은 0.071이지만 퓨처스 타율은 0.323이었다.

																기본기록	

연도	경기	타석	타수	안타	2루타	3루타	홈런	타점	득점	볼넷	사구	삼진	도루	타율	출루율	장타율	OPS	WAR
2022	35	63	57	14	2	0	3	10	7	3	0	17	1	0.246	0.283	0.439	0.722	0.14
2023	69	104	87	15	2	1	1	10	10	12	1	25	3	0.172	0.277	0.253	0.530	0.16
2024	17	18	14	1	0	0	0	0	1	4	0	5	0	0.071	0.278	0.071	0.349	-0.03
통산	214	302	263	49	7	2	5	27	32	28	1	66	4	0.186	0.264	0.278	0.542	-0.02

장진혁

51

포지션	CF	투타	우투좌타	신장	184	체중	90
연봉	5800-11500		지명순위	16 한화 2차 4라운드 39순위			
생년월일	1993-09-30		학교	광주화정초-충장중-광주제일고-단국대			

또 하나의 보상선수 신화 탄생 가능

FA 엄상백의 보상선수로 픽했다. 한화 김경문 감독이 '뛰는 야구'의 핵심으로 지목했던 선수. KT 역시 뛰는 야구가 부족하다. 외야 수비력에도 보탬이 될 수 있다. 지난해 가능성을 보인 장타력이 새 팀에서 확 피어날 수 있다. 대졸 10년 차, 배정대보다 2살 많다.

기본기록

연도	경기	타석	타수	안타	2루타	3루타	홈런	타점	득점	볼넷	사구	삼진	도루	타율	출루율	장타율	OPS	WAR
2022	41	132	116	27	2	0	2	17	11	12	0	28	2	0.233	0.298	0.302	0.600	0.61
2023	68	178	162	36	5	1	0	12	24	15	0	41	5	0.222	0.287	0.265	0.552	-0.44
2024	99	327	289	76	16	0	9	44	56	29	3	72	14	0.263	0.335	0.412	0.747	0.76
통산	390	1071	956	233	43	8	12	100	144	91	10	232	37	0.244	0.314	0.343	0.657	-0.58

조대현

42

포지션	C	투타	우투우타	신장	183	체중	81
연봉	3100-4300		지명순위	18 KT 2차 10라운드 91순위			
생년월일	1999-08-06		학교	길동초-매송중-유신고			

포사다? 마우어? 슬림형 포수의 기대감

성실함과 이해심, 배려감을 바탕으로 대기만성 스토리를 써 나가고 있는 포수. 10라운드 지명이지만, 꾸준히 실력을 갈고닦아 지난해 1군에서 26경기에 나섰다. 주로 왼손 투수 웨스 벤자민의 전담 포수였다. 까다로운 공에 대한 캐칭 능력은 물론 도루 저지 능력도 가졌다.

기본기록

연도	경기	타석	타수	안타	2루타	3루타	홈런	타점	득점	볼넷	사구	삼진	도루	타율	출루율	장타율	OPS	WAR
2022	6	4	4	0	0	0	0	0	0	0	0	3	0	0.000	0.000	0.000	0.000	-0.07
2023	0	0	0	0	0	0	0	0	0	0	0	0	0	-	-	-	-	0
2024	26	45	36	11	2	0	0	3	2	3	0	12	0	0.306	0.350	0.361	0.711	0.49
통산	32	49	40	11	2	0	0	3	2	3	0	15	0	0.275	0.318	0.325	0.643	0.37

천성호

포지션	2B	투타	우투좌타	신장	183	체중	85
연봉	4500-7100		지명순위	20 KT 2차 2라운드 12순위			
생년월일	1997-10-30		학교	광주화정초-충장중-진흥고-단국대			

5월만 잘 넘어가면, 새 길이 열린다

지난해 4월까지 미친 타격감을 선보였다. 3월 타율은 0.529, 4월이 끝났을 때 타율이 0.352였다. 이후 급격히 밸런스가 무너지며 결국 2군에 내려갔다. 경험이 약이 될 수 있다. 타격 툴은 인정받는다. 사정이 복잡한 KT 내야진에서 일단 '선발 2루수'로 나선다.

기본기록

연도	경기	타석	타수	안타	2루타	3루타	홈런	타점	득점	볼넷	사구	삼진	도루	타율	출루율	장타율	OPS	WAR
2022	0	0	0	0	0	0	0	0	0	0	0	0	0	-	-	-	-	0
2023	0	0	0	0	0	0	0	0	0	0	0	0	0	-	-	-	-	0
2024	75	255	234	69	8	3	1	17	41	18	1	43	7	0.295	0.346	0.368	0.714	0.08
통산	182	379	345	95	12	3	1	22	63	28	4	67	9	0.275	0.336	0.336	0.672	-0.23

황재균

포지션	3B	투타	우투우타	신장	183	체중	96
연봉	100000-50000		지명순위	06 현대 2차 3라운드 24순위			
생년월일	1987-07-28		학교	사당초-서울이수중-경기고-영남사이버대			

3루수 골든글러버에서 이제 슈퍼 유틸리티로

지난 시즌 야구장 안팎으로 많은 어려움을 겪었다. 오히려 한 꺼풀 벗어내고 야구에 집중할 수 있는데, 허경민 영입이라는 유탄을 맞았다. 3루수를 내주고 2루와 1루는 물론 외야 수비도 연습하며 시즌을 준비했다. 여전히 내야 전 포지션이 가능하지만, 이제 주전이 아니다.

기본기록

연도	경기	타석	타수	안타	2루타	3루타	홈런	타점	득점	볼넷	사구	삼진	도루	타율	출루율	장타율	OPS	WAR
2022	141	581	519	136	25	3	10	64	59	53	5	99	6	0.262	0.335	0.380	0.715	1.86
2023	109	457	407	120	26	2	6	49	62	45	1	64	3	0.295	0.366	0.413	0.779	3.24
2024	137	536	493	128	22	0	13	58	60	34	2	95	4	0.260	0.309	0.383	0.692	-0.19
통산	2182	8820	7858	2229	418	48	226	1113	1163	743	71	1485	250	0.284	0.348	0.435	0.783	40.32

김재원 43

포지션	P	투타 우투우타	신장 190	체중 90
연봉	3000		지명순위 25 KT 3라운드 29순위	
생년월일	2006-08-21		학교 서울청구초-홍은중-장충고	

연도	경기	선발	QS	승	패	세이브	BS	홀드	이닝	피안타	피홈런	4사구	삼진	피안타율	WHIP	피 OPS	ERA	WAR
2022	-	-	-	-	-	-	-	-	-	-	-	-	-	-	-	-	-	-
2023	-	-	-	-	-	-	-	-	-	-	-	-	-	-	-	-	-	-
2024	-	-	-	-	-	-	-	-	-	-	-	-	-	-	-	-	-	-
통산	-	-	-	-	-	-	-	-	-	-	-	-	-	-	-	-	-	-

김주완   98

포지션	P	투타 좌투좌타	신장 180	체중 77
연봉	3000-3000		지명순위 21 두산 2차 9라운드 90순위	
생년월일	1999-10-07		학교 송정동초-무등중-청담고-동강대	

연도	경기	선발	QS	승	패	세이브	BS	홀드	이닝	피안타	피홈런	4사구	삼진	피안타율	WHIP	피 OPS	ERA	WAR
2022	0	0	0	0	0	0	0	0	0	0	0	0	0	-	-	-	-	0
2023	0	0	0	0	0	0	0	0	0	0	0	0	0	-	-	-	-	0
2024	0	0	0	0	0	0	0	0	0	0	0	0	0	-	-	-	-	0
통산	-	-	-	-	-	-	-	-	-	-	-	-	-	-	-	-	-	-

박건우   46

포지션	P	투타 우투우타	신장 182	체중 95
연봉	3000		지명순위 25 KT 2라운드 19순위	
생년월일	2006-11-28		학교 성동구리틀-행당초-충암중-충암고	

연도	경기	선발	QS	승	패	세이브	BS	홀드	이닝	피안타	피홈런	4사구	삼진	피안타율	WHIP	피 OPS	ERA	WAR
2022	-	-	-	-	-	-	-	-	-	-	-	-	-	-	-	-	-	-
2023	-	-	-	-	-	-	-	-	-	-	-	-	-	-	-	-	-	-
2024	-	-	-	-	-	-	-	-	-	-	-	-	-	-	-	-	-	-
통산	-	-	-	-	-	-	-	-	-	-	-	-	-	-	-	-	-	-

성재헌   15

포지션	P	투타 좌투좌타	신장 175	체중 82
연봉	3000-3600		지명순위 20 LG 2차 8라운드 73순위	
생년월일	1997-12-22		학교 도신초-성남중-성남고-연세대	

연도	경기	선발	QS	승	패	세이브	BS	홀드	이닝	피안타	피홈런	4사구	삼진	피안타율	WHIP	피 OPS	ERA	WAR
2022	0	0	0	0	0	0	0	0	0	0	0	0	0	-	-	-	-	-
2023	0	0	0	0	0	0	0	0	0	0	0	0	0	-	-	-	-	-
2024	30	1	0	0	0	0	0	1	32	46	1	16	20	0.351	1.94	0.933	7.31	-0.09
통산	34	1	0	0	0	0	0	1	36.1	52	1	17	21	0.349	1.90	0.916	6.94	0.04

이선우   61

포지션	P	투타 우언우타	신장 186	체중 90
연봉	4000-3800		지명순위 19 KT 2차 7라운드 61순위	
생년월일	2000-09-19		학교 수진초-매송중-유신고	

연도	경기	선발	QS	승	패	세이브	BS	홀드	이닝	피안타	피홈런	4사구	삼진	피안타율	WHIP	피 OPS	ERA	WAR
2022	0	0	0	0	0	0	0	0	0	0	0	0	0	-	-	-	-	0
2023	22	4	0	0	2	0	0	0	37.1	47	5	9	24	0.305	1.50	0.797	4.34	0.35
2024	6	1	0	0	0	0	0	0	10	10	0	4	4	0.263	1.40	0.619	5.40	0.14
통산	33	5	0	0	2	0	0	0	51	64	7	15	31	0.305	1.55	0.801	4.94	0.39

이채호

17

포지션 P	투타 우언우타	신장 185	체중 85
연봉 5300-5000		지명순위 18 SK 2차 6라운드 55순위	
생년월일 1998-11-23		학교 김해리틀-동광초-양산원동중-용마고	

연도	경기	선발	QS	승	패	세이브	BS	홀드	이닝	피안타	피홈런	4사구	삼진	피안타율	WHIP	피 OPS	ERA	WAR
2022	38	0	0	5	0	0	0	3	36.2	28	0	13	32	0.211	1.12	0.600	2.95	0.76
2023	25	0	0	0	1	0	0	1	24.2	26	6	9	8	0.274	1.42	0.875	6.93	-0.05
2024	9	0	0	0	0	0	0	0	6.2	13	2	3	5	0.406	2.40	1.115	9.45	-0.13
통산	75	0	0	5	1	0	0	4	73	75	10	28	48	0.265	1.41	0.785	5.18	0.42

이태규

45

포지션 P	투타 우투좌타	신장 188	체중 72
연봉 3000-3000		지명순위 19 KIA 2차 3라운드 30순위	
생년월일 2000-02-21		학교 희망대초-매향중-장안고	

연도	경기	선발	QS	승	패	세이브	BS	홀드	이닝	피안타	피홈런	4사구	삼진	피안타율	WHIP	피 OPS	ERA	WAR
2022	0	0	0	0	0	0	0	0	0	0	0	0	0	-	-	-	-	0
2023	0	0	0	0	0	0	0	0	0	0	0	0	0	-	-	-	-	0
2024	0	0	0	0	0	0	0	0	0	0	0	0	0	-	-	-	-	0
통산	-	-	-	-	-	-	-	-	-	-	-	-	-	-	-	-	-	-

이현민

49

포지션 P	투타 우투우타	신장 185	체중 86
연봉 3000-3000		지명순위 24 KT 육성선수	
생년월일 2001-10-13		학교 김포리틀-방화초-원당중-구리인창고	

연도	경기	선발	QS	승	패	세이브	BS	홀드	이닝	피안타	피홈런	4사구	삼진	피안타율	WHIP	피 OPS	ERA	WAR
2022	-	-	-	-	-	-	-	-	-	-	-	-	-	-	-	-	-	-
2023	-	-	-	-	-	-	-	-	-	-	-	-	-	-	-	-	-	-
2024	0	0	0	0	0	0	0	0	0	0	0	0	0	-	-	-	-	0
통산	-	-	-	-	-	-	-	-	-	-	-	-	-	-	-	-	-	-

한차현

59

포지션 P	투타 우투우타	신장 180	체중 80
연봉 3100-3500		지명순위 21 KT 2차 2라운드 15순위	
생년월일 1998-11-30		학교 남양주리틀-사농초-청원중-포철공고-성균관대	

연도	경기	선발	QS	승	패	세이브	BS	홀드	이닝	피안타	피홈런	4사구	삼진	피안타율	WHIP	피 OPS	ERA	WAR
2022	0	0	0	0	0	0	0	0	0	0	0	0	0	-	-	-	-	-
2023	0	0	0	0	0	0	0	0	0	0	0	0	0	-	-	-	-	-
2024	10	5	0	0	4	0	0	0	19	29	4	18	17	0.345	2.47	1.016	9.95	-0.24
통산	13	5	0	0	4	0	0	0	22.2	39	7	20	20	0.371	2.60	1.097	11.51	-0.47

김건형

0

포지션 LF	투타 우투좌타	신장 182	체중 83
연봉 3000-3300		지명순위 21 KT 2차 8라운드 75순위	
생년월일 1996-07-12		학교 먼우금초-Lesbois-Timberline-Boise State	

연도	경기	타석	타수	안타	2루타	3루타	홈런	타점	득점	볼넷	사구	삼진	도루	타율	출루율	장타율	OPS	WAR
2022	0	0	0	0	0	0	0	0	0	0	0	0	0	-	-	-	-	0
2023	0	0	0	0	0	0	0	0	0	0	0	0	0	-	-	-	-	0
2024	13	25	24	3	1	0	0	1	2	1	0	8	0	0.125	0.160	0.167	0.327	-0.21
통산	24	64	57	10	2	0	0	1	6	7	0	14	1	0.175	0.266	0.211	0.477	-0.53

김병준 57

포지션 CF	투타 우투좌타	신장 175	체중 80
연봉 3100-3600	지명순위 22 KT 2차 9라운드 88순위		
생년월일 2003-07-03	학교 안산리틀-창촌초-안산중앙중-유신고		

연도	경기	타석	타수	안타	2루타	3루타	홈런	타점	득점	볼넷	사구	삼진	도루	타율	출루율	장타율	OPS	WAR
2022	0	0	0	0	0	0	0	0	0	0	0	0	0	-	-	-	-	0
2023	3	2	2	0	0	0	0	0	0	0	0	2	0	0.000	0.000	0.000	0.000	0.00
2024	35	16	14	5	0	0	0	1	9	2	0	2	0	0.357	0.438	0.357	0.795	0.27
통산	38	18	16	5	0	0	0	1	9	2	0	4	0	0.313	0.389	0.313	0.702	0.18

김준태 44

포지션 C	투타 우투좌타	신장 175	체중 91
연봉 10000-7500	지명순위 12 롯데 육성선수		
생년월일 1994-07-31	학교 양정초-개성중-경남고-영남사이버대		

연도	경기	타석	타수	안타	2루타	3루타	홈런	타점	득점	볼넷	사구	삼진	도루	타율	출루율	장타율	OPS	WAR
2022	98	270	231	63	16	1	4	27	28	33	0	77	2	0.273	0.360	0.403	0.763	1.89
2023	69	136	115	24	4	0	3	23	10	19	1	32	1	0.209	0.326	0.322	0.648	0.72
2024	23	30	25	6	2	0	0	3	6	5	0	6	0	0.240	0.367	0.320	0.687	0.19
통산	576	1388	1173	265	50	4	22	151	138	187	6	338	5	0.226	0.333	0.332	0.665	3.28

박민석 2

포지션 2B	투타 우투우타	신장 180	체중 77
연봉 3100-3400	지명순위 19 KT 2차 5라운드 41순위		
생년월일 2000-04-13	학교 성동초-덕수중-장충고		

연도	경기	타석	타수	안타	2루타	3루타	홈런	타점	득점	볼넷	사구	삼진	도루	타율	출루율	장타율	OPS	WAR
2022	0	0	0	0	0	0	0	0	0	0	0	0	0	-	-	-	-	0
2023	4	4	4	1	0	0	0	0	1	0	0	3	0	0.250	0.250	0.250	0.500	-0.08
2024	20	14	14	3	0	0	0	0	6	0	0	7	0	0.214	0.214	0.214	0.428	-0.42
통산	27	19	19	4	0	0	0	0	7	0	0	10	0	0.211	0.211	0.211	0.422	-0.38

박민석 104

포지션 RF	투타 우투우타	신장 178	체중 83
연봉 3000	지명순위 25 KT 5라운드 49순위		
생년월일 2006-07-27	학교 남정초-건대부중-덕수고		

연도	경기	타석	타수	안타	2루타	3루타	홈런	타점	득점	볼넷	사구	삼진	도루	타율	출루율	장타율	OPS	WAR
2022	-	-	-	-	-	-	-	-	-	-	-	-	-	-	-	-	-	-
2023	-	-	-	-	-	-	-	-	-	-	-	-	-	-	-	-	-	-
2024	-	-	-	-	-	-	-	-	-	-	-	-	-	-	-	-	-	-
통산	-	-	-	-	-	-	-	-	-	-	-	-	-	-	-	-	-	-

안치영 8

포지션 RF	투타 우투좌타	신장 176	체중 72
연봉 5000-4500	지명순위 17 KT 2차 6라운드 51순위		
생년월일 1998-05-29	학교 원미구리틀-중동초-천안북중-북일고		

연도	경기	타석	타수	안타	2루타	3루타	홈런	타점	득점	볼넷	사구	삼진	도루	타율	출루율	장타율	OPS	WAR
2022	0	0	0	0	0	0	0	0	0	0	0	0	0	-	-	-	-	0
2023	76	136	124	36	3	1	0	9	20	6	2	35	7	0.290	0.331	0.331	0.662	0.32
2024	31	48	44	11	0	0	0	3	12	2	0	12	0	0.250	0.283	0.250	0.533	-0.07
통산	133	213	192	51	4	1	0	12	37	9	4	55	8	0.266	0.311	0.297	0.608	-0.66

안현민 · 23

포지션	RF	투타	우투우타	신장	183	체중	90
연봉	3000-3300		지명순위	22 KT 2차 4라운드 38순위
생년월일	2003-08-22		학교	김해리틀-임호초-개성중-마산고

연도	경기	타석	타수	안타	2루타	3루타	홈런	타점	득점	볼넷	사구	삼진	도루	타율	출루율	장타율	OPS	WAR
2022	0	0	0	0	0	0	0	0	0	0	0	0	0	-	-	-	-	0
2023	0	0	0	0	0	0	0	0	0	0	0	0	0	-	-	-	-	0
2024	16	29	25	5	0	1	1	2	5	2	1	10	0	0.200	0.276	0.400	0.676	-0.10
통산	16	29	25	5	0	1	1	2	5	2	1	10	0	0.200	0.276	0.400	0.676	-0.07

유준규 · 67

포지션	2B	투타	우투좌타	신장	176	체중	69
연봉	3000-3000		지명순위	21 KT 2차 3라운드 25순위
생년월일	2002-08-16		학교	군산신풍초-군산중-군산상고

연도	경기	타석	타수	안타	2루타	3루타	홈런	타점	득점	볼넷	사구	삼진	도루	타율	출루율	장타율	OPS	WAR
2022	7	16	14	3	0	0	0	0	3	1	0	6	0	0.214	0.267	0.214	0.481	-0.1
2023	0	0	0	0	0	0	0	0	0	0	0	0	0	-	-	-	-	0
2024	0	0	0	0	0	0	0	0	0	0	0	0	0	-	-	-	-	0
통산	7	16	14	3	0	0	0	0	3	1	0	6	0	0.214	0.267	0.214	0.481	-0.12

윤준혁 · 35

포지션	2B	투타	우투우타	신장	186	체중	86
연봉	3000-3500		지명순위	20 KT 2차 4라운드 32순위
생년월일	2001-07-26		학교	은평리틀-역촌초-충암중-충암고

연도	경기	타석	타수	안타	2루타	3루타	홈런	타점	득점	볼넷	사구	삼진	도루	타율	출루율	장타율	OPS	WAR
2022	0	0	0	0	0	0	0	0	0	0	0	0	0	-	-	-	-	0
2023	0	0	0	0	0	0	0	0	0	0	0	0	0	-	-	-	-	0
2024	13	18	17	3	2	0	0	0	3	1	0	6	0	0.176	0.222	0.294	0.516	-0.24
통산	13	18	17	3	2	0	0	0	3	1	0	6	0	0.176	0.222	0.294	0.516	-0.23

이호연 · 34

포지션	2B	투타	우투좌타	신장	177	체중	87
연봉	8500-7000		지명순위	18 롯데 2차 6라운드 53순위
생년월일	1995-06-03		학교	광주수창초-진흥중-광주제일고-성균관대

연도	경기	타석	타수	안타	2루타	3루타	홈런	타점	득점	볼넷	사구	삼진	도루	타율	출루율	장타율	OPS	WAR
2022	88	222	205	50	10	1	2	16	20	11	2	38	3	0.244	0.289	0.332	0.621	-0.15
2023	85	234	212	59	5	1	3	17	28	16	4	41	4	0.278	0.339	0.354	0.693	1.14
2024	27	43	41	6	1	0	0	0	3	1	0	12	0	0.146	0.167	0.171	0.338	-0.65
통산	208	512	469	117	16	2	5	34	51	29	6	93	7	0.249	0.300	0.324	0.624	0.17

최성민 · 31

포지션	LF	투타	좌투좌타	신장	179	체중	84
연봉	3000-3200		지명순위	21 KT 2차 6라운드 55순위
생년월일	2002-07-05		학교	송정동초-무등중-광주동성고

연도	경기	타석	타수	안타	2루타	3루타	홈런	타점	득점	볼넷	사구	삼진	도루	타율	출루율	장타율	OPS	WAR
2022	0	0	0	0	0	0	0	0	0	0	0	0	0	-	-	-	-	0
2023	0	0	0	0	0	0	0	0	0	0	0	0	0	-	-	-	-	0
2024	0	0	0	0	0	0	0	0	0	0	0	0	0	-	-	-	-	0
통산	-	-	-	-	-	-	-	-	-	-	-	-	-	-	-	-	-	-

2025시즌 육성선수

포지션	배번	투타	한글성명	생년월일	신장	체중	입단연도
투수	102	우우	박준혁	2006-03-10	178	84	2025
투수	107	우우	윤상인	2004-04-01	183	80	2025
투수	111	우우	정운교	2002-05-27	181	90	2026
투수	110	우좌	장민호	2002-07-05	180	85	2025
포수	103	우우	이정환	2006-04-12	182	90	2025
내야수	105	우우	오서진	2006-06-08	188	80	2025
내야수	106	우좌	이용현	2006-01-06	188	85	2025
내야수	109	우좌	이승준	2006-02-01	170	65	2025
외야수	108	좌좌	정영웅	1999-12-25	171	75	2025
투수	115	좌좌	권성준	2003-03-09	185	88	2022
투수	20	좌좌	김태오	1997-07-29	183	84	2016
투수	94	좌좌	우종휘	2003-12-15	187	90	2022
투수	101	우우	유호식	1999-05-11	190	104	2018
투수	48	우우	이상우	2003-10-14	190	95	2022
투수	90	우우	이승언	2005-03-04	186	95	2024
투수	21	우우	이정현	1997-12-05	188	93	2017
투수	66	우우	이종혁	1997-05-29	190	86	2017
투수	95	우우	이준명	2002-12-18	193	100	2023
투수	39	우우	지명성	2002-02-15	173	65	2021
투수	92	우우	최용준	2001-12-19	192	105	2021
투수	93	좌좌	한지웅	2003-07-07	189	82	2022
포수	96	우좌	이승현	2005-01-26	184	90	2024
내야수	9	우좌	김철호	1998-02-06	182	87	2018
내야수	113	우우	문상준	2001-03-14	183	80	2020
내야수	58	우우	박태완	2005-09-04	173	77	2024
외야수	62	우우	신범준	2002-06-01	189	78	2021
외야수	68	우우	신호준	2004-10-21	186	90	2024
외야수	100	우우	최동희	2003-07-26	184	80	2022

강백호의 변신?

1루수, 투수, 외야수, 그리고 포수까지.
2025시즌 포수로 어떤 모습을 보일지?

© KT 위즈

 **SSG 랜더스**

주요 이슈

SSG는 SK 시절 포함 오랫동안 상위 스플릿에 머물던 팀이지만 주전들의 연령대가 계속 높아지고 있는 팀이었다. 투타의 주축들의 나이가 많은 것은 강팀이 해결해야 할 영원한 숙제다. 새로운 스타들이 자리를 조금씩 메워나가면서 팀의 선순환 구조를 만들어야 한다.

SSG의 2년 연속 숙제는 '성적'과 '육성'을 동시에 하는 것이다. 말처럼 쉽지 않은 일이지만, 잘만 이뤄지면 더할 나위 없이 좋은 결과를 얻는다.

성적도 내고, 젊은 선수를 육성하기 위한 베스트 시나리오는 투타에서 1명씩 새 얼굴을 발굴하는 것이다. 지난해 SSG는 마운드에서 '조병현'이라는 미래의 마무리 투수를 건져 올렸다. 왼손 한두솔의 등장도 반가운 일이다.

반면 야수진에서는 가능성을 찾았지만 완전한 주전감을 확보하지는 못했다. 1라운더 신인 박지환이 패기 넘치는 플레이로 미래 가능성을 보였고, 정준재는 안정적인 플레이를 바탕으로 내야 세대교체의 1순위로 떠올랐다.

이번 시즌 야수진에서 새 얼굴을 찾는 일이 숙제다. 기존의 최정-한유섬-이지영 등을 중심으로 한 최고참 베테랑 그룹에 이어, 새롭게 팀의 중심 역할을 하고 있는 최지훈-박성한 라인의 뒷세대가 이어진다면 팀 전체가 단단해질 수 있다.

주전 2루수는 일단 정준재가 나선다. 시즌 후반 민첩한 수비와 안정적 타격으로 주목받았다. 박지환은 운신의 폭을 넓힌다. 보다 많은 출전 기회를 위해 내야 백업은 물론 외야수로도 출전할 수 있도록 준비했다. 최정이 지명타자로 나서는 경기가 늘어날 것으로 보이는데, 이때 박지환이 3루수로 나서고, 최정이 3루수로 나서면 외야 한 자리로 뛰는 방식이다.

최지훈과 에레디아가 한 자리씩 맡고 있는 외야에서도 새 얼굴이 나올 수 있다면 금상첨화다. 한유섬, 하재훈 등이 앞서 있지만 기회는 언제든 열려있다.

포수 중에서도 2~3년 안에 주전으로 뛸 수 있는 새 얼굴을 찾아야 하는 숙제가 있다. 이지영, 김민식이 있고 2차 드래프트 등을 통해 신범수, 박대온 등을 데려오는 등 지난해부터 포수 뎁스 강화에 공

2024시즌 6위
72승 2무 70패

을 들였다. 여기에 2021년 2차 1라운더 조형우에 이어 1라운더로 또다시 포수 이율예를 뽑았다. 포수의 숫자는 넘치는데 1군 엔트리는 제한될 수밖에 없다. 적절한 경쟁과 관리로 새 포수에게 기회를 주면서 성장을 기대해야 한다.

성적과 육성을 모두 잡아야 하는 팀이지만, 성적에 대한 기대도 적지 않다. 외국인 원투펀치에 대한 기대감이 크다. 드류 앤더슨은 지난 시즌 교체 외국인 선수지만, KBO 리그에서 확실한 임팩트를 남겼다. 150㎞ 넘는 강속구를 바탕으로 9이닝당 삼진을 무려 12.29개나 잡아냈다. 선발 투수는 물론 마무리 투수들을 다 모아도 1위다.

새로 계약한 미치 화이트 역시 150㎞ 강속구를 던지는 구위형 투수다. 한국인 어머니를 두고 있어 문화 적응에도 어려움이 없다. LA 다저스 유망주 시절 박찬호를 닮은 외모로도 화제가 됐다. 강속구를 자랑하는 외국인 원투펀치에 국내 에이스 김광현이 반등을 노린다. 지난 시즌 초반 ABS 적응 실패로 부진이 길었던 김광현은 올 시즌 슬라이더의 제구를 가다듬었다. 지난해 초반 마무리로 뛰었던 문승원이 4선발로 돌아온다. 문승원도 속구 평균 구속이 146.6㎞를 기록했다. 5선발 경쟁에서 송영진이 앞서 있지만, 언더스로 박종훈도 캠프에서 안정적인 투구를 선보였다. 1㎝일 뿐이지만 낮아진 스트라이크 존은 박종훈의 '부활'의 계기가 될 수 있다. 노경은, 김민, 조병현으로 이어지는 필승조의 무게감도 만만치 않다.

최정이 버티는 타선, 게다가 타자 친화적인 랜더스파크의 존재는 언제나 상대 팀에게 위협적일 수밖에 없다. 지난해 개인 통산 최다 홈런 주인공이 된 최정은 홈런 5개만 더하면 KBO 최초의 500홈런 타자가 된다. 지난 시즌 부상으로 빠진 기간이 있었음에도 37홈런으로 리그 홈런 3위에 올랐다. 프리미어12를 거치면서 확실히 성장한 유격수 박성한이 골든글러브를 노린다. 32도루의 최지훈이 출루율(0.345)을 조금 더 높인다면 타선의 짜임새는 더 좋아진다.

두 마리 토끼를 잡기 위한 SSG의 새 시즌이 시작된다. 끈끈한 팀 분위기는 SSG의 드러나지 않는 전력의 핵심이다.

순위기록

종합

	경기당 득점		경기당 실점		경기당 실책		수비효율	
SSG	5.25	8위	5.65	10위	0.83	8위	0.642	7위
리그평균	5.38	5▶8	5.38	7▶10	0.76	8▶8	0.647	9▶7

	경기당 도루시도		도루성공률		경기당 희생번트		경기당 투수교체	
SSG	1.3	3위	79.3	3위	0.35	4위	3.90	5위
리그평균	1.1	7▶3	74.4	3▶3	0.34	2▶4	3.90	2▶5

타격

	타율		출루율		장타율		OPS	
SSG	0.273	7위	0.342	9위	0.420	6위	0.762	8위
리그평균	0.277	8▶7	0.352	6▶9	0.420	3▶6	0.772	4▶8

선발

	평균자책점		경기당 이닝		피안타율		피순장타	
SSG	5.26	10위	4.80	8위	0.267	3위	40	9위
리그평균	4.77	10▶10	5.00	5▶8	0.274	9▶3	48.8	6▶9

구원

	평균자책점		경기당 이닝		피안타율		피순장타	
SSG	5.25	7위	4.02	4위	0.276	2위	19	4위
리그평균	5.16	5▶7	3.91	5▶4	0.282	8▶2	19.9	7▶4

라인업

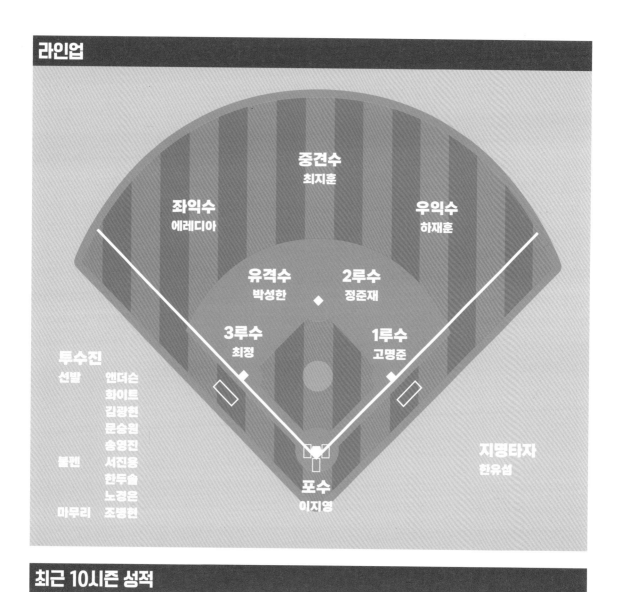

중견수 최지훈

좌익수 에레디아

우익수 하재훈

유격수 박성한

2루수 정준재

3루수 최정

1루수 고명준

투수진
선발 앤더슨
     화이트
     김광현
     문승원
     송영진
불펜 서진용
     한두솔
     노경은
마무리 조병현

지명타자 한유섬

포수 이지영

최근 10시즌 성적

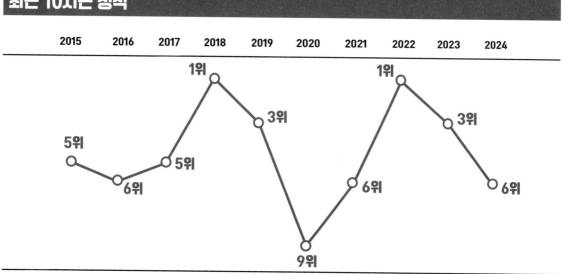

최상 시나리오

드류 앤더슨과 미치 화이트 조합은 SK 시절 포함 거의 한 번도 없었던 강력한 원투펀치 조합을 만들어낸다. 둘이 잡아내는 삼진의 숫자는 랜더스파크 담장 거리를 잊게 만든다. 이들 사이에서 부담을 덜어낸 김광현이 다시 전성기 때의 포스를 되찾는다. 선발들의 이닝 소화력이 안정적인 가운데 노경은–김민–조병현으로 이어지는 '노김조' 트리오의 등판 성공률도 높아진다. 개막 후 2주가 채 지나기 전에 최정의 시즌 5호 홈런, 개인 통산 500홈런이 터져 나온다. 리그 전체의 축하를 받은 최정은 3루수를 박지환과 나누어 맡으며 체력을 아끼고 홈런 숫자를 늘린다. 3년 만에 돌아온 한국시리즈, 박지환의 홈런포가 터진다. 조병현이 9회 마운드에 오른다. 카메라가 관중석의 정용진 구단주와 옆자리 추신수를 자주 비춘다.

최악 시나리오

캠프 막판 다쳤던 미치 화이트의 햄스트링이 계속해서 영향을 미친다. 조심스러운 관리 속에 등판하지만 불안감이 남는다. 드류 앤더슨은 지난해와 마찬가지로 5회까지 완벽한데, 6회 등판이 쉽지 않다. 불펜의 숫자는 넉넉하지만 필승조의 등판 간격이 좁아지면서 부담이 조금씩 는다. 최정은 시즌 초반, 상대 투수들의 홈런 기피에 어려움을 겪는다. 500홈런 주인공은 누구나 피하고 싶다. 리그의 관심과 이에 따른 스트레스가 최정을 어렵게 만든다. 젊은 포수 성장을 위해 신인급 포수가 자주 마스크를 쓰는데, 경기 운영이 쉽지 않다. 서로 눈치를 보는 일이 많아진다. 시즌 중반을 넘어서며 성적과 육성 둘 중 하나만 해야 하지 않느냐는 목소리가 커진다. 시즌 막판 스카이박스 안 추신수의 표정을 잡으려고 카메라가 고개를 돌린다.

코칭스태프

보직	배번	투타	이름	생년월일	키(cm)	몸무게(kg)
감독	71	좌좌	이숭용	1971/3/10	186	98
수석	88	우우	송신영	1977/3/1	178	93
투수	74	우우	경헌호	1977/7/25	181	95
불펜	91	좌좌	이승호	1981/9/9	176	86
수비	70	우우	손시헌	1980/10/19	172	73
배터리	82	우우	세리자와 유지	1968/4/12	177	80
타격	72	우좌	강병식	1977/4/23	182	91
타격 보조	73	우좌	오준혁	1992/3/11	188	95
3루/작전	84	좌좌	조동화	1981/3/22	175	75
1루/외야	86	좌좌	윤재국	1975/5/5	176	78
퓨처스 감독	76	좌좌	박정권	1981/7/21	187	96
퓨처스 투수	89	좌좌	류택현	1971/10/23	183	83
퓨처스 불펜	79	우언	이영욱	1980/8/13	190	93
퓨처스 타격	77	좌좌	이명기	1987/12/26	183	84
퓨처스 배터리	83	우우	스즈키 후미히로	1975/5/23	181	75
퓨처스 수비	80	우우	와타나베 마사토	1979/4/3	184	90

감독 및 전력 포인트

이숭용 감독

이숭용 감독은 2년 계약의 마지막 해를 맞는다. 막내팀 KT를 우승시킨 단장 출신으로 성적과 육성의 두 마리 토끼를 잡기 위한 충분한 조건을 갖췄다. 베테랑에 대한 인정과 존중, 신인급 선수들에 대한 푸시가 양쪽으로 잘 이뤄진다. 이번 캠프 때도 베테랑들은 미국까지 가지 않고 일본 2군 캠프에서 몸을 만들 수 있도록 배려했다. 이를 통해 신인급 선수들이 1군 캠프에 더 많이 참가하는 효과를 얻었다.

이숭용 감독이 지난해 시즌 중반 마무리 자리를 문승원에서 조병현으로 바꾼 것은 막판까지 5위 싸움을 펼치도록 하는 열쇠였다. 올 시즌 박지환은 유틸리티로 출발하지만, 어떤 변화가 올지 모른다. 선발 마운드 운영이 성적의 핵심이다. 외국인 오른손 강속구 투수 사이에 왼손 투수 김광현을 2선발로 쓸 가능성이 있다.

보직	배번	투타	이름	생년월일	키(cm)	몸무게(kg)
주루	85	좌좌	나경민	1991/12/12	177	78
잔류 총괄	87	우우	정진식	1971/11/15	180	82
잔류 투수	81	우우	배영수	1981/5/4	185	100
잔류 야수	78	우우	이윤재	1989/1/2	178	97
재활	75	우우	윤요섭	1982/3/30	180	96
수석 컨디셔닝	122	우우	고윤형	1979/9/20	173	70
컨디셔닝	121	우우	곽현희	1973/8/6	180	81
컨디셔닝	125	우우	김상용	1983/5/7	182	85
컨디셔닝	123	우우	길강남	1991/12/23	171	70
컨디셔닝	130	우우	임재호	1993/7/15	175	70
컨디셔닝	120	우우	이형삼	1982/7/18	180	78
컨디셔닝	126	우우	임석훈	2000/8/16	168	68
컨디셔닝	124	우우	김기태	1990/6/15	176	75
수석 스트랭스	129	우우	스티브홍(홍순범)	1985/9/1	174	85
스트랭스	127	우우	유재민	1988/3/20	170	76
스트랭스	128	우우	신동훈	1994/1/24	181	81

최정

14

포지션	3B	투타	우투우타	신장	180	체중	90
연봉	100000-170000		지명순위	05 SK 1차			
생년월일	1987-02-28		학교	대일초-평촌중-유신고			

꼭 필요한 것,
부석순이 부릅니다.
청, 바, 지

© SSG 랜더스

500홈런 고지가 눈앞이다

개막하자마자 '대기록' 카운트다운 시작이다. 지난해 이승엽을 넘어 KBO 리그 최다 홈런 타자가 됐고, 이제 5개만 더하면 '500홈런' 고지를 밟는다. ML에도 28명밖에 없고, 일본에도 8명밖에 없다. 최정의 매년 목표는 '두 자릿수 홈런'. 올해에도 10개 이상 때리면 20년 연속 두 자릿수 홈런이라는 특별한 이정표도 세운다.

지난해에도 37개로 홈런 3위에 올랐다. 2017년 이후 최다 홈런이었다.

명성에 걸맞는 몸값, 아직 에이징커브는 멀다

데뷔 초반 별명 '소년 장사' 이미지가 남아 여전히 청춘인 것만 같지만 39세 시즌을 맞는다. 빠른 87년생이어서, 입단으로는 박병호와 동기다. 박병호가 몇 년 전부터 '에이징 커브' 우려를 겪는 것과 달리 최정은 아직 별 문제가 없어 보이지만, 위기는 언제 찾아올지 모른다.

여전히 스탯 흐름의 변화는 보이지 않는다. 어린 시절 김성근 감독의 지옥 훈련으로 다져진 3루 수비 능력도 여전히 리그 정상급이라고 평가받는다. 삼진이 114개로 늘었고, 삼진율 20.7%는 6년 만에 가장 높지만, 홈런 수와 삼진은 반비례할 수밖에 없다. ABS 영향을 고려하면 아직 '꺾였다'고 보긴 이르다.

지난 시즌이 끝난 뒤 4년 110억 원에 FA 계약을 했다. FA만 3번째 계약으로 총 302억 원이나 된다. 최정 개인으로서도, 팀으로서도 '청춘 최정'이 아직까지 절실히 필요한 상황이다. '동갑' 류현진에게 8타수 1안타로 밀렸다. 이제 복수다.

SIM 문학–문학–고척–창원–문학–대구⋯ 500홈런 기록은 생각보다 더 빠를지도

mulderous 김도영과 3루수 신구경쟁 보고 싶다

hjkim '소년'이 부담스럽다고 했지만 야구를 향한 열정은 아직도 소년이다

기본기록																	
연도	경기	타석	타수	안타	2루타	3루타	홈런	타점	득점	볼넷	사구	삼진	도루	타율	출루율	장타율	OPS	WAR
2022	121	505	414	110	21	0	26	87	80	66	19	96	12	0.266	0.386	0.505	0.891	5.71
2023	128	552	471	140	31	0	29	87	94	59	15	87	7	0.297	0.388	0.548	0.936	4.85
2024	129	550	468	136	27	2	37	107	93	55	20	114	5	0.291	0.384	0.594	0.978	4.68
통산	2293	9438	7892	2269	421	11	495	1561	1461	1037	348	1772	178	0.288	0.390	0.532	0.922	85.56

김광현

29

포지션	P	투타	좌투좌타	신장	188	체중	88
연봉	100000-300000			지명순위	07 SK 1차 1순위		
생년월일	1988-07-22			학교	안산리틀-덕성초-안산중앙중-안산공고		

이제는 웃는 거야, 스마일 어게인

© SSG 랜더스

세인트루이스에 뛰었던 2020년, 와일드카드 1차전 선발로 나섰다. 상대 샌디에이고의 전략은 '김광현을 웃지 못하게 하는 것'. 자꾸 타임을 부르며 괴롭혔다. 3.2이닝 3실점. 김광현이 제일 무서울 때는 마운드에서 웃으며 던질 때다. 지난해 타이브레이크 구원 등판은 극적이었지만 로하스에게 당한 피홈런은 '악몽'이었다. 그 악몽에서 깨어나 다시 '스마일 김광현'으로 돌아온다. 지난 시즌 부진은 하이존 전략 실패. ABS 존이 살짝 낮아지는 것에 맞춰 피칭 디자인을 다시 했다. 김광현의 최고무기 슬라이더가 더 강해질 조건이 마련됐다.

SIM KBO 투수가 모두 김광현 같았다면 피치클락도 필요 없었겠지

mulderous 김광현이 어떤 투수인지, 올해 다시 보여주길

hjkim 다시 활짝 웃는 김광현을 보고 싶다

기본기록

연도	경기	선발	QS	승	패	세이브	BS	홀드	이닝	피안타	피홈런	4사구	삼진	피안타율	WHIP	피 OPS	ERA	WAR
2022	28	28	19	13	3	0	0	0	173.1	141	10	45	153	0.222	1.07	0.578	2.13	7.39
2023	30	30	16	9	8	0	0	0	168.1	163	11	70	119	0.261	1.38	0.694	3.53	4.19
2024	31	31	13	12	10	0	0	0	162.1	162	24	73	154	0.260	1.45	0.765	4.93	3.42
통산	387	365	207	170	98	0	1	2	2177.2	2043	188	834	1882	0.252	1.32	0.688	3.33	66.26

김민

41

포지션	P	투타	우투우타	신장	185	체중	88
연봉	5000-11000			지명순위	18 KT 1차		
생년월일	1999-04-14			학교	숭의초-평촌중-유신고		

투심 달고 인생 역전, 인천에선 어떨까

© SSG 랜더스

앞선 3시즌 동안 던진 이닝을 다 합해야 지난해 던진 77.1이닝과 비슷하다. 불펜에서 맹활약하며 8승에 21홀드를 거뒀다. 유망주에서 필승조로 거듭난 비결은 '투심'. 150㎞를 쉽게 넘는 포심이 주무기였지만, 도무지 제구가 되지 않았다. 패스트볼 주무기를 투심(45.7%)으로 바꾸고 환골탈태. 볼삼비가 좋아진 것은 물론 땅볼 비율도 크게 늘었다. 오랜만에 많이 던져, 시즌 막판 지쳤지만 새 시즌 준비에는 문제가 없다. KT 단장을 거쳐 김민을 잘 아는 이숭용 감독이 트레이드 때 직접 픽 했다. 늘어난 땅볼은 랜더스파크와도 잘 어울린다.

SIM 무려 '좌완 선발'과 맞트레이드
mulderous 지켜봐야 할 불펜 2년 차. 김민 야구인생도, SSG 마운드 사정도 확 펴기를
hjkim 김민을 보내기 정말 아까웠을 것

									기본기록								

연도	경기	선발	QS	승	패	세이브	BS	홀드	이닝	피안타	피홈런	4사구	삼진	피안타율	WHIP	피 OPS	ERA	WAR
2022	6	0	0	0	0	0	0	2	7.2	4	1	2	8	0.160	0.78	0.530	2.35	0.21
2023	16	4	0	1	2	0	0	0	29	40	3	16	22	0.325	1.93	0.864	6.83	-0.17
2024	71	1	0	8	4	0	4	21	77.1	84	5	27	77	0.277	1.44	0.710	4.31	2.10
통산	153	46	12	22	23	0	4	24	344.2	389	35	164	255	0.285	1.60	0.780	5.12	4.69

노경은

38

포지션	P		투타	우투우타		신장	187		체중	100
연봉	27000→40000				지명순위	03 두산 1차				
생년월일	1984-03-11				학교	화곡초-성남중-성남고				

내 나이가 어때서, 야구하기 딱 좋은 나인데

© SSG 랜더스

나이를 거꾸로 먹는 듯한 안정감을 보인다. 살짝 구속이 떨어지기는 했지만 여전히 평속 144㎞ 짜리 포심을 던진다. 마음먹은 대로 던질 수 있는 포크볼의 가치는 나이와 함께 오히려 더 높아졌다. 주자가 있건 없건 실점을 허용하지 않는 킬러 구종이다. 2년 연속 30홀드는 최초의 기록, 40세 시즌에 홀드왕 타이틀을 딴 것도 기록이다. 41세 시즌에도 필승조로 활약할 수 있는 건 매일 거르지 않는 경기 후 루틴 덕분이다. 던진 날과 안 던진 날의 운동 패턴이 다르지만, 제일 늦게 퇴근하는 것은 똑같다.

SIM 르브론이 먼저 꺾일까, 노경은이 먼저 꺾일까… 생일은 노경은이 9개월 더 빠르다

mulderous 아직도 '없으면 안 되는 투수'일 수 있다는 것이 그의 가치

hjkim 노경은을 보면 나이 핑계 댈 수도 없다

기본기록																
연도	경기	선발	QS	승	패	세이브	BS	홀드	이닝	피안타	피홈런	4사구	삼진	피안타율	WHIP	피 OPS	ERA	WAR
2022	41	8	2	12	5	1	5	7	79.2	69	5	23	55	0.238	1.15	0.624	3.05	2.80
2023	76	0	0	9	5	2	7	30	83	78	4	36	65	0.253	1.37	0.684	3.58	1.89
2024	77	0	0	8	5	0	4	38	83.2	71	10	32	71	0.232	1.23	0.677	2.90	2.95
통산	561	171	70	86	95	10	24	86	1390	1437	149	620	996	0.270	1.48	0.769	4.86	21.03

박성한

포지션	SS	투타	우투좌타	신장	180	체중	77
연봉	30000-37000			지명순위	17 SK 2차 2라운드 16순위		
생년월일	1998-03-30			학교	순천북초-여수중-효천고		

내야수계의
돌부처,
홈런 쳐도 무덤덤

© SSG 랜더스

2023년 항저우 아시안게임에 나갔다가 주전 유격수를 김주원에 내주고 자존심을 다쳤다. 절치부심 준비했고, 타격 성적을 끌어올렸다. OPS 0.791은 커리어하이다. 유격수 수비에도 안정감이 더해졌다. 프리미어 12에서는 국대 주전 유격수 자리를 되찾았고, 타격에서도 OPS 0.938로 펄펄 날았다. 리그 최고 유격수 자리에 다가선 듯 보였지만 골든글러브는 KIA 박찬호에 밀렸다. 아쉬워하기보다 새로운 목표를 확인한 듯 의지를 보인다. 호수비와 홈런에도 무덤덤한 표정은 박성한의 트레이드 마크이자, 안정적 활약을 보장하는 신호다.

SIM 목표가 커야 크게 큰다 (박성한의 지난해 목표는 안타 250개)

mulderous 소리 없이 어느새 잘 컸다. WBC 가자

hjkim 골든글러브 다시 재도전

								기본기록										

연도	경기	타석	타수	안타	2루타	3루타	홈런	타점	득점	볼넷	사구	삼진	도루	타율	출루율	장타율	OPS	WAR
2022	140	564	494	147	24	4	2	56	68	60	2	81	12	0.298	0.375	0.374	0.749	6.87
2023	128	529	459	122	19	0	9	47	53	58	1	56	4	0.266	0.347	0.366	0.713	4.36
2024	137	564	489	147	24	0	10	67	78	64	2	86	13	0.301	0.380	0.411	0.791	4.02
통산	625	2303	2004	570	91	5	27	224	262	249	7	335	42	0.284	0.363	0.375	0.738	16.27

앤더슨 33

포지션	P	투타	우투우타	신장	190	체중	92
연봉	$1,150,000			지명순위	24 SSG 자유선발		
생년월일	1994-03-22			학교			

직구왕 앤더슨, 육회왕 넘어서면 어떨까

© SSG 랜더스

서울 팀의 한 코치는 지난해 "SSG가 5위로 올라오면 안 된다"고 했다. 1선발 앤더슨의 '직구' 위력 때문이었다. 100이닝 이상 던진 투수 중 가장 빠른 평균 구속(151㎞)을 가졌고, 구종가치/100에서도 리그 최고였다. 스트라이크 존 상단에 꽂히는, 이른바 '라이징 속구'는 알고도 공략하기 어려웠다. 다만, 문제는 지속성. 선발 등판시 평균 이닝이 50이닝이 채 되지 않았다.(4.99이닝) 올해도 일단 6회까지만 확실히 막아주길 기대하고 있다. '육회왕'만 돼줘도 SSG 입장에선 더할 나위가 없다. 지난해 6회 피OPS가 0.737로 높아졌다.

SIM K/9 12.29? (2024 탈삼진왕 카일 하트 10.43)

mulderous 올해는 화 내지 마요

hjkim 마운드를 오래 지켜주길

									기본기록								
연도	경기	선발	QS	승	패	세이브	BS	홀드	이닝	피안타	피홈런	4사구	삼진	피안타율	WHIP	피 OPS	ERA	WAR
2022	-	-	-	-	-	-	-	-	-	-	-	-	-	-	-	-	-	-
2023	-	-	-	-	-	-	-	-	-	-	-	-	-	-	-	-	-	-
2024	24	23	9	11	3	0	0	0	115.2	98	11	53	158	0.227	1.31	0.66	3.89	3.86
통산	24	23	9	11	3	0	0	0	115.2	98	11	53	158	0.227	1.31	0.66	3.89	3.86

에레디아

포지션	LF	투타	좌투우타	신장	178	체중	88
연봉	$1150000-$1600000		지명순위	23 SSG 자유선발			
생년월일	1991-01-31		학교	Aurelio Yanet			

최지만이
인정한
'흥부자'
타격 머신

© SSG 랜더스

타율 0.360으로 타격왕에 올랐다. 스트라이크 존 언저리에 들어오는 거의 모든 공을 때려 안타를 만드는 배드볼 히터다. 마지막 순간 공을 맞히는 능력이 탁월해 좋은 타구를 많이 만든다. 외야 수비는 겉으로 살짝 어설퍼 보이지만, 코너 외야수로 안정감을 보인다. 시애틀, 탬파베이 시절에 엄청난 흥부자였다. 최지만도 'D아이' 수준이라고 인정했다. 팀 분위기를 끌어올리는 응원단장이다. 타석 당 볼넷 비율 4.7%는 규정이닝 타자 압도적 꼴찌. 무조건 공을 때리는 스타일이라 삼진도 덜 당한다. 삼진율 12.4%는 리그 11위다.

SIM 1년 만에 홈런이 2배로 늘었네, 더 칠 수도 있지 않을까

mulderous 인천의 역사적인 타격왕

hjkim 2024년 가장 꾸준했던 외국인 타자

							기본기록										
연도	경기	타석	타수	안타	2루타	3루타	홈런	타점	득점	볼넷	사구	삼진	도루	타율	출루율	장타율	OPS	WAR
2022	-	-	-	-	-	-	-	-	-	-	-	-	-	-	-	-	-	-
2023	122	523	473	153	29	0	12	76	76	39	9	75	12	0.323	0.385	0.461	0.846	4.11
2024	136	591	541	195	31	1	21	118	82	28	13	73	4	0.360	0.399	0.538	0.937	4.89
통산	258	1114	1014	348	60	1	33	194	158	67	22	148	16	0.343	0.393	0.502	0.895	8.24

조병현

10

포지션	P	투타	우투우타	신장	182	체중	90
연봉	3000-13500			지명순위	21 SK 2차 3라운드 28순위		
생년월일	2002-05-08			학교	온양온천초-세광중-세광고		

야구 보는 맛을 더한다, 문학 차은우

© SSG 랜더스

긴가민가로 시작했다가, 확실한 느낌표로 시즌을 끝냈다. 프리미어 12에서도 필승조 역할을 해냈다. SSG 마무리 투수는 최근까지 오랫동안 자주 바뀌었는데, 이번에는 길게 갈 '큰 그릇'을 얻은 느낌이다. 팔 각도가 다소 높지만, 평속 147㎞ 빠른 공을 더욱 위력적으로 만든다. 높은 각에서 떨어지는 포크볼의 구종 가치가 노경은급이다. 높은 팔 각도를 유지할 수 있는 비결은 겉으로 봐도 놀라운 상체 및 어깨 근육의 크기와 단단함 덕분이다. 얼굴을 더 작게 보이게 하는 비결이고, 문학 차은우를 뒷받침하는 요소다. 30세이브, 100삼진이 목표.

SIM 모든 유망주들에게 하고 싶은 말 "애매하면 빨리 군대 가라"

mulderous 별명이 그의 야구를 방해하지 않으면 좋겠다

hjkim 야구 잘하면 잘생겨 보인다

기본기록

연도	경기	선발	QS	승	패	세이브	BS	홀드	이닝	피안타	피홈런	4사구	삼진	피안타율	WHIP	피 OPS	ERA	WAR
2022	0	0	0	0	0	0	0	0	0	0	0	0	0	0	-	-	-	-
2023	0	0	0	0	0	0	0	0	0	0	0	0	0	0	-	-	-	-
2024	76	0	0	4	6	12	6	12	73	52	8	31	96	0.197	1.14	0.609	3.58	2.37
통산	79	3	0	4	6	12	6	12	79.2	59	9	36	104	0.203	1.19	0.634	3.95	2.27

최지훈

54

포지션	CF	투타	우투좌타	신장	178	체중	82
연봉	25000-30000		지명순위	20 SK 2차 3라운드 30순위			
생년월일	1997-07-23		학교	광주수창초-무등중-광주제일고-동국대			

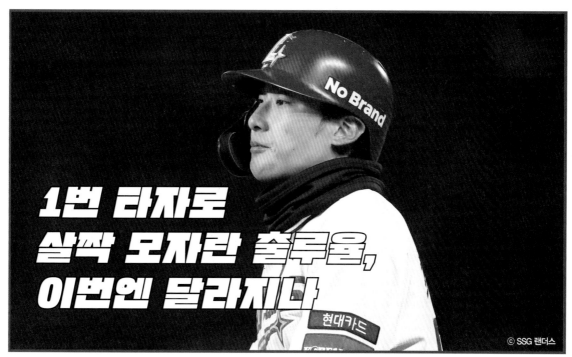

1번 타자로
살짝 모자란 출루율,
이번엔 달라지나

© SSG 랜더스

기대를 모았던 시즌이지만 타격 성적에서 다소 아쉬움이 남는다. 1번, 중견수로 거의 모든 경기에 나서다 보니, 시즌 막판 부상을 당했다. 체력이 떨어지면서 타격 성적도 더 치고 올라가지 못했다. 중견수 수비는 리그 최고 수준이고, 국제 무대 경험도 많이 쌓였다. 빠른 발과 수비력을 갖춘 국대 1번, 중견수 후보다. 새 시즌을 준비하며 스윙의 기술적 완성도를 높였다. 타격 성적에서 업그레이드가 기대된다. 추신수가 '미래 주장감'으로 콕 찍었고, 캠프에서 야수 조장을 맡았다. 0.345인 출루율을 얼마나 더 높이냐가 SSG 득점력을 좌우한다.

SIM 국가대표 중견수가 타율 0.275는 아쉽다

mulderous 아기 짐승, 올해는 더 쳐보자

hjkim 최지훈이 누상에 있어야 SSG가 이길 확률이 높아진다

기본기록

연도	경기	타석	타수	안타	2루타	3루타	홈런	타점	득점	볼넷	사구	삼진	도루	타율	출루율	장타율	OPS	WAR
2022	144	640	569	173	32	4	10	61	93	47	7	77	31	0.304	0.362	0.427	0.789	6.49
2023	117	503	462	124	19	8	2	30	65	29	3	50	21	0.268	0.315	0.357	0.672	1.55
2024	125	543	483	133	22	7	11	49	89	50	2	71	32	0.275	0.345	0.418	0.763	2.05
통산	649	2740	2441	671	111	30	29	212	388	215	25	349	128	0.275	0.338	0.381	0.719	11.69

한유섬

35

포지션	RF	투타	우투좌타	신장	190	체중	105
연봉	90000-90000			지명순위	12 SK 9라운드 85순위		
생년월일	1989-08-09			학교	해운대리틀-중앙초-대천중-경남고-경성대		

걸리면 넘어간다, 동미니칸에서 어썸한으로

© SSG 랜더스

개명 전 이름은 한동민이었고, 별명이 동미니칸이었다. 탁월한 신체 능력으로 방망이에 걸리기만 하면 타구는 쉽게 넘어간다. 지난해 24홈런을 때리면서 시즌 막판 순위 싸움에 큰 힘을 실었다. 타율 0.235는 다소 아쉬운 성적이다. 몸쪽 높은 코스에 어려움을 겪고 투수들도 집중 공략한다. 약점을 포기하고 장점에 집중하는 것만으로 타율 0.260에 30홈런을 칠 수 있는 타자다. ABS 존이 다소 낮아지는 건 한유섬에게 유리한 요소가 될 수도 있다. 시즌 막판의 상승세가 새 시즌의 자신감으로 이어질 가능성이 있다. 외모와 달리 심성이 곱고 착하다.

SIM 다른 사람은 몰라도 한유섬은 ABS '억까'가 억울할만 했다

mulderous 외모만큼만 성격도 와일드 했다면 야구도 더 잘했을 것 같다

hjkim 개명 성공 사례 계보를 이어주길

기본기록

연도	경기	타석	타수	안타	2루타	3루타	홈런	타점	득점	볼넷	사구	삼진	도루	타율	출루율	장타율	OPS	WAR
2022	135	545	458	121	33	1	21	100	62	66	16	137	1	0.264	0.372	0.478	0.850	4.46
2023	109	388	333	91	15	2	7	55	29	34	12	81	2	0.273	0.355	0.393	0.748	0.35
2024	132	523	464	109	29	0	24	87	64	46	9	142	0	0.235	0.314	0.453	0.767	-0.20
통산	1116	4201	3606	964	197	11	197	684	531	421	126	950	15	0.267	0.360	0.492	0.852	18.66

김택형

43

포지션	P	투타	좌투좌타	신장	185	체중	100
연봉	20500-20500		지명순위	15 넥센 2차 2라운드 18순위			
생년월일	1996-10-10		학교	창영초-재능중-동산고			

체중 감소, 밸런스 회복, 구속 회복!

리그를 대표하는 왼손 마무리였고, SSG의 우승에 결정적 역할을 했지만, 상무를 거치면서 구속이 줄었다. 지난해 제대 이후에도 좋은 성적을 내지 못했다. 겨울 동안 10㎏ 감량을 목표로 땀을 흘렸다. 잃어버린 구속이 돌아오면 SSG의 불펜에 아주 큰 힘이 된다.

기본기록																		
연도	경기	선발	QS	승	패	세이브	BS	홀드	이닝	피안타	피홈런	4사구	삼진	피안타율	WHIP	피 OPS	ERA	WAR
2022	64	0	0	3	5	17	5	10	60.1	57	8	22	62	0.245	1.31	0.703	4.92	0.79
2023	0	0	0	0	0	0	0	0	0	0	0	0	0	-	-	-	-	0
2024	6	0	0	0	1	0	0	0	7	10	1	6	1	0.333	2.29	0.926	9.00	-0.05
통산	269	10	0	18	19	24	9	30	287	303	32	177	275	0.273	1.67	0.779	5.71	2.13

문승원

42

포지션	P	투타	우투우타	신장	180	체중	88
연봉	80000-80000		지명순위	12 SK 1라운드 8순위			
생년월일	1989-11-28		학교	가동초-배명중-배명고-고려대			

선발로 돌아왔다, 몸값을 증명한다

지난 시즌 마무리로 시작했다가 조병현과 바통 터치를 했다. 평균 구속 146㎞의 속구와 무브먼트 좋은 체인지업은 문승원의 강력한 무기다. 올시즌에는 다시 선발로 돌아와 팀의 4선발을 맡는다. 비 FA 다년 계약(5년 최대 55억 원)의 가치를 증명하겠다는 각오다.

기본기록																		
연도	경기	선발	QS	승	패	세이브	BS	홀드	이닝	피안타	피홈런	4사구	삼진	피안타율	WHIP	피 OPS	ERA	WAR
2022	23	0	0	1	1	3	0	3	24.2	32	3	7	25	0.317	1.58	0.838	5.11	-0.01
2023	50	12	4	5	8	1	2	9	105	138	12	35	65	0.319	1.65	0.847	5.23	0.84
2024	62	0	0	6	1	20	7	6	60	67	10	24	53	0.283	1.52	0.787	4.50	1.06
통산	293	138	55	49	53	25	9	21	925.2	1023	128	292	664	0.281	1.42	0.782	4.61	18.00

박성빈

00

포지션	P	투타	우투우타	신장	187	체중	92
연봉	3000-3100		지명순위	24 SSG 7라운드 70순위			
생년월일	2003-12-29		학교	강남리틀-대치중-휘문고-사이버한국외대			

SSG는 불펜 사이드암의 전통이 있지.

2024년 7라운더 하위 지명이었고, 기대가 크지 않았지만 프로 입단 뒤 구속이 더 늘면서 주목받기 시작했다. 퓨처스리그에서 13세이브, 평균자책 2.31의 호투를 선보였고, 1군 3경기에서도 인상적인 투구를 했다. 145㎞가 넘는 사이드암스로 투수는 활용도가 높다.

기본기록

연도	경기	선발	QS	승	패	세이브	BS	홀드	이닝	피안타	피홈런	4사구	삼진	피안타율	WHIP	피 OPS	ERA	WAR
2022	-	-	-	-	-	-	-	-	-	-	-	-	-	-	-	-	-	-
2023	-	-	-	-	-	-	-	-	-	-	-	-	-	-	-	-	-	-
2024	3	0	0	0	0	0	0	0	2.1	1	0	0	2	0.125	0.43	0.347	0.00	0.10
통산	3	0	0	0	0	0	0	0	2.1	1	0	0	2	0.125	0.43	0.347	0.00	0.10

박종훈

50

포지션	P	투타	우언우타	신장	186	체중	90
연봉	110000-110000		지명순위	10 SK 2라운드 9순위			
생년월일	1991-08-13		학교	중앙초-군산중-군산상고			

1cm 낮아졌다. 언터처블 돌아온다.

문승원과 함께 지난 2021시즌을 마치고 비 FA 다년계약(5년 최대 65억 원)을 했지만 이후 3시즌 동안 겨우 6승에 그쳤다. 지난해 도입된 ABS는 옆구리 투수들에게 불리했다. 시즌 마지막 선발 등판에서 가능성을 보였다. 캠프 동안 구위가 확인됐고 5선발 가능성이 열렸다.

기본기록

연도	경기	선발	QS	승	패	세이브	BS	홀드	이닝	피안타	피홈런	4사구	삼진	피안타율	WHIP	피 OPS	ERA	WAR
2022	11	11	2	3	5	0	0	0	48	52	6	21	40	0.280	1.52	0.782	6.00	0.15
2023	18	16	4	2	6	0	0	0	80	77	8	60	56	0.260	1.71	0.804	6.19	0.28
2024	10	9	1	1	4	0	0	0	35	37	7	21	34	0.276	1.66	0.887	6.94	0.20
통산	240	214	66	72	77	0	0	1	1112	1101	106	532	875	0.261	1.47	0.752	4.81	22.28

백승건

11

포지션	P	투타	좌투좌타	신장	183	체중	85
연봉	4600-3200			지명순위	19 SK 1차		
생년월일	2000-10-29			학교	동막초-상인천중-인천고		

기다리면 더 강해질 수도 있다.

2019년 드래프트에서 SK에 1라운드 지명됐다. 고교시절에 비해 프로 입단 뒤 구속이 증가하면서 기대를 모았지만 아직 터지지는 않았다. 지난 시즌을 앞두고 '김광현 캠프'에서 몸을 만들었다. 좌완 불펜으로 시즌 중후반 가능성을 보였지만 팔꿈치 수술 필요성이 제기됐다.

									기본기록								

연도	경기	선발	QS	승	패	세이브	BS	홀드	이닝	피안타	피홈런	4사구	삼진	피안타율	WHIP	피 OPS	ERA	WAR
2022	0	0	0	0	0	0	0	0	0	0	0	0	0	-	-	-	-	-
2023	25	2	0	2	2	0	0	3	38	41	7	17	29	0.273	1.53	0.792	4.97	0.34
2024	10	0	0	0	0	0	0	0	9.1	13	2	9	5	0.317	2.36	0.943	7.71	-0.12
통산	60	9	0	2	7	0	0	3	96	107	17	69	76	0.282	1.83	0.853	5.63	0.43

서진용

22

포지션	P	투타	우투우타	신장	184	체중	88
연봉	45000-38000			지명순위	11 SK 1라운드 7순위		
생년월일	1992-10-02			학교	남부민초-대동중-경남고		

수술 뒤 2번째 시즌, 더 강해지는 경우가 많다.

2023시즌 42세이브를 거두며 구원왕에 올랐고, 팔꿈치 뼈를 깎는 수술을 받았다. 재활을 거쳐 돌아왔지만, 장기인 포크볼의 위력이 줄었고 성적도 하락했다. 몸을 빨리 만들었고 캠프에서 구속 증가를 확인했다. 구원왕 경험은 SSG의 불펜의 뎁스를 강화하는 요인이다.

									기본기록								

연도	경기	선발	QS	승	패	세이브	BS	홀드	이닝	피안타	피홈런	4사구	삼진	피안타율	WHIP	피 OPS	ERA	WAR
2022	68	0	0	7	3	21	4	12	67.1	64	5	36	55	0.255	1.49	0.716	4.01	1.36
2023	69	0	0	5	4	42	6	0	73	63	3	49	64	0.239	1.53	0.656	2.59	2.96
2024	51	0	0	0	1	0	0	6	47	52	5	26	38	0.291	1.66	0.826	5.55	-0.35
통산	521	0	0	29	26	88	27	84	527.2	487	60	281	518	0.248	1.46	0.729	3.97	10.37

송영진

28

포지션	P	투타	우투양타	신장	185	체중	90
연봉	4500-5500			지명순위	23 SSG 2라운드 15순위		
생년월일	2004-05-28			학교	유천초-한밭중-대전고		

유망주들은 3년 차에 터지는 게 국룰

SSG가 좌완 선발 오원석을 KT로 트레이드할 수 있었던 건 2023년 드래프트 2라운더 우완 송영진이 있었기 때문이다. 시즌 중반부터 선발에 합류해 5승 10패를 기록했다. 5선발 경쟁에서 앞서 있지만 박종훈, 정동윤과 경쟁이 불가피하다. 보다 공격적인 투구가 필요하다.

기본기록																
연도	경기	선발	QS	승	패	세이브	BS	홀드	이닝	피안타	피홈런	4사구	삼진	피안타율	WHIP	피 OPS	ERA	WAR
2022	-	-	-	-	-	-	-	-	-	-	-	-	-	-	-	-	-	-
2023	17	9	1	3	3	0	0	0	47.1	46	3	31	38	0.257	1.63	0.735	5.70	-0.08
2024	26	20	3	5	10	0	0	0	99.1	112	10	51	67	0.283	1.64	0.781	5.80	1.04
통산	43	29	4	8	13	0	0	0	146.2	158	13	82	105	0.275	1.64	0.766	5.77	0.96

이건욱

16

포지션	P	투타	우투우타	신장	182	체중	85
연봉	6100-3200			지명순위	14 SK 1차		
생년월일	1995-02-13			학교	신도초-동산중-동산고		

시즌은 길고, 기회는 오기 마련이다.

2014년 1라운더 우완이지만, 성장이 더뎠다. 2023시즌 불펜으로 활약하며 기대감을 높였는데, 지난시즌 다시 후퇴했다. 1군 스프링캠프에 포함되지 못했고, 2군 캠프에서 몸을 만들었다. 겨울 동안 새벽훈련을 하며 투구 메커니즘에 변화를 줬다.

기본기록																
연도	경기	선발	QS	승	패	세이브	BS	홀드	이닝	피안타	피홈런	4사구	삼진	피안타율	WHIP	피 OPS	ERA	WAR
2022	1	1	0	0	1	0	0	0	3	2	1	4	2	0.200	2.00	0.929	9.00	-0.04
2023	27	1	0	1	0	0	0	0	38.2	31	0	25	31	0.228	1.45	0.628	2.09	0.72
2024	10	2	0	1	2	0	0	0	19	34	5	15	17	0.386	2.58	1.083	11.37	-0.58
통산	73	33	5	8	16	0	0	0	197.1	194	22	147	148	0.262	1.73	0.798	6.20	1.22

이로운

92

포지션	P	투타	우투우타	신장	185	체중	105
연봉	7400-7400			지명순위	23 SSG 1라운드 5순위		
생년월일	2004-09-11			학교	본리초-경복중-대구고		

투수에게 중요한 건 구속보다 루틴

탄탄한 몸에 부드러운 투구 폼으로 150㎞가 훌쩍 넘는 힘있는 공을 뿌린다. 지난 시즌 중반까지 핵심 오른손 불펜으로 활약했지만 7월 이후 폼이 뚝 떨어지며 등록말소를 반복했다. 흔들린 제구를 다시 잡는 게 숙제다. 입단 동기 송영진과 함께 '로진 듀오'로 불린다.

									기본기록								
연도	경기	선발	QS	승	패	세이브	BS	홀드	이닝	피안타	피홈런	4사구	삼진	피안타율	WHIP	피 OPS	ERA	WAR
2022	-	-	-	-	-	-	-	-	-	-	-	-	-	-	-	-	-	-
2023	50	0	0	6	1	0	1	5	57.2	67	7	29	52	0.289	1.66	0.810	5.62	-0.08
2024	62	0	0	1	3	1	1	9	56	67	4	43	41	0.300	1.96	0.825	5.95	0.30
통산	112	0	0	7	4	1	2	14	113.2	134	11	72	93	0.295	1.81	0.819	5.78	0.22

장지훈

21

포지션	P	투타	우투우타	신장	177	체중	82
연봉	13000-13000			지명순위	21 SK 2차 4라운드 38순위		
생년월일	1998-12-06			학교	김해삼성초-김해내동중-김해고-동의대		

꿈틀 체인지업 돌아오면 폼도 돌아온다

정대현이 투수코치로 있던 동의대를 졸업하고 2021년 2차 4라운드로 지명됐다. 사이드암 스로 특유의 낙차 있는 체인지업으로 입단 첫 해 10홀드를 따냈다. 지난해 7월 상무 전역 뒤바로 합류했지만, 구위 저하로 과거의 폼을 보여주지 못했다. 2군 캠프에서 시즌을 준비했다.

									기본기록								
연도	경기	선발	QS	승	패	세이브	BS	홀드	이닝	피안타	피홈런	4사구	삼진	피안타율	WHIP	피 OPS	ERA	WAR
2022	40	0	0	2	0	0	2	6	55	56	6	11	33	0.269	1.22	0.723	4.25	0.58
2023	0	0	0	0	0	0	0	0	0	0	0	0	0	-	-	-	-	0
2024	18	0	0	0	0	0	0	0	21.1	29	3	10	10	0.33	1.83	0.9	6.75	-0.09
통산	118	0	0	4	5	1	4	16	156.2	169	15	40	94	0.278	1.33	0.734	4.42	2.21

정동윤

51

포지션	P	투타	우투좌타	신장	193	체중	103
연봉	3000-3000		지명순위	16 SK 1차			
생년월일	1997-10-22		학교	안산리틀-덕성초-중앙중-야탑고			

이래서 미국 유학을 다녀오는 거다

2016년 1라운더, 194cm의 탁월한 피지컬에 기대가 컸지만 성장이 더뎠다. 지난 시즌 중반 트레드 애슬레틱 교육을 받고 약점이었던 구속이 140㎞ 후반까지 확 올라왔다. 투심에 포크볼을 더하면서 올시즌 기대감이 커졌다. 캠프를 거치면서 5선발 후보로 떠올랐다.

기본기록

연도	경기	선발	QS	승	패	세이브	BS	홀드	이닝	피안타	피홈런	4사구	삼진	피안타율	WHIP	피 OPS	ERA	WAR
2022	0	0	0	0	0	0	0	0	0	0	0	0	0	-	-	-	-	-
2023	0	0	0	0	0	0	0	0	0	0	0	0	0	-	-	-	-	-
2024	3	0	0	0	0	0	0	0	1.2	1	0	1	2	0.167	1.20	0.453	0.00	0.06
통산	8	0	0	0	0	0	0	0	9.1	10	2	4	6	0.286	1.50	0.832	3.86	0.19

천범석

90

포지션	P	투타	우투우타	신장	183	체중	86
연봉	3000		지명순위	25 SSG 4라운드 38순위			
생년월일	2006-03-06		학교	안양리틀-과천문원초-수원북중-강릉고			

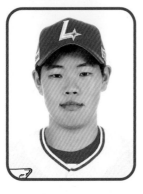

느려도 많이 움직이는 공이 좋은 공

4라운더 지명 신인인데, 플로리다 1군 스프링캠프에 합류했다. 150㎞를 던지는 강속구 투수는 아니지만 구단 측정 결과 수직 무브먼트가 상당히 좋다는 평가를 받았다. 고교시절에도 서클 체인지업은 주목을 받았다. 향후 선발 투수로 성장이 기대된다.

기본기록

연도	경기	선발	QS	승	패	세이브	BS	홀드	이닝	피안타	피홈런	4사구	삼진	피안타율	WHIP	피 OPS	ERA	WAR
2022	-	-	-	-	-	-	-	-	-	-	-	-	-	-	-	-	-	-
2023	-	-	-	-	-	-	-	-	-	-	-	-	-	-	-	-	-	-
2024	-	-	-	-	-	-	-	-	-	-	-	-	-	-	-	-	-	-
통산	-	-	-	-	-	-	-	-	-	-	-	-	-	-	-	-	-	-

최민준

포지션	P	투타	우투우타	신장	178	체중	83
연봉	14400-10000			지명순위	18 SK 2차 2라운드 15순위		
생년월일	1999-06-11			학교	수영초-경남중-경남고		

웅크렸다 뛰어오르면 더 높이 뛸 수 있다.

SSG의 오른손 불펜 핵심으로 성장이 기대됐다. 2023시즌 필승조로 활약했지만 지난 시즌 밸런스를 잃어버리며 장타 허용이 크게 늘었다. 밸런스 회복을 위해 하체 훈련에 집중했고, 투구 메커니즘도 수정했다. 쾌활한 성격에다 노래를 아주 잘해 '최필'이라는 별명을 얻었다.

기본기록

연도	경기	선발	QS	승	패	세이브	BS	홀드	이닝	피안타	피홈런	4사구	삼진	피안타율	WHIP	피 OPS	ERA	WAR
2022	51	1	0	5	4	0	2	5	68.1	51	10	34	48	0.207	1.24	0.676	3.95	0.82
2023	53	0	0	5	3	1	3	7	60	75	7	19	37	0.319	1.57	0.838	4.20	0.35
2024	32	0	0	1	0	0	0	0	39.1	61	9	24	40	0.353	2.16	1.012	7.78	-0.67
통산	176	13	1	14	10	1	6	16	258.2	291	42	127	190	0.286	1.62	0.833	5.43	1.12

한두솔

포지션	P	투타	좌투좌타	신장	177	체중	86
연봉	3200-8000			지명순위	18 KT 육성선수		
생년월일	1997-01-15			학교	광주수창초-진흥중-광주제일고		

한두솔은 거침없이 쭉쭉 직진

지난해 SSG가 마운드에서 거둔 최고의 수확 중 하나. 지명 실패 뒤 일본을 거쳐 KT에 입단했다 방출됐고, 2021년 SSG에 다시 육성선수로 입단했다. 지난해 왼손 핵심 불펜으로 성장하며 59경기에 등판해 K/9 10.31개를 기록했다. 1차 캠프 MVP에 뽑혔다.

기본기록

연도	경기	선발	QS	승	패	세이브	BS	홀드	이닝	피안타	피홈런	4사구	삼진	피안타율	WHIP	피 OPS	ERA	WAR
2022	8	0	0	0	0	0	0	0	5.1	10	0	4	1	0.400	2.63	0.947	16.88	-0.57
2023	1	0	0	0	0	0	0	0	1	1	0	1	2	0.250	2.00	1.250	9.00	-0.01
2024	69	0	0	2	1	0	0	3	59.1	62	3	31	68	0.267	1.57	0.723	5.01	0.86
통산	78	0	0	2	1	0	0	3	65.2	73	3	36	71	0.280	1.66	0.753	6.03	0.29

화이트

55

포지션	P	투타	우투우타	신장	190	체중	95
연봉	$1,000,000			지명순위	25 SSG 자유선발		
생년월일	1994-12-28			학교	Santa Clara University		

시즌엔 유니폼에 SSG, 끝나고는 KOREA

LA 다저스에서 뛰던 시절 박찬호 닮은 외모로 '짭찬호'라는 별명을 얻었다. 다른 구단과의 경쟁을 뚫고 SSG가 영입에 성공했다. 지난해 159㎞를 기록할 정도로 파워형 투수다. 앤더슨과 강력한 원투펀치가 기대된다. 어머니가 한국인으로 WBC 대표팀에 뽑힐 수도 있다.

									기본기록							
연도	경기	선발	QS	승	패	세이브	BS	홀드	이닝	피안타	피홈런	4사구	삼진	피안타율	WHIP	피 OPS	ERA	WAR
2022	-	-	-	-	-	-	-	-	-	-	-	-	-	-	-	-	-	-
2023	-	-	-	-	-	-	-	-	-	-	-	-	-	-	-	-	-	-
2024	-	-	-	-	-	-	-	-	-	-	-	-	-	-	-	-	-	-
통산	-	-	-	-	-	-	-	-	-	-	-	-	-	-	-	-	-	-

고명준

18

포지션	1B	투타	우투우타	신장	185	체중	94
연봉	3000-8000			지명순위	21 SK 2차 2라운드 18순위		
생년월일	2002-07-08			학교	서원초-세광중-세광고		

300타석을 넘어서면 뭔가 보인다

지난해 주전 1루수 자리를 두고 전의산과 경쟁 끝에 이겼다. 1루수 출신 이숭용 감독으로부터 1루 수비에서 합격점을 받았다. 올시즌 SSG의 1루수 1옵션이다. 장타력은 확실하지만, 일단 공에 맞혀야 한다. 지난해 366타석을 경험한 만큼 타율, 출루율 향상이 기대된다.

									기본기록							
연도	경기	타석	타수	안타	2루타	3루타	홈런	타점	득점	볼넷	사구	삼진	도루	타율	출루율	장타율	OPS	WAR
2022	0	0	0	0	0	0	0	0	0	0	0	0	0	-	-	-	-	0
2023	2	4	4	0	0	0	0	0	0	0	0	3	0	0.000	0.000	0.000	0.000	-0.02
2024	106	366	340	85	13	0	11	45	33	25	1	90	3	0.250	0.303	0.385	0.688	0.30
통산	111	375	349	85	13	0	11	45	33	25	1	96	3	0.244	0.296	0.375	0.671	-0.89

김민식

24

포지션	C	투타	우투좌타	신장	180	체중	80
연봉	15000-25000			지명순위	12 SK 2라운드 11순위		
생년월일	1989-06-28			학교	양덕초-마산중-마산고-원광대		

이제 포수에게 공격력도 필요하다.

SSG 포수 경쟁은 치열하다. 이지영이 앞선 가운데 조형우, 이율예 등 상위 라운더들의 도전이 거세다. ABS 시대에 OPS 0.594는 아쉬운 기록이다. 1군 엔트리 경쟁도 치열한 상황이다. 어쩌면 리그 다른 팀 상황에 따라 트레이드 카드가 될 수도 있다.

기본기록																
연도	경기	타석	타수	안타	2루타	3루타	홈런	타점	득점	볼넷	사구	삼진	도루	타율	출루율	장타율	OPS	WAR
2022	104	266	222	49	9	1	2	28	30	32	2	45	0	0.221	0.320	0.297	0.617	0.90
2023	122	318	266	58	9	1	5	34	28	31	2	57	0	0.218	0.302	0.316	0.618	1.33
2024	45	126	106	22	5	0	1	10	10	16	0	33	0	0.208	0.311	0.283	0.594	-0.26
통산	866	2318	1981	448	66	8	25	224	239	240	23	399	11	0.226	0.315	0.305	0.62	3.76

김성현

6

포지션	2B	투타	우투우타	신장	172	체중	72
연봉	20000-15000			지명순위	06 SK 2차 3라운드 20순위		
생년월일	1987-03-09			학교	송정동초-충장중-광주제일고		

언제나 믿고 쓸 수 있는 내야수

어느새 1,563경기를 뛰었고 프로 데뷔 20년 차 시즌을 맞는다. 2루수든 유격수든 수비에는 문제가 없다. 빠른 판단과 적절한 송구 능력은 베테랑 내야수의 장점이다. 정준재가 2루수 1옵션으로 기회를 받지만, 흔들리면 언제든지 김성현이 빈자리를 채울 수 있다.

기본기록																
연도	경기	타석	타수	안타	2루타	3루타	홈런	타점	득점	볼넷	사구	삼진	도루	타율	출루율	장타율	OPS	WAR
2022	130	359	302	66	9	1	2	37	38	31	3	36	3	0.219	0.295	0.275	0.570	0.39
2023	112	354	310	83	14	0	1	27	35	29	0	36	4	0.268	0.328	0.323	0.651	1.55
2024	71	167	141	32	3	1	1	15	21	16	4	28	2	0.227	0.321	0.284	0.605	-0.69
통산	1563	4752	4168	1124	182	11	45	445	544	378	53	459	48	0.270	0.335	0.351	0.686	11.81

김찬형

5

포지션	SS	투타	우투우타	신장	182	체중	83
연봉	5000-3200			지명순위	16 NC 2차 6라운드 53순위		
생년월일	1997-12-29			학교	양정초-경남중-경남고		

어려운 시간이 길었고 더 화려하게 필 수 있다.

고교시절 국내 톱을 다투는 유격수로 수비가 발군이라는 평가를 받았다. NC에 지명됐지만, 주전 기회를 얻지 못했고, 2021시즌 SSG로 트레이드됐다. 지난해에는 발목 부상 등으로 5경기에만 나섰다. SSG 내야, 특히 2루 포지션에는 아직 기회가 있다.

기본기록																	
연도	경기	타석	타수	안타	2루타	3루타	홈런	타점	득점	볼넷	사구	삼진	도루	타율	출루율	장타율	OPS	WAR
2022	0	0	0	0	0	0	0	0	0	0	0	0	0	-	-	-	-	0
2023	36	53	48	11	3	0	1	5	6	2	1	10	0	0.229	0.275	0.354	0.629	0.00
2024	5	9	9	0	0	0	0	0	0	0	0	4	0	0.000	0.000	0.000	0.000	-0.26
통산	414	770	668	162	32	2	7	47	96	52	22	138	10	0.243	0.317	0.328	0.645	0.34

김창평

64

포지션	CF	투타	우투좌타	신장	185	체중	85
연봉	3100-3100			지명순위	19 SK 2차 1라운드 6순위		
생년월일	2000-06-14			학교	광주학강초-무등중-광주제일고		

1라운더에게 아직 시간은 있다.

고졸 최고 선수였고 2019년 1라운더 내야수지만 수비력이 성장하지 못했다. 2021시즌부터 외야 겸업을 했고, 현재는 외야수다. 타격과 주루에 장점이 있지만 퓨처스에서 12타석 연속 안타 신기록을 세운 것과 달리 1군에서는 터지지 못했다. 지난해 말 오른손 수술을 받았다.

기본기록																	
연도	경기	타석	타수	안타	2루타	3루타	홈런	타점	득점	볼넷	사구	삼진	도루	타율	출루율	장타율	OPS	WAR
2022	0	0	0	0	0	0	0	0	0	0	0	0	0	-	-	-	-	0
2023	0	0	0	0	0	0	0	0	0	0	0	0	0	-	-	-	-	0
2024	6	9	7	0	0	0	0	0	1	2	0	4	1	0.000	0.222	0.000	0.222	-0.07
통산	99	180	155	25	6	1	0	11	21	18	1	37	10	0.161	0.251	0.213	0.464	-1.01

박지환

포지션	SS	투타	우투우타	신장	183	체중	75
연봉	3000-6200			지명순위	24 SSG 1라운드 10순위		
생년월일	2005-07-12			학교	군산남초-군산중-세광고		

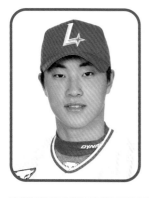

문학을 뜨겁게 만드는 '문학 싸이'

1라운더 내야수가 확실한 임팩트를 남긴 시즌이었다. 시즌 막판 체력 저하로 어려움을 겪었지만 패기 넘치고 화끈한 플레이 스타일로 '문학 아이돌'이라는 별명을 얻었다. 올스타전에서 춘 '뉴 페이스' 춤은 백미. 출전 기회를 늘리기 위해 3루 백업과 외야 백업을 겸한다.

기본기록																	
연도	경기	타석	타수	안타	2루타	3루타	홈런	타점	득점	볼넷	사구	삼진	도루	타율	출루율	장타율	OPS	WAR
2022	-	-	-	-	-	-	-	-	-	-	-	-	-	-	-	-	-	-
2023	-	-	-	-	-	-	-	-	-	-	-	-	-	-	-	-	-	-
2024	76	249	228	63	9	2	4	21	33	12	3	61	8	0.276	0.317	0.386	0.703	-0.26
통산	76	249	228	63	9	2	4	21	33	12	3	61	8	0.276	0.317	0.386	0.703	0.09

안상현

포지션	2B	투타	우투우타	신장	178	체중	74
연봉	4000-3200			지명순위	16 SK 2차 3라운드 26순위		
생년월일	1997-01-27			학교	사파초-선린중-용마고		

이제는 뭔가 보여줘야 하는 시즌

수비와 주루에 강점이 있는 내야수. 커리어는 쌓여가건만 아직 자리를 잡지 못했다. 지난 시즌 초반 엔트리에 포함돼 기회를 얻었지만, 그 기회를 살리지 못했다. 올시즌 새 얼굴들이 더해지면서 경쟁이 더 치열해졌다. 이제는 뭔가를 보여줘야 하는 시즌이다.

기본기록																	
연도	경기	타석	타수	안타	2루타	3루타	홈런	타점	득점	볼넷	사구	삼진	도루	타율	출루율	장타율	OPS	WAR
2022	46	47	38	6	0	0	2	5	12	5	1	12	2	0.158	0.273	0.316	0.589	0.21
2023	58	66	58	14	3	0	0	2	10	5	0	15	3	0.241	0.302	0.293	0.595	-0.04
2024	37	75	70	12	1	0	0	2	3	4	0	14	1	0.171	0.216	0.186	0.402	-0.61
통산	244	338	309	67	9	0	3	18	49	19	1	84	16	0.217	0.264	0.275	0.539	-0.66

오태곤

37

포지션	LF	투타 우투우타	신장	186	체중	88
연봉	25000-15000		지명순위	10 롯데 3라운드 22순위		
생년월일	1991-11-18		학교	쌍문초-신월중-청원고		

리그 최고의 슈퍼 유틸리티 플레이어

어디든 빈자리가 생기면 찰떡같이 메우는 알토란 같은 선수다. 외야는 물론 내야 전 포지션이 가능하고, 어느 포지션에서든 허슬 플레이를 펼친다. 대타, 대수비도 가리지 않는 '슈퍼 유틸리티 플레이어'다. '버티는 게 강한 것'이라는 신념 속에 '올스타'가 꿈이다.

기본기록																
연도	경기	타석	타수	안타	2루타	3루타	홈런	타점	득점	볼넷	사구	삼진	도루	타율	출루율	장타율	OPS	WAR
2022	130	295	263	61	14	1	4	23	48	15	9	68	11	0.232	0.293	0.338	0.631	1.18
2023	123	305	272	65	14	1	7	28	37	18	4	67	20	0.239	0.293	0.375	0.668	0.56
2024	117	288	247	68	16	0	9	36	43	31	1	73	27	0.275	0.355	0.449	0.804	1.43
통산	1423	3782	3423	905	196	10	87	405	555	225	54	865	182	0.264	0.318	0.404	0.722	4.21

이지영

59

포지션	C	투타 우투우타	신장	177	체중	88
연봉	20000-15000		지명순위	08 삼성 육성선수		
생년월일	1986-02-27		학교	서화초-신흥중-제물포고-경성대		

공수 모두 베테랑의 전형

베테랑 포수. 단순해 보이지만 선 굵은 볼배합을 장점으로 한다. 젊은 투수들로 하여금 과감한 승부를 하도록 유도해 성장을 이끄는 것도 장점이다. 클러치 상황에서 노림수 좋은 타격 실력을 보이며 큰 경기에 강했다. SSG의 미래가 될 포수들도 잘 끌고 가야 하는 시즌.

기본기록																
연도	경기	타석	타수	안타	2루타	3루타	홈런	타점	득점	볼넷	사구	삼진	도루	타율	출루율	장타율	OPS	WAR
2022	137	450	420	112	13	4	2	37	38	20	2	44	1	0.267	0.303	0.331	0.634	1.59
2023	81	237	217	54	8	1	0	8	23	12	1	39	1	0.249	0.291	0.295	0.586	0.86
2024	123	432	398	111	11	1	5	50	45	18	7	35	8	0.279	0.320	0.349	0.669	2.01
통산	1393	4121	3766	1053	111	17	21	418	407	196	43	418	34	0.280	0.321	0.335	0.656	9.44

정준재

3

포지션	2B	투타	우투좌타	신장	165	체중	68
연봉	3000-7500			지명순위	24 SSG 5라운드 50순위		
생년월일	2003-01-03			학교	상인천초-동인천중-강릉고-동국대		

소리없이 강했던 제2의 정근우

1라운더 박지환이 주목받았지만 시즌 중후반 주전 2루수는 5라운더 정준재였다. 경기수가 적간 하지만 타율 0.307, 16도루는 확실히 눈에 띄는 성적이다. 올시즌 주전 2루수 경쟁에서도 정준재가 앞서 있다. 파이팅 넘치는 플레이 스타일은 정근우 느낌이 난다.

기본기록																	
연도	경기	타석	타수	안타	2루타	3루타	홈런	타점	득점	볼넷	사구	삼진	도루	타율	출루율	장타율	OPS	WAR
2022	-	-	-	-	-	-	-	-	-	-	-	-	-	-	-	-	-	-
2023	-	-	-	-	-	-	-	-	-	-	-	-	-	-	-	-	-	-
2024	88	240	215	66	8	5	1	23	40	19	3	49	16	0.307	0.371	0.405	0.776	2.01
통산	88	240	215	66	8	5	1	23	40	19	3	49	16	0.307	0.371	0.405	0.776	1.80

정현승

47

포지션	RF	투타	좌투좌타	신장	180	체중	80
연봉	3000-3000			지명순위	24 SSG 6라운드 60순위		
생년월일	2001-01-24			학교	현산초-부천중-덕수고		

파이팅 넘치는 허슬 플레이어

2024 드래프트 6라운더지만, 5월 말 정식 선수로 등록됐다. 빠른 발을 바탕으로 외야 수비가 안정적이며, 적극적인 주루가 매력적이다. 31타석에 그쳤지만 임팩트가 컸다. 결정적 순간 그라운드의 분위기를 바꿀 수 있는 스타일의 야구를 펼친다. 서건창의 고종사촌 동생이다.

기본기록																	
연도	경기	타석	타수	안타	2루타	3루타	홈런	타점	득점	볼넷	사구	삼진	도루	타율	출루율	장타율	OPS	WAR
2022	-	-	-	-	-	-	-	-	-	-	-	-	-	-	-	-	-	-
2023	-	-	-	-	-	-	-	-	-	-	-	-	-	-	-	-	-	-
2024	23	31	29	7	0	0	1	4	1	2	0	6	1	0.241	0.290	0.345	0.635	-0.24
통산	23	31	29	7	0	0	1	4	1	2	0	6	1	0.241	0.290	0.345	0.635	-0.25

조형우

20

포지션	C	투타	우투우타	신장	187	체중	95
연봉	6300-4000			지명순위	21 SK 2차 1라운드 8순위		
생년월일	2002-04-04			학교	송정동초-무등중-광주제일고		

SSG의 조 마우어가 될 수 있을까?

2021년 2차 1라운드로 지명한 포수 유망주다. SSG의 미래 주전 포수로 평가받는다. 큰 키에도 불구하고 포수 수비력이 좋다는 평가를 받는다. 도루 저지를 위한 송구 능력도 좋다. 타석에서 아직 경험과 성장이 필요하다는 평가를 받았다.

기본기록

연도	경기	타석	타수	안타	2루타	3루타	홈런	타점	득점	볼넷	사구	삼진	도루	타율	출루율	장타율	OPS	WAR
2022	9	13	12	2	1	0	0	1	2	1	0	3	0	0.167	0.231	0.250	0.481	-0.06
2023	62	133	119	22	4	1	2	12	9	8	1	25	0	0.185	0.240	0.286	0.526	0.04
2024	19	38	33	8	0	0	0	4	4	1	4	6	0	0.242	0.342	0.242	0.584	-0.13
통산	90	184	164	32	5	1	2	17	15	10	5	34	0	0.195	0.261	0.274	0.535	-0.50

최상민

23

포지션	CF	투타	좌투좌타	신장	178	체중	75
연봉	3200-3200			지명순위	18 SK 육성선수		
생년월일	1999-08-20			학교	석교초-청주중-북일고		

빠른 발, 수비가 장기인 대주자, 대수비 요원

2018년 육성선수로 입단했고 1군 121경기 출전에 타석 수는 72개밖에 되지 않는다. 빠른 발을 무기로 한 대주자, 외야 대수비 전문으로 주로 나섰기 때문이다. 올시즌에도 외야 백업, 대주자로 경기에 나설 전망이다. SSG 라인업 구성상 수비에 능한 외야수가 필요하다.

기본기록

연도	경기	타석	타수	안타	2루타	3루타	홈런	타점	득점	볼넷	사구	삼진	도루	타율	출루율	장타율	OPS	WAR
2022	27	18	14	1	0	0	0	1	3	3	0	4	3	0.071	0.235	0.071	0.306	0.00
2023	51	41	34	8	0	0	0	3	5	4	0	7	2	0.235	0.308	0.235	0.543	0.34
2024	43	13	12	2	2	0	0	1	9	0	1	5	2	0.167	0.231	0.333	0.564	0.15
통산	121	72	60	11	2	0	0	5	17	7	1	16	7	0.183	0.275	0.217	0.492	0.21

최준우

포지션	2B	투타	우투좌타	신장	176	체중	78
연봉	4500-3200			지명순위	18 SK 2차 4라운드 35순위		
생년월일	1999-03-25			학교	방배초-대치중-장충고		

흘린 땀과 노력은 배신하지 않는다.

입단 8년 차 시즌을 맞지만 통산 1군에서 147경기밖에 나서지 못했다. 내야 백업 자리도 흔들리고 있다. 지난해 마무리 캠프에서 1루수, 외야수 겸업을 위해 해당 포지션 연습에 매진했고, 올해 플로리다 캠프에서 선수들이 뽑은 MVP에 선정되며 기대감을 높였다.

기본기록

연도	경기	타석	타수	안타	2루타	3루타	홈런	타점	득점	볼넷	사구	삼진	도루	타율	출루율	장타율	OPS	WAR
2022	10	16	12	3	0	0	0	1	0	3	0	3	0	0.250	0.375	0.250	0.625	0.06
2023	38	69	60	16	1	0	0	6	5	8	0	10	0	0.267	0.348	0.283	0.631	0.64
2024	18	34	25	6	2	0	0	5	2	9	0	8	0	0.240	0.441	0.320	0.761	0.23
통산	147	362	312	75	9	0	3	26	33	42	0	52	1	0.240	0.328	0.298	0.626	0.17

하재훈

포지션	LF	투타	우투우타	신장	182	체중	90
연봉	10000-9000			지명순위	19 SK 2차 2라운드 16순위		
생년월일	1990-10-29			학교	양덕초-마산동중-용마고		

야수 전향 뒤 경험이 쌓였다. 폭발 가능성 있다.

투수에서 외야수로 전향한 뒤 4번째 시즌을 맞는다. 지난 시즌 두 자릿수 홈런을 때렸지만 기대에는 못 미쳤다. 풀타임으로 뛴다면 20-20이 가능한 파워와 스피드를 갖고 있다. 이제 타석이 쌓였고, 터질 가능성이 생겼다. 캠프에서 화끈한 타격을 선보였다.

기본기록

연도	경기	타석	타수	안타	2루타	3루타	홈런	타점	득점	볼넷	사구	삼진	도루	타율	출루율	장타율	OPS	WAR
2022	60	114	107	23	6	1	6	13	18	4	1	40	1	0.215	0.246	0.458	0.704	0.07
2023	77	229	201	61	10	1	7	35	35	19	5	53	11	0.303	0.374	0.468	0.842	2.79
2024	107	317	290	72	19	0	10	36	40	18	2	90	15	0.248	0.292	0.417	0.709	-1.59
통산	246	660	598	156	35	2	23	84	93	41	8	183	27	0.261	0.313	0.441	0.754	1.58

김건우

39

포지션	P	투타	좌투좌타	신장	185	체중	88
연봉	3000			지명순위	21 SK 1차		
생년월일	2002-07-12			학교	인천서구리틀-가현초-동산중-제물포고		

연도	경기	선발	QS	승	패	세이브	BS	홀드	이닝	피안타	피홈런	4사구	삼진	피안타율	WHIP	피 OPS	ERA	WAR
2022	2	1	0	0	0	0	0	0	3	5	1	4	1	0.385	3	1.221	9	-0.06
2023	0	0	0	0	0	0	0	0	0	0	0	0	0	-	-	-	-	0
2024	0	0	0	0	0	0	0	0	0	0	0	0	0	-	-	-	-	0
통산	8	5	0	0	1	0	0	0	14	13	2	16	8	0.236	2.07	0.79	5.79	0.22

박기호

66

포지션	P	투타	우투우타	신장	184	체중	80
연봉	3000-3000			지명순위	24 SSG 3라운드 30순위		
생년월일	2005-07-26			학교	청주리틀-샛별초-현도중-청주고		

연도	경기	선발	QS	승	패	세이브	BS	홀드	이닝	피안타	피홈런	4사구	삼진	피안타율	WHIP	피 OPS	ERA	WAR
2022	-	-	-	-	-	-	-	-	-	-	-	-	-	-	-	-	-	-
2023	-	-	-	-	-	-	-	-	-	-	-	-	-	-	-	-	-	-
2024	0	0	0	0	0	0	0	0	0	0	0	0	0	-	-	-	-	0
통산	-	-	-	-	-	-	-	-	-	-	-	-	-	-	-	-	-	-

박시후

57

포지션	P	투타	좌투좌타	신장	182	체중	88
연봉	3000-3100			지명순위	20 SK 2차 10라운드 100순위		
생년월일	2001-05-10			학교	상인천초-상인천중-인천고		

연도	경기	선발	QS	승	패	세이브	BS	홀드	이닝	피안타	피홈런	4사구	삼진	피안타율	WHIP	피 OPS	ERA	WAR
2022	2	0	0	0	0	0	0	0	1	3	0	0	0	0.500	3.00	1.167	180	-0.04
2023	0	0	0	0	0	0	0	0	0	0	0	0	0	-	-	-	-	-
2024	11	0	0	0	0	0	0	0	14.2	18	1	7	11	0.295	1.70	0.747	6.75	0.12
통산	13	0	0	0	0	0	0	0	15.2	21	1	7	11	0.313	1.79	0.783	7.47	0.08

신지환

60

포지션	P	투타	좌투좌타	신장	180	체중	81
연봉	3000			지명순위	25 SSG 2라운드 18순위		
생년월일	2006-04-17			학교	강남초-성남중-성남고		

연도	경기	선발	QS	승	패	세이브	BS	홀드	이닝	피안타	피홈런	4사구	삼진	피안타율	WHIP	피 OPS	ERA	WAR
2022	-	-	-	-	-	-	-	-	-	-	-	-	-	-	-	-	-	-
2023	-	-	-	-	-	-	-	-	-	-	-	-	-	-	-	-	-	-
2024	-	-	-	-	-	-	-	-	-	-	-	-	-	-	-	-	-	-
통산	-	-	-	-	-	-	-	-	-	-	-	-	-	-	-	-	-	-

신현민

49

포지션	P	투타	우투우타	신장	187	체중	88
연봉	3200-3300			지명순위	22 SSG 2차 1라운드 2순위		
생년월일	2002-07-19			학교	광주학강초-광주동성중-광주동성고		

연도	경기	선발	QS	승	패	세이브	BS	홀드	이닝	피안타	피홈런	4사구	삼진	피안타율	WHIP	피 OPS	ERA	WAR
2022	1	0	0	0	0	0	0	0	1	3	0	0	1	0.600	3.00	1.200	9.00	-0.07
2023	11	0	0	0	0	0	0	0	12	19	1	6	8	0.345	2.08	0.919	6.00	-0.06
2024	3	0	0	0	0	0	0	0	3	7	2	3	0	0.538	3.33	1.765	18.00	-0.21
통산	15	0	0	0	0	0	0	0	16	29	3	9	9	0.397	2.38	1.094	8.44	-0.33

전영준 65

	포지션	P	투타	우투우타	신장	192	체중	110
	연봉	3200-3200		지명순위	22 SSG 2차 9라운드 82순위			
	생년월일	2002-04-16		학교	부곡초-휘문중-대구고			

연도	경기	선발	QS	승	패	세이브	BS	홀드	이닝	피안타	피홈런	4사구	삼진	피안타율	WHIP	피 OPS	ERA	WAR
2022	4	1	0	0	0	0	0	0	5	7	2	3	7	0.333	2.00	1.154	7.20	-0.01
2023	0	0	0	0	0	0	0	0	0	0	0	0	0	-	-	-	-	-
2024	0	0	0	0	0	0	0	0	0	0	0	0	0	-	-	-	-	-
통산	4	1	0	0	0	0	0	0	5	7	2	3	7	0.333	2.00	1.154	7.20	-0.01

최현석 40

	포지션	P	투타	우투우타	신장	185	체중	90
	연봉	3000-3000		지명순위	24 SSG 4라운드 40순위			
	생년월일	2003-10-16		학교	서흥초-동산중-동산고-부산과학기술대			

연도	경기	선발	QS	승	패	세이브	BS	홀드	이닝	피안타	피홈런	4사구	삼진	피안타율	WHIP	피 OPS	ERA	WAR
2022	-	-	-	-	-	-	-	-	-	-	-	-	-	-	-	-	-	-
2023	-	-	-	-	-	-	-	-	-	-	-	-	-	-	-	-	-	-
2024	2	0	0	0	0	0	0	0	0.2	5	1	3	1	0.714	12.00	1.943	54.00	-0.16
통산	2	0	0	0	0	0	0	0	0.2	5	1	3	1	0.714	12.00	1.943	54.00	-0.16

김성민 56

	포지션	2B	투타	우투우타	신장	184	체중	88
	연봉	3000-3000		지명순위	20 SK 2차 2라운드 20순위			
	생년월일	2001-04-30		학교	서울학동초-자양중-경기고			

연도	경기	타석	타수	안타	2루타	3루타	홈런	타점	득점	볼넷	사구	삼진	도루	타율	출루율	장타율	OPS	WAR
2022	0	0	0	0	0	0	0	0	0	0	0	0	0	-	-	-	-	0
2023	0	0	0	0	0	0	0	0	0	0	0	0	0	-	-	-	-	0
2024	0	0	0	0	0	0	0	0	0	0	0	0	0	-	-	-	-	0
통산	9	16	14	4	0	0	2	4	4	1	1	3	0	0.286	0.375	0.714	1.089	-0.01

김수윤 4

	포지션	1B	투타	우투우타	신장	180	체중	83
	연봉	3200-3200		지명순위	17 NC 2차 7라운드 68순위			
	생년월일	1998-07-16		학교	삼성초-개성중-부산고			

연도	경기	타석	타수	안타	2루타	3루타	홈런	타점	득점	볼넷	사구	삼진	도루	타율	출루율	장타율	OPS	WAR
2022	10	18	17	2	1	0	1	2	1	1	0	7	0	0.118	0.167	0.353	0.520	-0.06
2023	16	15	14	3	0	0	0	2	0	1	0	4	0	0.214	0.267	0.214	0.481	-0.18
2024	9	10	9	2	0	0	0	0	0	1	0	4	0	0.222	0.300	0.222	0.522	-0.10
통산	42	50	47	7	1	0	1	4	1	3	0	17	0	0.149	0.200	0.234	0.434	-0.58

류효승 45

	포지션	LF	투타	우투우타	신장	190	체중	100
	연봉	3100-3100		지명순위	20 SK 2차 6라운드 60순위			
	생년월일	1996-07-16		학교	칠성초-경상중-상원고-성균관대			

연도	경기	타석	타수	안타	2루타	3루타	홈런	타점	득점	볼넷	사구	삼진	도루	타율	출루율	장타율	OPS	WAR
2022	0	0	0	0	0	0	0	0	0	0	0	0	0	-	-	-	-	0
2023	3	4	3	0	0	0	0	0	0	0	1	0	0	0.000	0.250	0.000	0.250	-0.09
2024	1	2	2	0	0	0	0	0	0	0	0	0	0	0.000	0.000	0.000	0.000	-0.05
통산	12	15	13	1	0	0	1	2	2	1	1	4	0	0.077	0.200	0.308	0.508	-0.28

박대온 · 12

포지션 C	투타 우투우타	신장 182	체중 85
연봉 4000-3200		지명순위 14 NC 2차 2라운드 25순위	
생년월일 1995-08-28		학교 도곡초-서울이수중-휘문고	

연도	경기	타석	타수	안타	2루타	3루타	홈런	타점	득점	볼넷	사구	삼진	도루	타율	출루율	장타율	OPS	WAR
2022	59	133	127	23	4	0	1	10	8	0	2	37	0	0.181	0.192	0.236	0.428	-0.71
2023	25	33	28	8	3	0	0	3	6	3	1	8	0	0.286	0.364	0.393	0.757	0.14
2024	0	0	0	0	0	0	0	0	0	0	0	0	0	-	-	-	-	0
통산	259	394	364	77	16	1	2	23	28	13	3	102	0	0.212	0.242	0.277	0.519	-2.34

석정우 · 52

포지션 2B	투타 우투우타	신장 180	체중 82
연봉 3100-3100		지명순위 22 SSG 육성선수	
생년월일 1999-01-20		학교 동일초-경남중-경남고-연세대	

연도	경기	타석	타수	안타	2루타	3루타	홈런	타점	득점	볼넷	사구	삼진	도루	타율	출루율	장타율	OPS	WAR
2022	9	9	9	2	0	0	0	0	1	0	0	3	0	0.222	0.222	0.222	0.444	-0.03
2023	0	0	0	0	0	0	0	0	0	0	0	0	0	-	-	-	-	0
2024	0	0	0	0	0	0	0	0	0	0	0	0	0	-	-	-	-	0
통산	9	9	9	2	0	0	0	0	1	0	0	3	0	0.222	0.222	0.222	0.444	-0.01

신범수 · 25

포지션 C	투타 우투좌타	신장 177	체중 83
연봉 5000-3200		지명순위 16 KIA 2차 8라운드 78순위	
생년월일 1998-01-28		학교 광주대성초-광주동성중-광주동성고	

연도	경기	타석	타수	안타	2루타	3루타	홈런	타점	득점	볼넷	사구	삼진	도루	타율	출루율	장타율	OPS	WAR
2022	2	3	3	0	0	0	0	0	0	0	0	1	0	0.000	0.000	0.000	0.000	-0.07
2023	36	100	88	15	3	0	2	10	7	7	2	19	0	0.170	0.245	0.273	0.518	-0.32
2024	11	29	27	6	3	0	0	2	4	1	1	5	0	0.222	0.276	0.333	0.609	-0.03
통산	107	223	200	37	13	1	4	23	15	15	4	46	0	0.185	0.253	0.32	0.573	-0.11

이승민 · 9

포지션 RF	투타 좌투좌타	신장 187	체중 90
연봉 3000-3000		지명순위 24 SSG 2라운드 20순위	
생년월일 2005-01-06		학교 도곡초-휘문중-휘문고	

연도	경기	타석	타수	안타	2루타	3루타	홈런	타점	득점	볼넷	사구	삼진	도루	타율	출루율	장타율	OPS	WAR
2022	-	-	-	-	-	-	-	-	-	-	-	-	-	-	-	-	-	-
2023	-	-	-	-	-	-	-	-	-	-	-	-	-	-	-	-	-	-
2024	0	0	0	0	0	0	0	0	0	0	0	0	0	-	-	-	-	0
통산	-	-	-	-	-	-	-	-	-	-	-	-	-	-	-	-	-	0

이율예 · 32

포지션 C	투타 우투우타	신장 183	체중 90
연봉 3000		지명순위 25 SSG 1라운드 8순위	
생년월일 2006-11-21		학교 함안-양산원동중-강릉고	

연도	경기	타석	타수	안타	2루타	3루타	홈런	타점	득점	볼넷	사구	삼진	도루	타율	출루율	장타율	OPS	WAR
2022	-	-	-	-	-	-	-	-	-	-	-	-	-	-	-	-	-	-
2023	-	-	-	-	-	-	-	-	-	-	-	-	-	-	-	-	-	-
2024	-	-	-	-	-	-	-	-	-	-	-	-	-	-	-	-	-	-
통산	-	-	-	-	-	-	-	-	-	-	-	-	-	-	-	-	-	-

이정범

 31

포지션 LF	투타 좌투좌타	신장 178 체중 88
연봉 3200-3200	지명순위 17 SK 2차 5라운드 46순위	
생년월일 1998-04-10	학교 숭의초-동인천중-인천고	

연도	경기	타석	타수	안타	2루타	3루타	홈런	타점	득점	볼넷	사구	삼진	도루	타율	출루율	장타율	OPS	WAR
2022	7	11	11	3	0	0	0	1	2	0	0	2	0	0.273	0.273	0.273	0.546	-0.03
2023	15	33	29	5	0	0	0	4	2	2	0	6	0	0.172	0.212	0.172	0.384	-0.34
2024	0	0	0	0	0	0	0	0	0	0	0	0	0	-	-	-	-	0
통산	41	110	99	23	4	0	3	14	12	9	0	23	0	0.232	0.291	0.364	0.655	-0.51

채현우

 15

포지션 LF	투타 우투우타	신장 182 체중 80
연봉 3000-3000	지명순위 19 SK 2차 8라운드 76순위	
생년월일 1995-11-21	학교 칠성초-경복중-상원고-송원대	

연도	경기	타석	타수	안타	2루타	3루타	홈런	타점	득점	볼넷	사구	삼진	도루	타율	출루율	장타율	OPS	WAR
2022	0	0	0	0	0	0	0	0	0	0	0	0	0	-	-	-	-	0
2023	1	0	0	0	0	0	0	0	1	0	0	0	0	-	-	-	-	0
2024	1	0	0	0	0	0	0	0	0	0	0	0	0	-	-	-	-	0
통산	27	25	24	3	1	0	0	0	5	1	0	9	6	0.125	0.160	0.167	0.327	-0.18

최민창

 53

포지션 LF	투타 좌투좌타	신장 179 체중 76
연봉 3000	지명순위 15 LG 2차 2라운드 17순위	
생년월일 1996-04-16	학교 강남초-선린중-신일고	

연도	경기	타석	타수	안타	2루타	3루타	홈런	타점	득점	볼넷	사구	삼진	도루	타율	출루율	장타율	OPS	WAR
2022	4	5	5	1	0	0	0	0	1	0	0	1	0	0.200	0.200	0.200	0.400	-0.06
2023	0	0	0	0	0	0	0	0	0	0	0	0	0	-	-	-	-	0
2024	7	3	3	0	0	0	0	0	2	0	0	1	0	0.000	0.000	0.000	0.000	-0.03
통산	27	43	39	9	0	0	0	2	4	3	0	9	0	0.231	0.279	0.231	0.510	-0.12

현원회

 8

포지션 C	투타 우투우타	신장 180 체중 95
연봉 3000-3000	지명순위 20 SK 2차 4라운드 40순위	
생년월일 2001-07-08	학교 가동초-경상중-대구고	

연도	경기	타석	타수	안타	2루타	3루타	홈런	타점	득점	볼넷	사구	삼진	도루	타율	출루율	장타율	OPS	WAR
2022	0	0	0	0	0	0	0	0	0	0	0	0	0	-	-	-	-	0
2023	0	0	0	0	0	0	0	0	0	0	0	0	0	-	-	-	-	0
2024	1	1	1	0	0	0	0	0	0	0	0	1	0	0.000	0.000	0.000	0.000	-0.02
통산	2	1	1	0	0	0	0	0	0	0	0	1	0	0.000	0.000	0.000	0.000	-0.02

2025시즌 육성선수							
포지션	배번	투타	한글성명	생년월일	신장	체중	입단연도
투수	3	우우	김준영	2003.11.18	178	83	2023
투수	95	좌좌	김현재	2006.7.3	177	78	2025
투수	2	우우	도재현	2001.03.08	193	103	2025
투수	48	좌좌	안현서	2004.10.16	185	83	2023
투수	96	우우	이도우	2006.5.13	191	96	2025
투수	46	우우	이승훈	2004.8.12	186	81	2023
투수	63	우우	임성준	2001.11.16	183	93	2022
투수	98	우우	조요한	2000.1.6	191	101	2021
투수	62	우우	최수호	2000.7.19	183	78	2019
투수	1	우우	한지헌	2004.8.14	183	86	2025
포수	61	우좌	김규민	2002.8.23	180	94	2024
내야수	36	우좌	김태윤	2003.2.28	170	65	2022
내야수	94	우우	최윤석	2006.4.25	187	93	2025
내야수	67	우좌	허진	2001.6.16	175	78	2024
내야수	97	우좌	홍대인	2001.11.23	174	76	2025
외야	58	우우	박정빈	2002.6.14	182	80	2021
외야	69	우우	백준서	2005.9.26	181	89	2024
외야	93	좌우	이원준	2006.03.15	181	95	2025
외야	68	우우	임근우	1999.7.22	180	88	2022

로진 듀오

이로운

송영진

경현호, 송영진, 이로운
'로진'은 서진용이 지어준 별명이라고 ⓒ SSG 랜더스

롯데 자이언츠

주요 이슈

롯데는 2024시즌에도 가을야구 진출에 실패했다. 가장 최근 포스트시즌 진출 기록은 2017년에 머물러 있다. 벌써 7년 연속 '가을 잔치'에 초대받지 못했다.

롯데는 2023시즌을 마치고 큰 결단을 내렸다. 김태형 감독을 사령탑으로 데리고 왔다. 롯데가 처음으로 선택한 '강성' 스타일의 리더십을 가진 감독이다. 그만큼 롯데는 가을야구가 이제 간절하다. 김태형 감독은 두산을 7년 연속 한국시리즈에 진출시켰고 이 중 세 차례나 우승 트로피를 들어 올렸다. 롯데에도 그런 가을 DNA가 깃들기를 바랐다.

하지만 김 감독과 롯데는 서로 적응할 시간이 필요했다. 애초에 얇은 선수 뎁스도 문제점 중 하나였다. 개막 전부터 내야진 고민이 있었고 시즌 개막 후에도 해결되지 않았다. 이 부분은 LG와의 트레이드로 손호영을 데려오면서 해결했다. 그런데 의외로 투수진에서 계산이 자꾸 어긋났다. 필승조 구승민이 흔들리기 시작하면서 신인 전미르에게 기회가 많이 갔지만 오래 버티지는 못했다. 함께 버텼던 최준용도 마찬가지였다.

선발진에서는 에이스 외국인 투수 찰리 반즈가 5월 말 부상으로 이탈하는 변수가 있었고 국내 에이스 박세웅도 기복이 있었다. 시즌 전부터 구설수가 이어졌던 나균안은 6월 말 선발 등판 전날 술자리를 가져 징계를 받기도 했다. 가뜩이나 5선발 채우기조차 어려웠던 롯데는 한현희를 전천후로 활용하는 등의 방법으로 선발진의 구멍을 메웠고 시즌을 소화해나갔다.

쉽지 않은 과정이었지만 시즌을 치르면서 롯데는 점점 짜임새 있는 팀을 만들어나갔다. 젊은 선수들이 전력의 대부분을 차지하다 보니 한번 분위기를 타면 무서운 힘을 자랑했다. 그러나 한 번에 분위기가 떨어지기도 했다. 6월에는 14승 1무 9패로 월간 승률 1위를 기록하기도 했다. 그러다 7월에는 다시 주춤하면서 순위가 내려갔다. 그러다 8월에도 다시 승률 1위로 떠오르면서 '팔치올'이라는 유행어를 부활시켰다. 시즌 막판까지 5강 싸움을 했지만 정교함이 부족했다. 경험이 적은 선수들이 대부분이라 그런지 치명적인 실책이 많았다. 결국 5위 다툼 끝에 7위로 마감하긴 했지만, 롯데가 점점 힘이

2024시즌 7위
66승 4무 74패

붙어나가는 모습을 볼 수 있었다는 점은 소득이었다.

새 시즌은 지난해 경험을 쌓은 선수들이 얼마나 더 역량을 발휘할 수 있는지 여부에 달려 있다. 이른바 '윤나고황'이라고 불리는 윤동희-나승엽-고승민-황성빈 4인방에 손호영이 지난 시즌 보여준 가능성을 조금 더 키운다면 롯데는 좀 더 견고한 전력을 갖출 수 있다.

불펜진도 안정화가 기대된다. 내부 FA 김원중과 구승민을 모두 잔류시켰고 트레이드로 정철원까지 데리고 왔다. 지난 시즌 가능성을 보인 박진, 송재영, 이민석, 정현수 등과 시즌 막판 김 감독의 눈길을 받은 박준우도 합류할 예정이다.

2025시즌은 김 감독이 본격적으로 자신의 리더십을 펼쳐 보일 수 있는 해다. 롯데 선수들 역시 이제는 김 감독의 스타일을 파악했다. 지난 시즌 경험으로 어느 정도 뎁스도 쌓였다. 외국인 선수들도 잘 구성했다. 메이저리그 진출 가능성이 있었던 반즈도 잔류했고 새 외국인 투수로 2021년 월드시리즈 우승 경험이 있는 터커 데이비슨을 데리고 왔다. 역대 한 시즌 최다안타 신기록을 달성한 빅터 레이예스도 올해 동행한다. 면면을 따져보면 롯데의 전력이 나쁜 편이 아니다. 이제는 염원하던 가을야구의 꿈을 이룰 때다.

2025시즌을 준비하면서 훈련량이 많이 늘었다. 마무리캠프에서부터 선수들 유니폼에 흙이 마를 날이 없었으며 스프링 캠프에서도 강도 높은 훈련 스케줄을 소화해야만 했다. 고참, 신인 등도 예외가 없었다. 기본기를 다져놨으니 승부처에서 무너지는 일은 이제 줄여야 한다.

다만 이번 해에도 주의해야 할 것은 부상이다. 선수들이 많이 성장했다고는 하지만, 이제 1군에서 풀타임 2년 차를 맞이하는 선수들이 대부분이다. 그렇기 때문에 선수 한 명의 공백이 팀 성적에 다이렉트로 영향을 미치게 된다. 경기 중 일어나는 돌발 상황에 대해 그 누구도 대비할 수는 없지만 선수들의 몸 관리에 집중해야 한다. 구단의 트레이닝 파트의 역할도 커진다. 이제 팀의 주축 선수가 된 손호영은 특히 햄스트링 관리에 심혈을 기울여야 한다.

순위기록

종합

	경기당 득점		경기당 실점		경기당 실책		수비효율	
롯데	5.57	3위	5.49	6위	0.85	9위	0.649	10위
리그평균	5.38	6▶3	5.38	6▶6	0.76	3▶9	0.647	10▶10

	경기당 도루시도		도루성공률		경기당 희생번트		경기당 투수교체	
롯데	1.0	5위	71.4	7위	0.26	9위	3.99	7위
리그평균	1.1	5▶5	74.4	9▶7	0.34	4▶9	3.90	6▶7

타격

	타율		출루율		장타율		OPS	
롯데	0.285	2위	0.352	5위	0.430	2위	0.782	2위
리그평균	0.277	4▶2	0.352	4▶5	0.420	8▶2	0.772	8▶2

선발

	평균자책점		경기당 이닝		피안타율		피순장타	
롯데	4.91	6위	5.30	1위	0.279	8위	57	2위
리그평균	4.77	3▶6	5.00	2▶1	0.274	6▶8	48.8	2▶2

구원

	평균자책점		경기당 이닝		피안타율		피순장타	
롯데	5.34	8위	3.62	9위	0.294	10위	27	10위
리그평균	5.16	8▶8	3.91	9▶9	0.282	7▶10	19.9	7▶10

라인업

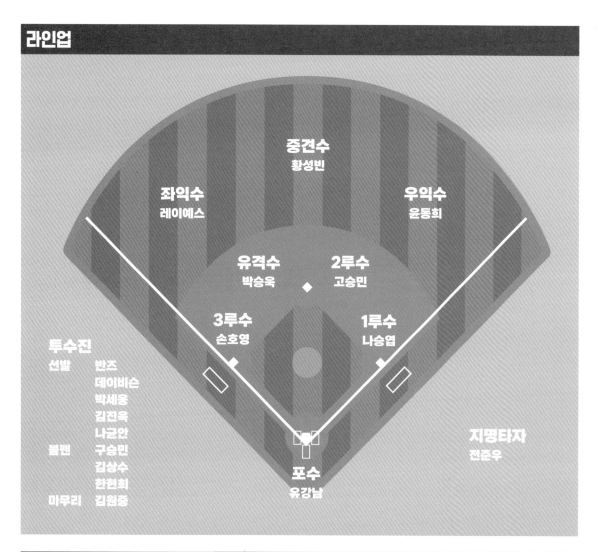

중견수
황성빈

좌익수
레이예스

우익수
윤동희

유격수
박승욱

2루수
고승민

3루수
손호영

1루수
나승엽

투수진
선발   반즈
          데이비슨
          박세웅
          김진욱
          나균안
불펜   구승민
          김상수
          한현희
마무리 김원중

지명타자
전준우

포수
유강남

최근 10시즌 성적

| 2015 | 2016 | 2017 | 2018 | 2019 | 2020 | 2021 | 2022 | 2023 | 2024 |

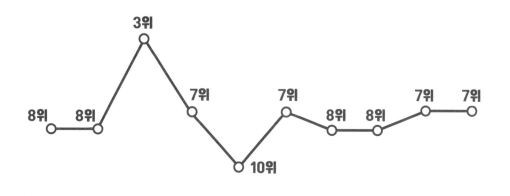

8위   8위   3위   7위   10위   7위   8위   8위   7위   7위

최상 시나리오

핵심은 '윤나고황', 그리고 손호영이다. 2025시즌을 맞이하며 몸값이 대폭 상승한 이들이 기대만큼의 맹활약을 한다. 감독에게 아무 걱정이 없다. 롯데는 비시즌 동안 담장을 정상화했다. 2021시즌 6m까지 높였던 외야 펜스를 5m까지 다시 낮췄다. 그래서일까? '윤나고황손'이 지난 시즌보다 더 많은 홈런을 쏘아 올린다. 그만큼 승률도 높아진다. 실제로 윤동희는 1군 첫해 컨택 능력의 타격을 하다가 장타를 늘리는 쪽으로 타격 스타일에 변화를 주었다. 지난 시즌을 마치고 도쿄에서 맞춤형 관리 방법을 터득한 손호영은 풀타임을 소화하며 자신을 향한 의문 부호를 지워낸다. 나란히 롯데에 남은 FA 듀오 김원중과 구승민은 철벽처럼 8~9회를 막아낸다. 가을이다. 아직 야구의 계절이다.

최악 시나리오

이제 팀 주축은 젊은 선수들이 대부분이다. 경험의 힘이 부족하다. 1986년생 전준우가 최고참일 정도로 선수 평균 연령이 많이 젊어졌다. '윤나고황손'은 지난 시즌 그다지 경험이 쌓은 것 같지 않다. 이들의 백업은 더 경험이 부족하다. KBO 리그 첫해를 보내는 터커 데이비슨의 성적은 윌커슨을 넘어서지 못한다. 선발진을 꾸리기조차 힘들다. 레이예스의 두 번째 시즌은 200안타와 거리가 멀다. 김민석을 내주고 데려온 정철원도 부활의 기미가 보이지 않는다. 필승조에 넣을 투수가 없다. 감독의 머릿속 라인업에 빈칸이 많다. 여러 물음표를 지우지 못한 채 일찍 시즌이 마무리된다.

코칭스태프

보직	배번	투타	이름	생년월일	키(cm)	몸무게(kg)
감독	88	우우	김태형	1967.9.12	175	82
수석	74	우우	조원우	1971.4.8	178	82
벤치	76	우우	김민재	1973.1.3	181	84
투수(메인)	81	좌좌	주형광	1976.3.1	185	92
투수(불펜)	71	우우	이재율	1986.5.28	179	82
투수전력분석	86	우우	조세범	1986.3.1	183	88
타격(메인)	84	좌좌	임훈	1985.7.17	186	86
타격(보조)	94	우좌	이성곤	1992.3.25	186	104
타격전력분석	93	우우	백어진	1990.11.26	182	85
배터리	73	우우	정상호	1982.12.24	187	100
내야수비	72	우우	김민호	1969.3.19	181	81
1루,외야수비	70	우우	유재신	1987.11.21	179	78
3루,작전주루	90	우우	고영민	1984.2.8	182	73
퓨처스 감독	99	우우	김용희	1955.10.4	190	96
퓨처스 투수(메인)	98	우우	김상진	1970.3.15	182	91
퓨처스 투수(불펜)	82	우우	문동환	1972.5.8	183	95
퓨처스 타격	83	좌좌	이병규	1983.10.9	178	98
퓨처스 배터리	80	우우	백용환	1989.3.20	179	91

감독 및 전력 포인트

김태형 감독

2025시즌 롯데가 기대되는 가장 큰 이유는 김태형 감독의 리더십이다. '곰의 탈을 쓴 여우'라는 별명이 붙을 만큼 팀을 가을야구로 이끄는 용병술은 탁월하다. 두산 시절 곁에 있던 코치들도 보고도 따라 할 수 없을 정도라고 말하곤 했다. 이기기 위해서는 퇴장도 불사할 정도로 기싸움에도 능하다. 실제로 김 감독이 퇴장한 경기는 대부분 이기곤 했다. 김 감독은 지난 시즌은 주로 땅을 다지는 작업을 했다. 충분히 다져놨으니 이번에는 수확을 바라고 있다. 야수진에서는 어느 정도 안정화를 찾았지만 불펜에서는 아직 물음표가 있다. 투수 교체 타이밍이나 어떤 투수를 투입할지 여부는 감독들이 가장 어려워하는 부분이다. 이 부분은 김 감독의 순간의 판단력으로 크게 좌우될 것으로 보인다. 선수들이 주어진 기회를 잘 살려야 감독과 선수 모두 시너지를 낼 수 있다.

보직	배번	투타	이름	생년월일	키(cm)	몸무게(kg)
퓨처스 내야수비	89	우우	문규현	1983.7.5	184	96
퓨처스 수비	97	우우	박정현	1996.5.8	184	82
잔류군 총괄	77	우우	김광수	1959.1.3	165	80
잔류군 투수	92	우우	김현욱	1970.7.6	184	82
잔류군 타격	79	우좌	유민상	1989.4.13	186	97
잔류군 배터리	87	우우	강성우	1970.1.5	173	82
퍼포먼스	75	우우	임경완	1975.12.28	186	104
트레이닝	78	–	이병국	1980.7.13	186	93
트레이닝	–	–	김태현	1987.3.11	179	94
트레이닝	–	–	이대승	1991.9.24	176	81
트레이닝	–	–	조동관	1998.1.15	178	86
트레이닝	–	–	김동환	2000.3.25	179	70
트레이닝	–	–	장재영	1971.4.28	171	77
트레이닝	–	–	이영준	1979.7.3	180	83
트레이닝	–	–	김회성	1979.11.3	179	82
트레이닝	–	–	엄정용	1988.1.5	174	79
트레이닝	–	–	유승훈	1998.9.21	179	87
트레이닝	–	–	유진혁	2001.7.6	173	70

김원중

포지션	P	투타	우투좌타	신장	192	체중	96
연봉	50000-110000			지명순위	12 롯데 1라운드 5순위		
생년월일	1993-06-14			학교	광주학강초-광주동성중-광주동성고		

34

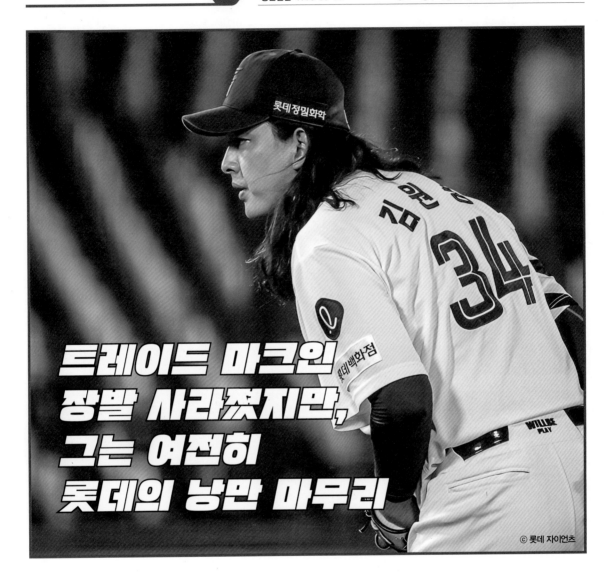

트레이드 마크인
장발 사라졌지만,
그는 여전히
롯데의 낭만 마무리

ⓒ 롯데 자이언츠

장발 아닌 김원중은 더 멋지겠지

김원중은 마운드에 오를 때마다 마시던 생수통을 집어던지고 머리카락을 휘날리며 달려가곤 한다. 한 마리의 맹수같은 모습이었다. 그런데 2024시즌을 마치고 자유계약선수(FA) 계약을 할 때에는 다른 면모를 보였다. 큰 고민 없이 롯데에 남기로 했고 몇 년간 트레이드마크였던 장발 머리까지 포기했다. 이 과정에서 팀을 향한 애정을 드러내며 '낭만 마무리'라는 애칭도 얻으며 팬들의 마음을 울렸다. 김원중은 이제 팀의 뒷문을 단단히 틀어막는 데 집중한다.

가을야구까지 팀을 지켜야 한다

2020시즌부터 본격적으로 팀의 마무리 투수를 맡은 김원중은 지난 시즌까지 꾸준히 두 자릿수 세이브를 올려왔다. 2024년에는 56경기에서 25세이브를 기록했다. 7월에는 5경기 연속 블론세이브를 기록하며 부침도 적지 않았다. 하지만 김원중은 지난해 단 한 번도 2군으로 내려가지 않았다. 김태형 롯데 감독이 지휘봉을 잡은 첫해였던 지난 시즌 잦은 엔트리 변동이 있었지만 김원중만은 그대로였다. 그만큼 그를 대체할 자원이 없다. 김원중은 팀의 뒷문을 지키는 것뿐만 아니라 투수진의 분위기까지 지키는 역할을 한다. 후배들을 다독이는 역할을 마다하지 않는다. 김원중이 이렇게 안팎으로 애쓰는 건 팀이 좋은 성적을 내길 바라는 마음이 크기 때문이다. 김원중은 2017년 팀의 가을야구를 겪은 몇 안 되는 멤버다. 김원중의 세이브 개수는 팀 성적과 비례한다. 그가 세이브를 많이 올릴수록 꿈꾸는 가을야구 무대가 가까워진다.

---

yagumentary 1cm 낮아진 스트라이크 존이 김원중의 포크볼 위력을 더 키워줄 것으로 예상

SIM 파파미는 늘 응원. 롤은 좀 못해도 된다

mulderous 한 번은 최고점 찍을 것 같은 마무리. 대화를 나눠봐야 아는 구수한 매력

기본기록

연도	경기	선발	QS	승	패	세이브	BS	홀드	이닝	피안타	피홈런	4사구	삼진	피안타율	WHIP	피 OPS	ERA	WAR
2022	43	0	0	2	3	17	3	2	43	40	4	16	60	0.240	1.30	0.689	3.98	0.62
2023	63	0	0	5	6	30	5	0	63.2	51	2	25	82	0.220	1.19	0.600	2.97	1.49
2024	56	0	0	3	6	25	6	0	63.1	59	4	31	68	0.250	1.42	0.667	3.55	2.44
통산	381	73	19	39	49	132	27	4	675	710	81	326	673	0.270	1.53	0.773	5.08	11.35

김진욱

15

포지션	P		투타	좌투좌타	신장	185	체중	90
연봉	6000-10000				지명순위	21 롯데 2차 1라운드 1순위		
생년월일	2002-07-05				학교	수원신곡초-춘천중-강릉고		

머리를 비우니 공에 힘이 실렸다. 이제는 올인

ⓒ 롯데 자이언츠

♡ 💬 ▷   🔖

롯데 김진욱은 고교 시절부터 좌완 트로이카로 불릴 정도로 기대를 모았다. 데뷔 첫해부터 개막전 선발 로테이션에 포함될 정도였으니 말이다. 하지만 기대가 너무 큰 탓일까. 그만큼 성장하지 못했다. 2024시즌을 앞두고도 어느 보직으로 써야 할지 고민할 정도였다. 그나마 선발로서 기용이 가능했다. 그러나 최대 단점 중 하나로 꼽혔던 마운드 위에서 생각을 많다는 점을 고치니 공에 힘이 실렸다. 처음으로 선발진에서 풀 타임을 소화했다. 상무 합격 후 부상으로 탈락했지만 이제는 새 시즌에 올인한다. 진정으로 김진욱에 대한 기대감을 채워야 할 시기다. 류현진으로부터 체인지업을 배웠다.

---

yagumentary 이의리도 돌아오고, 좌승현도 선발이다. 올시즌이 좌완 트로이카 진짜 승부다

SIM 강릉고 김진욱은 대단했다

mulderous 차근차근 쌓아나갈 선발 커리어. 시간은 있다

기본기록																	
연도	경기	선발	QS	승	패	세이브	BS	홀드	이닝	피안타	피홈런	4사구	삼진	피안타율	WHIP	피 OPS	ERA	WAR
2022	14	12	2	2	5	0	0	0	46.2	43	3	35	52	0.244	1.67	0.738	6.36	0.11
2023	49	0	0	2	1	0	0	8	36.1	37	4	29	35	0.262	1.82	0.795	6.44	-0.16
2024	19	18	3	4	3	0	0	0	84.2	89	13	44	87	0.264	1.57	0.813	5.31	2.02
통산	121	35	5	12	15	0	0	16	213.1	211	23	157	219	0.256	1.73	0.787	5.95	2.24

나승엽

51

포지션	1B	투타	우투좌타	신장	190	체중	82
연봉	4000-12000		지명순위	21 롯데 2차 2라운드 11순위			
생년월일	2002-02-15		학교	남정초-선린중-덕수고			

마라탕으로 안겨드린 웃음,
이번에는 야구로

© 롯데 자이언츠

프로 데뷔 직전까지만 해도 미국 진출을 고려할 정도로 재능이 있었다. 하지만 프로 무대는 의외로 벽이 높았다. 제대로 자리를 잡지 못했고 입대를 택했다. 군 제대 후 성숙해서 돌아왔다. 스프링 캠프에서 1루 경쟁을 할 때 키가 조금 더 크다는 이유에서 주전 1루수로 2024시즌을 시작했다. 기회가 생기다 보니 장점이 살아났다. 첫해부터 타율 3할에 7홈런을 올렸으니 성장 가능성은 무궁무진하다. 의외의 '웃수저'이기도 하다. 마라탕의 맵기를 0으로 해달라고 해 많은 웃음을 안겼다. 스스로도 '맹해 보이는 얼굴'이 비결이 아닐까라고 생각한다.

---

yagumentary 볼넷 비율(BB%) 14.1은 리그 3위, 출루율 6위, 나승엽 1번은 어떨까

SIM 좌타 1루수에 이름도 승엽인데, 7홈런은 좀 아쉽다

mulderous 이름만 유명했는데. 마침내 그의 커리어가 시작됐다

기본기록																	
연도	경기	타석	타수	안타	2루타	3루타	홈런	타점	득점	볼넷	사구	삼진	도루	타율	출루율	장타율	OPS	WAR
2022	0	0	0	0	0	0	0	0	0	0	0	0	0	-	-	-	-	0
2023	0	0	0	0	0	0	0	0	0	0	0	0	0	-	-	-	-	0
2024	121	489	407	127	35	4	7	66	59	69	4	83	1	0.312	0.411	0.469	0.880	1.44
통산	181	617	520	150	37	4	9	76	75	83	4	116	2	0.288	0.385	0.427	0.812	1.86

레이예스

포지션	RF	투타	우투양타	신장	196	체중	87
연봉	$600000-$800000			지명순위	24 롯데 자유선발		
생년월일	1994-10-05			학교	escuela dr. Felipe Guevara		

감독이
반말도 허락한
외국인 타자,
묵묵함으로 경기 뛰는
레이yes

© 롯데 자이언츠

2024시즌을 맞이할 때까지만 해도 레이예스는 크게 주목을 받는 외국인 타자는 아니었다. 그러나 시즌을 마치고 보니 레이예스가 가장 스포트라이트를 받았다. 팀 내에서 유일하게 144경기를 모두 뛰었다. 202안타로 한 시즌 최다 안타 신기록을 달성했다. 홈런 타자는 아니지만 15홈런이나 쳤다. 가장 큰 장점은 힘들다는 내색 한 번 없이 경기를 나간다는 점이다. 화려한 퍼포먼스를 선보이지는 않지만 꾸준함이라는 큰 장점을 가지고 있다. 김태형 감독은 레이예스에게 "나한테 반말해도 된다"고 할 정도다. 롯데에 남겠다는 약속도 지켰다. 올시즌에도 꾸준함을 이어간다면 롯데 인기 외국인 타자 계보를 이을 수 있다.

---

yagumentary 수도권 팀 감독이 말했다. "스윙 기술로는 KBO리그 전체에서 가장 완성된 타자"

SIM 믿고보는 베네수엘라

mulderous 김태형의 마음을 녹인 남자

기본기록																	
연도	경기	타석	타수	안타	2루타	3루타	홈런	타점	득점	볼넷	사구	삼진	도루	타율	출루율	장타율	OPS	WAR
2022	-	-	-	-	-	-	-	-	-	-	-	-	-	-	-	-	-	-
2023	-	-	-	-	-	-	-	-	-	-	-	-	-	-	-	-	-	-
2024	144	632	574	202	40	3	15	111	88	46	1	82	5	0.352	0.394	0.510	0.904	3.72
통산	144	632	574	202	40	3	15	111	88	46	1	82	5	0.352	0.394	0.510	0.904	3.40

박세웅

21

포지션	P	투타	우투우타	신장	182	체중	85
연봉	135000-135000			지명순위	14 KT 1차		
생년월일	1995-11-30			학교	경운초-경운중-경북고		

사령탑도 인정하는 안경 에이스, 롯데 선발의 중심은 박세웅이다

© 롯데 자이언츠

김태형 감독은 박세웅에게 '에이스'라고 말한다. 2024시즌은 부침이 많았다. 스스로 말하길 뭘 해도 안 되는 시즌이었다. 그러나 9월에는 다시 '안경 에이스'로서의 면모를 되찾았다. 이 감 그대로 다음 시즌을 맞이하려고 한다. 비시즌 동안은 드라이브라인 프로그램에 따라 다음 시즌을 준비했다. 박세웅이 잘해야 롯데가 가을야구에 간다. 12승으로 커리어 하이를 찍었던 2017시즌이 롯데의 가장 최근 가을야구 진출 시즌이었다. 에이스로서 자신의 역할이 얼마나 중요한지 잘 안다. 박세웅의 이번 시즌 목표는 3점대 평균자책, 그리고 170이닝 소화다.

---

yagumentary 다른 팀 국내 에이스와의 '맞대결' 성적이 롯데의 올시즌 성적과 직결!

SIM 포스트시즌에서 던지는 박세웅이 보고싶다

mulderous 느려도 점점 발전하고 있다면, 롯데와 함께 터질 것 같은 에이스

기본기록																	
연도	경기	선발	QS	승	패	세이브	BS	홀드	이닝	피안타	피홈런	4사구	삼진	피안타율	WHIP	피 OPS	ERA	WAR
2022	28	28	13	10	11	0	0	0	157.1	179	8	32	146	0.284	1.34	0.712	3.89	3.31
2023	27	27	16	9	7	0	0	0	154	145	8	59	129	0.248	1.32	0.650	3.45	4.21
2024	30	30	14	6	11	0	0	0	173.1	188	13	56	124	0.275	1.41	0.717	4.78	4.06
통산	253	241	105	68	88	0	0	0	1328.1	1438	136	471	1048	0.277	1.44	0.751	4.62	30.55

반즈

포지션 P	**투타** 좌투좌타	**신장** 189	**체중** 91
연봉 $850000-$950000		**지명순위** 22 롯데 자유선발	
생년월일 1995-10-01		**학교** Clemson University	

KBO리그 경험과 함께 늘어난 삼진 생산 능력, MLB 재도전을 원한다면 가을을 선사하라

ⓒ 롯데 자이언츠

메이저리그 진출 '썰'이 계속 나왔지만 결국 롯데를 택했다. 벌써 KBO리그에서의 4번째 시즌을 맞이하는 장수 외국인 투수다. 2024시즌은 부상만 당하지 않았다면 리그 탑급의 성적을 기대할 법했다. 5월 좌측 내전근 미세 손상으로 전력에서 이탈하기 전까지 삼진 1위를 달리면서 삼진 생산 능력을 뽐냈다. 슬라이더와 커브가 좋아진 덕분이다. 부상을 털고 복귀한 후반기에는 전반기보다 더 좋은 성적을 냈다. 2025시즌에는 명실상부 롯데의 1선발 외국인 투수다. 건강하게 풀 시즌을 소화한다면 롯데에 가을야구를 선사한 뒤 자신의 꿈에도 도전장을 내밀 수 있다.

yagumentary 우타에 더 강한 '역 스플릿 피처', 두산 상대 WHIP 0.62

SIM 눈물 나는 득점 지원, 그런데 박세웅이 더 낮네 (반즈 4.7점, 박세웅 4.4점)

mulderous 그가 던지는 날 출전하지 않는 타자들이 꽤 많다

기본기록

연도	경기	선발	QS	승	패	세이브	BS	홀드	이닝	피안타	피홈런	4사구	삼진	피안타율	WHIP	피 OPS	ERA	WAR
2022	31	31	18	12	12	0	0	0	186.1	176	8	47	160	0.249	1.20	0.644	3.62	5.10
2023	30	30	18	11	10	0	0	0	170.1	171	6	56	147	0.263	1.33	0.681	3.28	5.49
2024	25	25	17	9	6	0	0	0	150.2	140	18	46	171	0.248	1.23	0.697	3.35	6.43
통산	86	86	53	32	28	0	0	0	507.1	487	32	149	478	0.254	1.25	0.672	3.42	17.03

손호영

33

포지션	3B	투타	우투우타	신장	182	체중	88
연봉	4500-12500		지명순위		20 LG 2차 3라운드 23순위		
생년월일	1994-08-23		학교		부곡초-평촌중-충훈고-홍익대		

트레이드 최고의 성공 사례, 햄스트링만 잘 관리한다면

© 롯데 자이언츠

2024년 시행한 트레이드 중 최고의 성공 사례다. 비록 LG를 떠나며 눈물을 흘렸지만 손호영에게 롯데는 기회의 땅이었다. 이적하자마자 주전 자리를 받고 계속 나가다 보니 자신감도 붙었다. 팀 내 최다 홈런도 때려냈다. 30경기 연속 안타 기록도 세웠다. 컨택 능력은 물론 장타를 칠 수 있는 능력까지 있다. 이제는 롯데맨으로서 온전히 새 시즌을 맞이한다. 스프링캠프에서부터 가장 감이 좋아 야수 MVP로 선정됐다. 다만 내구성 문제는 여전히 풀어야 할 숙제다. 고질적인 햄스트링 문제를 어떻게 관리하느냐에 따라 새 시즌의 성패가 달려있다.

yagumentary 뉴욕 메츠의 햄스트링 관리법, 선수들에게 물을 강제로 엄청 마시게 한다

SIM 작년까지 통산 600타석, 올해 딱 그만큼만 치자

mulderous 롯데에 오기 전, 스프링 캠프에서부터 김태형 감독 머릿속에 그가 있었다

기본기록

연도	경기	타석	타수	안타	2루타	3루타	홈런	타점	득점	볼넷	사구	삼진	도루	타율	출루율	장타율	OPS	WAR
2022	36	82	74	19	0	2	3	14	13	6	0	14	0	0.257	0.309	0.432	0.741	0.05
2023	27	45	44	9	0	0	1	6	8	1	0	12	2	0.205	0.222	0.273	0.495	-0.36
2024	102	430	398	126	26	4	18	78	70	17	9	65	7	0.317	0.354	0.538	0.892	2.21
통산	196	600	556	166	28	6	22	101	102	26	10	99	14	0.299	0.338	0.489	0.827	1.46

유강남

27

포지션	C	투타	우투우타	신장	182	체중	88
연봉	100000-110000			지명순위	11 LG 7라운드 50순위		
생년월일	1992-07-15			학교	청원초-휘문중-서울고		

장점 모두 빼앗긴 한 해, 하지만 유강남의 또 다른 장점들은 얼마든지

© 롯데 자이언츠

2024년은 유강남의 장점을 모두 잃은 한 해였다. ABS의 도입으로 그만의 장점인 프레이밍 능력이 빛을 잃었다. '금광불괴'로 건강함만큼은 남부럽지 않았지만 부상으로 이탈해 수술대에 오르면서 그 장점마저도 잃었다. 유강남도 프로 데뷔 이후 처음으로 겪는 일. 이래저래 힘든 시간을 보냈다. 하지만 포수가 할 수 있는 일이 프레이밍에만 국한되는 것은 아니다. 새 시즌에는 도루 저지율도 높이고 투수들과의 친화력 등 자신만의 장점을 발휘할 생각이다. 13kg이나 빼고 날렵해졌다. 여전히 롯데 주전 포수는 유강남이다. 사직 김수현이 다시 뛴다.

yagumentary 유돈노는 이제 그만, ABS 고민도 이제 그만, 잠실 홈 쓰면서도 19홈런 때렸던 타자임

SIM '성담장' 철거 소식 듣고 왔습니다

mulderous 너무 착하면 야구 못 한다는 정설. 좀 더 독해져 봐요

기본기록

연도	경기	타석	타수	안타	2루타	3루타	홈런	타점	득점	볼넷	사구	삼진	도루	타율	출루율	장타율	OPS	WAR
2022	139	469	416	106	16	0	8	47	54	34	11	98	0	0.255	0.326	0.351	0.677	3.45
2023	121	403	352	92	13	0	10	55	45	37	8	64	1	0.261	0.342	0.384	0.726	4.09
2024	52	155	136	26	3	0	5	20	11	9	7	25	0	0.191	0.275	0.324	0.599	0.02
통산	1203	3884	3466	914	152	1	118	522	395	245	105	688	8	0.264	0.329	0.410	0.739	21.07

윤동희

91

포지션	CF	투타	우투우타	신장	187	체중	85
연봉	9000-20000			지명순위	22 롯데 2차 3라운드 24순위		
생년월일	2003-09-18			학교	현산초-대원중-야탑고		

**윤나고황의 처음,
살아남기 위한 타격에서
팀 살리는 타격으로**

© 롯데 자이언츠

2023년 신데렐라처럼 나타나 단숨에 주전 자리를 꿰찼다. 심지어 항저우 아시안게임 막차를 타 금메달까지 이끌어 내 야구 인생의 탄탄대로를 스스로 열었다. 2024시즌에는 김태형 감독이 단 한 번도 2군으로 내려보내지 않았다. 풀타임을 소화하며 '윤나고황'의 핵심이 됐다. 2023시즌에는 2개에 불과했던 홈런 개수가 14개로 7배나 뛰었다. 타율도 3할에 가까워진다. 2023시즌까지만해도 살아남기 위해 컨택 위주의 타격을 했던 윤동희는 점차 장타를 칠 수 있는 타격 폼으로 변모하고 있다. 다시 낮아진 사직구장 담장을 가장 많이 넘길 것으로 기대된다.

---

yagumentary 딸이 물었다. "아빠 윤동희가 누구야? 겁나 잘생김"

SIM 국대 가면 펄펄, 가을에도 뜨겁지 않을까

mulderous 가을야구 가기 전, 롯데에도 이런 아이돌은 필요하다

기본기록

연도	경기	타석	타수	안타	2루타	3루타	홈런	타점	득점	볼넷	사구	삼진	도루	타율	출루율	장타율	OPS	WAR
2022	4	13	13	2	1	0	0	1	1	0	0	2	0	0.154	0.154	0.231	0.385	-0.37
2023	107	423	387	111	18	1	2	41	45	28	1	69	3	0.287	0.333	0.354	0.687	0.88
2024	141	613	532	156	35	4	14	85	97	67	7	114	7	0.293	0.376	0.453	0.829	3.72
통산	252	1049	932	269	54	5	16	127	143	95	8	185	10	0.289	0.356	0.409	0.765	3.16

전준우

8

포지션	DH	투타	우투우타	신장	184	체중	98
연봉	130000-40000		지명순위	08 롯데 2차 2라운드 15순위			
생년월일	1986-02-25		학교	흥무초-경주중-경주고-건국대			

어렵다는 롯데 주장을 4시즌이나, 점점 더 가을야구가 간절해진다

© 롯데 자이언츠

전준우는 2025시즌에도 주장을 맡았다. 그만한 사람이 없다. 역대 롯데 주장들 중 가장 자주 완장을 찼다. 코칭스태프와 선수단이 가장 신뢰한다는 뜻이다. 2021시즌부터 2023시즌까지 세 시즌 연속 3할 타율을 기록하며 꾸준함을 자랑한 뒤 두 번째 FA로 4년 계약을 했다. 사실상 종신 롯데맨이다. 지난해에는 종아리 부상 등으로 자리를 비우며 3할 달성에는 조금 미치지 못해 아쉬움을 남겼다. 외야수보다는 지명타자로 나갈 일이 더 많아지고 있다. 어느새 팀 최고참이 되었다. 남은 시간은 많지 않다. 가을야구를 향한 간절함은 점점 더 커진다.

---

yagumentary 에이징 커브? 박병호랑 동갑, 최형우보다 3살, 강민호보다 1살 어림
SIM 2000안타가 눈앞. 이제는 자이언츠 올타임 최고 외야수라고 불러도 되지 않을까
mulderous 아직은, 전준우마저 없는 롯데는 상상하기 싫다

기본기록																	

연도	경기	타석	타수	안타	2루타	3루타	홈런	타점	득점	볼넷	사구	삼진	도루	타율	출루율	장타율	OPS	WAR
2022	120	517	470	143	31	1	11	68	73	35	3	73	6	0.304	0.350	0.445	0.795	1.55
2023	138	559	493	154	21	3	17	77	80	52	7	65	9	0.312	0.381	0.471	0.852	3.79
2024	109	483	423	124	26	2	17	82	57	49	5	84	3	0.293	0.369	0.485	0.854	1.95
통산	1725	7258	6462	1936	386	25	213	970	1053	602	92	1086	136	0.300	0.364	0.466	0.830	33.32

구승민

포지션	P	투타	우투우타	신장	182	체중	86
연봉	45000-30000			지명순위	13 롯데 6라운드 52순위		
생년월일	1990-06-12			학교	도봉구리틀–동일초–청원중–청원고–홍익대		

'투같새' 오해는 이제 없다. FA 가치 증명 시즌.

시즌 초반 구승민이 흔들리면서 불펜 계산도 꼬이기 시작했다. ABS 도입 후 적응을 제대로 하지 못했다는 게 이유였다. 다행히 시즌 후반부로 가면서 제 모습을 되찾았다. 첫 FA 계약도 잘 치렀다. 구승민은 롯데 마운드의 어머니다. 올해도 정신적인 지주 역할을 해야 한다.

기본기록																	
연도	경기	선발	QS	승	패	세이브	BS	홀드	이닝	피안타	피홈런	4사구	삼진	피안타율	WHIP	피 OPS	ERA	WAR
2022	73	0	0	2	4	0	1	26	62	46	3	35	77	0.205	1.31	0.605	2.90	1.80
2023	67	0	0	2	6	3	5	22	63.2	65	4	29	66	0.264	1.48	0.698	3.96	0.98
2024	66	0	0	5	3	0	2	13	57.2	68	6	35	62	0.293	1.79	0.809	4.84	0.19
통산	448	3	0	28	30	5	21	121	445.1	419	52	217	467	0.250	1.43	0.732	4.47	6.66

김상수

포지션	P	투타	우투우타	신장	180	체중	88
연봉	16000-24000			지명순위	06 삼성 2차 2라운드 15순위		
생년월일	1988-01-02			학교	자이언츠리틀–신자초–자양중–신일고		

36세 시즌, 73.2이닝 소화만으로도 대단대단

실력과 인성 모두 '베테랑'이라는 수식어가 딱 맞는 선수다. 롯데에 둥지를 튼 후 제대로 부활했고 장기 계약까지 맺었다. 2024시즌에는 직전 해보다는 주춤했지만 그래도 고참답게 마운드를 지켰다. 구단 유튜브 아이디어까지 직접 낸다. 비시즌마다 '상시경의 먹을 텐데'를 찍는다.

기본기록																	
연도	경기	선발	QS	승	패	세이브	BS	홀드	이닝	피안타	피홈런	4사구	삼진	피안타율	WHIP	피 OPS	ERA	WAR
2022	8	0	0	0	0	1	0	0	8	9	2	4	3	0.310	1.63	1.044	9.00	-0.17
2023	67	0	0	4	2	1	3	18	52	45	1	21	36	0.238	1.27	0.623	3.12	1.73
2024	74	0	0	8	4	2	3	17	73.2	71	5	26	56	0.255	1.32	0.681	4.15	1.12
통산	655	15	1	37	45	48	33	137	748.1	781	71	378	676	0.273	1.55	0.764	4.89	9.64

김태현

66

포지션	P	투타	좌투좌타	신장	185	체중	87
연봉	3000			지명순위	25 롯데 1라운드 4순위		
생년월일	2005-11-16			학교	광주서림초-진흥중-광주제일고		

리그 신인 좌완, 배찬승 말고 김태현도 있다

좌완 뎁스를 위해 선발한 신인 투수다. 왼손 투수가 부족한 롯데라 신인임에도 기회를 받을 수 있는 환경이다. 1군 캠프에 합류해 선배들과 시즌을 준비했다. 실전 경기에서도 눈도장을 받았다. 구속이 빠른 편은 아니어서 제구력으로 승부해야 한다. 결국 '잘 던져야' 살아남는다.

기본기록

연도	경기	선발	QS	승	패	세이브	BS	홀드	이닝	피안타	피홈런	4사구	삼진	피안타율	WHIP	피 OPS	ERA	WAR
2022	-	-	-	-	-	-	-	-	-	-	-	-	-	-	-	-	-	-
2023	-	-	-	-	-	-	-	-	-	-	-	-	-	-	-	-	-	-
2024	-	-	-	-	-	-	-	-	-	-	-	-	-	-	-	-	-	-
통산	-	-	-	-	-	-	-	-	-	-	-	-	-	-	-	-	-	-

나균안

43

포지션	P	투타	우투우타	신장	186	체중	109
연봉	17000-12000			지명순위	17 롯데 2차 1라운드 3순위		
생년월일	1998-03-16			학교	무학초-신월중-용마고		

팬들 용서 위한, 특유의 '아트 제구'가 필요하다

4선발 투수에서 주가가 완전히 떨어졌다. 개막 전부터 사생활 문제로 어수선하더니 6월 말에는 선발 전날 술자리를 가졌다. 심지어 1.2이닝 8실점으로 흔들렸고 결국 징계를 받아 2군으로 내려갔다. 남은 시즌을 반성 속에서 구원 투수로 마무리했다. 새 시즌은 다시 선발 후보로 꼽는다.

기본기록

연도	경기	선발	QS	승	패	세이브	BS	홀드	이닝	피안타	피홈런	4사구	삼진	피안타율	WHIP	피 OPS	ERA	WAR
2022	39	13	6	3	8	0	3	2	117.2	125	5	37	123	0.273	1.38	0.726	3.98	2.49
2023	23	23	12	6	8	0	0	0	130.1	140	8	42	114	0.276	1.40	0.721	3.80	3.34
2024	26	14	2	4	7	0	0	0	73	114	15	47	74	0.353	2.21	0.991	8.51	-0.64
통산	111	57	21	14	25	1	3	3	367.1	441	32	150	338	0.297	1.61	0.797	5.12	5.29

데이비슨

36

포지션	P	투타	좌투좌타	신장	188	체중	97
연봉	$500,000			지명순위	25 롯데 자유선발		
생년월일	1996-03-25			학교	Midland College		

동명이인 타자는 지난해 홈런왕, 대박 예감

12승을 올린 윌커슨을 대신 롯데 유니폼을 입은 외국인 투수다. 윌커슨보다 더 좋은 투수라는 판단이 있었다. 스프링 캠프 초반에는 구속이 잘 올라오지 않아 의구심을 자아냈지만 지바 롯데와의 연습경기에서 151km를 찍으며 기대감을 높였다. NC 타자 데이비슨과 등록명이 같다.

	기본기록																	
연도	경기	선발	QS	승	패	세이브	BS	홀드	이닝	피안타	피홈런	4사구	삼진	피안타율	WHIP	피 OPS	ERA	WAR
2022	-	-	-	-	-	-	-	-	-	-	-	-	-	-	-	-	-	-
2023	-	-	-	-	-	-	-	-	-	-	-	-	-	-	-	-	-	-
2024	-	-	-	-	-	-	-	-	-	-	-	-	-	-	-	-	-	-
통산	-	-	-	-	-	-	-	-	-	-	-	-	-	-	-	-	-	-

박세현

68

포지션	P	투타	우투우타	신장	183	체중	88
연봉	3000			지명순위	25 롯데 2라운드 14순위		
생년월일	2006-01-21			학교	중랑구리틀-중화초-상명중-배명고		

롯데가 딱이었던 151km 씩씩한 우완

신인 드래프트 당일 만면에 미소를 짓고 있었다. 롯데에 가기를 간절히 바랐던 신인이다. 롯데는 즉시 불펜으로 활용 가능한 선수라고 평가했다. 1군 선배들과 함께 스프링 캠프에 가는 영광도 안았다. 포수 유강남이 던지는 모습만 보고도 좋은 투수라고 평가했다. '스마일 피칭'이 기대된다.

	기본기록																	
연도	경기	선발	QS	승	패	세이브	BS	홀드	이닝	피안타	피홈런	4사구	삼진	피안타율	WHIP	피 OPS	ERA	WAR
2022	-	-	-	-	-	-	-	-	-	-	-	-	-	-	-	-	-	-
2023	-	-	-	-	-	-	-	-	-	-	-	-	-	-	-	-	-	-
2024	-	-	-	-	-	-	-	-	-	-	-	-	-	-	-	-	-	-
통산	-	-	-	-	-	-	-	-	-	-	-	-	-	-	-	-	-	-

박준우

58

포지션	P	투타	우투우타	신장	190	체중	94
연봉	3000-3100			지명순위	24 롯데 4라운드 33순위		
생년월일	2005-05-27			학교	부천시리틀–상동초–부천중–유신고		

사직 제니는 떠났고, 이제 사직 카리나가 되자

1군 데뷔 무대를 치르기도 전에 카리나의 시구를 지도한 투수로 알려졌다. 퓨처스 올스타 전에서 직접 카리나 분장을 선보였다. 구속이 올라오기 시작하자 김태형 감독이 가장 좋아 하는 공을 던지는 투수가 됐고 단숨에 선발 후보로 떠올랐다. 이제는 시구 지도자가 아니 라 직접 던져야 할 때다.

									기본기록								

연도	경기	선발	QS	승	패	세이브	BS	홀드	이닝	피안타	피홈런	4사구	삼진	피안타율	WHIP	피 OPS	ERA	WAR
2022	-	-	-	-	-	-	-	-	-	-	-	-	-	-	-	-	-	-
2023	-	-	-	-	-	-	-	-	-	-	-	-	-	-	-	-	-	-
2024	2	0	0	0	0	0	0	0	2	3	0	1	1	0.333	2.00	0.844	9.00	-0.01
통산	2	0	0	0	0	0	0	0	2	3	0	1	1	0.333	2.00	0.844	9.00	-0.01

박진

44

포지션	P	투타	우투우타	신장	182	체중	106
연봉	3300-6000			지명순위	19 롯데 2차 4라운드 38순위		
생년월일	1999-04-02			학교	대연초–부산중–부산고		

김태형 감독 마음에 쏙 들어간 투수

2024시즌 마운드에서 건져낸 최대 수확 중 하나다. 데뷔 첫 선발 등판을 마친 후 "감독님 이 내려오라고 할 때까지 던질 수 있다"고 말했다. 김태형 감독은 "그건 내 마음이지"라고 했지만 이미 그를 마운드에 올려두고 있다. 계투로 활용도가 높았지만 선발로의 성장 가능 성이 크다.

									기본기록								

연도	경기	선발	QS	승	패	세이브	BS	홀드	이닝	피안타	피홈런	4사구	삼진	피안타율	WHIP	피 OPS	ERA	WAR
2022	0	0	0	0	0	0	0	0	0	0	0	0	0	-	-	-	-	0
2023	4	0	0	0	0	0	0	0	5	7	1	7	2	0.333	2.80	1.071	9.00	-0.07
2024	38	3	1	2	4	1	0	0	49.1	60	4	11	35	0.311	1.44	0.776	4.38	1.12
통산	44	3	1	2	4	1	0	0	55.1	69	5	19	38	0.315	1.59	0.819	4.88	1.04

송재영

59

포지션	P	투타	좌투좌타	신장	181	체중	84
연봉	3100-3200			지명순위	21 롯데 2차 4라운드 31순위		
생년월일	2002-06-20			학교	수원영통리틀-수원잠원초-매향중-라온고		

롯데에서 안경 쓴 투수는 특별한 의미를 갖는다

얼핏 보면 박세웅과 닮았다. 대신 왼손 투수다. 2021시즌 19경기만 경험한 뒤 상무에 입대해 군 문제를 해결했다. 지난해 8월1일 SSG전에서 두 타자에게 삼진을 빼앗으며 세이브를 올려 강한 인상을 남겼다. 씩씩하게 계속 던진다면 새 '안경에이스'가 될 수 있다.

기본기록

연도	경기	선발	QS	승	패	세이브	BS	홀드	이닝	피안타	피홈런	4사구	삼진	피안타율	WHIP	피 OPS	ERA	WAR
2022	0	0	0	0	0	0	0	0	0	0	0	0	0	-	-	-	-	0
2023	0	0	0	0	0	0	0	0	0	0	0	0	0	-	-	-	-	0
2024	19	0	0	0	1	1	1	3	8.1	9	2	5	9	0.290	1.68	0.976	10.8	-0.36
통산	38	0	0	0	3	1	2	4	23	33	5	17	22	0.344	2.17	1.042	12.52	-0.96

이민석

37

포지션	P	투타	우투우타	신장	189	체중	95
연봉	3800-4000			지명순위	22 롯데 1차		
생년월일	2003-12-10			학교	수영초-대천중-개성고		

토미 존 회복 2년차, 더 기대되는 파이어볼러

팀에 드문 파이어볼러 투수다. 매 시즌 기대를 모았지만 항상 부상에 가로막혔다. 팔꿈치 수술 후 복귀 첫 시즌을 치렀으나 강한 인상을 심어주지는 못했다. 정현수와 함께 지바 롯데 마무리 캠프에 참가했는데 일본 팀에서도 인상 깊다는 평을 받았다. 이제는 구단의 기대에 부응해야 한다.

기본기록

연도	경기	선발	QS	승	패	세이브	BS	홀드	이닝	피안타	피홈런	4사구	삼진	피안타율	WHIP	피 OPS	ERA	WAR
2022	27	1	0	1	1	0	0	5	33.2	43	4	19	37	0.305	1.84	0.84	5.88	-0.34
2023	1	0	0	0	0	0	0	0	1.1	0	0	1	1	0.000	0.75	0.200	0.00	0.08
2024	18	5	0	0	2	0	0	1	31	38	3	25	20	0.302	2.03	0.885	7.26	0.07
통산	46	6	0	1	3	0	0	6	66	81	7	45	58	0.299	1.91	0.851	6.41	-0.19

정철원

65

포지션	P	투타	우투우타	신장	192	체중	95
연봉	16500-12000			지명순위	18 두산 2차 2라운드 20순위		
생년월일	1999-03-27			학교	역북초-용인송전중-안산공고		

비싸게 주고 데려 온 불펜, 기대감이 커진다

2022년 신인왕 출신이다. 불펜 보강이 필요한 롯데가 김민석을 내주면서까지 영입했다. 정철원은 김태형 감독과 또다시 만났다. 지난해 시즌 후반부로 갈수록 부진했지만 김택연이 올라오기 전까지 팀의 마무리를 맡았다. 롯데 마운드 허리에 힘만 보태줘도 트레이드 성공 사례가 될 수 있다.

기본기록

연도	경기	선발	QS	승	패	세이브	BS	홀드	이닝	피안타	피홈런	4사구	삼진	피안타율	WHIP	피 OPS	ERA	WAR
2022	58	0	0	4	3	3	3	23	72.2	60	4	26	47	0.232	1.18	0.644	3.10	1.78
2023	67	0	0	7	6	13	9	11	72.2	66	8	32	55	0.242	1.35	0.675	3.96	0.16
2024	36	0	0	2	1	6	1	1	32.1	39	5	26	39	0.295	2.01	0.919	6.40	-0.11
통산	161	0	0	13	10	22	13	35	177.2	165	17	84	141	0.248	1.40	0.713	4.05	1.83

정현수

57

포지션	P	투타	좌투좌타	신장	180	체중	84
연봉	3000-4000			지명순위	24 롯데 2라운드 13순위		
생년월일	2001-05-10			학교	대연초-부산중-부산고-송원대		

믿고 쓰는 최강야구 출신 좌투수

최강야구로 먼저 이름을 알렸다. 방송과 실전은 달랐다. 사직구장에서 1군 무대의 벽은 높다는 것을 직접 실감했다. 시즌 후에 지바 롯데 마무리 캠프에 참가하는 등 구단의 투자가 있었다. 떨림을 잠재우고 경험을 쌓은 정현수는 이번 시즌 더 중요한 카드로 쓰일 수 있다.

기본기록

연도	경기	선발	QS	승	패	세이브	BS	홀드	이닝	피안타	피홈런	4사구	삼진	피안타율	WHIP	피 OPS	ERA	WAR
2022	-	-	-	-	-	-	-	-	-	-	-	-	-	-	-	-	-	-
2023	-	-	-	-	-	-	-	-	-	-	-	-	-	-	-	-	-	-
2024	18	4	0	1	1	0	1	1	23.2	20	0	12	25	0.235	1.35	0.658	4.56	0.83
통산	18	4	0	1	1	0	1	1	23.2	20	0	12	25	0.235	1.35	0.658	4.56	0.83

진해수

포지션	P	투타	좌투좌타	신장	187	체중	85
연봉	15000-7000			지명순위	05 KIA 2차 7라운드 50순위		
생년월일	1986-06-26			학교	동삼초-경남중-부경고		

아직도 좌타자는 잡아낼 수 있다

야심차게 트레이드로 데려온 왼손 투수이지만 크게 빛을 보지 못했다. 스프링 캠프에서 너무 의욕을 드러낸 탓일까. 자신의 이점을 잘 살리지 못했다. 전반기까지는 성적이 좋았으나 후반기에는 무너지는 모습을 보였다. 마지막과 가까워지는 시기다. 경험의 힘을 보여줘야 한다.

기본기록

연도	경기	선발	QS	승	패	세이브	BS	홀드	이닝	피안타	피홈런	4사구	삼진	피안타율	WHIP	피 OPS	ERA	WAR
2022	64	0	0	4	0	0	1	12	45	39	1	11	35	0.238	1.11	0.617	2.40	1.40
2023	19	0	0	0	0	0	1	2	14.2	18	2	10	12	0.295	1.91	0.832	3.68	0.07
2024	54	0	0	2	1	0	2	5	27.2	36	5	10	22	0.316	1.66	0.857	6.18	-0.17
통산	842	7	1	25	31	2	32	157	601	682	53	274	491	0.289	1.59	0.781	5.02	4.07

최준용

포지션	P	투타	우투우타	신장	185	체중	85
연봉	16300-11000			지명순위	20 롯데 1차		
생년월일	2001-10-10			학교	수영초-대천중-경남고		

야구도 아픈만큼 성숙해진다

자신을 괴롭힌 부상의 원인을 지웠다. 팔꿈치 수술을 받고 새 시즌에 맞춰서 준비를 했다. '구최김'의 부활을 외쳤다. 노래를 잘 부르기로도 유명한 최준용은 이제는 야구 실력으로 주목을 받기를 바랐다. 그런데 캠프 기간 어깨 부상이 또 생겼다. 이제는 마음의 아픔을 견뎌야 한다.

기본기록

연도	경기	선발	QS	승	패	세이브	BS	홀드	이닝	피안타	피홈런	4사구	삼진	피안타율	WHIP	피 OPS	ERA	WAR
2022	68	0	0	3	4	14	3	6	71	63	10	20	80	0.237	1.17	0.699	4.06	1.12
2023	47	0	0	2	3	0	4	14	47.2	50	2	18	40	0.266	1.43	0.662	2.45	1.66
2024	27	0	0	1	2	0	4	3	21.2	28	2	14	12	0.322	1.94	0.854	5.40	0.17
통산	217	0	0	10	13	15	13	51	217.1	213	23	79	203	0.256	1.34	0.713	3.69	5.64

한현희

포지션	P	투타	우언우타	신장	182	체중	98
연봉	30000-100000		지명순위	12 넥센 1라운드 2순위			
생년월일	1993-06-25		학교	동삼초-경남중-경남고			

유돈노에서 이제 '돈'은 빼도 된다

FA 3인방에 항상 거론되지만 한현희는 그 중에서도 밥값을 했다. 2024시즌 선발, 불펜 가라는 데로 다 가서 던졌다. 포지션이 왔다 갔다 한 만큼 성적은 썩 좋지 않았다. FA 3+1년에 계약했던 한현희는 세 번째 시즌을 맞는다. 4년까지 채우려면 2025시즌 성적이 중요하다.

기본기록

연도	경기	선발	QS	승	패	세이브	BS	홀드	이닝	피안타	피홈런	4사구	삼진	피안타율	WHIP	피 OPS	ERA	WAR
2022	21	14	6	6	4	0	0	0	77.2	83	9	24	59	0.268	1.38	0.760	4.75	1.12
2023	38	18	5	6	12	0	1	3	104	123	11	44	74	0.297	1.61	0.820	5.45	0.79
2024	57	5	1	5	3	0	1	8	76.1	92	7	24	70	0.305	1.52	0.811	5.19	1.58
통산	511	139	53	76	58	8	12	116	1151.2	1207	109	364	921	0.271	1.36	0.740	4.43	25.07

고승민

포지션	2B	투타	우투좌타	신장	189	체중	92
연봉	8000-18500		지명순위	19 롯데 2차 1라운드 8순위			
생년월일	2000-08-11		학교	군산신풍초-배명중-북일고			

장난 아닌 타구 속도, 이제 담장도 낮아졌다

데뷔 후 외야와 내야를 오가다가 지난해 2루에 안착했다. 데뷔 때부터 '타구 속도'는 강백호 못지 않게 빨랐는데, 발사각이 좋지 않았다. 볼삼비 개선과 함께 '강한 타구'가 안타가 되기 시작했다. 사직 담장 높이 하락의 최대 수혜자가 될 수도 있다. 다행히 발목 부상이 가벼웠다.

기본기록

연도	경기	타석	타수	안타	2루타	3루타	홈런	타점	득점	볼넷	사구	삼진	도루	타율	출루율	장타율	OPS	WAR
2022	92	262	234	74	15	1	5	30	31	25	0	47	1	0.316	0.381	0.453	0.834	2.05
2023	94	308	255	57	14	2	2	24	35	42	1	64	8	0.224	0.331	0.318	0.649	0.27
2024	120	532	481	148	27	6	14	87	79	41	1	78	5	0.308	0.358	0.476	0.834	3.49
통산	336	1191	1053	300	62	11	21	147	152	112	2	205	14	0.285	0.351	0.425	0.776	4.96

김민성

16

포지션	2B	투타	우투우타	신장	181	체중	94
연봉	20000-20000		지명순위	07 롯데 2차 2라운드 13순위			
생년월일	1988-12-17		학교	고명초–잠신중–덕수정보고–영남사이버대			

베테랑의 자존심을 위해 이를 갈았다

어렵게 LG를 떠나 롯데로 돌아왔지만 3루수 자리는 이후 LG에서 트레이드 돼 온 손호영에게 돌아갔다. 타율은 0.200에 그쳤다. 올시즌에도 내야에 자리가 많지 않다. 1군 캠프 대신 2군 캠프에서 땀을 흘렸다. 김태형 감독은 "뭐 하나라도 나은 게 있어야 한다"라고 말했다.

기본기록

연도	경기	타석	타수	안타	2루타	3루타	홈런	타점	득점	볼넷	사구	삼진	도루	타율	출루율	장타율	OPS	WAR
2022	92	157	140	29	4	0	3	20	16	10	3	27	0	0.207	0.273	0.300	0.573	-0.44
2023	112	316	273	68	11	0	8	41	34	25	7	58	2	0.249	0.326	0.377	0.703	1.92
2024	35	84	70	14	5	0	2	8	6	10	3	18	0	0.200	0.321	0.357	0.678	0.13
통산	1811	6280	5483	1456	289	11	135	745	695	507	122	1074	53	0.266	0.338	0.396	0.734	21.43

노진혁

52

포지션	SS	투타	우투좌타	신장	184	체중	80
연봉	60000-70000		지명순위	12 NC 특별 20순위			
생년월일	1989-07-15		학교	대성초–광주동성중–광주동성고–성균관대			

노진혁의 야구는 아직 끝나지 않았다

고교시절 김선빈, 서건창과 함께 호남 유격수 3인방으로 불렸다. 롯데가 FA로 영입했을 때 기대가 컸지만, 타격 수치가 나아지지 않았다. 크고 작은 부상이 이어지면서 주전 경쟁에서 밀린 상태다. 올시즌 연봉이 7억 원이지만, 1군 캠프 합류에 실패했다.

기본기록

연도	경기	타석	타수	안타	2루타	3루타	홈런	타점	득점	볼넷	사구	삼진	도루	타율	출루율	장타율	OPS	WAR
2022	115	451	396	111	24	0	15	75	50	45	2	105	2	0.280	0.353	0.455	0.808	2.30
2023	113	390	334	86	26	1	4	51	43	45	3	84	7	0.257	0.347	0.377	0.724	2.56
2024	73	157	137	30	6	0	2	13	13	15	1	39	0	0.219	0.297	0.307	0.604	-0.23
통산	987	3140	2780	731	166	12	77	395	361	288	21	698	15	0.263	0.334	0.414	0.748	14.8

박승욱

53

포지션	SS	투타 우투좌타	신장	184	체중 83
연봉	13500-17000		지명순위 12 SK 3라운드 31순위		
생년월일	1992-12-04		학교	칠성초-경복중-상원고	

유격수도 가능한 전천후 내야수

유격수로는 이제 끝났다는 소리를 들었는데, 완벽히 부활했고 올시즌 롯데의 주전 유격수다. 자신감과 함께 이전에 보기 힘들었던 화려한 플레이도 자주 나온다. 지난해 120삼진이 조금 아쉽지만 유격수는 일단 수비가 먼저다. 백업 시절이 길어, 내야 전 포지션이 가능하다.

기본기록

연도	경기	타석	타수	안타	2루타	3루타	홈런	타점	득점	볼넷	사구	삼진	도루	타율	출루율	장타율	OPS	WAR
2022	100	228	198	45	7	2	1	16	29	16	2	69	8	0.227	0.292	0.298	0.590	0.18
2023	123	338	290	83	18	3	0	30	37	35	1	87	15	0.286	0.364	0.369	0.733	1.92
2024	139	468	405	106	19	1	7	53	57	47	10	120	4	0.262	0.351	0.365	0.716	-0.10
통산	845	2054	1792	450	64	19	21	173	260	175	29	525	48	0.251	0.327	0.343	0.670	2.55

손성빈

6

포지션	C	투타 우투우타	신장	186	체중 92
연봉	5000-6800		지명순위 21 롯데 1차		
생년월일	2002-01-14		학교	희망대초-신흥중-장안고	

레이저 송구 말고, 이제 레이저 타격까지

장안고 시절 고교 최고 포수였다. 2021년 드래프트에서 롯데는 손성빈, 김진욱, 나승엽 순서로 지명했다. 2루로 쏘는 '레이저 송구'는 놀라울 정도지만 타격에서 아직 경험이 더 필요하다. 지난해 말 손목 수술을 받아 2군 캠프에서 준비했다. 개막 직후 복귀 가능.

기본기록

연도	경기	타석	타수	안타	2루타	3루타	홈런	타점	득점	볼넷	사구	삼진	도루	타율	출루율	장타율	OPS	WAR
2022	0	0	0	0	0	0	0	0	0	0	0	0	0	-	-	-	-	0
2023	45	80	76	20	3	0	1	15	13	2	0	10	0	0.263	0.282	0.342	0.624	0.49
2024	86	171	152	30	6	2	6	21	24	13	3	38	0	0.197	0.271	0.382	0.653	0.24
통산	151	273	247	56	9	2	7	36	41	18	3	54	0	0.227	0.285	0.364	0.649	0.49

신윤후

3

포지션	CF	투타	우투우타	신장	177	체중	77
연봉	5200→4800		지명순위	19 롯데 2차 10라운드 98순위			
생년월일	1996-01-05		학교	무학초-마산중-마산고-동의대			

뎁스의 밑바닥이 단단히 다져지고 있다

10라운더 하위 지명이지만, 빠른 스피드를 갖춘 내야수였다. 2020시즌부터 외야수 출전이 늘었고, 현재는 다시 내야수로 나선다. 유틸리티 플레이어로 경기 후반 활용도가 높다. 발 하나는 진짜 빠르고 퓨처스에서는 타율 0.376, 출루율 0.459로 펄펄 날았다.

기본기록																
연도	경기	타석	타수	안타	2루타	3루타	홈런	타점	득점	볼넷	사구	삼진	도루	타율	출루율	장타율	OPS	WAR
2022	49	73	68	16	4	2	2	7	8	4	1	15	3	0.235	0.288	0.441	0.729	0.88
2023	28	27	25	1	0	0	0	1	2	0	2	8	1	0.040	0.111	0.040	0.151	-0.35
2024	39	35	31	5	0	0	0	1	5	1	2	8	0	0.161	0.235	0.161	0.396	0.30
통산	209	299	270	58	9	4	4	19	44	17	8	55	8	0.215	0.280	0.322	0.602	-0.44

이인한

54

포지션	CF	투타	우투우타	신장	183	체중	100
연봉	3000→3100		지명순위	20 KIA 2차 9라운드 86순위			
생년월일	1998-12-24		학교	광주대성초-심석중-강릉고-강릉영동대			

뚜벅뚜벅, 땀 흘리며 한 걸음씩

KIA에서 방출된 뒤 독립 리그를 거쳐 지난해 롯데 육성선수로 입단한 외야수. 시즌 막판 정식 선수로 전환됐고 1군 5경기에서 대타로만 나와 4타수 2안타를 기록했다. 퓨처스에서는 장타율이 0.503이나 됐다. 지독한 노력파로, 뒤늦게 힘을 키우며 기대를 모은다.

기본기록																
연도	경기	타석	타수	안타	2루타	3루타	홈런	타점	득점	볼넷	사구	삼진	도루	타율	출루율	장타율	OPS	WAR
2022	0	0	0	0	0	0	0	0	0	0	0	0	0	-	-	-	-	0
2023	0	0	0	0	0	0	0	0	0	0	0	0	0	-	-	-	-	0
2024	5	5	4	2	0	0	0	2	0	0	1	1	0	0.500	0.600	0.500	1.100	0.12
통산	5	5	4	2	0	0	0	2	0	0	1	1	0	0.500	0.600	0.500	1.100	0.10

이호준

30

포지션	2B	투타	우투좌타	신장	172	체중	72
연봉	3000-3100		지명순위	24 롯데 3라운드 23순위
생년월일	2004-03-20		학교	대구옥산초-경운중-상원고

낙동강 더비 때 선발 내야수라면, 흥미진진

지난해 신인으로 12경기에 나섰다. 고교시절부터 내야 수비로는 최고라는 평가를 받았다. 김태형 감독도 "수비와 주력에서 주전들에 밀리지 않는다"고 평가했다. 타격은 아직 시간이 필요해 보인다. 지난해 퓨처스 OPS가 0.589였다. 하지만 깜짝 1군 가능성도 있다.

기본기록

연도	경기	타석	타수	안타	2루타	3루타	홈런	타점	득점	볼넷	사구	삼진	도루	타율	출루율	장타율	OPS	WAR
2022	-	-	-	-	-	-	-	-	-	-	-	-	-	-	-	-	-	-
2023	-	-	-	-	-	-	-	-	-	-	-	-	-	-	-	-	-	-
2024	12	7	6	2	1	1	0	3	5	1	0	1	0	0.333	0.429	0.833	1.262	0.12
통산	12	7	6	2	1	1	0	3	5	1	0	1	0	0.333	0.429	0.833	1.262	0.11

장두성

7

포지션	RF	투타	우투좌타	신장	176	체중	75
연봉	4000-4600		지명순위	18 롯데 2차 10라운드 93순위
생년월일	1999-09-16		학교	축현초-재능중-동산고

발이 빠른데, 수비가 더해지면 다른 무기가 된다

입단 뒤 8년 차 시즌을 맞는 외야수로 '스피드' 원 툴에 가까운 선수다. 빠른 발을 바탕으로 대주자로 주로 나서면서, 지난 시즌 23득점, 14도루를 기록했다. 경기 중 후반 활용도가 높다. 조원우 코치의 지도로 수비력도 나아지고 있다. 2차 캠프 MVP에 뽑혔다.

기본기록

연도	경기	타석	타수	안타	2루타	3루타	홈런	타점	득점	볼넷	사구	삼진	도루	타율	출루율	장타율	OPS	WAR
2022	53	28	23	4	0	0	0	0	7	5	0	11	4	0.174	0.321	0.174	0.495	-0.08
2023	25	15	13	2	0	0	0	1	7	1	0	3	2	0.154	0.214	0.154	0.368	0.15
2024	71	37	32	5	0	0	0	1	23	3	2	9	14	0.156	0.270	0.156	0.426	-0.22
통산	192	121	104	19	2	1	0	6	49	14	2	35	24	0.183	0.292	0.221	0.513	-0.32

전민재

13

포지션	2B	투타	우투우타	신장	181	체중	73
연봉	3400-7500		지명순위	18 두산 2차 4라운드 40순위			
생년월일	1999-06-30		학교	천안남산초-천안북중-대전고			

어쩌면 몇 년 안에 트레이드 평가 달라질 수도

스토브리그 동안 정철원과 함께 트레이드로 롯데 유니폼을 입었다. 두산 시절 안정적 수비가 돋보이는 내야 백업 자원이었다. 김태형 감독도 안정감을 높이 산다. 공격에서는 아직 다소 떨어지지만, 롯데 내야진의 수비력을 높이는 자원이다.

기본기록

연도	경기	타석	타수	안타	2루타	3루타	홈런	타점	득점	볼넷	사구	삼진	도루	타율	출루율	장타율	OPS	WAR
2022	35	46	45	13	1	0	0	0	11	0	0	12	3	0.289	0.289	0.311	0.600	0.22
2023	19	18	17	4	2	0	0	1	3	0	0	3	0	0.235	0.235	0.353	0.588	-0.32
2024	100	276	248	61	5	1	2	32	34	17	4	53	7	0.246	0.301	0.298	0.599	0.32
통산	177	353	322	82	9	1	2	37	51	17	4	72	10	0.255	0.297	0.307	0.604	-0.39

정보근

42

포지션	C	투타	우투우타	신장	175	체중	94
연봉	7500-7700		지명순위	18 롯데 2차 9라운드 83순위			
생년월일	1999-08-31		학교	수영초-경남중-경남고			

살아남는 것이 강한 것이다

포수는 롯데의 오랜 취약 포지션이다. 정보근은 박세웅의 전담 포수로 자주 마스크를 썼고 많은 기회가 주어졌다. 지난해 OPS 0.529는 무척 아쉬운 성적이다. 유강남, 손성빈이 재활 중이어서 시즌 초반 정보근의 어깨가 무겁다. 7kg 감량은 책임감에서 나왔다.

기본기록

연도	경기	타석	타수	안타	2루타	3루타	홈런	타점	득점	볼넷	사구	삼진	도루	타율	출루율	장타율	OPS	WAR
2022	95	226	199	38	2	0	1	15	8	14	2	55	1	0.191	0.250	0.216	0.466	-0.67
2023	55	101	81	27	6	1	1	13	11	14	1	13	1	0.333	0.433	0.469	0.902	1.86
2024	89	140	133	30	0	1	2	7	9	3	0	31	0	0.226	0.243	0.286	0.529	-0.54
통산	350	674	596	124	10	2	4	41	40	46	5	143	2	0.208	0.269	0.252	0.521	-1.46

정훈

9

포지션	1B	투타	우투우타	신장	180	체중	85
연봉	30000-20000			지명순위	06 현대 육성선수		
생년월일	1987-07-18			학교	양덕초-마산동중-용마고		

초 베테랑, 초 슈퍼 유틸리티 플레이어

시즌 전 매번 백업으로 분류되지만 필요할 때 항상 정훈이 있다. 지난 시즌에도 325타석에 들어서 9홈런을 때렸다. 포지션도 가리지 않는다. 지난 시즌 1루수와 2루수, 3루수는 물론 좌익수로도 나섰다. 최고참급이지만 어느 상황에서도 투덜거리지 않고 허슬플레이를 한다. 적극적인 스윙이 기회가 될 수 있다.

기본기록																	
연도	경기	타석	타수	안타	2루타	3루타	홈런	타점	득점	볼넷	사구	삼진	도루	타율	출루율	장타율	OPS	WAR
2022	91	340	294	72	8	0	3	32	39	32	2	66	4	0.245	0.317	0.303	0.620	-0.04
2023	80	233	201	56	14	0	6	31	40	26	0	39	2	0.279	0.358	0.438	0.796	0.22
2024	109	325	285	76	20	0	9	47	31	35	0	63	1	0.267	0.343	0.432	0.775	1.18
통산	1399	4672	4026	1103	202	21	78	521	623	468	73	861	76	0.274	0.357	0.393	0.750	14.16

조세진

5

포지션	LF	투타	우투우타	신장	181	체중	86
연봉	1000-4000			지명순위	22 롯데 2차 1라운드 4순위		
생년월일	2003-11-21			학교	성남중원리틀-장안초-선린중-서울고		

외야 유망주 발 선택과 집중 대상

2022년 2차 1라운드에 지명됐다. 스피드와 파워를 갖춘 외야수라는 평가를 받으며 기대감을 키웠다. 2022년 퓨처스에서 OPS 0.973을 기록했으나 상무에서 다소 주춤했다. 김민석, 추재현이 트레이드로 떠나면서 조세진에게 기회가 더 많이 주어질 전망이다.

기본기록																	
연도	경기	타석	타수	안타	2루타	3루타	홈런	타점	득점	볼넷	사구	삼진	도루	타율	출루율	장타율	OPS	WAR
2022	39	88	86	16	3	0	0	6	6	1	0	25	0	0.186	0.195	0.221	0.416	-0.61
2023	0	0	0	0	0	0	0	0	0	0	0	0	0	-	-	-	-	0
2024	0	0	0	0	0	0	0	0	0	0	0	0	0	-	-	-	-	0
통산	39	88	86	16	3	0	0	6	6	1	0	25	0	0.186	0.195	0.221	0.416	-0.87

최항

14

포지션	2B	투타	우투좌타	신장	183	체중	88
연봉	3100-5000		지명순위	12 SK 8라운드 70순위			
생년월일	1994-01-03		학교	대일초-매송중-유신고			

형 반만 쳐도 대박, 가능성은 있다

롯데로 팀을 옮겼지만 기대했던 (형을 닮은) 타격 성적 향상은 이뤄지지 않았다. 2루 수비는 안정적이지만 OPS 0.596 타자를 계속 라인업에 둘 수는 없다. 1군 캠프에 합류했고, 타격에서 조금씩 나아지는 모습을 보였다. 시범경기에서 좋은 타구가 많이 나왔다.

기본기록

연도	경기	타석	타수	안타	2루타	3루타	홈런	타점	득점	볼넷	사구	삼진	도루	타율	출루율	장타율	OPS	WAR
2022	15	24	20	2	0	0	0	1	0	2	1	7	0	0.100	0.208	0.100	0.308	-0.26
2023	21	35	28	8	1	0	1	6	3	5	0	12	0	0.286	0.382	0.429	0.811	-0.19
2024	72	143	132	33	3	1	0	12	17	10	1	32	0	0.250	0.308	0.288	0.596	-0.18
통산	376	956	836	225	34	3	11	106	110	88	18	204	6	0.269	0.349	0.356	0.705	2.49

황성빈

0

포지션	LF	투타	우투좌타	신장	172	체중	76
연봉	7600-15500		지명순위	20 롯데 2차 5라운드 44순위			
생년월일	1997-12-19		학교	관산초-안산중앙중-소래고-경남대			

거침없이 달려라, 부릉부릉 황보르기니

롯데에 꼭 필요했던 스타일의 선수. 근성과 스피드를 갖췄다. 롯데 올드팬들에게는 박정태와 전준호를 떠오르게 한다. 올스타전에서 '배달'로 큰 관심을 모았다. 규정타석에 살짝 모자랐지만 0.320은 팀 국내선수 최고. 1995년 전준호 이후 30년만에 롯데 도루왕도 기대.

기본기록

연도	경기	타석	타수	안타	2루타	3루타	홈런	타점	득점	볼넷	사구	삼진	도루	타율	출루율	장타율	OPS	WAR
2022	102	353	320	94	12	4	1	16	62	22	2	55	10	0.294	0.341	0.366	0.707	-0.08
2023	74	191	170	36	5	2	0	8	22	12	1	27	9	0.212	0.268	0.265	0.533	0.40
2024	125	406	366	117	15	8	4	26	94	31	2	56	51	0.320	0.375	0.437	0.812	2.15
통산	301	950	856	247	32	14	5	50	178	65	5	138	70	0.289	0.341	0.376	0.717	2.41

김강현 `19`

포지션 P	투타 우투좌타	신장 177	체중 84
연봉 3200-4000	지명순위 15 롯데 육성선수		
생년월일 1995-02-27	학교 고명초-청원중-청원고		

연도	경기	선발	QS	승	패	세이브	BS	홀드	이닝	피안타	피홈런	4사구	삼진	피안타율	WHIP	피 OPS	ERA	WAR
2022	0	0	0	0	0	0	0	0	0	0	0	0	0	-	-	-	-	0
2023	2	0	0	0	0	0	0	0	3	1	0	2	0	0.111	1.00	0.444	3.00	0.08
2024	26	0	0	0	0	0	1	0	25.1	28	2	18	24	0.275	1.82	0.766	3.55	0.53
통산	28	0	0	0	0	0	1	0	28.1	29	2	20	24	0.261	1.73	0.739	3.49	0.61

김도규 `124`

포지션 P	투타 우투우타	신장 192	체중 118
연봉 8000-4000	지명순위 18 롯데 2차 3라운드 23순위		
생년월일 1998-07-11	학교 충암중-안산공고		

연도	경기	선발	QS	승	패	세이브	BS	홀드	이닝	피안타	피홈런	4사구	삼진	피안타율	WHIP	피 OPS	ERA	WAR
2022	55	0	0	4	4	3	0	8	51	48	2	19	45	0.250	1.31	0.66	3.71	0.85
2023	36	0	0	0	3	1	0	1	29.2	29	1	13	26	0.257	1.42	0.66	4.55	0.31
2024	5	0	0	0	1	0	0	0	4	5	0	6	5	0.333	2.75	0.92	9.00	-0.03
통산	139	0	0	6	9	4	0	14	126.2	123	6	60	115	0.258	1.44	0.69	4.76	1.49

박시영 `25`

포지션 P	투타 우투우타	신장 180	체중 88
연봉 9000-5000	지명순위 08 롯데 2차 4라운드 31순위		
생년월일 1989-03-10	학교 축현초-신흥중-제물포고-영남사이버대		

연도	경기	선발	QS	승	패	세이브	BS	홀드	이닝	피안타	피홈런	4사구	삼진	피안타율	WHIP	피 OPS	ERA	WAR
2022	17	0	0	0	2	0	0	5	15.2	19	2	4	11	0.311	1.47	0.774	4.6	0.36
2023	0	0	0	0	0	0	0	0	0	0	0	0	0	-	-	-	-	0
2024	26	0	0	0	1	1	0	4	25.1	27	4	7	23	0.270	1.34	0.814	4.62	0.36
통산	282	12	0	9	14	1	5	32	325	323	48	154	297	0.258	1.47	0.771	5.46	3.47

박진형 `40`

포지션 P	투타 우투우타	신장 181	체중 77
연봉 8600-5600	지명순위 13 롯데 2라운드 13순위		
생년월일 1994-06-10	학교 영랑초-경포중-강릉고		

연도	경기	선발	QS	승	패	세이브	BS	홀드	이닝	피안타	피홈런	4사구	삼진	피안타율	WHIP	피 OPS	ERA	WAR
2022	0	0	0	0	0	0	0	0	0	0	0	0	0	-	-	-	-	0
2023	0	0	0	0	0	0	0	0	0	0	0	0	0	-	-	-	-	0
2024	7	0	0	0	0	0	0	0	6.1	6	0	1	4	0.286	1.11	0.681	4.26	0.21
통산	222	23	4	18	14	7	14	36	300.2	341	32	144	302	0.29	1.61	0.828	5.42	3.69

신병률 `12`

포지션 P	투타 우언우타	신장 175	체중 83
연봉 3100-3100	지명순위 18 KT 2차 6라운드 51순위		
생년월일 1996-01-30	학교 둔촌초-잠신중-휘문고-단국대		

연도	경기	선발	QS	승	패	세이브	BS	홀드	이닝	피안타	피홈런	4사구	삼진	피안타율	WHIP	피 OPS	ERA	WAR
2022	0	0	0	0	0	0	0	0	0	0	0	0	0	-	-	-	-	0
2023	0	0	0	0	0	0	0	0	0	0	0	0	0	-	-	-	-	0
2024	0	0	0	0	0	0	0	0	0	0	0	0	0	-	-	-	-	0
통산	21	1	0	0	0	1	0	2	25.2	35	6	7	14	0.327	1.64	0.988	7.01	-0.15

심재민 23

포지션 P	투타 좌투우타	신장 182	체중 92
연봉 9400-5400	지명순위 14 KT 신생팀 특별지명
생년월일 1994-02-18	학교 김해엔젤스-장유초-개성중-개성고-전남과학대

연도	경기	선발	QS	승	패	세이브	BS	홀드	이닝	피안타	피홈런	4사구	삼진	피안타율	WHIP	피 OPS	ERA	WAR
2022	44	1	0	4	1	0	0	6	43.1	41	4	16	21	0.250	1.32	0.706	3.74	0.63
2023	33	6	0	3	1	0	0	6	47.2	57	2	18	29	0.297	1.57	0.714	3.78	0.99
2024	0	0	0	0	0	0	0	0	0	0	0	0	0	-	-	-	-	0
통산	322	12	0	16	21	2	8	37	364	415	33	158	249	0.293	1.57	0.78	4.77	4.65

윤성빈 55

포지션 P	투타 우투우타	신장 197	체중 90
연봉 3100-3100	지명순위 17 롯데 1차
생년월일 1999-02-26	학교 동일초-경남중-부산고

연도	경기	선발	QS	승	패	세이브	BS	홀드	이닝	피안타	피홈런	4사구	삼진	피안타율	WHIP	피 OPS	ERA	WAR
2022	0	0	0	0	0	0	0	0	0	0	0	0	0	-	-	-	-	0
2023	0	0	0	0	0	0	0	0	0	0	0	0	0	-	-	-	-	0
2024	1	1	0	0	1	0	0	0	1	4	1	2	1	0.571	6.00	1.81	45.00	-0.21
통산	21	12	1	2	7	0	0	0	53	55	6	42	66	0.268	1.83	0.818	7.47	0.50

이병준 45

포지션 P	투타 우투우타	신장 185	체중 95
연봉 3000-3000	지명순위 21 롯데 2차 7라운드 61순위
생년월일 2002-05-28	학교 부산영도리틀-청동초-경남중-개성고

연도	경기	선발	QS	승	패	세이브	BS	홀드	이닝	피안타	피홈런	4사구	삼진	피안타율	WHIP	피 OPS	ERA	WAR
2022	0	0	0	0	0	0	0	0	0	0	0	0	0	-	-	-	-	0
2023	0	0	0	0	0	0	0	0	0	0	0	0	0	-	-	-	-	0
2024	0	0	0	0	0	0	0	0	0	0	0	0	0	-	-	-	-	0
통산	-	-	-	-	-	-	-	-	-	-	-	-	-	-	-	-	-	-

정우준 46

포지션 P	투타 우투우타	신장 180	체중 82
연봉 3100-3200	지명순위 21 롯데 2차 6라운드 51순위
생년월일 2000-03-17	학교 남양주리틀-태랑초-청원중-서울고-강릉영동대

연도	경기	선발	QS	승	패	세이브	BS	홀드	이닝	피안타	피홈런	4사구	삼진	피안타율	WHIP	피 OPS	ERA	WAR
2022	0	0	0	0	0	0	0	0	0	0	0	0	0	-	-	-	-	-
2023	0	0	0	0	0	0	0	0	0	0	0	0	0	-	-	-	-	-
2024	8	0	0	0	0	0	0	0	8.1	10	2	7	5	0.303	2.04	0.970	4.32	0.03
통산	14	0	0	0	0	0	0	0	14	16	3	12	9	0.291	2.00	0.962	6.43	0.03

진승현 26

포지션 P	투타 우투좌타	신장 184	체중 108
연봉 4300-4000	지명순위 22 롯데 2차 2라운드 14순위
생년월일 2003-09-05	학교 본리초-경복중-경북고

연도	경기	선발	QS	승	패	세이브	BS	홀드	이닝	피안타	피홈런	4사구	삼진	피안타율	WHIP	피 OPS	ERA	WAR
2022	10	0	0	0	0	0	0	0	9	12	2	7	11	0.300	2.11	0.917	9.00	-0.20
2023	24	0	0	2	2	0	0	1	27.2	34	2	16	25	0.309	1.81	0.779	5.86	-0.01
2024	7	0	0	0	1	0	0	0	6.1	7	0	5	5	0.259	1.89	0.745	8.53	0.03
통산	41	0	0	2	3	0	0	1	43	53	4	28	41	0.299	1.88	0.804	6.91	-0.17

현도훈 17

포지션 P	투타 우투좌타	신장 188 체중 95
연봉 3200-3300	지명순위 18 두산 육성선수	
생년월일 1993-01-13	학교 남양주리틀-풍양초-신일중-일본 교토고쿠사이고	

연도	경기	선발	QS	승	패	세이브	BS	홀드	이닝	피안타	피홈런	4사구	삼진	피안타율	WHIP	피 OPS	ERA	WAR
2022	0	0	0	0	0	0	0	0	0	0	0	0	0	-	-	-	-	-
2023	0	0	0	0	0	0	0	0	0	0	0	0	0	-	-	-	-	-
2024	8	0	0	0	1	0	1	0	10	15	2	6	8	0.341	2.10	1.011	9.00	-0.30
통산	16	3	0	0	2	0	1	0	27.1	35	5	25	22	0.321	2.20	0.965	9.55	-0.62

홍민기 38

포지션 P	투타 좌투좌타	신장 185 체중 85
연봉 3100-3100	지명순위 20 롯데 2차 1라운드 4순위	
생년월일 2001-07-20	학교 법동초-한밭중-대전고	

연도	경기	선발	QS	승	패	세이브	BS	홀드	이닝	피안타	피홈런	4사구	삼진	피안타율	WHIP	피 OPS	ERA	WAR
2022	0	0	0	0	0	0	0	0	0	0	0	0	0	0	-	-	-	-
2023	0	0	0	0	0	0	0	0	0	0	0	0	0	0	-	-	-	-
2024	3	1	0	0	0	0	0	0	3.2	8	0	1	2	0.381	2.45	0.982	12.27	-0.06
통산	4	1	0	0	0	0	0	0	4	8	0	3	2	0.364	2.75	0.981	13.50	-0.07

강성우 67

포지션 2B	투타 우투우타	신장 182 체중 77
연봉 3000-3100	지명순위 24 롯데 5라운드 43순위	
생년월일 2005-04-12	학교 대전유천초-한밭중-청주고	

연도	경기	타석	타수	안타	2루타	3루타	홈런	타점	득점	볼넷	사구	삼진	도루	타율	출루율	장타율	OPS	WAR
2022	-	-	-	-	-	-	-	-	-	-	-	-	-	-	-	-	-	-
2023	-	-	-	-	-	-	-	-	-	-	-	-	-	-	-	-	-	-
2024	2	3	2	1	0	0	0	0	0	0	0	0	0	0.500	0.500	0.500	1.000	-0.01
통산	2	3	2	1	0	0	0	0	0	0	0	0	0	0.500	0.500	0.500	1.000	0.00

강승구 39

포지션 C	투타 우투우타	신장 180 체중 83
연봉 3000-3100	지명순위 24 롯데 육성선수	
생년월일 2003-10-19	학교 동막초-상인천중-제물포고-강릉영동대	

연도	경기	선발	QS	승	패	세이브	BS	홀드	이닝	피안타	피홈런	4사구	삼진	피안타율	WHIP	피 OPS	ERA	WAR
2022	-	-	-	-	-	-	-	-	-	-	-	-	-	-	-	-	-	-
2023	-	-	-	-	-	-	-	-	-	-	-	-	-	-	-	-	-	-
2024	5	2	2	0	0	0	0	0	0	0	0	1	0	0.000	0.000	0.000	0.000	-0.08
통산	5	2	2	0	0	0	0	0	0	0	0	1	0	0.000	0.000	0.000	0.000	-0.08

김동혁 50

포지션 LF	투타 좌투좌타	신장 177 체중 77
연봉 3100-3300	지명순위 22 롯데 2차 7라운드 64순위	
생년월일 2000-09-15	학교 서화초-상인천중-제물포고-강릉영동대	

연도	경기	타석	타수	안타	2루타	3루타	홈런	타점	득점	볼넷	사구	삼진	도루	타율	출루율	장타율	OPS	WAR
2022	0	0	0	0	0	0	0	0	0	0	0	0	0	-	-	-	-	0
2023	15	9	7	0	0	0	0	0	3	2	0	3	1	0.000	0.222	0.000	0.222	0.03
2024	39	17	15	3	0	1	0	1	8	2	0	5	3	0.200	0.294	0.333	0.627	0.21
통산	54	26	22	3	0	1	0	1	11	4	0	8	4	0.136	0.269	0.227	0.496	0.17

박재엽 63

포지션 C	투타 우투우타	신장 184 체중 92
연봉 3000	지명순위 25 롯데 4라운드 34순위	
생년월일 2006-01-23	학교 대연초-개성중-부산고	

연도	경기	타석	타수	안타	2루타	3루타	홈런	타점	득점	볼넷	사구	삼진	도루	타율	출루율	장타율	OPS	WAR
2022	-	-	-	-	-	-	-	-	-	-	-	-	-	-	-	-	-	-
2023	-	-	-	-	-	-	-	-	-	-	-	-	-	-	-	-	-	-
2024	-	-	-	-	-	-	-	-	-	-	-	-	-	-	-	-	-	-
통산	-	-	-	-	-	-	-	-	-	-	-	-	-	-	-	-	-	-

백두산 62

포지션 C	투타 우투우타	신장 180 체중 95
연봉 3000-3100	지명순위 24 롯데 육성선수	
생년월일 2001-05-20	학교 수영초-대천중-개성고-동의대	

연도	경기	타석	타수	안타	2루타	3루타	홈런	타점	득점	볼넷	사구	삼진	도루	타율	출루율	장타율	OPS	WAR
2022	-	-	-	-	-	-	-	-	-	-	-	-	-	-	-	-	-	-
2023	-	-	-	-	-	-	-	-	-	-	-	-	-	-	-	-	-	-
2024	1	1	1	0	0	0	0	0	0	0	0	1	0	0.000	0.000	0.000	0.000	-0.02
통산	1	1	1	0	0	0	0	0	0	0	0	1	0	0.000	0.000	0.000	0.000	-0.02

서동욱 35

포지션 C	투타 우투우타	신장 175 체중 88
연봉 3000-3500	지명순위 23 롯데 육성선수	
생년월일 2000-03-24	학교 순천남산초-순천이수중-효천고-홍익대	

연도	경기	타석	타수	안타	2루타	3루타	홈런	타점	득점	볼넷	사구	삼진	도루	타율	출루율	장타율	OPS	WAR
2022	-	-	-	-	-	-	-	-	-	-	-	-	-	-	-	-	-	-
2023	13	20	17	2	1	0	0	0	2	3	0	5	0	0.118	0.25	0.176	0.426	-0.12
2024	33	27	26	3	1	0	0	0	2	0	1	8	0	0.115	0.148	0.154	0.302	-0.48
통산	46	47	43	5	2	0	0	0	4	3	1	13	0	0.116	0.191	0.163	0.354	-0.56

이정훈 48

포지션 LF	투타 우투좌타	신장 185 체중 90
연봉 6000-6500	지명순위 17 KIA 2차 10라운드 94순위	
생년월일 1994-12-07	학교 교문초-배재중-휘문고-경희대	

연도	경기	타석	타수	안타	2루타	3루타	홈런	타점	득점	볼넷	사구	삼진	도루	타율	출루율	장타율	OPS	WAR
2022	6	10	8	0	0	0	0	0	0	2	0	3	0	0.000	0.200	0.000	0.200	-0.1
2023	59	171	152	45	7	0	1	17	17	13	3	28	1	0.296	0.357	0.362	0.719	0.49
2024	65	116	100	30	8	0	0	18	10	13	0	21	0	0.300	0.374	0.380	0.754	0.49
통산	185	470	409	111	22	0	3	52	41	47	7	89	1	0.271	0.352	0.347	0.699	0.03

한태양 60

포지션 2B	투타 우투우타	신장 181 체중 76
연봉 950-3800	지명순위 22 롯데 2차 6라운드 54순위	
생년월일 2003-09-15	학교 역삼초-언북중-덕수고	

연도	경기	타석	타수	안타	2루타	3루타	홈런	타점	득점	볼넷	사구	삼진	도루	타율	출루율	장타율	OPS	WAR
2022	38	72	61	9	1	0	0	3	14	5	2	24	1	0.148	0.235	0.164	0.399	-0.38
2023	0	0	0	0	0	0	0	0	0	0	0	0	0	-	-	-	-	0
2024	0	0	0	0	0	0	0	0	0	0	0	0	0	-	-	-	-	0
통산	38	72	61	9	1	0	0	3	14	5	2	24	1	0.148	0.235	0.164	0.399	-0.31

2025시즌 육성선수

포지션	배번	투타	한글성명	생년월일	신장	체중	입단연도
투수	47	우우	이승헌	1998-12-19	196	97	2018
투수	122	우우	배세종	2001-12-01	190	108	2024
투수	120	우좌	박영완	2000-07-22	183	85	2019
투수	107	우우	김태균	2006-07-31	191	97	2025
투수	104	우우	조영우	2006-05-15	182	82	2025
투수	118	우우	하혜성	2003-06-09	191	85	2022
투수	101	우우	김현우	2006-03-18	183	90	2025
투수	18	우좌	정성종	1995-11-16	181	93	2018
투수	49	우우	최이준	1999-04-10	182	90	2018
투수	61	우우	전미르	2005-08-15	187	100	2024
투수	117	좌좌	박로건	2001-08-27	186	88	2020
투수	115	좌좌	정선우	2002-06-12	173	80	2025
투수	103	좌좌	이영재	2006-10-20	180	71	2025
포수	109	우우	박건우	2003-02-01	183	92	2025
포수	123	우우	엄장윤	2003-10-07	179	78	2022
내야수	121	우우	김동규	1999-04-08	185	85	2019
내야수	119	우우	김세민	2003-06-14	183	78	2022
내야수	108	우우	박지훈	2002-05-14	176	75	2025
내야수	111	우우	이태경	2002-11-24	176	77	2025
내야수	112	우우	유태웅	2002-03-13	175	77	2025
내야수	105	우우	최민규	2004-02-23	173	74	2025
내야수	116	우우	이주찬	1998-09-21	181	86	2021
외야수	100	우우	김대현	2003-11-15	176	84	2024
외야수	102	우좌	김동현	2004-12-30	185	100	2025
외야수	106	우우	한승현	2006-10-29	183	80	2025
외야수	113	우우	이상화	2002-03-25	181	87	2025
외야수	114	좌좌	오창현	2002-05-21	165	65	2025

윤동희

나승엽

고승민

황성빈

© 롯데 자이언츠

한화 이글스

주요 이슈

한화가 21세기 들어 가을야구에 오른 것은 5번밖에 되지 않는다. 2007년 플레이오프를 마지막으로 10년 동안 가을야구에 오르지 못하다 2018년에 드디어 3위로 가을야구에 올랐고 준플레이오프에서 넥센에 졌다. 그리도 다시 가을야구 가뭄이 6시즌 동안 이어졌다. 이제는 '보살팬'이라 불리는 한화 팬들의 마음을 달래줘야 할 때.

많은 변화가 있었다. 앞선 리빌딩과 실험의 시즌을 지나, '윈 나우'에 돌입했고 이를 위해 최원호 감독을 시즌 중 경질하고 베테랑 김경문 감독과 계약했다. 시즌 중반 지휘봉을 잡은 김 감독은 당장의 가을야구 경쟁에는 실패했지만, 선수들의 장점을 살리는 운영을 통해 시즌 막판 불펜진을 안정시켰다. 김서현을 중심으로 박상원, 한승혁, 주현상 등이 버티는 불펜은 올 시즌 승부를 걸어볼 만한 '진용'을 만들었다.

여기에 스토브리그에서 과감한 투자가 이뤄졌다. KT로부터 유격수 심우준과 선발 투수 엄상백을 데려왔다. 가을야구를 위해 상위 팀의 전력을 빼 오는 것은 기본이다. 게다가 KT는 최근 매년 가을야구에 오른 팀이다. 가을야구 경험이 많은 선수를 영입하는 것도 윈 나우를 위한 정석 무브에 가깝다. 한화는 지난해 8위를 했고, 5위 안에 들기 위해서는 적어도 위에서 세 팀 이상 끌어내려야 한다.

선발 투수와 유격수는 한화에게 꼭 필요한 자원이었다. 내야 재편을 위해 최근 2~3년간 여러 실험이 이뤄졌지만, 마냥 실험에만 매달릴 순 없다. 심우준은 적어도 수비에서는 안정감을 가져다줄 수 있는 자원이고 이는 투수들에게도 긍정적 영향을 준다.

심우준과 함께 중견수 플로리얼 역시 '수비'에 방점을 더 찍은 영입이다. 센터라인의 수비 강화는 팀 전체를 강하게 만든다. 삼성 왕조 시절이 그랬고, SK 왕조 시절이 그랬다. 두산 역시 '왕조'라 불릴 때 센터라인의 수비력이 핵심이었다.

한화 류현진은 지난해 10승 8패, 평균자책 3.87을 기록했다. 체면치레는 했지만 다소 아쉬운 성적이었다. 그런데, FIP(수비 무관 평균자책점) 3.67은 규정 이닝 투수 중 하트, 월커슨에 이은 리그 3위였다. 수비 도움을 받았더라면 훨씬 나은 성적을 거둘 수 있었다는 뜻이다. 이른바 '바빕'이라고 불리는 BABIP 성적은 더욱 좋지 않다. 류현진의 인플레이 타구 피안타율은 0.346으로 규정 이닝 투수 중 제일 높았다. 다른 투수였다면 아웃이 됐을 타구가 류현진은 안타가 됐다는 뜻이다. 그중 몇 개만 아웃으로 처리됐더라도 류현진의 성적은 물론 한화의 팀 성적이 달라졌을지도 모른다. 류현진 스스로가 가장 아쉬워하는, 몇 번의 대량 실점 경기가 모두 실책이 동반된 상태에서 이뤄졌다. 그중 실책으로 기록되지 않았지만 잡을 수 있는 타구들이 존재했다. 심우준, 플로리얼로 이어지는 센터 수비수들의 활약이 더해지면, 단순히 외부 전력 영입을 넘어선 추가 효과가 기대될 수 있다.

일단 김경문 감독은 주전 2루수로 안치홍을 낙점했다. 수비력이 떨어진다는 평가를 받지만, 그만큼 안치홍에게 '책임감'을 부여하겠다는 메시지로 읽힌다. 김 감독 특유의 용인술이다. 책임감이 커진 안치홍은 수비에서 집중력이 높아질 수 있다. 안치홍의 '경험'과 집중력이 더해진 수비가 어우러지면 센터라인의 수비가 더 단단해질 수도 있다.

김 감독은 일단 베테랑 주전의 활약에 방점을 찍었지만, 김 감독은 새 얼굴을 찾는데도 능하다. 플로리얼 한 명만 고정된 외야에서 열심히 뛰고, 적극적인 플레이를 하는 새 얼굴이 등장하면 팀 분위기도 바뀐다. 최인호, 김태연, 이진영, 이원석 등이 경쟁하고 있는 한화 외야진인데, 문현빈도 외야가 가능하다. 임종찬과 권광민까지 경쟁에 가세한다면 의외의 시너지가 날 수도 있다.

마운드에서도 기대되는 새 얼굴들이 있다. 불펜의 안정감을 확보한 가운데, 문동주의 5선발도 확정은 아니다. 전체 2순위 신인 정우주가 캠프부터 150㎞를 던졌고, 2라운드에서 뽑은 왼손 투수 권민규는 지켜보는 이들을 놀라게 하는 제구력을 자랑했다. 심지어 '송진우 선배 닮았다'는 평가까지 나왔다.

주장 채은성은 '3위가 목표'라고 콕 짚었다. 한화는 21세기 우승이 없는 세 팀 중 하나다.

종합

	경기당 득점		경기당 실점		경기당 실책		수비효율	
한화	5.17	9위	5.42	5위	0.73	5위	0.631	9위
리그평균	5.38	10▶9	5.38	8▶5	0.76	5▶5	0.647	5▶9

	경기당 도루시도		도루성공률		경기당 희생번트		경기당 투수교체	
한화	0.8	8위	62.7	10위	0.29	8위	4.04	8위
리그평균	1.1	9▶8	74.4	4▶10	0.34	7▶8	3.90	10▶8

타격

	타율		출루율		장타율		OPS	
한화	0.270	8위	0.347	7위	0.398	9위	0.745	9위
리그평균	0.277	10▶8	0.352	10▶7	0.420	10▶9	0.772	10▶9

선발

	평균자책점		경기당 이닝		피안타율		피순장타	
한화	4.95	7위	4.69	10위	0.291	10위	45	7위
리그평균	4.77	8▶7	5.00	10▶10	0.274	8▶10	48.8	10▶7

구원

	평균자책점		경기당 이닝		피안타율		피순장타	
한화	5.07	5위	4.16	2위	0.278	5위	19	4위
리그평균	5.16	7▶5	3.91	1▶2	0.282	3▶5	19.9	9▶4

라인업

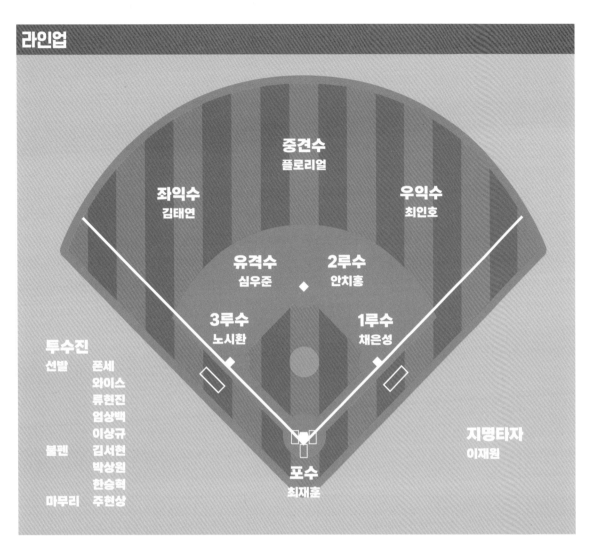

중견수
플로리얼

좌익수
김태연

우익수
최인호

유격수
심우준

2루수
안치홍

3루수
노시환

1루수
채은성

투수진
선발 폰세
      와이스
      류현진
      엄상백
      이상규
불펜 김서현
      박상원
      한승혁
마무리 주현상

지명타자
이재원

포수
최재훈

최근 10시즌 성적

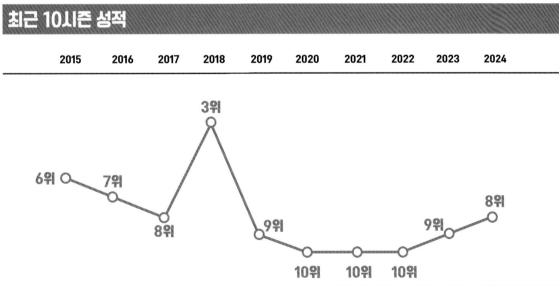

2015	2016	2017	2018	2019	2020	2021	2022	2023	2024

6위 7위 8위 3위 9위 10위 10위 10위 9위 8위

최상 시나리오

폰세와 와이스는 그냥 류현진을 따라가기만 하면 된다. 지난 시즌 마운드에서 고개를 갸웃거리던 류현진은 이제 ABS마저 자기편으로 만들었다. 지난해 '안타구나' 하고 포기했던 타구가 자꾸 유격수, 중견수에게 잡힌다. 류현진이 방긋 웃으며 손을 들어준다. 팽팽한 경기 흐름이 자주 나오는 가운데 노시환, 채은성이 홈런 페이스를 되찾으며 승기를 가져온다. 좋은 흐름에서 등판하는 김서현은 분위기를 살리는 158㎞ 속구를 던져 100마일 기대감을 높인다. 신인 권민규는 한화에 없던 왼손 불펜으로 상대 왼손 타자들의 흐름을 끊는다. 심우준이 시즌 도루왕 경쟁을 펼치는 가운데, 최인호가 팀 내 도루 숫자에서 뒤를 잇는다. 새 구장 개장 첫해 열리는 한국시리즈, 김승연 구단주가 흐뭇한 표정으로 경기를 바라본다.

최악 시나리오

오른손 강속구 투수 2명, 왼손 피네스 투수 류현진에 사이드암 엄상백 등 4선발까지의 구색은 잘 갖춰졌지만, 이기는 흐름이 잘 만들어지지 않는다. 여전히 수비에서 빈틈이 있고, 중견수 플로리얼을 제외한 좌우 외야수 실험이 계속된다. 의욕과 경험 사이에서 엉뚱한 장면이 자주 나오면서 김경문 감독의 시그니처 박수가 잘 나오지 않는다. 2루수 안치홍에 대한 팬들의 불만이 나오기 시작한다. 김 감독의 믿음은 계속되지만 부담감은 커진다. 5선발 문동주의 컨디션이 안 올라와 5선발 실험 기간이 길어진다. 시즌 중반, 백업 내야수에 대한 다른 팀들의 트레이드 요구가 이어진다. 차라리 빅네임을 내주고 확실한 유망주를 받는 게 낫다는 얘기까지 나온다. 시즌 막판, 김승연 구단주가 야구장을 향하다 경기 내용을 듣고 차를 돌린다.

코칭스태프

보직	배번	투타	이름	생년월일	키(cm)	몸무게(kg)
감독	74	우우	김경문	1958.11.01	178	80
수석	88	우우	양승관	1959.06.02	180	80
타격	87	좌좌	김민호	1961.04.28	183	82
타격	85	우우	정현석	1984.03.01	182	93
투수	79	좌좌	양상문	1961.03.24	174	79
불펜	76	우우	윤규진	1984.07.28	187	91
수비	83	우우	김우석	1975.09.02	181	79
3루/작전	82	우우	김재걸	1972.09.07	177	70
1루/외야	91	우좌	추승우	1979.09.24	187	74
배터리	90	우우	김정민	1970.03.15	184	83
퓨처스 감독	71	우우	이대진	1974.06.09	180	83
퓨처스/잔류군 타격총괄	89	우우	정경배	1974.02.20	176	84
퓨처스 투수	75	좌좌	박정진	1976.05.27	183	88
퓨처스 불펜	92	좌좌	정우람	1985.06.01	181	83
퓨처스 수비	73	우우	최윤석	1987.03.28	173	75
퓨처스 주루/외야수비	78	좌좌	양영동	1983.7.16	173	70

감독 및 전력 포인트

김경문 감독

김경문 감독을 잘 아는 지인은 "이번에는 경문이가 진짜 준비 많이 한 것 같다"고 전했다. 통산 1,787경기를 감독했고, 938승 31무 818패를 기록한 베테랑 감독이다. 화려한 지도자 경력을 자랑한다. 2008 베이징 올림픽에서 한국 야구 사상 첫 올림픽 금메달을 땄다. 그럼에도 딱 하나 가지지 못한 것이 바로 한국시리즈 우승이다. 두산 시절 SK에 막혔고, NC 시절에는 두산에 막혔다. 현장 복귀 결심의 배경에는 '우승'이 존재한다.

우승을 위해서 어떻게 해야 하는지를 천천히 복기했고, 차분히 계산했다. 지난해 중반 한화를 맡으면서 고심 끝에 호흡이 잘 맞는 양상문 투수코치를 영입했다. 불펜진을 안정시킨 것은 최고 성과였다. 공격은 알아서 굴러간다. 불펜과 수비가 열쇠다. 김 감독의 준비와 계산이 끝났다.

보직	배번	투타	이름	생년월일	키(cm)	몸무게(kg)
퓨처스 3루/작전	77	좌좌	박재상	1982.07.20	178	85
퓨처스 1루/외야	80	좌좌	고동진	1980.04.01	183	85
퓨처스 배터리	70	우우	쓰루오카	1977.05.30	183	87
잔류군 총괄	81	우우	김성갑	1962/5/3	168	66
잔류군 타격	78	우우	김남형	1988-5-8	177	75
투수코디네이터	72	우우	박승민	1977-3-18	186	90
잔류군 배터리	86	우우	정범모	1987.03.26	184	88
수석 트레이닝	84		이지풍	1978.11.01	178	80
트레이닝	-		장세홍	1973.01.22	177	85
트레이닝	-		김형욱	1983.08.23	170	74
트레이닝	-		김연규	1989.01.20	179	80
트레이닝	-		엄강현	1997.03.01	176	83
트레이닝	-		손호영	1998.08.25	180	85
퓨처스 트레이닝	-		김재민	1988.01.28	175	78
재활군 트레이닝	-		이수혁	1995.04.18	174	72
퓨처스 컨디셔닝	-	-	양희준	1989.3.30	168	72

류현진

포지션	P	투타	좌투우타	신장	190	체중	113
연봉	250000-200000			지명순위	06 한화 2차 1라운드 2순위		
생년월일	1987-03-25			학교	창영초-동산중-동산고-대전대		

99

정상적인 캠프 치렀다.
올시즌이 진짜 괴물이다.

© 한화 이글스

류현진답지 않은 기록, 그러나 적응했다

그래도 류현진이었다. 다소 늦게 계약이 마무리되면서 캠프 합류가 늦었지만, 시즌 내내 이름값은 충분히 해냈다. 류현진의 칼제구는 ABS의 엄격함에 오히려 불리한 요소가 됐다. 사람 심판이었다면 스트라이크 콜이 충분히 나왔을 공이 ABS는 고개를 저었다. 시즌 초반에는 천하의 류현진도 화를 냈다. 이내 적응했고, 결국 규정이닝과 10승을 채웠다. 평균자책 3.87(11위)은 류현진 치고 다소 높은 기록이지만, 시즌 내내 불운했고, 수비 도움도 받지 못했다. 인플레이타구 피안타율(Babip)이 0.346이었고, 이는 규정이닝 투수 중 가장 높았다. KBO 복귀 두 번째 시즌은 확실히 다르다. 시즌 준비가 순조롭게 이뤄졌다. 류현진 스스로도 "야외 훈련 시기가 당겨졌다. 투구수도 순조롭게 늘고 있다"고 밝혔다.

메이저에서도 공인된 괴물의 공

준비가 제대로 된 류현진은 다를 수밖에 없다. 류현진의 체인지업은 이미 메이저리그에서 인정된 구종이다. KBO 리그 복귀 첫해에는 포심의 위력이 확인됐다. 수준급 체인지업이 각인된 상태에서 포심은 더 공략하기 까다로운 공이다. 지난해 가을야구 공약을 지키지 못하는 바람에 고참 동료들과 함께 겨울 바다에 입수까지 했다. 올해 한화는 새 야구장 첫 시즌이다. 류현진의 어깨가 더욱 무겁다. 개막전 선발이 유력한 가운데 류현진은 "첫 경기부터 승리투수가 되고 싶다"고 힘줘 말했다. 30경기 선발 출전, 최소 150이닝 이상이 목표다.

SIM '제대로' 준비한 류현진은 안전자산

mulderous 공포의 한 마디. 괴물이 '힘 대신 노련미'를 선언했다

hjkim 겨울 바다의 차가움을 기억하길.

									기본기록							
연도	경기	선발	QS	승	패	세이브	BS	홀드	이닝	피안타	피홈런	4사구	삼진	피안타율	WHIP	피 OPS	ERA	WAR
2022	-	-	-	-	-	-	-	-	-	-	-	-	-	-	-	-	-	-
2023	-	-	-	-	-	-	-	-	-	-	-	-	-	-	-	-	-	-
2024	28	28	16	10	8	0	0	0	158.1	182	12	33	135	0.287	1.36	0.704	3.87	4.44
통산	218	209	145	108	60	1	0	0	1427.1	1263	104	416	1373	0.241	1.18	0.640	2.92	44.25

김서현

44

포지션	P	투타	우투우타	신장	188	체중	86
연봉	3300-5600			지명순위	23 한화 1라운드 1순위		
생년월일	2004-05-31			학교	효제초-자양중-서울고		

우리 서현이가 이렇게 완전히 달라졌어요.

© 한화 이글스

전반기 김서현과 후반기 김서현은 완전히 다른 투수였다. 11월 대만에서 김서현은 또다시 업그레이드됐다. 한화의 필승조가 아니라 대표팀의 필승조를 맡겨도 믿음직스러웠다. 김경문 감독 부임 뒤 김서현은 과거 폼을 되찾았고, 특유의 무브먼트 좋은 속구 위력이 살아났다. 포심 평균 구속이 150km가 넘는데다 약간 낮은 딜리버리는 우타자들에게 공포의 대상이다. 우타자 상대 OPS가 0.496밖에 되지 않는다. 프리미어 12를 거치면서 자신감까지 확 올라왔다. 계산되는 불펜을 가진 김경문 감독의 경기 운영과 이에 따른 승률은 확 달라진다.

SIM 성장통 세게 앓았으니 쭉쭉 클 일만 남았다

mulderous 태극마크 한 번에 확 달라진 대표적 사례가 될 수도

hjkim 2시즌 경험, 이제는 자리잡을 때

기본기록

연도	경기	선발	QS	승	패	세이브	BS	홀드	이닝	피안타	피홈런	4사구	삼진	피안타율	WHIP	피 OPS	ERA	WAR
2022	-	-	-	-	-	-	-	-	-	-	-	-	-	-	-	-	-	-
2023	20	1	0	0	0	1	0	0	22.1	22	1	23	26	0.265	2.01	0.858	7.25	-0.26
2024	37	0	0	1	2	0	1	10	38.1	31	0	32	43	0.220	1.64	0.670	3.76	0.71
통산	57	1	0	1	2	1	1	10	60.2	53	1	55	69	0.237	1.78	0.740	5.04	0.44

노시환

8

포지션	3B	투타	우투우타	신장	185	체중	105
연봉	35000-33000		지명순위	19 한화 2차 1라운드 3순위			
생년월일	2000-12-03		학교	수영초-경남중-경남고			

홈런왕 어게인이면 가을야구가 성큼 다가온다

© 한화 이글스

한화의 2024시즌 기대가 컸던 것은 신인왕 문동주와 홈런왕 노시환의 존재 때문이었다. 하지만 문동주처럼 노시환도 홈런 왕 다음 시즌 혹독한 소포모어 징크스 시즌을 보냈다. 초반부터 강하게 때리는데 집중하다 ABS 존 적응 실패까지 이어지 면서 스탯이 뚝 떨어졌다. 4월까지 헤매다가 5월 이후 그나마 조금씩 살아나기 시작했다는 점은 올시즌 기대감을 높인다. 문 제를 파악했고, 이대호와 함께 훈련하면서 '기운'도 받았다. 다시 40개 가까운 홈런을 때린다면, 한화 타선에 확실한 힘이 된 다. 밀어서도 넘길 수 있는 힘이 있다.

SIM 밀어서도 잘 친다, 몬스터월 넘기는 홈런왕을 보고 싶다

mulderous 한화의 보살들을 신명나게 해야 할 운명의 남자

hjkim 노시환의 성적이 한화 시즌을 좌우한다

기본기록																	
연도	경기	타석	타수	안타	2루타	3루타	홈런	타점	득점	볼넷	사구	삼진	도루	타율	출루율	장타율	OPS	WAR
2022	115	490	434	122	24	1	6	59	55	48	4	95	6	0.281	0.355	0.382	0.737	2.07
2023	131	595	514	153	30	1	31	101	85	74	4	118	2	0.298	0.388	0.541	0.929	6.82
2024	136	601	526	143	20	2	24	89	88	60	11	129	6	0.272	0.356	0.454	0.810	2.92
통산	686	2723	2377	630	118	8	92	389	349	299	28	637	21	0.265	0.352	0.438	0.790	13.83

문동주

포지션	P	투타	우투우타	신장	188	체중	97
연봉	10000-10000			지명순위	22 한화 1차		
생년월일	2003-12-23			학교	광주화정초-무등중-진흥고		

© 한화

김서현이 긍정적인 방향의 변화를 겪었다면, 문동주는 성장통을 겪어야 했다. 앞선 해 신인왕의 기세가 한풀 꺾이면서 보통의 투수로 돌아왔다. 시즌 막판 5위 턱걸이를 향한 치열한 승부가 이어지던 중 통증으로 로테이션에서 빠진 건, 개인으로서도 팀으로서도 몹시 아쉬웠다. 김경문 감독에게도 '마이너스 점수'를 받았다. 입단 동기 김도영의 대폭발을 지켜봐야 했던 것도 아쉬운 대목. 문동주는 "더 잃을 게 없다"는 입장으로 재기를 노린다. 시즌 막판 어깨 통증 이슈 때문에 캠프에서 시동도 늦게 걸었다. 안 아픈 게 더 중요하다.

SIM 불펜 문동주는 아무래도 보고싶지 않다

mulderous 대전 왕자의 좀 더 씩씩한 모습을 자주 보고 싶다

hjkim 보직에 대한 물음표가 더이상 나오지 않길

연도	경기	선발	QS	승	패	세이브	BS	홀드	이닝	피안타	피홈런	4사구	삼진	피안타율	WHIP	피 OPS	ERA	WAR
2022	13	4	0	1	3	0	0	2	28.2	28	5	14	36	0.255	1.47	0.796	5.65	0.21
2023	23	23	7	8	8	0	0	0	118.2	113	6	42	95	0.249	1.31	0.658	3.72	3.08
2024	21	21	7	7	7	0	0	0	111.1	148	14	38	96	0.327	1.67	0.870	5.17	1.77
통산	57	48	14	16	18	0	0	2	258.2	289	25	94	227	0.284	1.48	0.768	4.56	5.06

심우준

2

포지션	SS	투타	우투우타	신장	183	체중	74
연봉	29000-50000		지명순위	14 KT 2차 특별 14순위			
생년월일	1995-04-28		학교	송정동초-언북중-경기고			

안타 말고
수비랑 도루만
잘 해줘도 돈값

© 한화 이글스

한화가 엄상백과 함께 KT에서 영입한 FA 유격수다. 유격수는 센터라인 강화의 핵심 포지션이다. 타격 능력보다는 수비와 주루에서 기대를 모은다. 빠른 발을 이용한 수비 범위는 리그 누구에게도 크게 뒤지지 않는다. 안정감이 다소 떨어질 수 있지만 해를 거듭하며 나아지는 중이다. 40도루 이상 가능한 빠른 발도 가졌다. 김경문 감독은 '1번 심우준' 카드를 만지작거렸지만 통산 출루율이 0.303밖에 되지 않는다. 유격수 특성상 9번 심우준이 될 가능성이 높다. 유격수 수비만 잘 해줘도 한화 투수들의 성적이 확 달라질 수 있다.

SIM '자리가 사람을 만든다'가 된다면 참 좋을텐데

mulderous 50억에 한화 야구는 완전히 달라질 수도 있다

hjkim 센터라인의 핵심다운 모습을 보여줘

<center>기본기록</center>																		

연도	경기	타석	타수	안타	2루타	3루타	홈런	타점	득점	볼넷	사구	삼진	도루	타율	출루율	장타율	OPS	WAR
2022	132	449	388	93	8	2	4	34	69	43	2	75	23	0.240	0.316	0.302	0.618	1.54
2023	-	-	-	-	-	-	-	-	-	-	-	-	-	-	-	-	-	-
2024	53	192	169	45	4	0	3	28	22	17	1	29	7	0.266	0.337	0.343	0.680	0.9
통산	1072	3172	2862	726	115	14	31	275	403	190	23	526	156	0.254	0.303	0.336	0.639	6.87

안치홍

포지션	1B	투타	우투우타	신장	178	체중	97
연봉	50000-50000			지명순위	09 KIA 2차 1라운드 1순위		
생년월일	1990-07-02			학교	구지리틀-구지초-대치중-서울고		

지명타자 말고, 2루수 안치홍이면 한화가 난다

© 한화 이글스

지난 시즌 한화의 유일한 3할 타자였다. 출루율 0.370 역시 팀 타자 중 가장 높았다. 시즌 초반 부진을 7월 이후 만회했다. 장타력이 다소 떨어지지만 득점권에서는 만나기 꺼려지는 타자다. 주자 2루, 한 점을 내야 하는 상황이라면 타구를 좌우 여러 곳에 보낼 수 있는 안치홍의 존재감이 커진다. 지난 시즌 주로 지명타자로 나섰지만 올시즌 김경문 감독의 머릿속에는 '2루수 안치홍'이 들어있다. 평균 언저리의 수비가 이뤄진다면 한화 타선의 유연성이 확 커질 수 있다. 대타, 대주자 활용 폭도 늘어난다. 타격은 인정, 2루수 안치홍이 열쇠다.

SIM 90년생 지명타자는 솔직히 아쉽더라

mulderous 한화가 내야 포지션 고민했던 이유를 아직도 모르겠다

hjkim 내야에서 정신적인 지주의 역할도 기대된다

기본기록																
연도	경기	타석	타수	안타	2루타	3루타	홈런	타점	득점	볼넷	사구	삼진	도루	타율	출루율	장타율	OPS	WAR
2022	132	562	493	140	27	3	14	58	71	51	5	52	7	0.284	0.354	0.436	0.790	2.85
2023	121	494	425	124	20	1	8	63	57	49	10	53	3	0.292	0.374	0.400	0.774	1.99
2024	128	533	473	142	21	0	13	66	64	49	6	70	3	0.300	0.370	0.427	0.797	1.97
통산	1748	6990	6150	1829	345	25	153	909	897	601	76	919	136	0.297	0.363	0.436	0.799	39.63

엄상백

 11

포지션	P	투타	우언우타	신장	187	체중	72
연봉	25000-90000			지명순위	15 KT 1차		
생년월일	1996-10-04			학교	역삼초-언북중-덕수고		

류현진한테 커브 배웠다. 엄상백의 업

© 한화 이글스

FA 자격을 얻었고 한화와 4년 최대 78억 원에 계약했다. 한화의 마운드 전력을 단숨에 리그 최상권으로 끌어올리게 한 중요한 조각이었다. 평균자책 4.88은 썩 좋지 않았지만 13승 10패를 거뒀다. 선발 투수의 '디시전'이 많았다는 건 그 자체로 또 장점이다. 포심의 평균 구속은 143km로 몇 년 전에 비해 떨어졌지만 오히려 포심의 위력은 더 좋아졌다. 포심과 같은 폼에서 던지는 체인지업이 가장 강력한 무기다. 팀 선배가 된 류현진으로부터 커브를 던지는 요령을 전수 받았다. 지난해 딱 1개만 던졌던 커브 숫자가 늘어나기만 해도 신무기다.

SIM 기대치 듬뿍 담은 숫자 78억
mulderous 대전으로 간 수원 훈남. 상남자의 책임감을 보여줄 차례.
hjkim 커리어 하이 그 이상

기본기록

연도	경기	선발	QS	승	패	세이브	BS	홀드	이닝	피안타	피홈런	4사구	삼진	피안타율	WHIP	피 OPS	ERA	WAR
2022	33	22	10	11	2	0	0	0	140.1	125	14	46	139	0.239	1.22	0.674	2.95	4.73
2023	20	19	9	7	6	0	0	0	111.2	100	6	29	89	0.241	1.16	0.633	3.63	3.48
2024	29	29	9	13	10	0	0	0	156.2	164	26	42	159	0.266	1.31	0.763	4.88	3.93
통산	305	107	34	45	44	3	9	28	764.1	789	89	298	670	0.267	1.42	0.759	4.82	15.19

주현상

66

포지션	P		투타	우투우타	신장	177	체중	92
연봉	11000-25000				지명순위	15 한화 2차 7라운드 64순위		
생년월일	1992-08-10				학교	우암초-청주중-청주고-동아대		

구대성 다음에
정우람 다음에
주현상

© 한화 이글스

내야수 시절의 기억이 나지 않을 정도로 이제 확실히 투수로 자리잡았다. 지난해에 이어 올해도 한화의 마무리는 주현상이다. 김서현이라는 확실한 셋업맨이 생긴 만큼 주현상의 등판도 조금 수월해질 수 있다. 지난해 마무리였는데도 8승 4패 23세이브를 기록했다. 65경기 중 51경기가 마무리였는데, 투구 이닝이 71.1이닝이나 됐다. 마무리 투수 주현상의 등판 기회가 많아지고, 이닝이 줄어든다면 한화의 승리확률이 높아진다는 얘기다. 덜 던지고, 많은 세이브가 새 시즌의 목표. 일단 한화 우완 첫 30세이브에 성공하면 가을야구 확률이 높다.

SIM 투수로 이제 5년 차, 어깨는 여전히 싱싱하다

mulderous 마무리 맡은 주현상. 한화가 작년에 잘 한 일

hjkim 주현상의 등판을 자주 보고 싶다

기본기록

연도	경기	선발	QS	승	패	세이브	BS	홀드	이닝	피안타	피홈런	4사구	삼진	피안타율	WHIP	피 OPS	ERA	WAR
2022	49	0	0	0	1	1	1	3	55.1	69	5	14	33	0.311	1.50	0.847	6.83	-0.89
2023	55	0	0	2	2	0	1	12	59.2	35	2	15	45	0.172	0.84	0.478	1.96	2.44
2024	65	0	0	8	4	23	6	2	71.1	52	9	8	64	0.206	0.84	0.592	2.65	3.13
통산	212	0	0	12	9	24	8	21	236.2	202	22	58	175	0.232	1.10	0.658	3.65	5.64

채은성

포지션	1B	투타	우투우타	신장	186	체중	92
연봉	100000-60000		지명순위	09 LG 육성선수			
생년월일	1990-02-06		학교	순천북초-순천이수중-효천고			

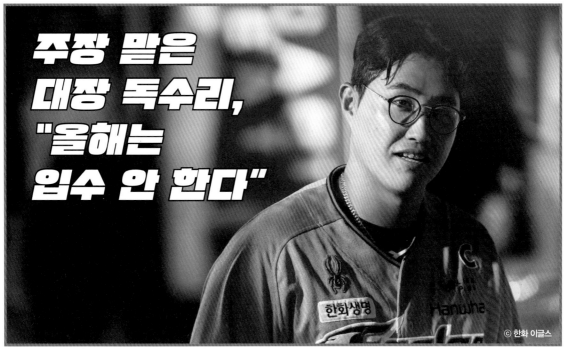

주장 맡은 대장 독수리, "올해는 입수 안 한다"

© 한화 이글스

시즌 초반 부진이 못내 아쉬웠다. 후반기 들어 '채은성'으로 돌아왔지만 시즌 초반 까먹은 팀 성적은 결국 가을야구로 이어지지 못했다. 채은성은 노시환과 함께 팀 타선의 핵심이다. 지명, 외야, 1루를 돌아다녔지만 새 시즌에는 1루수 고정으로 치른다. 베테랑들이 공수에서 중심을 잡아야 팀의 한 시즌이 안정적이라는 계산이다. ABS 적응은 지난해로 끝났다. 새 구장 오른쪽 높은 담장은 채은성에게 오히려 유리하다는 분석이 나왔다. 채은성이라면 밀어 띄워서 넘길 수 있다. 주장 채은성은 가을야구가 아니라 '3위가 목표'라고 콕 집었다.

SIM KS가 궁금한 또다른 사나이, 올해 가능성은 있다

mulderous 한화의 소비 욕구에 첫 불을 지른 남자, 이젠 진짜 터질 차례다

hjkim 맞춤형 구장도 만났으니 자주 담장을 넘겨주길

기본기록																	
연도	경기	타석	타수	안타	2루타	3루타	홈런	타점	득점	볼넷	사구	삼진	도루	타율	출루율	장타율	OPS	WAR
2022	126	526	467	138	26	2	12	83	48	27	21	88	6	0.296	0.354	0.437	0.791	2.06
2023	137	596	521	137	17	0	23	84	71	52	20	102	0	0.263	0.351	0.428	0.779	2.36
2024	124	498	436	118	24	0	20	83	61	49	8	83	1	0.271	0.351	0.463	0.814	1.40
통산	1267	4842	4294	1247	212	16	139	762	570	340	128	802	36	0.290	0.355	0.444	0.799	17.19

최재훈

13

포지션	C	투타	우투우타	신장	178	체중	94
연봉	60000-50000			지명순위	08 두산 육성선수		
생년월일	1989-08-27			학교	화곡초-덕수중-덕수고-방송통신대		

김경문 감독과 다시 만난 세계

© 한화 이글스

한화의 업그레이드 된 투수진을 리드해야 하는 최재훈의 어깨가 무겁다. 스트라이크존에 예민하게 반응하면서 ABS 도입 첫 해 타석에서 다소 어려움을 겪었다. 원래 콘택트 능력이 좋아 삼진을 잘 안 당하는 편인데 삼진율 16.7%는 데뷔 후 가장 높은 쪽에 속한다. ABS 도입 이후 '공격형 포수'의 가치는 더욱 높아지고 있다. 좌투 상대 OPS 0.955에 비해 우투 상대 0.605는 아쉬움이 크다. 하필 마스크를 나눠 쓰는 이재원 역시 좌투 상대로 강해, 플래툰 활용도가 떨어진다. 김경문 감독과 다시 만난 것은 최재훈의 각오를 다잡게 한다.

SIM 호화 식재료 앞에 선 셰프의 기분
mulderous 이제는 네임드 된 한화 선발진, 이븐하게 끌어 줘요
hjkim 포수 미트 대는 맛이 더해지지 않았을까.

 기본기록																		
연도	경기	타석	타수	안타	2루타	3루타	홈런	타점	득점	볼넷	사구	삼진	도루	타율	출루율	장타율	OPS	WAR
2022	114	437	364	81	14	0	5	30	38	44	21	65	1	0.223	0.339	0.302	0.641	2.06
2023	125	417	327	81	12	0	1	33	23	56	23	48	1	0.248	0.392	0.294	0.686	3.90
2024	116	348	280	72	10	0	4	37	34	33	21	58	0	0.257	0.371	0.336	0.707	1.68
통산	1339	3941	3303	851	147	1	30	307	357	382	162	556	16	0.258	0.360	0.330	0.690	20.91

권민규

64

포지션	P	투타	좌투좌타	신장	188	체중	90
연봉	3000			지명순위	25 한화 2라운드 12순위		
생년월일	2006-05-13			학교	석교초-세광중-세광고		

한화 레전드 송진우의 향기가 난다

한화가 정우주에 이어 2라운드에서 뽑은 고졸 좌완 신인. 1군 캠프에 합류했고, 탁월한 제구에 대한 찬사가 이어졌다. 스트라이크존에 공 1개를 넣었다 뺐다 할 수 있는 수준. 김경문 감독이 합격점을 줬다. 선발이 꽉 차 있는 가운데 1군 불펜에서 시즌을 시작한다.

							기본기록										
연도	경기	선발	QS	승	패	세이브	BS	홀드	이닝	피안타	피홈런	4사구	삼진	피안타율	WHIP	피 OPS	ERA	WAR
2022	-	-	-	-	-	-	-	-	-	-	-	-	-	-	-	-	-	-
2023	-	-	-	-	-	-	-	-	-	-	-	-	-	-	-	-	-	-
2024	-	-	-	-	-	-	-	-	-	-	-	-	-	-	-	-	-	-
통산	-	-	-	-	-	-	-	-	-	-	-	-	-	-	-	-	-	-

김기중

15

포지션	P	투타	좌투좌타	신장	186	체중	96
연봉	4400-6000			지명순위	21 한화 2차 1라운드 2순위		
생년월일	2002-11-16			학교	부곡초-매송중-유신고		

좌완 스윙맨은 시즌 운영의 열쇠다.

5승 4패, 평균자책 6.56은 썩 좋은 기록이라고 할 수 없지만 선발과 불펜을 오가야 했던 정신없던 시즌임을 고려해야 한다. 한화 선발진이 가득 찬 가운데 불펜 기용이 유력하지만, 한화 마운드는 1군 엔트리 경쟁이 치열하다. 1군 캠프를 마친 뒤 2군 캠프로 향했다.

							기본기록										
연도	경기	선발	QS	승	패	세이브	BS	홀드	이닝	피안타	피홈런	4사구	삼진	피안타율	WHIP	피 OPS	ERA	WAR
2022	5	3	0	0	2	0	0	0	12	14	4	11	8	0.292	2.08	1.002	6.00	-0.12
2023	37	6	0	1	3	0	0	1	56.1	58	4	29	46	0.278	1.54	0.794	4.63	0.82
2024	27	11	1	5	4	0	0	0	59	83	8	27	39	0.333	1.86	0.893	6.56	0.33
통산	84	32	2	8	13	0	0	1	181	218	20	103	129	0.303	1.77	0.846	5.37	1.62

김민우

53

포지션	P		투타	우투우타	신장	186	체중	123
연봉	16700-13000			지명순위	15 한화 2차 1라운드 1순위			
생년월일	1995-07-25			학교	사파초-마산중-용마고			

하화생명

더 건강해져서 돌아온다, 후반기 승부수다.

2023시즌의 부진을 만회하기 위해 애를 썼는데, 이번에는 팔꿈치가 탈이 났다. 수술을 받았고, 올시즌 전반기 안에는 마운드에 돌아올 가능성이 높다. 개막부터 5선발이 짜여져 돌아가지만, 시즌 중 언제나 변수는 있다. 김민우가 돌아오면 후반기가 더 뜨겁다.

기본기록

연도	경기	선발	QS	승	패	세이브	BS	홀드	이닝	피안타	피홈런	4사구	삼진	피안타율	WHIP	피 OPS	ERA	WAR
2022	29	29	13	6	11	0	0	0	163	143	16	84	129	0.237	1.39	0.722	4.36	3.36
2023	12	12	2	1	6	0	0	0	51.2	65	6	28	43	0.313	1.80	0.891	6.97	-0.28
2024	3	3	1	1	0	0	0	0	12.1	7	2	6	13	0.163	1.05	0.567	2.19	0.62
통산	183	142	42	35	59	0	0	0	769.1	788	87	389	615	0.266	1.53	0.769	5.25	10.91

김범수

47

포지션	P		투타	좌투좌타	신장	181	체중	92
연봉	19300-14300			지명순위	15 한화 1차			
생년월일	1995-10-03			학교	온양온천초-온양중-북일고			

하생명

팬들을 긴장시키지 않는 투구가 필요하다.

왼손 투수가 던지는 148km 강속구는 언제나 매력적이지만, 들쭉날쭉한 제구로는 상대를 위협할 수 없다. 삼진율은 뛰어나지만 WHIP 1.68은 불펜에서 쓰기 어렵다. 지난 시즌 사실상 커리어로우 시즌을 기록했다. 김경문 감독 체제에서, 맞더라도 공격적인 투구가 필요하다.

기본기록

연도	경기	선발	QS	승	패	세이브	BS	홀드	이닝	피안타	피홈런	4사구	삼진	피안타율	WHIP	피 OPS	ERA	WAR
2022	78	0	0	3	7	0	5	27	66	64	5	35	58	0.261	1.50	0.735	4.36	0.70
2023	76	0	0	5	5	1	7	18	62.1	64	3	33	52	0.263	1.56	0.698	4.19	0.28
2024	39	0	0	0	0	0	1	4	34	33	11	20	38	0.254	1.56	0.895	5.29	0.08
통산	408	34	5	25	46	3	20	66	490.2	510	60	312	443	0.269	1.68	0.795	5.47	2.85

박상원

 58

포지션	P	투타	우투우타	신장	187	체중	98
연봉	19500-22000			지명순위	17 한화 2차 3라운드 25순위		
생년월일	1994-09-09			학교	백운초-서울이수중-휘문고-연세대		

후반기 박상원은 최고였다. 올해도 그대로.

어수선한 팀 분위기 속에서 지난해 전반기는 최악이었다. KT전에서 과한 세리머니로 논란도 일으켰다. 후반기는 완벽한 반전. 8월에는 MVP 후보에도 올랐다. 전반기 평균자책 8.65였다가, 후반기는 1.99로 떨어졌다. 후반기 기세를 이어간다면 한화 팀 성적이 달라진다.

기본기록

연도	경기	선발	QS	승	패	세이브	BS	홀드	이닝	피안타	피홈런	4사구	삼진	피안타율	WHIP	피 OPS	ERA	WAR
2022	14	0	0	0	0	0		1	4	12	11	0	6	16	0.256	1.42	0.606	2.25	0.24
2023	55	0	0	5	3	16	6	0	61.2	63	2	29	57	0.267	1.49	0.705	3.65	-0.10
2024	65	0	0	3	3	2	2	16	66.2	57	2	22	65	0.232	1.19	0.639	4.59	1.11
통산	344	0	0	14	12	19	14	52	339	323	23	133	304	0.253	1.35	0.693	3.77	4.28

와이스

 55

포지션	P	투타	우투우타	신장	193	체중	95
연봉	$210000-$600000			지명순위	24 한화 부상 대체 외국인선수		
생년월일	1996-12-10			학교	Wright State University		

파이팅 해야지, 와이스의 성장기

대체 선수로 시작해, 정식 선수가 됐고, 재계약에도 성공했다. 5승 5패는 평범해 보이지만 수비 지원과 득점 지원이 있었다면 더 많은 승리가 가능했다. 힘있는 속구에 스위퍼를 메인으로 한 변화구도 안정감이 있다. 마운드에서 파이팅이 넘치고 승리에 대한 열망이 강하다.

기본기록

연도	경기	선발	QS	승	패	세이브	BS	홀드	이닝	피안타	피홈런	4사구	삼진	피안타율	WHIP	피 OPS	ERA	WAR
2022	-	-	-	-	-	-	-	-	-	-	-	-	-	-	-	-	-	-
2023	-	-	-	-	-	-	-	-	-	-	-	-	-	-	-	-	-	-
2024	16	16	11	5	5	0	0	0	91.2	77	8	29	98	0.223	1.16	0.644	3.73	2.92
통산	16	16	11	5	5	0	0	0	91.2	77	8	29	98	0.223	1.16	0.644	3.73	2.92

윤대경

5

포지션	P	투타	우투우타	신장	179	체중	81

연봉	11000-7000	지명순위	13 삼성 7라운드 65순위

생년월일	1994-04-09	학교	서림초-동인천중-인천고

지난해 퓨처스에서는 구대성이었다.

지난 시즌 퓨처스에서 마무리 투수로 활약하며 17세이브, 평균자책 1.77을 기록했다. 1군에선 흔들렸지만, 불펜으로서 안정감을 기대하게 한다. 겨울 동안 태국 파타야에 마련된 재활 캠프에 자비로 참가할 정도로 열심이었다. 김경문 감독 스타일상 기회가 주어질 수 있다.

기본기록

연도	경기	선발	QS	승	패	세이브	BS	홀드	이닝	피안타	피홈런	4사구	삼진	피안타율	WHIP	피 OPS	ERA	WAR
2022	25	14	5	4	9	0	1	0	75.1	106	6	17	51	0.335	1.63	0.853	7.53	-0.47
2023	47	0	0	5	1	0	1	2	47.2	36	4	19	28	0.209	1.15	0.651	2.45	1.39
2024	7	0	0	0	0	0	0	0	7.2	10	1	6	7	0.345	2.09	0.977	10.57	-0.26
통산	177	23	5	16	15	0	2	16	259.1	273	22	101	182	0.272	1.44	0.747	4.44	3.76

이민우

27

포지션	P	투타	우투우타	신장	185	체중	104

연봉	5600-9400	지명순위	15 KIA 1차

생년월일	1993-02-09	학교	순천북초-순천이수중-효천고-경성대

롱맨으로 활약해 준다면, 한화가 달라진다.

오랫동안 '선발감'으로 평가받았으나, 불펜으로 치른 풀타임 가까운 시즌에서 가능성을 보였다. 속구와 포크볼 조합이 위력적이다. 완벽에 가까웠던 시즌 초반과 달리 불펜 경험 부족으로 후반 다소 흔들렸다. 한화 불펜 뎁스가 확 달라져 1군 엔트리 경쟁이 치열하다.

기본기록

연도	경기	선발	QS	승	패	세이브	BS	홀드	이닝	피안타	피홈런	4사구	삼진	피안타율	WHIP	피 OPS	ERA	WAR
2022	25	5	0	1	1	0	0	0	44.2	60	3	17	23	0.324	1.72	0.831	6.25	-0.23
2023	17	0	0	2	1	0	0	2	13.2	8	2	6	11	0.167	1.02	0.542	2.63	0.24
2024	64	0	0	2	1	1	2	10	55	56	5	23	49	0.277	1.44	0.767	3.76	0.99
통산	210	49	9	17	29	2	2	18	388	471	39	173	271	0.304	1.66	0.823	6.03	0.73

이태양

46

포지션	P	투타	우투좌타	신장	192	체중	97
연봉	50000-27000			지명순위	10 한화 5라운드 36순위		
생년월일	1990-07-03			학교	여수서초-여수중-효천고		

달감독과 함께 뜨는 태양의 존재감

선발 후보였다가 류현진의 합류로 불펜으로 준비했지만 이런저런 부상으로 등판이 적었다. 결국 팔꿈치 골극 제거 수술을 받았고, 올시즌 마운드에 돌아온다. 겨울 동안 준비가 잘 돼 곧바로 실전이 가능하다. 포크볼에 능한 베테랑의 존재는 최근 강팀의 트렌드다.

기본기록

연도	경기	선발	QS	승	패	세이브	BS	홀드	이닝	피안타	피홈런	4사구	삼진	피안타율	WHIP	피 OPS	ERA	WAR
2022	30	17	9	8	3	0	0	1	112	116	15	24	61	0.267	1.25	0.723	3.62	2.77
2023	50	12	1	3	3	0	0	2	100.1	100	7	21	72	0.260	1.21	0.709	3.23	1.78
2024	10	1	0	0	2	0	0	0	9.1	17	4	2	2	0.370	2.04	1.092	11.57	-0.50
통산	408	113	37	38	54	1	6	33	914.1	1034	141	284	616	0.286	1.44	0.809	4.97	12.62

장민재

36

포지션	P	투타	우투우타	신장	184	체중	106
연봉	15000-15000			지명순위	09 한화 2차 3라운드 22순위		
생년월일	1990-03-19			학교	광주화정초-무등중-광주제일고		

궂은일을 마다하지 않는 베테랑 우완

1, 2군을 오가야 했지만 투수조 고참으로서 팀의 중심을 잡았다. 워낙 류현진과 친했고, 복귀 뒤 팀 내 링커 역할도 훌륭했다. 빠르지 않은 공으로도 안정적 경기 운영을 하는 것이 장점이다. 김경문 감독 체제에서 투수조 분위기를 만드는 역할이 꼭 필요하다.

기본기록

연도	경기	선발	QS	승	패	세이브	BS	홀드	이닝	피안타	피홈런	4사구	삼진	피안타율	WHIP	피 OPS	ERA	WAR
2022	32	25	3	7	8	0	0	0	126.2	124	15	39	75	0.259	1.29	0.716	3.55	3.33
2023	25	13	2	3	8	0	0	1	69	79	12	22	61	0.288	1.46	0.831	4.83	0.11
2024	26	0	0	1	1	0	0	0	29	46	2	7	17	0.362	1.83	0.862	3.10	0.74
통산	313	113	18	35	54	0	2	4	780.1	946	99	290	524	0.302	1.58	0.823	5.11	8.37

장시환

28

포지션	P	투타	우투우타	신장	184	체중	97
연봉	20000-15000		지명순위	07 현대 2차 1라운드 2순위			
생년월일	1987-11-01		학교	태안초-태안중-북일고			

하화생명

선발, 불펜에도 백업이 있으면 팀이 강해진다.

2007년 입단해 18년 차 시즌을 맞는다. 최근 2년 동안 40경기, 40이닝 안쪽으로만 던졌다. 지난 시즌에도 큰 활약을 보여주진 못했다. 포심 평균 구속이 144km로 이전 해에 비해 2km 줄었다. 한화 우완 불펜 엔트리 경쟁이 치열하다. 팀으로서는 좋은 일이다.

									기본기록						
연도	경기	선발	QS	승	패	세이브	BS	홀드	이닝	피안타	피홈런	4사구	삼진	피안타율	WHIP	피 OPS	ERA	WAR
2022	64	0	0	0	5	14	5	9	63.2	57	4	33	67	0.239	1.41	0.699	4.38	0.49
2023	38	0	0	2	2	1	4	7	34.2	32	1	21	24	0.260	1.53	0.697	3.38	0.65
2024	30	0	0	2	2	0	0	2	33.1	34	3	22	28	0.266	1.68	0.771	5.13	0.28
통산	415	85	23	29	74	34	25	35	787	859	64	447	695	0.281	1.66	0.780	5.31	7.26

정우주

43

포지션	P	투타	우투우타	신장	184	체중	88
연봉	3000		지명순위	25 한화 1라운드 2순위			
생년월일	2006-11-07		학교	남양주리틀-구남초-건대부중-전주고			

하화생명

한화가 4년간 모은 강속구 신인의 화룡점정

지난해 초반까지만 해도 드래프트 전체 1순위 후보로 주목받았다. 키움이 좌완 정현우를 뽑으면서 한화가 2순위로 지명했다. 고교 때 156km를 던진 강속구 투수다. 1군 캠프에서 꾸준히 150km 넘는 공을 던졌다. 김경문 감독이 "1군 활용 가능"이라고 평가했다.

									기본기록						
연도	경기	선발	QS	승	패	세이브	BS	홀드	이닝	피안타	피홈런	4사구	삼진	피안타율	WHIP	피 OPS	ERA	WAR
2022	-	-	-	-	-	-	-	-	-	-	-	-	-	-	-	-	-	-
2023	-	-	-	-	-	-	-	-	-	-	-	-	-	-	-	-	-	-
2024	-	-	-	-	-	-	-	-	-	-	-	-	-	-	-	-	-	-
통산	-	-	-	-	-	-	-	-	-	-	-	-	-	-	-	-	-	-

폰세

 30

포지션	P	투타	우투우타	신장	198	체중	115
연봉	$800,000		지명순위	25 한화 자유선발			
생년월일	1994-04-25		학교	California State Polytechnic University			

'사랑해요 류현진' 폰세의 진심

한화가 심혈을 기울여 영입한 새 외인 투수다. 일본 프로야구 경험이 있다. 198cm에서 내리꽂는 강속구가 주무기다. 새 팀 활약에 대한 자신감도 넘친다. 존경하는 선배 류현진의 등번호 99번을 문신으로 새기겠다고 말했다. 선발 투수로 긴 이닝 소화 가능 체력도 장점.

기본기록																	
연도	경기	선발	QS	승	패	세이브	BS	홀드	이닝	피안타	피홈런	4사구	삼진	피안타율	WHIP	피 OPS	ERA	WAR
2022	-	-	-	-	-	-	-	-	-	-	-	-	-	-	-	-	-	-
2023	-	-	-	-	-	-	-	-	-	-	-	-	-	-	-	-	-	-
2024	-	-	-	-	-	-	-	-	-	-	-	-	-	-	-	-	-	-
통산	-	-	-	-	-	-	-	-	-	-	-	-	-	-	-	-	-	-

한승혁

 26

포지션	P	투타	우투좌타	신장	185	체중	100
연봉	4900-9400		지명순위	11 KIA 1라운드 8순위			
생년월일	1993-01-03		학교	도신초-강남중-덕수고			

불펜 4대장 '김박한주' 한 번 터뜨려 봅시다

만년 유망주라는 껍질을 깰 가능성을 보여 준 시즌이었다. 워낙 큰 장점이었던 강속구를 효과적으로 제어하며 시즌 19홀드를 따냈다. 70경기 등판도 커리어하이. 김경문 감독이 "우리도 이제 계산되는 불펜을 가졌다"고 말하는 배경이 됐다. 지난겨울 결혼식을 올렸다.

기본기록																	
연도	경기	선발	QS	승	패	세이브	BS	홀드	이닝	피안타	피홈런	4사구	삼진	피안타율	WHIP	피 OPS	ERA	WAR
2022	24	16	4	4	3	0	1	0	80.1	100	4	40	69	0.308	1.74	0.794	5.27	0.25
2023	21	7	0	0	3	0	0	1	36.1	48	3	21	28	0.324	1.90	0.855	6.44	-0.30
2024	70	0	0	5	5	0	5	19	62.2	63	2	38	64	0.264	1.61	0.700	5.03	0.94
통산	319	53	9	23	32	2	12	39	510.1	580	37	298	449	0.291	1.72	0.794	5.78	2.32

황준서

29

포지션	P	투타	좌투좌타	신장	185	체중	78
연봉	3000→4500			지명순위	24 한화 1라운드 1순위		
생년월일	2005-08-22			학교	중랑구리틀-면일초-상명중-장충고		

한화생명

시간은 많고, 야구의 길도 많다

김서현, 문동주를 잇는 한화의 1라운더 강속구 투수지만 첫 시즌 적응은 쉽지 않았다. 144 경기를 치르는 시즌, 투수는 투구만 하는게 아니다. 슬라이드 스텝 등 디테일에서 보완할 부분이 많다. 1군 캠프 명단에서 빠졌다. 보다 길게 보고 성장시킨다는 계획이다.

							기본기록											
연도	경기	선발	QS	승	패	세이브	BS	홀드	이닝	피안타	피홈런	4사구	삼진	피안타율	WHIP	피 OPS	ERA	WAR
2022	-	-	-	-	-	-	-	-	-	-	-	-	-	-	-	-	-	-
2023	-	-	-	-	-	-	-	-	-	-	-	-	-	-	-	-	-	-
2024	36	11	1	2	8	0	0	1	72	80	9	51	70	0.287	1.82	0.842	5.38	1.24
통산	36	11	1	2	8	0	0	1	72	80	9	51	70	0.287	1.82	0.842	5.38	1.24

권광민

17

포지션	LF	투타	좌투좌타	신장	189	체중	102
연봉	3300→3800			지명순위	22 한화 2차 5라운드 41순위		
생년월일	1997-12-12			학교	서울청구초-흥은중-장충고		

해외파 장타 툴, 터지면 끝장이다.

메이저리그 시카고 컵스와 계약했다가 돌아온 '해외파' 외야수다. 상당히 좋은 피지컬을 갖고 있지만, 그걸 아직까지 제대로 살리지 못했다. 지난 시즌 막판 19경기에서 인상적인 활약을 펼쳤다. 그때 보여준 장타력을 시즌 중 이어간다면 한화 타선이 확 달라질 수 있다.

								기본기록									
연도	경기	타석	타수	안타	2루타	3루타	홈런	타점	득점	볼넷	사구	삼진	도루	타율	출루율	장타율	OPS	WAR
2022	32	87	71	16	3	1	0	8	6	13	1	30	0	0.225	0.345	0.296	0.641	0.03
2023	66	81	73	11	1	1	2	9	11	6	1	24	2	0.151	0.225	0.274	0.499	-1.03
2024	19	51	48	13	3	0	4	9	10	3	0	17	0	0.271	0.314	0.583	0.897	0.53
통산	117	219	192	40	7	2	6	26	27	22	2	71	2	0.208	0.294	0.359	0.653	-0.47

김인환

포지션	1B	투타	우투좌타	신장	186	체중	100
연봉	6900-5500			지명순위	16 한화 육성선수		
생년월일	1994-01-28			학교	화순초-화순중-화순고-성균관대		

홈런왕은 늦게 터지는 법이다.

육성선수로 입단해 1군 경기수를 차츰 늘려갔다. 2022시즌 16홈런을 기록하며 기대감을 높였지만 최근 2시즌 성적은 좋지 않다. 1루수로 뛰다가 지난해 외야수로 전향했다. 겨울에 팔꿈치 뼛조각 수술을 받으며 부활을 준비했다. 두 자릿수 홈런 회복을 목표로 땀을 흘렸다.

기본기록

연도	경기	타석	타수	안타	2루타	3루타	홈런	타점	득점	볼넷	사구	삼진	도루	타율	출루율	장타율	OPS	WAR
2022	113	429	398	104	14	0	16	54	48	24	3	111	2	0.261	0.305	0.417	0.722	2.42
2023	112	365	325	73	16	0	7	42	34	35	2	91	1	0.225	0.301	0.338	0.639	0.23
2024	51	143	131	31	2	0	1	7	11	10	2	32	0	0.237	0.301	0.275	0.576	-1.27
통산	298	989	902	217	33	0	24	105	94	71	7	245	3	0.241	0.298	0.357	0.655	-0.52

김태연

포지션	1B	투타	우투우타	신장	178	체중	96
연봉	7800-14600			지명순위	16 한화 2차 6라운드 59순위		
생년월일	1997-06-10			학교	서울청구초-덕수중-야탑고		

김태연 없는 한화 타선은 어쩐지….

지난해 규정타석을 채웠고 0.291로 팀 내 타격 2위였다. 두 자릿수 홈런을 때리며 팀 타선의 핵심 역할을 했다. 3루와 1루 모두 주전이 정해졌다. 올시즌 외야수로 더 많이 나갈 예정이다. 일단 캠프에서 외야 주전 경쟁을 펼쳤다. 외야 수비도 크게 뒤지지 않는다.

기본기록

연도	경기	타석	타수	안타	2루타	3루타	홈런	타점	득점	볼넷	사구	삼진	도루	타율	출루율	장타율	OPS	WAR
2022	119	464	404	97	18	0	7	53	46	48	5	106	3	0.240	0.325	0.337	0.662	1.56
2023	91	280	245	64	13	0	4	25	25	27	3	59	5	0.261	0.337	0.363	0.700	1.41
2024	126	472	413	120	24	0	12	61	59	45	4	89	5	0.291	0.363	0.436	0.799	0.47
통산	434	1494	1289	341	69	0	27	177	167	160	17	319	18	0.265	0.349	0.381	0.730	4.23

문현빈

51

포지션	2B	투타	우투좌타	신장	174	체중	82
연봉	8000-8800		지명순위	23 한화 2라운드 11순위			
생년월일	2004-04-20		학교	유천초-온양중-북일고			

올해 새로운 문현빈을 만나볼 수 있습니다.

2023년 데뷔해 구단 사상 첫 고졸 신인 100안타를 기록했다. 지난 시즌 초반 극도로 부진했지만 어느 정도 만회했다. 정근우를 떠오르게 하는 전력질주와 허슬플레이가 강점이다. 내야 주전이 꽉 찬 가운데 공격력을 살리기 위해 올시즌 내외야 유틸리티 플레이어로 뛴다.

기본기록

연도	경기	타석	타수	안타	2루타	3루타	홈런	타점	득점	볼넷	사구	삼진	도루	타율	출루율	장타율	OPS	WAR
2022	-	-	-	-	-	-	-	-	-	-	-	-	-	-	-	-	-	-
2023	137	481	428	114	22	2	5	49	47	33	6	84	5	0.266	0.324	0.362	0.686	1.87
2024	103	289	260	72	16	2	5	47	29	24	2	53	3	0.277	0.340	0.412	0.752	0.24
통산	240	770	688	186	38	4	10	96	76	57	8	137	8	0.270	0.330	0.381	0.711	1.88

박상언

42

포지션	C	투타	우투우타	신장	185	체중	90
연봉	4200-4200		지명순위	16 한화 2차 8라운드 79순위			
생년월일	1997-03-03		학교	무원초-영남중-유신고			

언젠가 주전 포수 될 날이 멀지 않았다

1군 엔트리에 베테랑 두 포수가 있는 문제가 있지만 3번 포수로 쓰기에는 아쉽다. 공수에서 모두 성장을 보이는 중이다. 지난해 27경기뿐이지만 OPS 0.780을 기록했다. 퓨처스 성적은 OPS 0.916이다. 올 시즌 보다 많은 기회가 주어질 가능성이 높다.

기본기록

연도	경기	타석	타수	안타	2루타	3루타	홈런	타점	득점	볼넷	사구	삼진	도루	타율	출루율	장타율	OPS	WAR
2022	56	151	134	30	5	1	4	17	16	11	0	28	0	0.224	0.281	0.366	0.647	0.02
2023	86	161	145	29	5	1	1	13	13	10	1	38	1	0.200	0.253	0.269	0.522	-0.30
2024	27	52	42	12	3	0	0	4	4	9	1	12	1	0.286	0.423	0.357	0.780	0.53
통산	213	417	371	81	16	2	5	36	38	32	3	96	2	0.218	0.284	0.313	0.597	-0.3

유로결

33

포지션	LF	투타	우투우타	신장	186	체중	83
연봉	3300-3500			지명순위	19 한화 2차 2라운드 13순위		
생년월일	2000-05-30			학교	광주서림초-광주동성중-광주제일고		

한화생명

보다 확실한 자기 것이 필요하다.

노시환, 변우혁과 함께 입단 동기 트리오로 주목받았다. 둘에 비해 성장이 더디다. 빠른 발을 가진 외야수로 기대를 모았지만 타석에서 아직 약점이 많다. 김경문 감독의 기대를 받았지만 시즌 막판 경기에서 느슨한 플레이가 문제가 됐다. 비어 있는 외야 두 자리 경쟁이 치열하다.

기본기록

연도	경기	타석	타수	안타	2루타	3루타	홈런	타점	득점	볼넷	사구	삼진	도루	타율	출루율	장타율	OPS	WAR
2022	30	68	60	8	0	0	0	4	5	4	1	9	0	0.133	0.200	0.133	0.333	-0.90
2023	27	53	48	7	1	0	0	5	5	1	1	10	1	0.146	0.173	0.167	0.340	-0.45
2024	23	39	36	8	1	0	0	4	6	3	0	11	0	0.222	0.282	0.250	0.532	-0.06
통산	182	379	339	53	9	0	2	24	40	25	4	104	6	0.156	0.220	0.201	0.421	-2.90

이도윤

7

포지션	SS	투타	우투좌타	신장	175	체중	79
연봉	7500-11000			지명순위	15 한화 2차 3라운드 24순위		
생년월일	1996-10-07			학교	고명초-배재중-북일고		

한화생명

수비되는 내야수는 꼭 필요한 존재다.

잔스텝이 능하고 점프 타이밍을 잘 아는 수비력을 갖췄다. 유격수를 포함해 내야 전 포지션이 가능하다. 심우준의 FA 영입으로 주전 경쟁은 쉽지 않은 상황이다. 2시즌 연속 300타석 이상 들어서면서 경험이 쌓였다. 볼삼비가 개선되면 팀 득점 생산에 큰 보탬이 될 수 있다.

기본기록

연도	경기	타석	타수	안타	2루타	3루타	홈런	타점	득점	볼넷	사구	삼진	도루	타율	출루율	장타율	OPS	WAR
2022	80	126	113	18	7	0	1	8	9	8	0	30	3	0.159	0.213	0.248	0.461	-0.36
2023	106	346	309	78	13	2	1	13	36	18	4	55	11	0.252	0.302	0.317	0.619	2.27
2024	134	374	336	93	10	3	1	46	49	26	3	56	6	0.277	0.332	0.333	0.665	1.14
통산	392	940	846	205	31	5	3	70	103	57	7	165	21	0.242	0.294	0.301	0.595	0.99

이원석

50

포지션	CF	투타	우투우타	신장	177	체중	69
연봉	3600-5000			지명순위	18 한화 2차 4라운드 34순위		
생년월일	1999-03-31			학교	화곡초-충암중-충암고		

13kg 늘렸지만 스피드는 그대로다.

스피드가 장점인 8년 차 외야수. 백업 외야수로 지난해 타율 0.233을 기록했다. 154타석도 데뷔 후 최다다. 올시즌 외야 기회를 앞두고 13kg이나 벌크업을 했다. 스피드는 줄지 않았다고 자신한다. 김경문 감독이 좋아하는 스타일로 활용도가 높다. '1번 타자'로도 고려된다.

기본기록																	
연도	경기	타석	타수	안타	2루타	3루타	홈런	타점	득점	볼넷	사구	삼진	도루	타율	출루율	장타율	OPS	WAR
2022	20	39	35	4	0	0	1	1	4	3	0	18	0	0.114	0.184	0.200	0.384	-0.46
2023	81	138	116	22	1	1	0	8	20	21	1	33	13	0.190	0.319	0.216	0.535	0.25
2024	87	154	133	31	4	1	0	13	26	16	2	32	8	0.233	0.322	0.278	0.600	0.19
통산	244	470	404	77	6	3	2	31	65	50	6	131	27	0.191	0.287	0.235	0.522	-1.6

이재원

20

포지션	C	투타	우투우타	신장	185	체중	98
연봉	5000-10000			지명순위	06 SK 1차		
생년월일	1988-02-24			학교	숭의초-상인천중-인천고		

부활 성공, 친구와 함께 다시 한 번

SSG에서 방출되고 한화 유니폼을 입었다. 연봉도 5000만 원으로 깎였다. 타율 0.239, 홈런도 1개지만, 최재훈의 백업 포수로 기대 이상의 활약을 했다. 도루저지율 27.9%는 2020년 이후 가장 높았다. FA 자격은 포기했지만, 연봉은 1억 원으로 다시 올랐다.

기본기록																	
연도	경기	타석	타수	안타	2루타	3루타	홈런	타점	득점	볼넷	사구	삼진	도루	타율	출루율	장타율	OPS	WAR
2022	105	279	234	47	6	0	4	28	27	25	8	44	1	0.201	0.296	0.278	0.574	0.16
2023	27	48	44	4	1	0	0	2	3	2	0	8	0	0.091	0.128	0.114	0.242	-0.81
2024	72	152	134	32	4	0	1	16	10	7	4	21	0	0.239	0.287	0.291	0.578	-0.25
통산	1498	4623	4047	1119	191	5	109	628	442	381	97	644	12	0.277	0.348	0.407	0.755	17.5

이진영

10

포지션	CF	투타	우투우타	신장	183	체중	89
연봉	7000-6200		지명순위	16 KIA 2차 6라운드 58순위			
생년월일	1997-07-21		학교	둔촌초-선린중-선린고			

빠른 발을 이용한 수비는 달의 마음에 들 수 있다

KIA에서 뛸 때도 빠른 발을 이용한 넓은 수비 범위가 주목받았다. 한화 이적 뒤 여전히 타격에서는 어려움을 겪고 있다. 지난해 퓨처스에서 타율 0.323, OPS 0.928을 기록했다. 이 기세가 1군으로 이어진다면 한화 주전 외야수 경쟁에서 앞설 수 있다.

기본기록

연도	경기	타석	타수	안타	2루타	3루타	홈런	타점	득점	볼넷	사구	삼진	도루	타율	출루율	장타율	OPS	WAR
2022	70	240	220	44	12	1	8	31	27	17	0	90	2	0.200	0.254	0.373	0.627	-0.09
2023	121	422	358	89	22	0	10	50	57	53	2	127	5	0.249	0.344	0.394	0.738	3.60
2024	42	103	93	19	6	0	1	13	20	8	2	27	0	0.204	0.282	0.301	0.583	0.03
통산	328	895	782	173	43	2	21	108	124	90	10	290	10	0.221	0.307	0.362	0.669	1.54

임종찬

24

포지션	CF	투타	우투좌타	신장	184	체중	85
연봉	3400-3700		지명순위	20 한화 2차 3라운드 28순위			
생년월일	2001-09-28		학교	우암초-청주중-북일고			

1군에서도 2군에서처럼

북일고 출신 3라운드 지명이라면 한화 '성골'에 가깝다. 게다가 훤칠한 외모까지 갖췄다. '스타성'이 충분한데, 타격 성장이 더뎠다. 강한 어깨를 가졌지만 수비력도 성장이 필요하다. 지난해 퓨처스에서 13홈런 포함 장타율 0.496을 기록했다. 올해가 매우 중요한 기회다.

기본기록

연도	경기	타석	타수	안타	2루타	3루타	홈런	타점	득점	볼넷	사구	삼진	도루	타율	출루율	장타율	OPS	WAR
2022	20	57	53	10	1	0	2	6	2	3	0	23	0	0.189	0.228	0.321	0.549	-0.30
2023	-	-	-	-	-	-	-	-	-	-	-	-	-	-	-	-	-	-
2024	24	64	57	9	3	2	0	7	10	6	1	19	0	0.158	0.250	0.281	0.531	-0.22
통산	138	386	349	64	14	2	4	33	26	30	3	129	0	0.183	0.253	0.269	0.522	-2.36

최인호

41

포지션	LF	투타	우투좌타	신장	178	체중	82
연봉	4800-6800			지명순위	20 한화 2차 6라운드 58순위		
생년월일	2000-01-30			학교	송정동초-광주동성중-포철고		

한화 외야의 최대 기대주, 올시즌 긁혀야

엄상백 영입 때 보호선수 명단에서 장진혁이 빠진 건, 최인호의 성장 가능성을 높게 봤기 때문이었다. 시즌을 치르면서 타격 성적이 나아지고 있다. 수비와 주루에서도 센스 있는 플레이를 한다. 왼손 투수 상대 약점은 경험이 쌓이면 극복할 수 있는 이슈다. 올시즌 폭발 가능성이 있다.

기본기록

연도	경기	타석	타수	안타	2루타	3루타	홈런	타점	득점	볼넷	사구	삼진	도루	타율	출루율	장타율	OPS	WAR
2022	-	-	-	-	-	-	-	-	-	-	-	-	-	-	-	-	-	-
2023	41	148	131	39	5	3	2	11	23	10	4	22	1	0.298	0.363	0.427	0.790	1.49
2024	82	244	210	60	13	2	2	22	37	25	3	31	3	0.286	0.367	0.395	0.762	2.03
통산	219	691	604	157	24	5	8	64	85	63	10	130	6	0.260	0.336	0.356	0.692	1.88

플로리얼

34

포지션	CF	투타	우투좌타	신장	185	체중	88
연봉	$700,000			지명순위	25 한화 자유선발		
생년월일	1997-11-25			학교	General Education Diploma		

중견수 수비만으로도 류현진이 웃을 수 있다.

한화가 수비 안 되는 페라자 대신 고심 끝에 선택한 외인 타자다. 뉴욕 양키스의 유망주 상위 랭커였다. 외야수로서 운동 능력은 최상급. 한화의 오랜 약점, 센터 수비 강화가 가져올 효과도 기대된다. 커리어와 능력을 보면 NC에서 뛰던 알테어를 떠올리게 한다.

기본기록

연도	경기	타석	타수	안타	2루타	3루타	홈런	타점	득점	볼넷	사구	삼진	도루	타율	출루율	장타율	OPS	WAR
2022	-	-	-	-	-	-	-	-	-	-	-	-	-	-	-	-	-	-
2023	-	-	-	-	-	-	-	-	-	-	-	-	-	-	-	-	-	-
2024	-	-	-	-	-	-	-	-	-	-	-	-	-	-	-	-	-	-
통산	-	-	-	-	-	-	-	-	-	-	-	-	-	-	-	-	-	-

하주석

16

포지션	SS	투타	우투좌타	신장	185	체중	92
연봉	7000-9000			지명순위	12 한화 1라운드 1순위		
생년월일	1994-02-25			학교	강남초-덕수중-신일고		

하생명

새로 시작한다는 각오로 맞은 시즌이다.

추운 겨울이었다. FA 자격을 얻었지만 시장은 싸늘했다. 소속팀 한화와 1년 1.1억 원에 계약했다. 심우준이 오면서 주전 유격수 자리를 내줬다. 현실적으로 내야 백업이 최선이다. 타석 수는 적었지만 지난해 OPS 0.743은 커리어 하이 수준이었다. 공격이 열쇠다.

기본기록																	
연도	경기	타석	타수	안타	2루타	3루타	홈런	타점	득점	볼넷	사구	삼진	도루	타율	출루율	장타율	OPS	WAR
2022	125	483	445	115	18	2	5	58	50	31	3	126	20	0.258	0.309	0.342	0.651	0.97
2023	25	38	35	4	1	0	0	2	4	2	1	10	0	0.114	0.184	0.143	0.327	-0.58
2024	64	151	137	40	9	1	1	11	16	10	2	33	1	0.292	0.349	0.394	0.743	0.23
통산	875	3158	2892	767	128	18	49	339	386	186	36	760	81	0.265	0.317	0.373	0.690	6.84

황영묵

95

포지션	SS	투타	우투좌타	신장	177	체중	80
연봉	3000-8300			지명순위	24 한화 4라운드 31순위		
생년월일	1999-10-16			학교	수진초-성일중-충훈고		

앞선 위기도 모두 겪었다. 이번에도 살아남는다.

지난해 한화의 가장 큰 소득. 독립리그와 최강야구를 거쳐 4라운드에 지명됐다. 투지 넘치는 플레이와 강한 송구가 팬들의 마음을 사로잡았다. 규정타석에 모자랐지만 타율 0.301을 기록했다. 유격수 심우준, 2루수 안치홍으로 일단 시즌은 출발하지만 기회는 언제든 온다.

기본기록																	
연도	경기	타석	타수	안타	2루타	3루타	홈런	타점	득점	볼넷	사구	삼진	도루	타율	출루율	장타율	OPS	WAR
2022	-	-	-	-	-	-	-	-	-	-	-	-	-	-	-	-	-	-
2023	-	-	-	-	-	-	-	-	-	-	-	-	-	-	-	-	-	-
2024	123	389	349	105	8	4	3	35	52	31	5	56	4	0.301	0.365	0.372	0.737	1.83
통산	123	389	349	105	8	4	3	35	52	31	5	56	4	0.301	0.365	0.372	0.737	1.39

김규연

60

포지션	P	투타	우투우타	신장	183	체중	91
연봉	4100-5300			지명순위	21 한화 2차 8라운드 72순위		
생년월일	2002-08-23			학교	수원영통-매향중-공주고		

연도	경기	선발	QS	승	패	세이브	BS	홀드	이닝	피안타	피홈런	4사구	삼진	피안타율	WHIP	피 OPS	ERA	WAR
2022	12	0	0	0	0	0	0	1	13.2	16	2	12	11	0.281	2.05	0.874	5.27	-0.04
2023	23	0	0	0	1	1	0	0	19.2	16	0	10	20	0.222	1.32	0.611	2.75	0.53
2024	58	1	0	1	0	0	1	4	59	66	6	28	40	0.287	1.59	0.787	7.02	0.01
통산	93	1	0	1	1	1	1	5	92.1	98	8	50	71	0.273	1.60	0.766	5.85	0.50

김도빈

62

포지션	P	투타	우투우타	신장	190	체중	95
연봉	3000-3100			지명순위	24 한화 육성선수		
생년월일	2001-01-15			학교	서화초-신흥중-성지고-강릉영동대		

연도	경기	선발	QS	승	패	세이브	BS	홀드	이닝	피안타	피홈런	4사구	삼진	피안타율	WHIP	피 OPS	ERA	WAR
2022	-	-	-	-	-	-	-	-	-	-	-	-	-	-	-	-	-	-
2023	-	-	-	-	-	-	-	-	-	-	-	-	-	-	-	-	-	-
2024	1	1	0	0	1	0	0	0	0.1	1	0	3	1	0.500	12.00	1.30	54.00	-0.11
통산	1	1	0	0	1	0	0	0	0.1	1	0	3	1	0.500	12.00	1.30	54.00	-0.11

김승일

14

포지션	P	투타	우언우타	신장	183	체중	85
연봉	3000-3200			지명순위	20 한화 2차 10라운드 98순위		
생년월일	2001-07-07			학교	해운대-센텀중-경남고		

연도	경기	선발	QS	승	패	세이브	BS	홀드	이닝	피안타	피홈런	4사구	삼진	피안타율	WHIP	피 OPS	ERA	WAR
2022	-	-	-	-	-	-	-	-	-	-	-	-	-	-	-	-	-	-
2023	-	-	-	-	-	-	-	-	-	-	-	-	-	-	-	-	-	-
2024	3	0	0	0	0	0	0	0	3	4	0	0	2	0.333	1.33	0.802	3.00	0.12
통산	3	0	0	0	0	0	0	0	3	4	0	0	2	0.333	1.33	0.802	3.00	0.12

김종수

38

포지션	P	투타	우투우타	신장	180	체중	88
연봉	6800-5500			지명순위	13 한화 8라운드 74순위		
생년월일	1994-06-03			학교	성동초-덕수중-울산공고		

연도	경기	선발	QS	승	패	세이브	BS	홀드	이닝	피안타	피홈런	4사구	삼진	피안타율	WHIP	피 OPS	ERA	WAR
2022	52	0	0	3	4	1	3	6	45	39	5	21	45	0.236	1.33	0.751	4.40	-0.77
2023	-	-	-	-	-	-	-	-	-	-	-	-	-	-	-	-	-	-
2024	-	-	-	-	-	-	-	-	-	-	-	-	-	-	-	-	-	-
통산	193	0	0	7	6	2	4	19	177.2	160	23	112	155	0.243	1.53	0.777	5.12	-0.8

배동현

61

포지션	P	투타	우투좌타	신장	183	체중	83
연봉	3500-3400			지명순위	21 한화 2차 5라운드 42순위		
생년월일	1998-03-16			학교	양평리틀-판곡초-언북중-경기고-한일장신대		

연도	경기	선발	QS	승	패	세이브	BS	홀드	이닝	피안타	피홈런	4사구	삼진	피안타율	WHIP	피 OPS	ERA	WAR
2022	-	-	-	-	-	-	-	-	-	-	-	-	-	-	-	-	-	-
2023	0	0	0	0	0	0	0	0	0	0	0	0	0	-	-	-	-	0
2024	0	0	0	0	0	0	0	0	0	0	0	0	0	-	-	-	-	0
통산	20	4	0	1	3	0	0	0	38	34	3	25	26	0.234	1.55	0.728	4.5	0.46

배민서 45

포지션	P	투타	우언우타	신장	184	체중	81
연봉	5100-4100		지명순위	19 NC 2차 4라운드 37순위			
생년월일	1999-11-18		학교	대구수창초-경운중-상원고			

연도	경기	선발	QS	승	패	세이브	BS	홀드	이닝	피안타	피홈런	4사구	삼진	피안타율	WHIP	피 OPS	ERA	WAR
2022	-	-	-	-	-	-	-	-	-	-	-	-	-	-	-	-	-	-
2023	6	0	0	0	0	0	0	0	6.2	10	0	2	4	0.333	1.80	1.015	6.75	-0.27
2024	1	0	0	0	0	0	0	0	1.2	4	0	3	1	0.500	4.20	1.261	16.20	-0.08
통산	56	2	0	1	0	0	0	0	65	89	7	29	38	0.327	1.82	0.877	5.95	-0.03

성지훈 57

포지션	P	투타	좌투좌타	신장	181	체중	68
연봉	3000-3000		지명순위	23 한화 육성선수			
생년월일	2000-01-29		학교	송정동초-무등중-광주제일고-동아대			

연도	경기	선발	QS	승	패	세이브	BS	홀드	이닝	피안타	피홈런	4사구	삼진	피안타율	WHIP	피 OPS	ERA	WAR
2022	-	-	-	-	-	-	-	-	-	-	-	-	-	-	-	-	-	-
2023	-	-	-	-	-	-	-	-	-	-	-	-	-	-	-	-	-	-
2024	-	-	-	-	-	-	-	-	-	-	-	-	-	-	-	-	-	-
통산	-	-	-	-	-	-	-	-	-	-	-	-	-	-	-	-	-	-

이상규 18

포지션	P	투타	우투우타	신장	185	체중	77
연봉	4400-4800		지명순위	15 LG 2차 7라운드 70순위			
생년월일	1996-10-20		학교	흥인초-청원중-청원고			

연도	경기	선발	QS	승	패	세이브	BS	홀드	이닝	피안타	피홈런	4사구	삼진	피안타율	WHIP	피 OPS	ERA	WAR
2022	0	0	0	0	0	0	0	0	0	0	0	0	0	-	-	-	-	0
2023	8	0	0	0	0	0	0	0	7.2	7	0	5	6	0.241	1.57	0.594	2.35	0.24
2024	21	3	0	1	4	0	1	0	32	39	5	15	27	0.298	1.69	0.855	5.63	0.48
통산	65	3	0	3	7	4	2	1	77	99	10	44	55	0.316	1.86	0.890	5.96	0.27

장지수 40

포지션	P	투타	우투우타	신장	179	체중	80
연봉	3200-3400		지명순위	19 KIA 2차 2라운드 20순위			
생년월일	2000-05-25		학교	사당초-강남중-성남고			

연도	경기	선발	QS	승	패	세이브	BS	홀드	이닝	피안타	피홈런	4사구	삼진	피안타율	WHIP	피 OPS	ERA	WAR
2022	1	0	0	0	0	0	0	0	2	2	0	1	1	0.250	1.5	0.583	0.00	0.13
2023	1	0	0	0	0	0	0	0	2	4	0	2	0	0.444	3.00	0.989	18.00	-0.17
2024	13	0	0	0	0	0	0	0	14	23	0	10	11	0.365	2.36	0.975	10.93	-0.14
통산	37	0	0	0	0	0	0	0	48.2	61	3	33	23	0.303	1.93	0.840	7.40	-0.19

조동욱 68

포지션	P	투타	좌투좌타	신장	190	체중	82
연봉	3000-4000		지명순위	24 한화 2라운드 11순위			
생년월일	2004-11-02		학교	소래초-영남중-장충고			

연도	경기	선발	QS	승	패	세이브	BS	홀드	이닝	피안타	피홈런	4사구	삼진	피안타율	WHIP	피 OPS	ERA	WAR
2022	-	-	-	-	-	-	-	-	-	-	-	-	-	-	-	-	-	-
2023	-	-	-	-	-	-	-	-	-	-	-	-	-	-	-	-	-	-
2024	21	8	1	1	2	0	0	0	41	57	5	14	32	0.331	1.73	0.870	6.37	0
통산	21	8	1	1	2	0	0	0	41	57	5	14	32	0.331	1.73	0.870	6.37	0

배승수 98

포지션 2B	투타 우투우타	신장 184 체중 73
연봉 3000	지명순위 25 한화 4라운드 32순위	
생년월일 2006-05-15	학교 가동초-자양중-덕수고	

연도	경기	타석	타수	안타	2루타	3루타	홈런	타점	득점	볼넷	사구	삼진	도루	타율	출루율	장타율	OPS	WAR
2022	-	-	-	-	-	-	-	-	-	-	-	-	-	-	-	-	-	-
2023	-	-	-	-	-	-	-	-	-	-	-	-	-	-	-	-	-	-
2024	-	-	-	-	-	-	-	-	-	-	-	-	-	-	-	-	-	-
통산	-	-	-	-	-	-	-	-	-	-	-	-	-	-	-	-	-	-

이상혁 9

포지션 2B	투타 우투좌타	신장 174 체중 65
연봉 3100-3500	지명순위 22 한화 육성선수	
생년월일 2001-09-14	학교 군포리틀-수원영화초-수원북중-장안고-강릉영동대	

연도	경기	타석	타수	안타	2루타	3루타	홈런	타점	득점	볼넷	사구	삼진	도루	타율	출루율	장타율	OPS	WAR
2022	-	-	-	-	-	-	-	-	-	-	-	-	-	-	-	-	-	-
2023	7	2	2	0	0	0	0	0	0	0	0	1	1	0.000	0.000	0.000	0.000	-0.16
2024	43	15	13	2	0	0	0	0	13	2	0	5	5	0.154	0.267	0.154	0.421	-0.11
통산	50	17	15	2	0	0	0	0	13	2	0	6	6	0.133	0.235	0.133	0.368	-0.39

장규현 32

포지션 C	투타 우투좌타	신장 183 체중 96
연봉 3200-3300	지명순위 21 한화 2차 4라운드 32순위	
생년월일 2002-06-28	학교 미추홀구리틀-인성초-동인천중-인천고	

연도	경기	타석	타수	안타	2루타	3루타	홈런	타점	득점	볼넷	사구	삼진	도루	타율	출루율	장타율	OPS	WAR
2022	-	-	-	-	-	-	-	-	-	-	-	-	-	-	-	-	-	-
2023	-	-	-	-	-	-	-	-	-	-	-	-	-	-	-	-	-	-
2024	9	7	6	0	0	0	0	0	0	1	0	1	0	0.000	0.143	0.000	0.143	-0.13
통산	16	19	18	3	1	0	0	1	0	1	0	5	0	0.167	0.211	0.222	0.433	-0.19

정민규 65

포지션 2B	투타 우투우타	신장 183 체중 101
연봉 3100-3100	지명순위 21 한화 1차	
생년월일 2003-01-10	학교 부산서구리틀-광일초-경남중-부산고	

연도	경기	타석	타수	안타	2루타	3루타	홈런	타점	득점	볼넷	사구	삼진	도루	타율	출루율	장타율	OPS	WAR
2022	9	24	23	3	0	0	0	0	3	0	1	11	0	0.13	0.167	0.13	0.297	-0.31
2023	-	-	-	-	-	-	-	-	-	-	-	-	-	-	-	-	-	-
2024	-	-	-	-	-	-	-	-	-	-	-	-	-	-	-	-	-	-
통산	15	41	39	5	1	0	0	0	4	1	1	17	0	0.128	0.171	0.154	0.325	-0.63

최준서 94

포지션 RF	투타 우투좌타	신장 182 체중 77
연봉 3000-3000	지명순위 24 한화 6라운드 51순위	
생년월일 2000-06-29	학교 인천숭의초-율곡중-율곡고-동국대	

연도	경기	타석	타수	안타	2루타	3루타	홈런	타점	득점	볼넷	사구	삼진	도루	타율	출루율	장타율	OPS	WAR
2022	-	-	-	-	-	-	-	-	-	-	-	-	-	-	-	-	-	-
2023	-	-	-	-	-	-	-	-	-	-	-	-	-	-	-	-	-	-
2024	0	0	0	0	0	0	0	0	0	0	0	0	0	-	-	-	-	0
통산	-	-	-	-	-	-	-	-	-	-	-	-	-	-	-	-	-	0

한지윤

67

포지션 C	투타 우투우타	신장 188 체중 98
연봉 3000	지명순위 25 한화 3라운드 22순위	
생년월일 2006-04-10	학교 가동초-휘문중-경기상고	

연도	경기	타석	타수	안타	2루타	3루타	홈런	타점	득점	볼넷	사구	삼진	도루	타율	출루율	장타율	OPS	WAR
2022	-	-	-	-	-	-	-	-	-	-	-	-	-	-	-	-	-	-
2023	-	-	-	-	-	-	-	-	-	-	-	-	-	-	-	-	-	-
2024	-	-	-	-	-	-	-	-	-	-	-	-	-	-	-	-	-	-
통산	-	-	-	-	-	-	-	-	-	-	-	-	-	-	-	-	-	-

허인서

59

포지션 C	투타 우투우타	신장 182 체중 93
연봉 3100-3100	지명순위 22 한화 2차 2라운드 11순위	
생년월일 2003-07-11	학교 순천북초-여수중-효천고	

연도	경기	타석	타수	안타	2루타	3루타	홈런	타점	득점	볼넷	사구	삼진	도루	타율	출루율	장타율	OPS	WAR
2022	8	19	18	3	0	0	0	0	1	1	0	8	0	0.167	0.211	0.167	0.378	-0.32
2023	-	-	-	-	-	-	-	-	-	-	-	-	-	-	-	-	-	-
2024	-	-	-	-	-	-	-	-	-	-	-	-	-	-	-	-	-	-
통산	8	19	18	3	0	0	0	0	1	1	0	8	0	0.167	0.211	0.167	0.378	-0.31

2025시즌 육성선수

포지션	배번	투타	한글성명	생년월일	신장	체중	입단연도
투수	49	우우	김범준	2000-9-30	175	79	2020
투수	96	우우	문승진	2002.04.02	185	91	2021
투수	111	우우	박부성	2000.01.17	185	85	2025
투수	105	우우	박상현	2005.01.06	184	83	2025
투수	63	좌좌	박성웅	1999.08.20	178	109	2018
투수	107	우우	엄상현	2004.07.06	175	80	2025
투수	108	우우	엄요셉	2006.05.29	190	94	2025
투수	48	우우	원종혁	2005.08.27	184	92	2024
투수	100	우우	이기창	2005.04.21	184	88	2024
투수	104	좌좌	이동영	2006.04.09	185	85	2025
투수	93	우우	이성민	2002.09.28	191	92	2022
투수	19	좌좌	이충호	1994.09.20	182	82	2013
투수	31	우우	정이황	2000.03.07	190	89	2019
투수	109	우우	최주원	2006.01.11	185	85	2025
투수	102	좌좌	한서구	2003.12.4	191	98	2023
포수	39	우우	안진	2002-11-26	183	90	2021
포수	12	우우	허관회	1999.02.12	176	93	2019
내야수	56	우우	김건	2000.02.23	183	79	2019
내야수	54	우좌	송호정	2002.03.10	185	78	2021
내야수	69	우우	신우재	1997.11.16	183	97	2023
내야수	112	우좌	이승현	2002.07.23	172	77	2025
내야수	106	우우	이지성	2005.11.29	180	78	2025
내야수	4	우우	조한민	2000.10.20	182	77	2019
내야수	6	우좌	한경빈	1998.12.11	178	69	2022
내야수	97	우우	유민	2003.01.20	187	92	2022
내야수	110	우좌	이민재	2004.03.07	184	80	2025
외야수	103	우좌	정안석	2005.01.26	183	78	2024

대전 한화생명 볼파크
Daejeon Hanwha Life Ballpark

개장일	2025년 3월 5일
주소	대전광역시 중구 대종로 373
크기	좌측 99m
	좌중간 115m
	중앙 122m
	우중간 112m
	우측 95m
좌석	20,007석

NC 다이노스

주요 이슈

FA 시장에서 일찌감치 발을 뺐고, 외국인 에이스 카일 하트와의 재계약에 공을 들였지만 결국 실패했다. 지난 시즌 9위 팀이 별다른 전력 보강 없이 비시즌을 보낸 건 아쉬움이 남을 수밖에 없다. 임정호, 이용찬, 김성욱 등 내부 FA 3인방을 모두 붙들어 둔 건 그나마 긍정적인 요소. 홈런왕 맷 데이비슨과도 재계약에 성공했다.

오른손 정통파 라일리 톰슨과 왼손 기교파 로건 앨런이 외국인 원투펀치로 나선다. 정반대 유형의 2명으로 선발진 프런트라인을 꾸린 셈. 이를 통한 시너지 효과도 이번 시즌 NC가 기대하는 대목 중 하나다.

키 193㎝, 몸무게 95㎏ 건장한 체격의 라일리는 전형적인 파워 피처다. 시속 160㎞에 육박하는 대포알 포심과 130㎞대 너클커브가 주무기. 그 외 체인지업, 슬라이더, 커터까지 구사한다. 빅리그 경험은 없고, 마이너리그에서만 5시즌을 뛰었다. 이름값이나 경력보다 당장의 구위와 가능성을 우선으로 두고 택한 셈이다.

로건은 지난해 애리조나에서 불펜으로 28이닝을 소화했다. 커터, 스위퍼, 스플리터 등 다양한 변화구를 완성도 높게 구사한다. 땅볼 비율이 높아 홈런 잘 나오는 창원NC파크에서 더 빛이 날 수 있다는 평가다. '하이 리턴−하이 리스크'에 가까운 라일리와 비교해 안정적인 이닝 소화를 기대할 수 있는 투수.

KBO 리그에서 가장 화려한 외국인 계보를 자랑하는 NC지만 막상 투수 2명이 모두 맹활약한 경우는 근래 많지 않았다. 드류 루친스키의 시대, 짝을 이뤘던 마이크 라이트와 웨스 파슨스 등이 기대에 미치지 못했다. 에릭 페디와 함께했던 테일러 와이드너, 카일 하트의 파트너였던 대니얼 카스타노는 모두 성적 부진으로 시즌 중도에 팀을 떠났다. 라일리와 로건 모두 성공 가도를 달린다면, NC 외국인 마운드는 페디와 하트가 버틴 지난 2년보다 오히려 더 위력적일 수 있다.

외국인 투수 2명을 모두 교체한 것 외에 선수단 구성에 큰 변화는 없다. 주목해야 할 건 오히려 감독·코치진의 대대적인 개편이다. NC의 '원년 주장' 이호준이 구단 4대 감독으로 부임했다. 그간 2군에서 선수 육성에 땀 쏟던 코치들도 대거 1군으로 올라왔다. 조영훈 타격코치, 김종호 외야수비·주루코치, 지석훈 수비코치 등은 주장 이호준과 함께 NC 창단 초기 현역으로 활약했던 '역전의 용사들'이다.

이 감독은 부임 일성은 과거 자신이 주장으로 있던 시절 팀 NC의 좋은 문화를 부활시키겠다는 것이었다. 이 감독을 보좌할 코치들, 주장 박민우를 비롯한 베테랑들 다수가 기억하는 문화이기도 하다. 비시즌 뚜렷한 전력 보강이 없었던 탓에 이런 무형의 효과가 더 중요할 수도 있다.

지난 시즌 불의의 사구 부상으로 이탈했던 박건우가 돌아온다. 최근 2년간 주로 우익수로 뛰었지만, 올해는 풀타임 중견수로 나선다. 공수에서 역할이 크다. 주장 박민우와 FA 마지막 해 손아섭까지, 손-박-박 라인에 데이비슨이 버티는 타선의 생산성은 리그 상위권 수준. 김주원, 김휘집, 김형준 등 하위타선 젊은 타자들의 성장도 기대할 만하다.

문제는 마운드. 리그에서 다년간 검증된 투수가 많지 않다. 신민혁, 김영규, 김태경 등 부상에서 회복 중인 투수들이 많다는 것도 불안요소다. 개막까지 얼마나 온전한 몸 상태를 만들 수 있을지가 관건. 2+1년 재계약을 맺은 이용찬은 5년 만에 선발로 복귀한다.

가장 크게 희망을 걸어볼 요소는 역시 구창모. 오는 6월 17일 제대 예정이다. 구창모가 건강하게 돌아온다면 NC 마운드는 급격한 전력 상승을 기대할 수 있다. 이 감독이 그리는 시즌 첫 분수령 역시 구창모의 복귀. 구창모가 돌아올 때까지 최대한 버텨낸다면 이후 치고 올라갈 동력 또한 확보할 수 있다는 계산이다.

순위기록

종합

	경기당 득점		경기당 실점		경기당 실책		수비효율	
NC	5.37	5위	5.56	8위	0.75	6위	0.646	5위
리그평균	5.38	3▶5	5.38	3▶8	0.76	10▶6	0.647	1▶5

	경기당 도루시도		도루성공률		경기당 희생번트		경기당 투수교체	
NC	1.0	7위	75.9	5위	0.35	5위	3.80	3위
리그평균	1.1	3▶7	74.4	8▶5	0.34	5▶5	3.90	5▶3

타격

	타율		출루율		장타율		OPS	
NC	0.274	6위	0.353	4위	0.428	3위	0.781	3위
리그평균	0.277	3▶6	0.352	2▶4	0.420	4▶3	0.772	3▶3

선발

	평균자책점		경기당 이닝		피안타율		피순장타	
NC	4.82	5위	4.97	6위	0.272	5위	54	4위
리그평균	4.77	2▶5	5.00	8▶6	0.274	1▶5	48.8	7▶4

구원

	평균자책점		경기당 이닝		피안타율		피순장타	
NC	5.35	9위	3.89	6위	0.287	8위	15	1위
리그평균	5.16	3▶9	3.91	3▶6	0.282	2▶8	19.9	3▶1

라인업

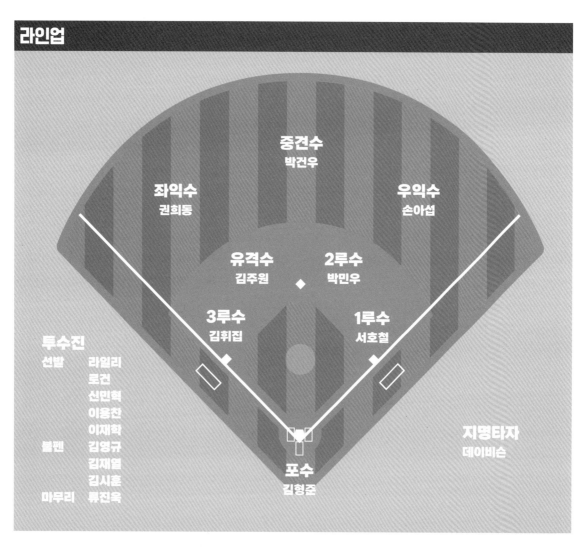

중견수 박건우

좌익수 권희동

우익수 손아섭

유격수 김주원

2루수 박민우

3루수 김휘집

1루수 서호철

투수진
선발   라일리
로건
신민혁
이용찬
이재학
불펜   김영규
김재열
김시훈
마무리   류진욱

지명타자 데이비슨

포수 김형준

최근 10시즌 성적

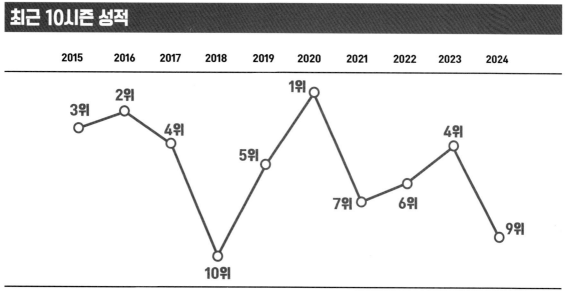

2015	2016	2017	2018	2019	2020	2021	2022	2023	2024
3위	2위	4위	10위	5위	1위	7위	6위	4위	9위

최상 시나리오

에릭 테임즈부터 카일 하트까지, '역수출 명가' NC가 올해도 명성을 이어간다. 손-박-박 라인이 부상 없이 매일 돌아가고, KBO 적응을 완벽하게 마친 맷 데이비슨은 역대 외국인 단일 시즌 최다 홈런 기록에 도전한다. 잠재력을 폭발시킨 김주원이 '우리 주원이' 별명을 회복하고, 강건의 국대 포수 김형준은 타석에서도 약점을 지워간다. 김휘집까지 공·수 양면으로 성장하며 '삼김 시대'가 펼쳐진다. 1회부터 타선이 폭발하니 선발 투수들이 고전해도 크게 걱정할 필요가 없다. 왕년의 '마산 아재'들까지 엔팍으로 돌아오고, NC는 2024년 팀 관중 기록을 1년 만에 갈아치운다. 제구 잡은 신영우가 화려한 삼진쇼를 벌이고, 돌아온 구창모가 철강왕으로 변신한다. 영화 《인셉션》을 떠올리며 팽이를 찾는 팬들이 속출한다.

최악 시나리오

라일리 톰슨이 좀처럼 네모 안에 공을 넣지 못한다. '슬로 스타터' 로건 앨런은 여름까지도 지지부진한 페이스. 외국인 최다 홈런에 도전하던 4번 타자 맷 데이비슨은 '수비 못하는 톰 퀸란'이라는 말을 듣기 시작한다. 손-박-박 라인이 예년만 못하고, 투수진마저 전력의 한계를 노출한다. 신영우가 시즌 초 꾸준히 기회를 받지만 삼진보다 볼넷이 많으니 버티기가 어렵다. 김주원과 김형준은 올해도 타격보다 수비로 WAR을 쌓는다. 총체적 난국 속에 초보 감독의 고민이 깊어진다. 돌아온 구창모, 위력은 여전하지만, 좀처럼 마운드에 오르질 못한다. 내년에도 NC팬들의 소원은 '건강한 구창모'다.

코칭스태프

보직	배번	투타	이름	생년월일	키(cm)	몸무게(kg)
감독	27	우우	이호준	1976/2/8	187	95
수석	70	우우	서재응	1977/5/24	181	97
투수	99	우우	이용훈	1977/7/14	183	83
불펜	90	좌좌	손정욱	1990/12/24	182	84
타격	79	좌좌	조영훈	1982/11/12	185	90
타격	76	우좌	전민수	1989/3/18	177	76
수비	80	우우	지석훈	1984/3/17	181	81
작전주루	75	우좌	진종길	1981/9/23	178	80
작전주루	73	좌좌	김종호	1984/5/31	184	83
배터리	86	우우	김종민	1986/3/30	176	85
퓨처스 감독	0	우우	공필성	1967/11/11	177	77
퓨처스 수석 및 투수	98	우우	김수경	1979/8/20	183	90
퓨처스 타격	83	우우	윤병호	1989/7/5	181	85
퓨처스 수비	71	우우	손용석	1987/4/13	176	90
퓨처스 작전주루	84	우우	박용근	1984/1/21	172	76
퓨처스 작전주루	72	좌좌	전상렬	1972/6/12	174	77
퓨처스 배터리	92	우우	윤수강	1990/2/22	181	100
퓨처스 불펜	88	우우	김현종	1977/4/19	178	90

감독 및 전력 포인트

이호준 감독

초보 감독의 무모한 실험일까, 파격의 한 수일까. 이호준 감독의 초기 행보가 연일 화제에 올랐다. 이른바 '스페셜리스트' 야구가 대표적인 사례. 내야 유틸리티 김한별을 겨냥해 스프링 캠프 내내 수비 훈련만 시키겠다고 공언했고 실행에 옮겼다. 한재환, 김범준, 송승환 등 일방장타가 돋보이는 '한방쟁이'들은 투손 캠프에서 점심부터 밤까지 방망이만 돌렸다. 결과는 뚜껑을 열어보면 알 수 있을 터. 2군 자원을 최대한 활용하겠다는 새 감독의 약속도 눈여겨볼 부분. 지난 시즌 NC는 주전 의존도가 가장 높은 팀 중 하나였고, 1, 2군 이동도 제한적이었다. 지난해 NC의 '주전 야구'는 득보다 실이 컸다는 평가. 김주원, 김형준이 1군에서 시즌 내내 시행착오를 겪어야 했고, 주축들의 부상에 '플랜B'의 부재는 더 뼈아프게 다가왔다.

보직	배번	투타	이름	생년월일	키(cm)	몸무게(kg)
잔류 총괄	77	우우	전형도	1971/10/30	177	83
잔류 투수	81	우우	김건태	1991/10/2	185	84
잔류 수비	82	우좌	최정민	1989/6/2	177	77
잔류 배터리 및 타격	85	우우	권정웅	1992/11/15	180	88
QC	78	우우	최건용	1972/6/16	170	80
트레이닝		우우	조대현	1972/10/15	178	77
트레이닝		우우	백경덕	1980/9/8	171	73
트레이닝		우우	김봉현	1988/3/21	173	68
트레이닝		우우	김동호	1993/1/14	175	72
트레이닝		우우	김한범	1995/1/29	175	75
트레이닝		우우	구현모	2000/4/27	180	80
퓨처스 트레이닝		좌좌	박래찬	1984/2/1	187	88
퓨처스 트레이닝		우우	김성중	1984/11/2	181	82
퓨처스 트레이닝		우우	전일우	1987/3/30	170	72
퓨처스 트레이닝		우우	여은수	1996/9/8	170	73
퓨처스 트레이닝		우우	한홍일	1987/4/6	173	70
퓨처스 트레이닝		우우	최준영	1996/1/17	170	74

손아섭

포지션	DH	투타	우투좌타	신장	174	체중	84
연봉	50000-50000			지명순위	07 롯데 2차 4라운드 29순위		
생년월일	1988-03-18			학교	양정초-개성중-부산고		

31

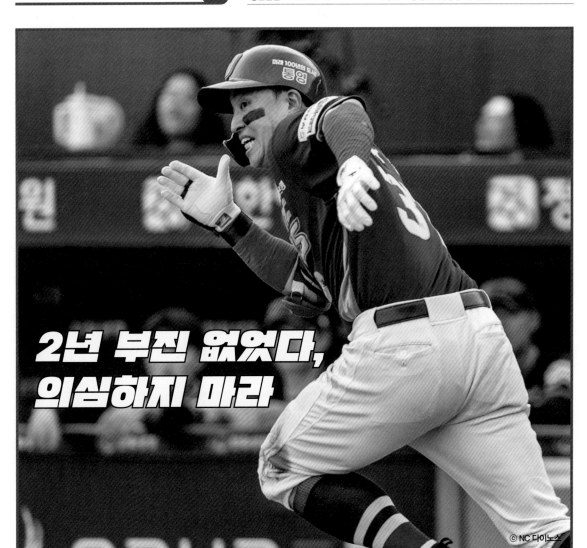

2년 부진 없었다, 의심하지 마라

© NC 다이노스

KBO 통산 안타 1위에 올랐지만…

좋은 쪽으로도, 나쁜 쪽으로도 2024년은 잊을 수 없는 한 해였다. 6월 20일 프로 통산 2505번째 안타를 때려내며 KBO 통산 안타 1위에 올랐지만 그 이상으로 잃은 것이 많았다. 개막 첫 달부터 지독한 슬럼프에 시달렸고, 끝내 성적을 회복하지 못했다. 2년 만에 타율 3할이 다시 무너졌고, OPS는 0.7을 겨우 넘겼다.(0.710)

14년을 이어오던 연속 100안타 기록이 5개 차이로 멈춰 섰다. 9년 연속 150안타 기록 도전도 당연히 무산됐다. 7월 수비 중 충돌로 십자인대를 다쳤다. 석 달이 다 돼서야 복귀했다. 애초 시즌 아웃 전망이 유력했지만, 의지로 복귀했다.

2025시즌에도 꾸준함의 대명사

아쉬움을 뒤로 하고, 어쩌면 홀가분한 마음으로 새 시즌을 준비한다. 비시즌 '킹캉스쿨' 대신 동남아 모처를 찾아 피지컬 트레이닝에 집중했다. 부상 이탈이 길었던 만큼 더 단단하게 몸을 만들어야 하겠다고 판단했다.

프로에서 18년, 긴긴 세월 동안 손아섭은 '꾸준함의 대명사'로 통했다. 2시즌 연속 부진했던 적이 단 한 번도 없었다. 2019년 타율 0.295로 풀타임 데뷔 10년 만에 처음으로 타율 3할이 무너졌지만, 이듬해 타율 0.352로 돌아왔다. NC 이적 첫해인 2022시즌 타율 0.277에 그치며 '에이징 커브' 우려까지 나왔지만, 2023시즌 타율 0.339로 보란 듯이 부활했다.

새 감독 부임과 함께 반격을 노리는 2025시즌, 손아섭의 부활이 절실한 NC다. 생애 3번째 FA를 앞둔 손아섭 본인도 당연히 그렇다.

---

yagumentary 크보 통산 최다안타 1위, 통산 타율 4위. 아직 세워야 할 기록이 많다

mulderous 오빠 므찌나 시절처럼 밝게 뛰어줘

hjkim 강민호 형처럼 한국시리즈 냄새 맡고 싶을 텐데

연도	경기	타석	타수	안타	2루타	3루타	홈런	타점	득점	볼넷	사구	삼진	도루	타율	출루율	장타율	OPS	WAR
2022	138	617	548	152	29	4	4	48	72	59	3	76	7	0.277	0.347	0.367	0.714	3.08
2023	140	609	551	187	36	3	5	65	97	50	2	67	14	0.339	0.393	0.443	0.836	4.62
2024	84	355	333	95	16	0	7	50	45	16	0	65	6	0.285	0.314	0.396	0.710	1.03
통산	2058	8876	7833	2511	441	34	181	1036	1361	925	40	1277	232	0.321	0.393	0.455	0.848	58.3

구창모

미정

포지션	P	투타	좌투좌타	신장	183	체중	85
연봉	군복무		지명순위	15 NC 1라운드 3순위			
생년월일	1997-02-17		학교	천안남산초-덕수중-울산공고			

팬들의 소원은
올해도 '건강한 구창모'

ⓒ NC 다이노스

드래곤볼 7개라도 모아야 하는 걸까. 2020년 브레이크 아웃 이후 '건강한 구창모'는 매년 NC팬들의 숙원과도 같았지만, 단 한 번도 이뤄지지 않았다. 7년 132억 역대급 비 FA 다년 계약을 맺은지 올해로 3년째. 이제는 그저 농담처럼 넘기지도 못할 상황. 그럼에도 올 시즌 NC의 가장 큰 희망요소가 구창모라는 것도 분명하다. 일단 마운드 위에 서 있기만 하면 누구보다 위력적이라는 건 지난 수년간 충분히 증명했다. 오는 6월, 구창모가 건강하게 제대하면 NC 마운드는 단숨에 업그레이드된다.

yagumentary 건강한 구창모가 돌아와 예전처럼 던져준다면 WBC 대표팀 마운드가 달라진다.
mulderous 규정이닝이나 한 번 던져 보자(6월 17일 이후에나 복귀인데?)
hjkim 건강만 받쳐주면 리그 최고 왼손 투수인 거 모두가 알잖아

기본기록

연도	경기	선발	QS	승	패	세이브	BS	홀드	이닝	피안타	피홈런	4사구	삼진	피안타율	WHIP	피 OPS	ERA	WAR
2022	19	19	11	11	5	0	0	0	111.2	92	7	33	108	0.224	1.08	0.595	2.10	4.79
2023	11	9	3	1	3	0	0	0	51.2	38	4	16	56	0.203	1.05	0.546	2.96	1.87
2024	-	-	-	-	-	-	-	-	-	-	-	-	-	-	-	-	-	-
통산	174	118	43	47	37	0	0	4	680.1	630	24	243	681	0.245	1.28	0.695	3.68	20.92

권희동

36

포지션	LF	투타	우투우타	신장	177	체중	85
연봉	15000-22500			지명순위	13 NC 9라운드 84순위		
생년월일	1990-12-30			학교	동천초-경주중-경주고-경남대		

그라운드 위 파가니니, 얕보면 큰코다친다

© NC 다이노스

리그에서 가장 저평가된 타자를 꼽으라면 단연 이 사람. 0.300-0.417-0.452라는 엘리트 타자의 슬래시 라인을 그렸다. wRC+ 137.9는 리그 전체에서 9번째로 높은 숫자. 시즌 평균 OPS 0.869도 훌륭하지만, 득점권에선 0.990으로 한층 더 무서운 타자였다. 타석당 투구 수 4.54(리그 1위)는 권희동의 정체성을 설명하는 또 다른 숫자. 진은 진대로 빼놓고, 쉽게 죽지도 않는 데다 아차 하면 한 방을 날려버리니 투수입장에서 이만큼 피곤한 상대도 드물다. 2년 전 FA 미아 위기가 도무지 이해가 되지 않는 수준.

---

yagumentary 반대쪽 타석에서, 조금 다른 폼으로 장타까지 쳐 내는 이용규

mulderous FA 역사상 가장 과소평가된 선수 중 한 명인 듯

hjkim 꾸준히 팀을 지켰던 창단 멤버

기본기록																	
연도	경기	타석	타수	안타	2루타	3루타	홈런	타점	득점	볼넷	사구	삼진	도루	타율	출루율	장타율	OPS	WAR
2022	82	280	238	54	5	1	5	22	30	31	8	44	2	0.227	0.335	0.319	0.654	1.06
2023	96	373	309	88	16	0	7	63	33	49	6	50	2	0.285	0.388	0.405	0.793	2.18
2024	123	511	416	125	22	1	13	77	66	77	10	63	4	0.300	0.417	0.452	0.869	4.11
통산	1076	3815	3216	858	147	8	101	521	458	446	74	588	30	0.267	0.365	0.412	0.777	16.65

김주원

포지션	SS	투타	우투양타	신장	185	체중	83
연봉	16000-20000		지명순위	21 NC 2차 1라운드 6순위			
생년월일	2002-07-30		학교	군포리틀-삼일초-안산중앙중-유신고			

시행착오는 작년까지… 최고 유격수 노린다

© NC 다이노스

시즌 내내 1할대 타율 같았는데, 끝나고 보니 커리어 하이다. 시행착오가 길었지만, 마지막 두 달 김주원은 화끈하게 불태웠다. 8~9월 타·출·장 345로 OPS 0.952의 맹타. 새 시즌에 같은 실수를 반복하지 않는다면 KBO 최고 유격수로 자리매김할 가능성도 충분하다. MLB 통계전문사이트 팬그래프는 김도영, 안우진, 강백호와 함께 김주원을 빅리그 진출 가능성이 있는 KBO 유망주로 꼽았다. 신체 능력과 파워 포텐셜을 감안해 드래프트 3~4라운드 지명을 받을 만한 자원으로 분류한 것(김도영은 1라운드 지명 후보로 평가).

---

yagumentary 프란시스코 린도어, 호세 레예스, 아지 스미스 모두 스위치 타자 유격수
mulderous 김주원이 '아이돌'이 돼야 NC가 일어선다
hjkim 엔팍 흥행을 이끌어라

기본기록																	
연도	경기	타석	타수	안타	2루타	3루타	홈런	타점	득점	볼넷	사구	삼진	도루	타율	출루율	장타율	OPS	WAR
2022	96	326	273	61	9	3	10	47	35	30	14	89	10	0.223	0.331	0.388	0.719	4.29
2023	127	474	403	94	9	2	10	54	56	44	15	106	15	0.233	0.328	0.340	0.668	2.22
2024	134	475	385	97	18	2	9	49	61	51	25	111	16	0.252	0.371	0.379	0.750	5.43
통산	426	1464	1227	292	43	8	34	166	172	142	56	363	47	0.238	0.341	0.369	0.710	10.08

김휘집

포지션	SS	투타	우투우타	신장	180	체중	92
연봉	11000-17500			지명순위	21 키움 2차 1라운드 9순위		
생년월일	2002-01-01			학교	히어로즈리틀-양목초-대치중-신일고		

NC 다이노스
1라운드 지명자는
김.휘.집.입니다

© NC 다이노스

지난해 1·3라운드 지명권을 키움에 내주고 데려왔다. 신인 지명권 2장을 넘기는 트레이드는 사상 최초. 트레이드 직후부터 NC는 "2025년 우리 1차 지명자는 김휘집"이라고 여러 차례 말했다. 이제 막 대졸 신인 나이가 됐으니, 그저 우스갯소리로 치부할 것만도 아니다. 20홈런, 나아가 30홈런까지 내다볼 수 있고 내야 전 포지션을 소화할 수 있는 자원은 리그 전체를 통틀어도 귀중하다. 다만 올시즌은 3루 붙박이로 나설 전망. 가진 잠재력을 타석에서 전부 토해내라는 게 사령탑의 주문이다.

---

yagumentary 김도영의 다른 버전이 되지 말라는 법은 없다. 재능은 만만치 않다

mulderous 야구 선수 중 최고의 미소천사

hjkim 트레이드의 성패를 재평가할 수 있다

기본기록

연도	경기	타석	타수	안타	2루타	3루타	홈런	타점	득점	볼넷	사구	삼진	도루	타율	출루율	장타율	OPS	WAR
2022	112	393	333	74	12	1	8	36	40	39	14	115	0	0.222	0.326	0.336	0.662	0.93
2023	110	435	369	92	22	0	8	51	46	48	5	97	0	0.249	0.338	0.374	0.712	1.89
2024	140	562	488	126	24	1	16	73	78	52	10	119	4	0.258	0.337	0.410	0.747	2.24
통산	396	1479	1260	301	59	2	33	168	173	152	31	354	5	0.239	0.331	0.367	0.698	4.39

데이비슨

포지션	1B	투타	우투우타	신장	190	체중	104
연봉	$560000-$1200000		지명순위	24 NC 자유선발			
생년월일	1991-03-26		학교	Yucaipa High School			

기운센 천하장사, 엔팍을 넘겨라

© NC 다이노스

KBO 제일의 파워맨. 홈런만 따지면 독보적 1위. 가장 많이, 멀리 때렸다. 46홈런 중 비거리 130m 이상만 19개. 전반기도 무서운 타자였지만, 후반기엔 장타율 0.685 초월적인 숫자를 찍었다. 타석당 삼진 비율을 전반기 26.7%에서 후반기 22.8%까지 끌어내린 것도 긍정적인 대목. 득점권 OPS 0.815가 아쉽지만 '스몰 샘플의 오류'로 봐도 괜찮지 않을까. 올시즌은 지명타자로 주로 나설 예정. 일각에서 데이비슨은 1루 수비를 볼 때 타격 성적이 더 좋았다며 의문을 제기하지만, 이호준 감독은 "의미 없는 소리"라고 일축했다.

---

yagumentary 박민우 다음, 손아섭 다음, 박건우 다음 만나는 타자가 데이비슨이라면

mulderous 너무 조용하게 차지한 홈런왕, 올해는 더 박력있게

hjkim 올해도 홈런 쏘아올리면 테임즈의 이름은 완전히 지워질 듯

기본기록

연도	경기	타석	타수	안타	2루타	3루타	홈런	타점	득점	볼넷	사구	삼진	도루	타율	출루율	장타율	OPS	WAR
2022	-	-	-	-	-	-	-	-	-	-	-	-	-	-	-	-	-	-
2023	-	-	-	-	-	-	-	-	-	-	-	-	-	-	-	-	-	-
2024	131	567	504	154	25	1	46	119	90	39	17	142	0	0.306	0.370	0.633	1.003	4.27
통산	131	567	504	154	25	1	46	119	90	39	17	142	0	0.306	0.370	0.633	1.003	3.98

라일리

포지션	P	투타	우투우타	신장	190	체중	100
연봉	$520,000			지명순위	25 NC 자유선발		
생년월일	1996-07-09			학교	University of Louisville		

소문난 외국인 맛집, 올해도 완판각?

©NC 다이노스

라일리를 주목한 건 NC 스카우트만이 아니었다. 그럼에도 선뜻 그를 택하지 못한 건 결국 불안한 제구 때문이었다. 그러나 전통의 '외국인 명가' NC는 라일리의 탄착군을 주목했다. 미국에서야 다소 높게 형성되며 존을 벗어났지만, 상대적으로 실밥이 크고 끈적끈적한 KBO 공인구를 손에 쥐면 개선될 수 있을 거라는 기대다. NC에서 4년간 리그 에이스로 군림한 드류 루친스키가 꼭 그랬다는 뒷얘기. 말하자면 전형적인 하이 리턴, 하이 리스크 유형의 외국인 투수다. 모 구단 스카우트 왈 "라일리까지 터지면 NC 스카우트는 확실히 뭔가가 있는 거다"

---

yagumentary 루친스키의 ML 복귀 성적, 4경기 선발 0승 4패, 평균자책 9.00

mulderous NC 스카우트의 결정적 시험대

hjkim NC가 뽑았으니 벌써 믿음이 간다

기본기록

연도	경기	선발	QS	승	패	세이브	BS	홀드	이닝	피안타	피홈런	4사구	삼진	피안타율	WHIP	피 OPS	ERA	WAR
2022	-	-	-	-	-	-	-	-	-	-	-	-	-	-	-	-	-	-
2023	-	-	-	-	-	-	-	-	-	-	-	-	-	-	-	-	-	-
2024	-	-	-	-	-	-	-	-	-	-	-	-	-	-	-	-	-	-
통산	-	-	-	-	-	-	-	-	-	-	-	-	-	-	-	-	-	-

박건우

포지션	RF	투타	우투우타	신장	184	체중	80
연봉	80000-70000			지명순위	09 두산 2차 2라운드 10순위		
생년월일	1990-09-08			학교	역삼초-서울이수중-서울고		

악점 없는 6각형 타자, 올해는 중견수다

© NC 다이노스

KBO에서 가장 꾸준한 타자 중 하나. 지난해까지 10시즌 연속 타율 3할을 넘겼다. 불의의 사구 부상 전까지 커리어 하이에 가까운 시즌을 보냈다. 0.344 고타율에 순장타율도 데뷔 후 최고 수준인 0.198을 기록했다. 득점권 타율 0.375로 해결사 노릇까지 톡톡히 해냈다. 지난 시즌 NC 팀 잔루가 KT에 이어 2번째로 많은 2,428개였다는 걸 생각하면 그의 이른 시즌 아웃이 특히 뼈아팠다. 올시즌은 3년 만에 풀타임 중견수로 나선다. 팀 타격 극대화를 위한 사령탑의 승부수. 체력 관리가 관건이 될 전망.

---

yagumentary 크보 통산 타율에서 손아섭에 앞선 3위. 오른손 타자 중에는 당연히 1위다

mulderous 그가 144경기 뛰는 모습을 보고 싶다

hjkim 어서 그라운드로 향하고 싶었던 그 마음 쭉 이어가길

기본기록

연도	경기	타석	타수	안타	2루타	3루타	홈런	타점	득점	볼넷	사구	삼진	도루	타율	출루율	장타율	OPS	WAR
2022	111	463	408	137	18	1	10	61	52	44	8	62	3	0.336	0.408	0.458	0.866	3.95
2023	130	533	458	146	34	2	12	85	70	56	9	71	7	0.319	0.397	0.480	0.877	3.92
2024	89	362	323	111	23	1	13	53	58	33	4	54	4	0.344	0.409	0.542	0.951	2.94
통산	1256	4880	4319	1414	290	24	123	677	764	409	84	650	96	0.327	0.392	0.491	0.883	37.41

박민우

포지션	2B	투타	우투좌타	신장	185	체중	80
연봉	100000-90000		지명순위	12 NC 1라운드 9순위			
생년월일	1993-02-06		학교	용산리틀—마포초—선린중—휘문고			

원조 '창원 아이돌' 이제는 엔팍의 캡틴

© NC 다이노스

신생팀 NC의 주장 이호준과 막내 박민우가 10년이 넘는 세월이 지나 감독과 주장으로 다시 만났다. 지난 시즌 내내 '옛날 NC'를 말했던 박민우로선 그보다 큰 동기부여도 없을 터. 고질적인 어깨 통증에 시달리던 중에도 0.328 고타율을 기록했고, 4년 만에 출루율 4할을 넘겼다. 2015시즌 이후 9년 만에 30도루(32도루)를 넘긴 건 박민우 본인도 가장 뿌듯해하는 성과. 정교하고 꾸준하고 빠르다. 여전히 10개 구단 최고 수준의 리드오프. 김혜성이 미국으로 떠난 새 시즌, 생애 3번째 골든글러브도 노릴 만하다. NC는 리그에서 가장 젊은 팀, 주장으로서 역할 또한 막중하다.

yagumentary NC 타선이 센 건, 크보 통산 타율 5위 안에 드는 선수 3명이 함께 라인업에 서기 때문이다(5위)
mulderous 잊혀가는 국가대표 2루수, 올해가 기회다
hjkim 이제 결혼도 했으니 집에서도, 팀에서도 가장으로 커지는 책임감

기본기록

연도	경기	타석	타수	안타	2루타	3루타	홈런	타점	득점	볼넷	사구	삼진	도루	타율	출루율	장타율	OPS	WAR
2022	104	451	390	104	22	1	4	38	61	42	10	55	21	0.267	0.351	0.359	0.710	2.72
2023	124	509	452	143	20	7	2	46	76	40	9	57	26	0.316	0.381	0.405	0.786	5.25
2024	121	528	457	150	26	2	8	50	75	54	9	79	32	0.328	0.406	0.446	0.852	5.55
통산	1283	5341	4625	1482	239	56	39	488	857	502	113	677	275	0.320	0.396	0.422	0.818	42.77

신민혁

포지션	P	투타	우투우타	신장	184	체중	95
연봉	18000-18000			지명순위	18 NC 2차 5라운드 49순위		
생년월일	1999-02-04			학교	강서리틀-염강초-매향중-야탑고		

18

NC의 농부는 새 시즌 풍성한 수확을 꿈꾼다

© NC 다이노스

농사와 낚시. KBO에서 가장 목가적인 취미를 가졌지만, 마운드 위 투쟁심은 누구에게도 뒤지지 않는다. 시속 138㎞ 직구를 가지고도 신민혁이 살아남을 수 있었던 이유 중 하나. 홈런 잘 나오는 홈구장 창원NC파크와 극악의 상성이 아쉽다. 2023~2024 2시즌 연속 뜬공 비율 60%가 넘었다. 그러나 그 또한 극복해야 할 숙제. 구위의 한계를 타이밍 싸움으로 극복하려 했고, 그렇게 나온 결과물이 '아주 느리게' '느리게' '빠르게' 3가지 버전의 체인지업이다. 시즌 내내 그를 괴롭히던 팔꿈치 뼛조각을 지난겨울 제거했다. 남은 통증만 털어내면 구속 회복도 기대해 볼만.

yagumentary 느린 구속을 디셉션과 익스텐션으로 극복할 수 있다는 걸 보여줬으면

mulderous 늘 토종 에이스가 없었던 팀의 사실상 토종 에이스

hjkim 통증 원인도 제거했으니 더 발돋움하길

기본기록

연도	경기	선발	QS	승	패	세이브	BS	홀드	이닝	피안타	피홈런	4사구	삼진	피안타율	WHIP	피 OPS	ERA	WAR
2022	26	23	8	4	9	0	0	0	118.1	128	15	31	105	0.275	1.34	0.768	4.56	1.93
2023	29	24	5	5	5	0	0	0	122	122	14	25	97	0.256	1.20	0.707	3.98	2.29
2024	25	24	10	8	9	0	0	0	121	140	20	16	74	0.284	1.29	0.779	4.31	3.14
통산	127	103	33	28	32	0	0	0	548.1	602	76	129	409	0.275	1.33	0.762	4.43	11.26

김민규

63

포지션	P	투타	우투우타	신장	183	체중	84
연봉	3000-3000			지명순위	24 NC 육성선수		
생년월일	2001-09-07			학교	광주서석초-진흥중-광주동성고-경성대		

육성선수 신데렐라? NC도 있다

2024년 육성선수로 입단한 대졸 사이드암. 올봄 평생 처음 가본 해외 전지훈련에서 덜컥 투수 MVP까지 따냈다. 투손 캠프에선 '맞혀도 다 땅볼'이라는 말이 나올 만큼 투심 패스트볼의 무브먼트가 돋보였다. 새로 던지기 시작한 너클커브도 평가가 좋다.

기본기록

연도	경기	선발	QS	승	패	세이브	BS	홀드	이닝	피안타	피홈런	4사구	삼진	피안타율	WHIP	피 OPS	ERA	WAR
2022	-	-	-	-	-	-	-	-	-	-	-	-	-	-	-	-	-	-
2023	-	-	-	-	-	-	-	-	-	-	-	-	-	-	-	-	-	-
2024	7	0	0	0	0	0	0	0	6.1	8	0	3	2	0.320	1.74	0.739	5.68	-0.07
통산	7	0	0	0	0	0	0	0	6.1	8	0	3	2	0.320	1.74	0.739	5.68	-0.07

김시훈

21

포지션	P	투타	우투우타	신장	188	체중	95
연봉	11000-13000			지명순위	18 NC 1차		
생년월일	1999-02-24			학교	양덕초-마산동중-마산고		

한 뼘 더 성장이 필요한 마산의 아들

2022시즌 혜성같이 등장한 우완 정통파. 마산고 출신으로 지역 팬들의 더 많은 관심을 받았다. 데뷔 시즌 이후 지난 2년간 성적은 아쉬움이 없지 않았다. 불펜과 선발 어느 곳에서도 확실한 존재감을 보이지 못한 게 고민. 올해는 불펜 필승조로 다시 나선다.

기본기록

연도	경기	선발	QS	승	패	세이브	BS	홀드	이닝	피안타	피홈런	4사구	삼진	피안타율	WHIP	피 OPS	ERA	WAR
2022	59	7	1	4	5	0	2	11	83.1	75	7	43	79	0.240	1.42	0.678	3.24	2.25
2023	61	0	0	4	3	3	3	12	52.2	57	3	34	49	0.278	1.73	0.762	4.44	0.15
2024	39	18	3	3	4	0	0	5	107.1	110	7	59	74	0.269	1.57	0.747	4.53	2.31
통산	159	25	4	11	12	3	5	28	243.1	242	17	136	202	0.261	1.55	0.727	4.07	4.71

김영규

17

포지션	P	투타	좌투좌타	신장	188	체중	86
연봉	22500-20000			지명순위	18 NC 2차 8라운드 79순위		
생년월일	2000-02-10			학교	광주서석초-무등중-광주제일고		

올해도 불펜, 아쉬움 삼킨 공룡 좌완

염원하던 선발 복귀가 2년째 무산됐다. 하필이면 한창 몸을 만들어야 할 비시즌에 부상이다. 어깨 염증 회복세가 더디다는 게 모두의 고민. 키 188㎝의 높은 타점에서 뿌리는 직구와 슬라이더 조합이 일품. 좌우 상대를 가리지 않는 최상급 셋업맨.

기본기록

연도	경기	선발	QS	승	패	세이브	BS	홀드	이닝	피안타	피홈런	4사구	삼진	피안타율	WHIP	피 OPS	ERA	WAR
2022	72	0	0	2	7	1	6	13	66	56	5	22	46	0.242	1.18	0.683	3.41	1.43
2023	63	0	0	2	4	0	2	24	61.2	45	2	23	48	0.205	1.10	0.587	3.06	1.42
2024	42	0	0	4	2	1	1	14	45.2	40	3	14	48	0.244	1.18	0.627	3.15	1.74
통산	264	31	7	20	22	2	9	59	371	375	39	132	285	0.266	1.37	0.727	4.37	6.24

김재열

32

포지션	P	투타	우투우타	신장	183	체중	97
연봉	6000-12000			지명순위	14 롯데 2차 7라운드 71순위		
생년월일	1996-01-02			학교	양정초-개성중-부산고		

사회인 야구의 유튜브 스타, 이제는 KBO 올스타

지난해 2차 드래프트 최대 성공 사례 중 1명. NC 입단 이후 주무기 포크볼 위력을 극대화하면서 제대로 대박을 쳤다. 한때 사회인 야구 경기까지 나갔던 그가 지난해는 불펜 필승조로 활약하며 올스타까지 뽑혔다. 올 시즌도 NC 뒷문의 한 축을 맡는다.

기본기록

연도	경기	선발	QS	승	패	세이브	BS	홀드	이닝	피안타	피홈런	4사구	삼진	피안타율	WHIP	피 OPS	ERA	WAR
2022	47	0	0	1	2	1	1	5	43	45	5	22	36	0.269	1.56	0.797	6.07	-0.32
2023	9	0	0	0	0	0	0	0	11.2	20	2	13	9	0.364	2.83	1.053	13.11	-0.76
2024	69	0	0	1	5	2	4	12	68.2	58	4	29	67	0.233	1.27	0.660	2.49	2.42
통산	163	0	0	3	8	3	5	19	173.1	174	18	94	143	0.262	1.55	0.769	4.83	1.60

김진호

포지션	P	투타	우투우타	신장	183	체중	90
연봉	6500-5000			지명순위	17 NC 2차 2라운드 18순위		
생년월일	1998-06-07			학교	부곡초-성일중-광주동성고		

돌아온 대표 미남

150㎞ 불꽃 포심을 던지던 NC의 대표 미남 투수. 2023년 5월 이후 부상으로 1년 4개월을 쉬었다. 어깨 통증으로 이탈했고, 재활 중 팔꿈치 인대를 다쳐 수술까지 받았다. 인고의 시간을 뒤로 하고 의욕적으로 새 시즌을 맞는다. 갈아 끼운 인대로 더 강한 공을 던지겠다는 각오.

기본기록																	
연도	경기	선발	QS	승	패	세이브	BS	홀드	이닝	피안타	피홈런	4사구	삼진	피안타율	WHIP	피 OPS	ERA	WAR
2022	36	0	0	4	0	1	0	0	42.2	53	7	20	35	0.312	1.71	0.854	6.12	-0.40
2023	19	0	0	2	1	0	1	9	16.1	15	0	10	22	0.242	1.53	0.630	2.76	0.53
2024	2	0	0	0	0	0	0	0	2.1	3	0	2	3	0.333	2.14	0.788	7.71	0.00
통산	61	4	0	6	3	1	1	9	72.2	87	12	43	68	0.300	1.79	0.845	6.07	-0.05

김태경

포지션	P	투타	우투우타	신장	188	체중	95
연봉	5000-5000			지명순위	20 NC 1차		
생년월일	2001-04-07			학교	김해삼성초-김해내동중-용마고		

돌아온 기대주, 신고식은 언제쯤

2022년 선발과 불펜을 오가며 평균자책점 3.25. 가능성만 남기고 상무 입대했던 그가 돌아온다. 이호준 감독이 점찍은 선발 후보 중 1명. 신민혁과 같은 팔꿈치 뼛조각 제거 수술을 받았다. 회복세가 생각보다 늦은 게 고민.

기본기록																	
연도	경기	선발	QS	승	패	세이브	BS	홀드	이닝	피안타	피홈런	4사구	삼진	피안타율	WHIP	피 OPS	ERA	WAR
2022	16	7	0	3	2	0	0	1	44.1	36	4	21	31	0.217	1.29	0.646	3.25	1.48
2023	-	-	-	-	-	-	-	-	-	-	-	-	-	-	-	-	-	-
2024	-	-	-	-	-	-	-	-	-	-	-	-	-	-	-	-	-	-
통산	24	10	0	3	2	0	0	1	60.1	47	5	31	42	0.211	1.29	0.645	3.58	1.85

로건

12

포지션	P	투타	좌투좌타	신장	186	체중	105
연봉	$560,000			지명순위	25 NC 자유선발		
생년월일	1997-05-23			학교	IMG Academy		

페디, 하트? 둘이 합치면 더 강하다

우완 정통파 라일리 톰슨과 정반대. 다양한 구종이 돋보이는 좌완 피네스 피처. 잘만 하면 환상의 조합이 완성된다. 드류 루친스키부터 에릭 페디, 카일 하트까지 줄줄이 히트작을 선보였던 NC. 그러나 투수 2명이 모두 잘한 사례는 드물다. 로건 + 라일리 〉 페디, 하트를 꿈꾼다.

기본기록

연도	경기	선발	QS	승	패	세이브	BS	홀드	이닝	피안타	피홈런	4사구	삼진	피안타율	WHIP	피 OPS	ERA	WAR
2022	-	-	-	-	-	-	-	-	-	-	-	-	-	-	-	-	-	-
2023	-	-	-	-	-	-	-	-	-	-	-	-	-	-	-	-	-	-
2024	-	-	-	-	-	-	-	-	-	-	-	-	-	-	-	-	-	-
통산	-	-	-	-	-	-	-	-	-	-	-	-	-	-	-	-	-	-

류진욱

41

포지션	P	투타	우투우타	신장	189	체중	88
연봉	16500-13500			지명순위	15 NC 2차 2라운드 21순위		
생년월일	1996-10-10			학교	양정초-개성중-부산고		

홀수해 호투, 짝수해 부진... 그렇다면 올해는

지난해 NC의 숱한 악재 중 하나가 류진욱의 예상 못 한 부진이었다. 팔꿈치 통증으로 시즌 내내 1·2군을 오갔고, 42.1이닝 평균자책점 5.74라는 초라한 성적만 남겼다. 반등이 절실한 2025시즌. 지난해 부진에도 사령탑은 그를 새 시즌 마무리로 낙점했다. 피OPS 0.499, 2023년의 구위를 되찾는 게 무조건적인 과제다.

기본기록

연도	경기	선발	QS	승	패	세이브	BS	홀드	이닝	피안타	피홈런	4사구	삼진	피안타율	WHIP	피 OPS	ERA	WAR
2022	51	0	0	4	2	0	0	4	46.1	48	2	31	37	0.274	1.71	0.748	4.86	-0.06
2023	70	0	0	1	4	0	1	22	67	41	1	32	62	0.180	1.09	0.499	2.15	2.72
2024	50	0	0	2	1	0	1	10	42.1	52	4	19	37	0.308	1.68	0.806	5.74	-0.03
통산	218	0	0	8	7	1	2	43	202	185	10	105	170	0.247	1.44	0.671	3.56	3.66

신영우

포지션	P	투타	우투우타	신장	182	체중	84
연봉	3000-3000			지명순위	23 NC 1라운드 4순위		
생년월일	2004-04-21			학교	센텀중-경남고		

터지면 화력은 확실하다

좋은 쪽으로도 나쁜 쪽으로도 임팩트가 대단하다. 최고 구속 155㎞, 2600RPM의 포심 구위는 리그 전체에서도 손에 꼽힌다. 그럼에도 1군에서 오래 버티지 못한 건 9.1이닝 동안 볼넷만 15개를 내줬기 때문. 퓨처스 리그 기준 매년 볼넷 수치가 나아지고 있다는 건 긍정적. 호주 리그 파견으로 경험치도 쌓았다.

기본기록

연도	경기	선발	QS	승	패	세이브	BS	홀드	이닝	피안타	피홈런	4사구	삼진	피안타율	WHIP	피 OPS	ERA	WAR
2022	-	-	-	-	-	-	-	-	-	-	-	-	-	-	-	-	-	-
2023	-	-	-	-	-	-	-	-	-	-	-	-	-	-	-	-	-	-
2024	4	2	0	0	1	0	0	0	9.1	9	0	15	6	0.290	2.57	0.907	10.61	-0.13
통산	4	2	0	0	1	0	0	0	9.1	9	0	15	6	0.290	2.57	0.907	10.61	-0.13

이용찬

포지션	P	투타	우투우타	신장	185	체중	85
연봉	40000-20000			지명순위	07 두산 1차 1순위		
생년월일	1989-01-02			학교	신원초-양천중-장충고		

극적인 잔류, 그의 카리스마가 필요한 시즌

스프링 캠프 개장 하루를 남기고 극적인 잔류 계약. 5년 만의 선발 복귀인데 책임이 무겁다. 신민혁, 이재학, 김태경 등 부상 회복 중인 토종 선발들이 시즌 초 제 컨디션일지 장담하기 어렵기 때문. '투수조 두목' 이용찬의 카리스마는 겉으로 드러나지 않는 전력 요소.

기본기록

연도	경기	선발	QS	승	패	세이브	BS	홀드	이닝	피안타	피홈런	4사구	삼진	피안타율	WHIP	피 OPS	ERA	WAR
2022	59	0	0	3	3	22	4	0	60.2	56	3	13	61	0.238	1.14	0.597	2.08	2.41
2023	60	0	0	4	4	29	6	0	61	53	5	19	51	0.233	1.18	0.635	4.13	1.22
2024	57	0	0	3	9	16	4	2	54.1	82	6	21	49	0.353	1.90	0.952	6.13	-1.14
통산	557	102	55	64	69	173	36	9	1052.2	1095	84	351	814	0.271	1.37	0.724	3.85	22.55

이재학

51

포지션	P	투타	우언우타	신장	181	체중	84
연봉	20000-18000			지명순위	10 두산 2라운드 10순위		
생년월일	1990-10-04			학교	옥산초-경복중-대구고		

NC 마운드 산 증인, 올해는 부진 털까

공룡 군단의 원조 토종 에이스. NC 1군 원년인 2013년 신인왕으로 출발해 산전수전 다 겪은 프로 16년 차 베테랑. 창단 첫 승, 첫 완봉, 첫 토종 10승에 팀 통산 최다승까지. 투수 관련 어지간한 프랜차이즈 기록은 다 가졌다. KBO 역대 3번째 사이드암 통산 100승까지 이제 딱 15걸음.

기본기록

연도	경기	선발	QS	승	패	세이브	BS	홀드	이닝	피안타	피홈런	4사구	삼진	피안타율	WHIP	피 OPS	ERA	WAR
2022	26	17	5	3	8	0	0	0	91	75	5	54	72	0.224	1.42	0.664	4.75	1.05
2023	15	13	5	5	5	0	0	0	67.1	55	6	33	43	0.223	1.31	0.655	4.54	1.26
2024	21	21	7	3	12	0	0	0	104.1	108	17	42	97	0.266	1.44	0.812	5.52	1.45
통산	306	262	92	85	88	1	0	1	1425.1	1400	164	609	1205	0.258	1.41	0.744	4.60	31.08

임상현

28

포지션	P	투타	우투우타	신장	184	체중	89
연봉	3000-3700			지명순위	24 NC 2라운드 15순위		
생년월일	2005-07-16			학교	김천시리틀-김천신일초-구미중-상원고		

NC의 멘털 천재, 이제는 성적으로 말한다

프로 2년 차를 맞는 NC의 '멘털 천재'. 2024 드래프트 직후 투수로서 이상적인 마인드를 갖췄다는 내부 평가를 받았다. 7차례 선발 포함 12차례 등판에서도 기록은 좋지 않았지만, 마운드 위에서 움츠러들지 않는 패기로 긍정적인 인상을 남겼다. 올 시즌 사령탑이 주목하는 '투수 4인방' 중 1명.

기본기록

연도	경기	선발	QS	승	패	세이브	BS	홀드	이닝	피안타	피홈런	4사구	삼진	피안타율	WHIP	피 OPS	ERA	WAR
2022	-	-	-	-	-	-	-	-	-	-	-	-	-	-	-	-	-	-
2023	-	-	-	-	-	-	-	-	-	-	-	-	-	-	-	-	-	-
2024	12	7	1	1	5	0	0	0	40.1	46	5	23	21	0.303	1.71	0.879	6.47	-0.03
통산	12	7	1	1	5	0	0	0	40.1	46	5	23	21	0.303	1.71	0.879	6.47	-0.03

임정호

13

포지션	P	투타	좌투좌타	신장	188	체중	90
연봉	13500-20000			지명순위	13 NC 3라운드 30순위		
생년월일	1990-04-16			학교	성동초-잠신중-신일고-성균관대		

'원클럽맨'으로 향하는 NC의 '좌승사자'

NC 뒷문을 책임졌던 '단디스틱 4' 중 홀로 남은 원년 멤버. 리그에서 좌타자들이 가장 까다로워하는 투수 중 1명. NC 내부 FA 3인방 중 가장 빠르게 잔류 도장을 찍었다. 그만큼 팀 내 역할이 크다는 이야기. 본인도 다른 팀의 더 나은 조건을 마다하고 '원클럽맨'의 길을 택했다.

기본기록

연도	경기	선발	QS	승	패	세이브	BS	홀드	이닝	피안타	피홈런	4사구	삼진	피안타율	WHIP	피 OPS	ERA	WAR
2022	33	0	0	1	2	0	0	6	25	21	1	7	30	0.221	1.12	0.593	3.24	0.34
2023	65	0	0	4	4	0	4	15	50	51	3	17	49	0.264	1.36	0.704	4.68	0.44
2024	65	0	0	1	6	2	2	9	55	54	3	25	46	0.263	1.44	0.703	4.42	0.85
통산	479	0	0	11	22	3	6	92	312	284	17	148	309	0.246	1.38	0.674	4.33	5.64

최성영

26

포지션	P	투타	좌투좌타	신장	180	체중	85
연봉	8300-8000			지명순위	16 NC 2차 2라운드 13순위		
생년월일	1997-04-28			학교	영랑초-설악중-설악고		

NC 마운드의 윤활유, 열심히 기름칠하자

불펜과 선발을 가리지 않는 NC의 전천후 좌완. 부드러운 인상이지만, 내면은 강원도 상남자다. 2023년 타구에 안면을 맞는 대형 사고를 당했지만, 훌훌 털고 돌아왔다. 물음표 많은 2025시즌 NC 마운드, 올해도 할 일이 많다.

기본기록

연도	경기	선발	QS	승	패	세이브	BS	홀드	이닝	피안타	피홈런	4사구	삼진	피안타율	WHIP	피 OPS	ERA	WAR
2022	-	-	-	-	-	-	-	-	-	-	-	-	-	-	-	-	-	-
2023	18	13	1	5	4	0	0	0	66.2	77	6	32	38	0.304	1.64	0.836	4.86	1.08
2024	24	4	1	2	0	1	0	1	46.2	65	7	17	29	0.330	1.76	0.863	5.79	-0.05
통산	124	53	7	15	11	2	0	3	336.2	379	44	167	225	0.289	1.62	0.824	5.29	4.27

한재승

55

포지션	P	투타	우투우타	신장	180	체중	90
연봉	3400-7500			지명순위	21 NC 2차 4라운드 36순위		
생년월일	2001-11-21			학교	동막초-상인천중-인천고		

엔팍에 가면 마동석이 돌덩이를 던진다

두꺼운 상체 근육으로 강렬한 비주얼을 자랑한다. '엔팍 마동석'이라는 찰떡같은 별명이 붙었다. 시속 150㎞ 포심 구위도 체격만큼이나 살벌하다. 2023년 겨울 호주 리그 파견 이후 몰라보게 성장했다는 평가. 지난해 불펜에서 활약을 인정받아 팀 내 최고 121% 연봉 인상률을 기록했다.

기본기록																
연도	경기	선발	QS	승	패	세이브	BS	홀드	이닝	피안타	피홈런	4사구	삼진	피안타율	WHIP	피 OPS	ERA	WAR
2022	12	0	0	0	0	0	0	2	10.2	13	0	10	11	0.310	2.16	0.801	2.53	0.04
2023	11	0	0	0	1	0	0	0	9.2	9	2	5	10	0.231	1.45	0.728	4.66	0.00
2024	51	0	0	1	2	0	3	6	45.1	37	2	27	44	0.222	1.41	0.646	3.97	0.88
통산	74	0	0	1	3	0	3	8	65.2	59	4	42	65	0.238	1.54	0.687	3.84	0.92

김범준

66

포지션	LF	투타	우투우타	신장	183	체중	90
연봉	3000-3000			지명순위	19 NC 2차 5라운드 47순위		
생년월일	2000-04-20			학교	대현초-제일중-대구고		

수비? 못해도 괜찮아, 담장만 넘겨다오

한재환, 송승환과 함께 이호준 감독이 지목한 '한방잡이' 3인방 중 1명. 투손 캠프에서도 원 없이 방망이를 돌렸다. 장타 '스페셜리스트'로 활약해 달라는 게 새 사령탑의 주문이다. 지난해 1군 데뷔해 5타석에서 삼진만 2개를 당했지만, 하위타선에서 혹은 대타로 충분히 한 방 날릴 수 있다는 기대를 받고 있다.

기본기록																
연도	경기	타석	타수	안타	2루타	3루타	홈런	타점	득점	볼넷	사구	삼진	도루	타율	출루율	장타율	OPS	WAR
2022	-	-	-	-	-	-	-	-	-	-	-	-	-	-	-	-	-	-
2023	0	0	0	0	0	0	0	0	0	0	0	0	0	-	-	-	-	0
2024	5	5	5	0	0	0	0	0	0	0	0	2	0	0.000	0.000	0.000	0.000	-0.15
통산	5	5	5	0	0	0	0	0	0	0	0	2	0	0.000	0.000	0.000	0.000	-0.15

김성욱

38

포지션	CF	투타	우투우타	신장	181	체중	83
연봉	9500-10000			지명순위	12 NC 3라운드 32순위		
생년월일	1993-05-01			학교	서림초-충장중-진흥고		

한 방 임팩트는 최고, 조금만 더 꾸준하다면

중견수 수비는 팀 내 최고. FA 김성욱이 남으면서 NC도 백업 외야수 고민을 덜었다. 타격 생산성은 아쉽지만 결정적인 순간 한 방을 때릴 줄 안다. 2023년 준PO SSG 로에니스 엘리아스에게 때린 결승 투런은 인생 하이라이트. 지난해 류현진에게 KBO 복귀 첫 피홈런을 안긴 것도 그였다.

기본기록

연도	경기	타석	타수	안타	2루타	3루타	홈런	타점	득점	볼넷	사구	삼진	도루	타율	출루율	장타율	OPS	WAR
2022	-	-	-	-	-	-	-	-	-	-	-	-	-	-	-	-	-	-
2023	93	204	179	40	10	0	6	16	28	16	5	63	6	0.223	0.303	0.380	0.683	0.34
2024	129	412	358	73	8	2	17	60	55	31	15	79	10	0.204	0.291	0.380	0.671	-0.37
통산	962	2461	2165	515	93	12	78	293	360	196	44	501	64	0.238	0.311	0.400	0.711	5.02

김한별

68

포지션	SS	투타	우투우타	신장	177	체중	85
연봉	3800-3800			지명순위	20 NC 2차 7라운드 61순위		
생년월일	2001-01-18			학교	효제초-선린중-배재고		

NC '스페셜리스트' 야구의 대명사

이호준 감독이 예고한 대로 스프링 캠프 내내 단내 나도록 수비 훈련에 매진다. 도태훈과 함께 내야 백업 자리를 두고 경쟁할 전망. '수비 스페셜리스트'로 확실한 자기 장점을 증명할 수 있어야 1군 경쟁도 이겨낼 수 있다.

기본기록

연도	경기	타석	타수	안타	2루타	3루타	홈런	타점	득점	볼넷	사구	삼진	도루	타율	출루율	장타율	OPS	WAR
2022	24	23	21	2	0	0	0	0	0	0	0	6	0	0.095	0.095	0.095	0.190	-0.31
2023	79	105	97	21	0	1	0	4	8	4	2	23	0	0.216	0.262	0.237	0.499	-0.51
2024	40	50	44	14	1	0	0	3	8	2	4	9	0	0.318	0.400	0.341	0.741	-0.23
통산	143	178	162	37	1	1	0	7	16	6	6	38	0	0.228	0.282	0.247	0.529	-0.80

김형준

25

포지션	C	투타	우투우타	신장	187	체중	98
연봉	5800-11000		지명순위	18 NC 2차 1라운드 9순위			
생년월일	1999-11-02		학교	가동초-세광중-세광고			

20대 포수 대표 기수

강견에 일발 장타, 낮은 타율까지. 안경만 씌우면 어느 만화에 나오는 '포수 친구' 그 자체. 김주원과 함께 NC의 현재와 미래를 책임질 핵심 자원이다. 유격수와 포수 자리에 20대 국가대표가 포진하고 있다는 것 자체가 축복. 다만 올해도 타율 2할이 안 된다면 곤란하다.

기본기록																		

연도	경기	타석	타수	안타	2루타	3루타	홈런	타점	득점	볼넷	사구	삼진	도루	타율	출루율	장타율	OPS	WAR
2022	-	-	-	-	-	-	-	-	-	-	-	-	-	-	-	-	-	-
2023	26	82	72	17	2	0	6	13	10	8	1	24	0	0.236	0.321	0.514	0.835	0.90
2024	119	414	354	69	12	0	17	50	39	45	2	144	0	0.195	0.285	0.373	0.658	0.50
통산	304	786	686	145	21	0	28	85	80	78	4	245	0	0.211	0.293	0.364	0.657	0.83

도태훈

16

포지션	3B	투타	우투좌타	신장	184	체중	85
연봉	8000-8000		지명순위	16 NC 육성선수			
생년월일	1993-03-18		학교	양정초-개성중-부산고-동의대			

NC의 만능 백업, 타석에서도 활약을 부탁해

내야 전 포지션을 소화할 수 있고 좌타 이점까지 갖췄다. 팀에 꼭 필요한 유틸리티 플레이어. 지난해도 단 1차례 엔트리 말소 없이 1군에서 활약했다. 2023년 쏠쏠했던 타격에서 활약이 보이지 않았다는 건 아쉬운 대목. 내야 백업 1순위 자리를 놓고 김한별과 치열하게 경쟁할 전망.

기본기록																		

연도	경기	타석	타수	안타	2루타	3루타	홈런	타점	득점	볼넷	사구	삼진	도루	타율	출루율	장타율	OPS	WAR
2022	91	163	139	30	7	0	2	13	18	13	1	23	0	0.216	0.282	0.309	0.591	0.31
2023	117	302	239	56	6	0	5	23	41	38	17	48	2	0.234	0.376	0.322	0.698	2.38
2024	100	181	145	31	4	0	0	15	20	24	6	29	1	0.214	0.345	0.241	0.586	0.48
통산	460	835	688	149	19	0	10	70	98	92	31	131	4	0.217	0.333	0.288	0.621	1.41

박세혁

10

포지션	C	투타	우투좌타	신장	181	체중	86
연봉	70000-60000			지명순위	12 두산 5라운드 47순위		
생년월일	1990-01-09			학교	수유초-신일중-신일고-고려대		

NC에서 3년째, 이대로 물러날 수 없는 베테랑

'오버페이' 논란을 온전히 털어내지 못한 채 4년 FA 계약의 반환점을 맞았다. 2021년 안면 사구, 2023년 백스윙 헤드샷 등 불의의 부상이 야속하지만 이제는 지나간 일. 강인권 전 감독이 2번 타자로 생각할 만큼 맞히는 데 능력이 있다. 타구질 개선이 과제.

기본기록																	
연도	경기	타석	타수	안타	2루타	3루타	홈런	타점	득점	볼넷	사구	삼진	도루	타율	출루율	장타율	OPS	WAR
2022	128	402	351	87	13	1	3	41	33	33	6	71	2	0.248	0.32	0.316	0.636	1.76
2023	88	283	242	51	9	3	6	32	35	30	4	43	1	0.211	0.307	0.347	0.654	0.88
2024	82	171	148	39	9	0	1	10	21	14	3	43	4	0.264	0.337	0.345	0.682	0.59
통산	952	2732	2354	598	109	16	31	301	328	235	49	463	33	0.254	0.331	0.353	0.684	12.17

박시원

53

포지션	LF	투타	우투좌타	신장	185	체중	85
연봉	3000-4400			지명순위	20 NC 2차 2라운드 11순위		
생년월일	2001-05-30			학교	광주서림초-광주동성중-광주제일고		

기대치는 여전, 이제는 보여줄 때

고교 시절 '5툴 외야수'로 KIA 정해영과 함께 호남 팜 최대어로 꼽혔다. 막상 프로에선 별다른 실적이 없다. 사실상 1군 데뷔 시즌인 지난해도 공수 모두 어정쩡한 모습. 그러나 잠재력 하나는 팀 내 손꼽는 수준. 이호준 감독이 NC 타격코치 시절 가장 눈여겨봤던 유망주도 박시원이었다.

기본기록																	
연도	경기	타석	타수	안타	2루타	3루타	홈런	타점	득점	볼넷	사구	삼진	도루	타율	출루율	장타율	OPS	WAR
2022	-	-	-	-	-	-	-	-	-	-	-	-	-	-	-	-	-	-
2023	-	-	-	-	-	-	-	-	-	-	-	-	-	-	-	-	-	-
2024	55	158	141	33	5	1	2	17	17	14	0	46	3	0.234	0.301	0.326	0.627	-0.27
통산	57	160	143	33	5	1	2	17	17	14	0	46	3	0.231	0.297	0.322	0.619	-0.53

박한결

60

포지션	LF	투타	우투우타	신장	181	체중	90
연봉	3100-3500			지명순위	23 NC 2라운드 14순위		
생년월일	2004-04-26			학교	본리초-경복중-경북고		

겁 없는 21세, 입대 전 화끈하게 불태우자

'엄마한테 혼날 때' 말고는 무서운 것 없다는 패기만만한 신예. 지난 시즌 1군에서 때린 안타가 불과 12개, 그런데 그 중 홈런이 7개다. SSG 드류 앤더슨과 '빠던' 신경전도 화제가 됐다. 5월 상무 입대 가능성이 크다. 그전까지 얼마만큼 활약할 수 있을지 지켜볼 대목.

기본기록																	
연도	경기	타석	타수	안타	2루타	3루타	홈런	타점	득점	볼넷	사구	삼진	도루	타율	출루율	장타율	OPS	WAR
2022	-	-	-	-	-	-	-	-	-	-	-	-	-	-	-	-	-	-
2023	12	18	15	5	1	0	1	5	3	3	0	7	0	0.333	0.444	0.600	1.044	0.29
2024	28	71	65	12	1	0	7	14	8	6	0	29	0	0.185	0.254	0.523	0.777	-0.31
통산	40	89	80	17	2	0	8	19	11	9	0	36	0	0.213	0.292	0.538	0.830	-0.01

서호철

5

포지션	3B	투타	우투우타	신장	179	체중	85
연봉	12000-17500			지명순위	19 NC 2차 9라운드 87순위		
생년월일	1996-10-16			학교	순천남산초-순천이수중-효천고-동의대		

그라운드 위 수도승, 올해도 독하게

9라운드 지명, 퓨처스 타격왕을 거쳐 1군 주전까지 올라온 근성 가이. 수도승 같은 자기관리로 화제가 됐다. 지난해도 준수한 성적을 남겼지만, 한때 타격왕 경쟁까지 했던 2023년만큼의 임팩트는 남기지 못했다. 한 차례 더 도약이 필요한 풀타임 3년 차 시즌.

기본기록																	
연도	경기	타석	타수	안타	2루타	3루타	홈런	타점	득점	볼넷	사구	삼진	도루	타율	출루율	장타율	OPS	WAR
2022	89	214	195	40	8	0	2	14	26	12	4	41	3	0.205	0.265	0.277	0.542	-0.16
2023	114	435	397	114	17	3	5	41	50	20	8	51	4	0.287	0.331	0.383	0.714	2.85
2024	141	567	512	146	19	3	10	61	68	30	16	101	1	0.285	0.342	0.393	0.735	2.00
통산	346	1224	1112	300	44	6	17	116	144	62	28	195	8	0.270	0.323	0.366	0.689	2.87

송승환

포지션	LF	투타	우투우타	신장	183	체중	93
연봉	3500-3200			지명순위	19 두산 2차 2라운드 19순위		
생년월일	2000-10-28			학교	금천구리틀-신기초-양천중-서울고		

기회 없었던 2차 드래프티, 올해는 다를까

2차 드래프트 이적으로 활로를 찾는가 했는데 기회가 더 줄었다. 지난해 1군 기록은 5타수 1안타가 전부. 파워툴 평가는 여전히 높다. 한재환, 김범준과 함께 새 사령탑이 주목한 장타 유망주. 3명 중 1명은 터져야 한다.

기본기록																
연도	경기	타석	타수	안타	2루타	3루타	홈런	타점	득점	볼넷	사구	삼진	도루	타율	출루율	장타율	OPS	WAR
2022	11	28	28	7	1	0	1	4	3	0	0	7	0	0.250	0.250	0.393	0.643	-0.30
2023	30	76	70	16	3	1	0	4	10	4	0	16	0	0.229	0.270	0.300	0.570	0.22
2024	3	5	5	1	0	0	0	0	1	0	0	1	0	0.200	0.200	0.200	0.400	0.13
통산	46	111	105	24	4	1	1	8	14	4	0	25	0	0.229	0.257	0.314	0.571	-0.27

오영수

포지션	3B	투타	우투좌타	신장	178	체중	93
연봉	7200-5100			지명순위	18 NC 2차 2라운드 19순위		
생년월일	2000-01-30			학교	사파초-신월중-용마고		

생존경쟁 다시 도전하는 로컬보이

주전 1루수를 노리던 중 맷 데이비슨 영입으로 직격탄을 맞았다. 지난해 불과 34타석. 올해 도 1군 경쟁이 녹록지 않다. 한정된 기회를 어떻게든 살려야 할 새 시즌. 이제 25세에 장타 능력 갖춘 로컬 보이, 그의 활약을 기대하는 팬들이 여전히 적지 않다.

기본기록																
연도	경기	타석	타수	안타	2루타	3루타	홈런	타점	득점	볼넷	사구	삼진	도루	타율	출루율	장타율	OPS	WAR
2022	83	259	231	55	10	0	6	31	25	22	3	58	0	0.238	0.309	0.359	0.668	0.06
2023	70	238	208	49	9	1	4	24	21	17	5	55	3	0.236	0.305	0.346	0.651	-0.04
2024	20	34	30	6	0	0	3	5	4	2	1	6	0	0.200	0.265	0.500	0.765	0.23
통산	187	555	492	113	19	1	13	60	50	42	9	128	3	0.230	0.298	0.352	0.650	-0.88

천재환

 23

포지션	CF	투타	우투우타	신장	181	체중	83
연봉	5000→7600		지명순위	17 NC 육성선수			
생년월일	1994-04-01		학교	대전신흥초-공주중-화순고-고려대			

30세, 비로소 꽃피기 시작하다

2017년 육성선수로 입단. 지난해 손아섭, 박건우 등 외야진 잇따른 부상 공백을 메우며 타율 0.284로 톡톡히 활약했다. 펀치력이 좋고 중견수 수비까지 가능한 '30대 유망주'. 후배들과 경쟁이 만만찮다. 실력으로 증명해야 할 새 시즌.

																기본기록

연도	경기	타석	타수	안타	2루타	3루타	홈런	타점	득점	볼넷	사구	삼진	도루	타율	출루율	장타율	OPS	WAR
2022	29	36	35	5	1	0	1	1	4	0	1	11	1	0.143	0.167	0.257	0.424	-0.63
2023	78	179	163	39	7	1	2	17	12	8	4	44	2	0.239	0.288	0.331	0.619	0.31
2024	89	236	215	61	9	1	5	33	31	13	4	52	8	0.284	0.335	0.405	0.740	0.31
통산	196	451	413	105	17	2	8	51	47	21	9	107	11	0.254	0.303	0.363	0.666	-0.14

최정원

 14

포지션	2B	투타	우투좌타	신장	176	체중	70
연봉	6600→7000		지명순위	19 NC 2차 7라운드 67순위			
생년월일	2000-06-24		학교	서원초-청주중-청주고			

NC 허슬의 대명사, 악바리는 올해도 달린다

'이영민 타격상' 출신답게 콘택트 능력은 확실하고, 빠른 발에 허슬 플레이까지 돋보인다. 감독이라면 누구나 좋아할 유형. 주 포지션은 2루지만 지난해는 중견수로 더 많이 나갔다. 타구 판단 등 수비 약점을 얼마나 메우느냐가 숙제가 될 듯.

																기본기록

연도	경기	타석	타수	안타	2루타	3루타	홈런	타점	득점	볼넷	사구	삼진	도루	타율	출루율	장타율	OPS	WAR
2022	-	-	-	-	-	-	-	-	-	-	-	-	-	-	-	-	-	-
2023	39	56	50	13	3	2	0	5	12	1	3	13	4	0.260	0.315	0.400	0.715	0.47
2024	65	155	131	37	5	0	1	14	33	17	4	34	7	0.282	0.377	0.344	0.721	0.82
통산	225	497	433	121	15	5	1	29	103	43	11	100	25	0.279	0.358	0.344	0.702	2.23

한석현

33

포지션	LF	투타	좌투좌타	신장	181	체중	73
연봉	3900-3700		지명순위	14 LG 2차 5라운드 48순위			
생년월일	1994-05-17		학교	후암초-대천중-경남고			

아직 보여줄 게 남은 리그 1호 퓨처스 FA

키움 이형종과 함께 리그 '유이'한 퓨처스 FA 출신 외야수. 2군에선 약점을 찾기 어려운 타자. LG 시절이던 2020년엔 퓨처스 타격 1위도 차지했다. 1군 성적으로 좀처럼 이어지지 않는 게 고민.

													기본기록				
연도	경기	타석	타수	안타	2루타	3루타	홈런	타점	득점	볼넷	사구	삼진	도루	타율	출루율	장타율	OPS	WAR
2022	6	10	9	2	0	0	0	0	1	0	0	3	0	0.222	0.222	0.222	0.444	-0.10
2023	27	66	60	12	1	0	0	2	5	4	0	20	2	0.200	0.250	0.217	0.467	-0.18
2024	40	76	73	18	4	1	0	3	10	2	1	22	2	0.247	0.276	0.329	0.605	-0.47
통산	98	181	165	38	7	2	0	6	24	10	2	53	7	0.230	0.281	0.297	0.578	-0.77

한재환

35

포지션	3B	투타	우투우타	신장	177	체중	89
연봉	3000-3000		지명순위	20 NC 2차 8라운드 71순위			
생년월일	2001-10-19		학교	기장리틀-기장대청초-대신중-개성고			

괴력의 4연타석포, 1군에서도 보여줘

퓨처스 4연타석 홈런의 주인공. 2년 연속 팀 내 2군 홈런왕을 차지했다. 지난해 1군 데뷔해 감격의 첫 안타도 경험했다. 올해 목표는 일단 1군 첫 홈런, 나아가 두 자릿수 홈런이다. '2군 홈런왕'의 잠재력을 1군에서도 터뜨려줘야 할 시즌.

													기본기록				
연도	경기	타석	타수	안타	2루타	3루타	홈런	타점	득점	볼넷	사구	삼진	도루	타율	출루율	장타율	OPS	WAR
2022	-	-	-	-	-	-	-	-	-	-	-	-	-	-	-	-	-	-
2023	0	0	0	0	0	0	0	0	0	0	0	0	0	-	-	-	-	0
2024	7	9	9	2	1	0	0	1	1	0	0	3	0	0.222	0.222	0.333	0.555	-0.08
통산	7	9	9	2	1	0	0	1	1	0	0	3	0	0.222	0.222	0.333	0.555	-0.08

김태현 15

포지션	P	투타	좌투좌타	신장	188	체중	95
연봉	4000-3500		지명순위	17 NC 1차			
생년월일	1998-03-21		학교	삼성초-김해내동중-김해고			

연도	경기	선발	QS	승	패	세이브	BS	홀드	이닝	피안타	피홈런	4사구	삼진	피안타율	WHIP	피 OPS	ERA	WAR
2022	0	0	0	0	0	0	0	0	0	0	0	0	0	-	-	-	-	0
2023	16	0	0	1	0	0	0	0	20.1	17	4	13	14	0.224	1.48	0.765	4.43	0.10
2024	11	0	0	0	0	0	0	0	10	14	3	7	3	0.350	2.10	1.113	7.20	-0.20
통산	35	0	0	1	0	0	0	0	37	38	7	31	21	0.270	1.86	0.886	6.32	-0.38

김태훈 95

포지션	P	투타	우투우타	신장	188	체중	88
연봉	3000		지명순위	25 NC 2라운드 17순위			
생년월일	2006-10-26		학교	부평구-동인천중-소래고			

연도	경기	선발	QS	승	패	세이브	BS	홀드	이닝	피안타	피홈런	4사구	삼진	피안타율	WHIP	피 OPS	ERA	WAR
2022	-	-	-	-	-	-	-	-	-	-	-	-	-	-	-	-	-	-
2023	-	-	-	-	-	-	-	-	-	-	-	-	-	-	-	-	-	-
2024	-	-	-	-	-	-	-	-	-	-	-	-	-	-	-	-	-	-
통산	-	-	-	-	-	-	-	-	-	-	-	-	-	-	-	-	-	-

김휘건 19

포지션	P	투타	우투우타	신장	191	체중	105
연봉	3000-3000		지명순위	24 NC 1라운드 5순위			
생년월일	2005-08-27		학교	소양초-춘천중-휘문고			

연도	경기	선발	QS	승	패	세이브	BS	홀드	이닝	피안타	피홈런	4사구	삼진	피안타율	WHIP	피 OPS	ERA	WAR
2022	-	-	-	-	-	-	-	-	-	-	-	-	-	-	-	-	-	-
2023	-	-	-	-	-	-	-	-	-	-	-	-	-	-	-	-	-	-
2024	0	0	0	0	0	0	0	0	0	0	0	0	0	-	-	-	-	0
통산	-	-	-	-	-	-	-	-	-	-	-	-	-	-	-	-	-	-

목지훈 20

포지션	P	투타	우투우타	신장	181	체중	83
연봉	3000-3000		지명순위	23 NC 4라운드 34순위			
생년월일	2004-05-11		학교	효제초-청량중-신일고			

연도	경기	선발	QS	승	패	세이브	BS	홀드	이닝	피안타	피홈런	4사구	삼진	피안타율	WHIP	피 OPS	ERA	WAR
2022	-	-	-	-	-	-	-	-	-	-	-	-	-	-	-	-	-	-
2023	-	-	-	-	-	-	-	-	-	-	-	-	-	-	-	-	-	-
2024	3	3	0	0	1	0	0	0	9	15	1	10	3	0.375	2.78	1.119	12.00	-0.26
통산	3	3	0	0	1	0	0	0	9	15	1	10	3	0.375	2.78	1.119	12.00	-0.26

박주현 67

포지션	P	투타	좌투좌타	신장	184	체중	85
연봉	3000-3000		지명순위	18 KT 2차 8라운드 71순위			
생년월일	1999-08-03		학교	광명리틀-철산초-영동중-충암고			

연도	경기	선발	QS	승	패	세이브	BS	홀드	이닝	피안타	피홈런	4사구	삼진	피안타율	WHIP	피 OPS	ERA	WAR
2022	-	-	-	-	-	-	-	-	-	-	-	-	-	-	-	-	-	-
2023	0	0	0	0	0	0	0	0	0	0	0	0	0	-	-	-	-	0
2024	3	0	0	0	0	0	0	0	3	3	1	1	4	0.250	1.33	0.808	6.00	0.04
통산	3	0	0	0	0	0	0	0	3	3	1	1	4	0.250	1.33	0.808	6.00	0.04

배재환 61

포지션	P	투타	우투우타	신장	186	체중	95
연봉	6300-5500		지명순위	14 NC 2차 1라운드 1순위			
생년월일	1995-02-24		학교	가동초-잠신중-서울고			

연도	경기	선발	QS	승	패	세이브	BS	홀드	이닝	피안타	피홈런	4사구	삼진	피안타율	WHIP	피 OPS	ERA	WAR
2022	-	-	-	-	-	-	-	-	-	-	-	-	-	-	-	-	-	-
2023	0	0	0	0	0	0	0	0	0	0	0	0	0	-	-	-	-	0
2024	20	0	0	0	1	0	0	0	19.2	20	5	15	13	0.274	1.78	0.900	7.32	-0.07
통산	181	2	0	8	14	1	8	34	184	175	23	124	162	0.253	1.63	0.778	4.70	2.58

서의태 58

포지션	P	투타	좌투좌타	신장	194	체중	115
연봉	3000-3000		지명순위	16 KT 2차 3라운드 21순위			
생년월일	1997-09-05		학교	남양주리틀-묵동초-청량중-경기고			

연도	경기	선발	QS	승	패	세이브	BS	홀드	이닝	피안타	피홈런	4사구	삼진	피안타율	WHIP	피 OPS	ERA	WAR
2022	0	0	0	0	0	0	0	0	0	0	0	0	0	-	-	-	-	0
2023	0	0	0	0	0	0	0	0	0	0	0	0	0	-	-	-	-	0
2024	11	0	0	1	0	0	0	0	7.2	5	1	8	7	0.192	1.70	0.728	9.39	-0.08
통산	12	0	0	1	0	0	0	0	8.1	6	1	10	8	0.207	1.92	0.770	12.96	-0.18

소이현 50

포지션	P	투타	우투우타	신장	185	체중	93
연봉	3200-3100		지명순위	17 NC 2차 3라운드 28순위			
생년월일	1999-02-09		학교	서울이수초-서울이수중-서울디자인고			

연도	경기	선발	QS	승	패	세이브	BS	홀드	이닝	피안타	피홈런	4사구	삼진	피안타율	WHIP	피 OPS	ERA	WAR
2022	-	-	-	-	-	-	-	-	-	-	-	-	-	-	-	-	-	-
2023	-	-	-	-	-	-	-	-	-	-	-	-	-	-	-	-	-	-
2024	4	0	0	0	0	0	0	0	3.1	6	0	1	1	0.353	2.10	0.950	13.50	-0.15
통산	28	0	0	0	0	0	0	0	27.1	28	2	28	20	0.255	2.05	0.790	7.24	-0.14

손주환 46

포지션	P	투타	우투우타	신장	177	체중	85
연봉	3000-3000		지명순위	24 NC 6라운드 55순위			
생년월일	2002-01-05		학교	신정중-물금고-동아대			

연도	경기	선발	QS	승	패	세이브	BS	홀드	이닝	피안타	피홈런	4사구	삼진	피안타율	WHIP	피 OPS	ERA	WAR
2022	-	-	-	-	-	-	-	-	-	-	-	-	-	-	-	-	-	-
2023	-	-	-	-	-	-	-	-	-	-	-	-	-	-	-	-	-	-
2024	4	1	0	0	1	0	0	0	3.2	2	0	2	4	0.154	1.09	0.467	9.82	-0.03
통산	4	1	0	0	1	0	0	0	3.2	2	0	2	4	0.154	1.09	0.467	9.82	-0.03

원종해 56

포지션	P	투타	우투우타	신장	183	체중	83
연봉	3000-3000		지명순위	24 NC 7라운드 65순위			
생년월일	2005-04-09		학교	길동초-건대부중-장충고			

연도	경기	선발	QS	승	패	세이브	BS	홀드	이닝	피안타	피홈런	4사구	삼진	피안타율	WHIP	피 OPS	ERA	WAR
2022	-	-	-	-	-	-	-	-	-	-	-	-	-	-	-	-	-	-
2023	-	-	-	-	-	-	-	-	-	-	-	-	-	-	-	-	-	-
2024	-	-	-	-	-	-	-	-	-	-	-	-	-	-	-	-	-	-
통산	-	-	-	-	-	-	-	-	-	-	-	-	-	-	-	-	-	-

이세민 97

포지션	P	투타	우투우타	신장	187	체중	100
연봉	3000			지명순위	25 NC 6라운드 57순위		
생년월일	2005-08-08			학교	칠성초-경복중-상원고		

연도	경기	선발	QS	승	패	세이브	BS	홀드	이닝	피안타	피홈런	4사구	삼진	피안타율	WHIP	피 OPS	ERA	WAR
2022	-	-	-	-	-	-	-	-	-	-	-	-	-	-	-	-	-	-
2023	-	-	-	-	-	-	-	-	-	-	-	-	-	-	-	-	-	-
2024	-	-	-	-	-	-	-	-	-	-	-	-	-	-	-	-	-	-
통산	-	-	-	-	-	-	-	-	-	-	-	-	-	-	-	-	-	-

전루건 47

포지션	P	투타	우투우타	신장	185	체중	80
연봉	3200-3100			지명순위	19 두산 2차 1라운드 9순위		
생년월일	2000-06-09			학교	도신초-충암중-부천고		

연도	경기	선발	QS	승	패	세이브	BS	홀드	이닝	피안타	피홈런	4사구	삼진	피안타율	WHIP	피 OPS	ERA	WAR
2022	9	0	0	0	0	0	0	0	9.1	17	2	8	3	0.395	2.68	1.155	19.29	-0.77
2023	0	0	0	0	0	0	0	0	0	0	0	0	0	-	-	-	-	-
2024	6	0	0	0	0	0	0	0	5.2	15	0	9	0	0.556	4.24	1.334	22.24	-0.45
통산	15	0	0	0	0	0	0	0	15	32	2	17	3	0.457	3.27	1.235	20.40	-1.23

전사민   57

포지션	P	투타	우투우타	신장	194	체중	85
연봉	3400-3800			지명순위	19 NC 2차 2라운드 17순위		
생년월일	1999-07-06			학교	부산동래마린스-연서초-대신중-부산정보고		

연도	경기	선발	QS	승	패	세이브	BS	홀드	이닝	피안타	피홈런	4사구	삼진	피안타율	WHIP	피 OPS	ERA	WAR
2022	7	0	0	0	0	0	0	0	8.1	5	1	6	2	0.179	1.32	0.610	3.24	0.12
2023	9	0	0	0	2	1	0	0	17	17	1	14	6	0.288	1.82	0.790	4.76	0.10
2024	17	0	0	0	0	0	0	0	23.2	39	3	17	17	0.371	2.37	0.998	9.51	-0.45
통산	34	0	0	0	2	1	0	0	50	63	5	37	26	0.320	2.00	0.876	6.66	-0.19

최우석   48

포지션	P	투타	우투우타	신장	190	체중	90
연봉	3000-3000			지명순위	24 NC 5라운드 45순위		
생년월일	2005-03-31			학교	서흥초-동인천중-비봉고		

연도	경기	선발	QS	승	패	세이브	BS	홀드	이닝	피안타	피홈런	4사구	삼진	피안타율	WHIP	피 OPS	ERA	WAR
2022	-	-	-	-	-	-	-	-	-	-	-	-	-	-	-	-	-	-
2023	-	-	-	-	-	-	-	-	-	-	-	-	-	-	-	-	-	-
2024	9	0	0	0	0	0	0	0	8.2	7	2	6	8	0.226	1.50	0.835	3.12	0.16
통산	9	0	0	0	0	0	0	0	8.2	7	2	6	8	0.226	1.50	0.835	3.12	0.16

홍재문 96

포지션	P	투타	우투우타	신장	183	체중	95
연봉	3000			지명순위	25 NC 4라운드 37순위		
생년월일	2004-07-09			학교	우암초-청주중-청주고-동의과학대		

연도	경기	선발	QS	승	패	세이브	BS	홀드	이닝	피안타	피홈런	4사구	삼진	피안타율	WHIP	피 OPS	ERA	WAR
2022	-	-	-	-	-	-	-	-	-	-	-	-	-	-	-	-	-	-
2023	-	-	-	-	-	-	-	-	-	-	-	-	-	-	-	-	-	-
2024	-	-	-	-	-	-	-	-	-	-	-	-	-	-	-	-	-	-
통산	-	-	-	-	-	-	-	-	-	-	-	-	-	-	-	-	-	-

김세훈

9

포지션	2B	투타	우투우타	신장	174	체중	77
연봉	3000-3000			지명순위	24 NC 7라운드 61순위		
생년월일	2005-04-04			학교	경산시리틀-매호초-경운중-경북고		

연도	경기	타석	타수	안타	2루타	3루타	홈런	타점	득점	볼넷	사구	삼진	도루	타율	출루율	장타율	OPS	WAR
2022	-	-	-	-	-	-	-	-	-	-	-	-	-	-	-	-	-	-
2023	-	-	-	-	-	-	-	-	-	-	-	-	-	-	-	-	-	-
2024	7	5	4	0	0	0	0	0	0	1	0	2	0	0.000	0.200	0.000	0.200	-0.11
통산	7	5	4	0	0	0	0	0	0	1	0	2	0	0.000	0.200	0.000	0.200	-0.11

박영빈

39

포지션	CF	투타	우투좌타	신장	182	체중	88
연봉	3200-3100			지명순위	20 NC 육성선수		
생년월일	1997-07-16			학교	의정부리틀-호원초-청량중-충암고-경희대		

연도	경기	타석	타수	안타	2루타	3루타	홈런	타점	득점	볼넷	사구	삼진	도루	타율	출루율	장타율	OPS	WAR
2022	-	-	-	-	-	-	-	-	-	-	-	-	-	-	-	-	-	-
2023	41	17	14	1	1	0	0	0	11	1	0	6	4	0.071	0.133	0.143	0.276	0.13
2024	19	7	6	3	2	0	0	1	3	1	0	3	2	0.500	0.571	0.833	1.404	-0.12
통산	60	24	20	4	3	0	0	1	14	2	0	9	6	0.200	0.273	0.350	0.623	-0.06

박주찬

113

포지션	C	투타	우투우타	신장	178	체중	84
연봉	3100-3000			지명순위	19 NC 육성선수		
생년월일	1996-01-11			학교	동막초-경포중-강릉고-동아대		

연도	경기	타석	타수	안타	2루타	3루타	홈런	타점	득점	볼넷	사구	삼진	도루	타율	출루율	장타율	OPS	WAR
2022	-	-	-	-	-	-	-	-	-	-	-	-	-	-	-	-	-	-
2023	5	14	14	2	0	0	0	0	0	0	0	2	0	0.143	0.143	0.143	0.286	-0.31
2024	0	0	0	0	0	0	0	0	0	0	0	0	0	-	-	-	-	0
통산	5	14	14	2	0	0	0	0	0	0	0	2	0	0.143	0.143	0.143	0.286	-0.31

신용석

42

포지션	C	투타	우투우타	신장	181	체중	91
연봉	3000-3000			지명순위	23 NC 3라운드 24순위		
생년월일	2003-10-11			학교	양덕초-마산동중-마산고		

연도	경기	타석	타수	안타	2루타	3루타	홈런	타점	득점	볼넷	사구	삼진	도루	타율	출루율	장타율	OPS	WAR
2022	-	-	-	-	-	-	-	-	-	-	-	-	-	-	-	-	-	-
2023	0	0	0	0	0	0	0	0	0	0	0	0	0	-	-	-	-	0
2024	2	2	2	0	0	0	0	0	0	0	0	0	0	0.000	0.000	0.000	0.000	-0.10
통산	2	2	2	0	0	0	0	0	0	0	0	0	0	0.000	0.000	0.000	0.000	-0.06

안중열

1

포지션	C	투타	우투우타	신장	176	체중	87
연봉	7100-6600			지명순위	14 KT 2차 특별 15순위		
생년월일	1995-09-01			학교	가야초-개성중-부산고		

연도	경기	타석	타수	안타	2루타	3루타	홈런	타점	득점	볼넷	사구	삼진	도루	타율	출루율	장타율	OPS	WAR
2022	33	84	71	11	0	0	2	2	8	11	2	19	0	0.155	0.286	0.239	0.525	-0.19
2023	77	177	154	30	6	0	4	17	15	16	2	45	0	0.195	0.276	0.312	0.588	-0.83
2024	10	25	21	6	1	0	2	4	5	3	0	7	0	0.286	0.360	0.619	0.979	0.33
통산	490	1067	939	205	50	1	19	92	110	90	10	264	4	0.218	0.292	0.334	0.626	-0.44

장창훈

93

포지션	2B	투타	우투좌타	신장	176	체중	70
연봉	3000	지명순위	25 NC 9라운드 87순위				
생년월일	2000-05-22	학교	강남초−개군중−설악고−강릉영동대				

연도	경기	타석	타수	안타	2루타	3루타	홈런	타점	득점	볼넷	사구	삼진	도루	타율	출루율	장타율	OPS	WAR
2022	-	-	-	-	-	-	-	-	-	-	-	-	-	-	-	-	-	-
2023	-	-	-	-	-	-	-	-	-	-	-	-	-	-	-	-	-	-
2024	-	-	-	-	-	-	-	-	-	-	-	-	-	-	-	-	-	-
통산	-	-	-	-	-	-	-	-	-	-	-	-	-	-	-	-	-	-

2025시즌 육성선수

포지션	배번	투타	한글성명	생년월일	신장	체중	입단연도
투수	100	우좌	강태경	2001.7.26	188	95	2020
투수	102	우우	김녹원	2003.5.17	182	88	2022
투수	104	좌좌	김민균	2005.1.18	188	88	2024
투수	106	우우	김준원	2005.5.31	190	82	2024
투수	107	좌좌	김진우	2002.10.28	178	82	2021
투수	110	우우	노재원	2001.7.26	179	93	2023
투수	111	우양	박동수	1999.5.24	177	85	2022
투수	114	좌좌	박지한	2000.10.21	185	90	2019
투수	115	우우	서동욱	2004.2.26	177	80	2023
투수	121	우우	이준혁	2003.6.30	184	87	2022
투수	123	우우	임지민	2003.10.11	185	82	2022
투수	124	우우	임형원	2001.9.15	183	73	2020
투수	131	좌좌	최윤혁	2004.1.7	185	93	2025
투수	132	우우	홍유원	2005.5.17	188	96	2024
포수	105	우우	김정호	1998.7.13	172	84	2021
포수	117	우우	신민우	2006.8.13	181	88	2025
포수	103	우우	김동현	2002.8.30	180	88	2025
포수	109	우양	김태호	2001.2.15	178	93	2024
내야수	119	우우	안인산	2001.2.27	181	95	2020
내야수	122	우좌	이 한	2003.8.25	181	83	2022
내야수	128	우좌	조현민	2005.3.23	181	83	2024
내야수	130	우우	최보성	1998.10.16	181	88	2018
내야수	118	우우	신성호	2003.9.28	178	76	2023
내야수	129	우우	조효원	1999.3.10	180	87	2022
내야수	116	우우	서준교	2003.5.23	181	83	2022
내야수	112	우우	박인우	2001.12.14	177	80	2024
내야수	125	우우	유재현	2005.10.17	182	76	2025
내야수	126	우좌	정현창	2006.7.14	177	70	2025
외야수	120	우우	양가온솔	2006.2.24	182	79	2025
외야수	127	우우	조창연	2006.4.7	185	90	2025
외야수	101	우좌	고승완	2001.3.15	178	81	2024

돌아오라 구창모

구창모의 생일은 2월 17일
구창모의 제대일은 6월 17일

© NC 다이노스

키움 히어로즈

주요 이슈

지난 2년간 사실상 '탱킹'에 가까운 시즌 운영을 했다. 팀의 주축이라고 할 수 있던 선수들이 다 떠났다. 이정후는 샌프란시스코와 계약했고, 김혜성도 LA 다저스 유니폼을 입었다. 안우진은 팔꿈치 수술과 함께 군 복무를 택했다. 올 시즌 후반기에나 돌아올 수 있다. 지난겨울 팀 핵심 불펜 조상우마저 KIA로 트레이드했다. 대신 받은 건, 2026년 신인드래프트 1라운드, 4라운드 지명권과 현금 10억원이었다.

메이저리그 방식의 전형적인 '탱킹'이다. 한국시리즈에 진출한 다음 시즌부터 2년 연속 꼴찌를 했고 리그 유망주 풀이 크지 않은 가운데 전체 1순위는 물론 트레이드를 통해 상위 라운드 지명권을 여러 장 받아왔다. 그렇게 2년 동안 모은 선수가 여럿이다. 상위 픽은 '터질 가능성'이 분명 높지만, 모든 선수가 터지는 건 아니다. 그만큼 위험부담이 큰 전략이다.

키움은 올 시즌에도 당장의 성적보다는 육성에 초점을 맞춘다. 키움 히어로즈의 육성 전략은 투수보다는 타자에 맞춰져 있었다. 그동안 포스팅 시스템을 통해 메이저리그로 떠나보낸 선수들이 모두 타자들이었다. 김하성과 이정후, 김혜성은 히어로즈 육성 시스템의 성공사례라고 할 수 있다.

이번 시즌의 육성 전략은 타자보다는 투수 쪽으로 기울고 있다. 일본 프로야구가 최근 보여준 것처럼 수준급 투수를 육성할 수 있다면, 메이저리그에 훨씬 높은 몸값으로 진출시킬 수 있다. 야구는 선수단의 절반 정도가 투수인 종목이다.

탱킹 시즌을 거치면서 상위 라운드에서 모은 투수가 여럿이다. 2023년 트레이드 보상 픽을 포함해 1라운드에서 전준표, 김윤하를 지명했다. 리그 최하위로 1순위 픽을 갖고 있던 지난해 드래프트에서는 전체 1순위로 왼손 투수 정현우를 지명했고, 7순위로 김서준을 지명했다. 리그를 대표하는 투수로 성장할 수 있는 재목들이 여럿이다.

투수를 성장시키는데 경험은 가장 중요한 요소지만 그렇다고 무조건 이닝을 먹인다고 해서 저절로 성장하진 않는다. 키움은 젊은 투수 성장을 위해 투수들이 뛸 수 있는 공간을 열어두고, 그 과정에서 '승부의 가능성'을 더하기 위한 선택을 했다. 크리스티 매슈슨이 "이기는 경기에서는 조금 배우지만,

2024시즌 10위
58승 86패

진 경기에서는 모든 것을 배운다"고 말했다 하더라도, 매번 지기만 해서는 얻을 수 있는 게 제한된다. 젊은 투수들의 성장에는 '패기' 뿐만 아니라 '사기'도 중요하다.

이를 위해 키움은 외국인 투수를 1명만, 외국인 타자를 2명 기용하는 방식을 택했다. KBO 리그가 외국인 3명 체제를 도입한 이후 투수 1명, 타자 2명 기용은 2025시즌 키움이 최초의 일이다. 외국인 선발을 한 명 뺌으로써 국내 선발 투수의 자리가 하나 더 만들어지고, 타선의 공격력을 강화함으로써 젊은 투수의 승리 가능성을 높인다는 계산이다.

로젠버그가 1선발로 나서는 가운데 지난해 규정이닝을 채운 하영민이 있고, 박찬호의 조카 김윤하, 2025년 드래프트 전체 1순위 정현우 등이 선발진 후보로 고려된다. 손현기, 전준표 등도 선발로 성장이 기대된다.

이강준, 박주성, 김연주, 김성민 등에 이어 주승우가 버티는 필승조의 구성도 이름값이 밀릴 뿐 실제 전력에서 크게 뒤지지 않는다.

상위 타선에 야시엘 푸이그, 루벤 카디네스가 배치된다면, 상대가 느끼는 압박감은 상당할 수 있다. 타선에서 기대되는 요소들도 존재한다. 송성문은 단숨에 리그 최고 수준의 타자로 성장했다. 올 시즌 2루수로 뛰면서 타격 성적을 유지한다면, 향후 FA로 나섰을 때 최대어가 될 수 있다. 지난해 허벅지 부상과 후유증으로 다소 주춤했던 이주형도 올스타급 성장이 기대되는 선수다. 야수 전향 2년 차를 맞는 장재영의 경우 타석에서 공을 보는데 아직 어려움을 겪지만 파워는 어마어마하다.

2년 차 고영우와 신인 여동욱 등 내야진에 거는 기대도 작지 않다. 키움의 가장 큰 장점은 어린 선수들에게 과감하게 기회를 주고, 팀 분위기가 어린 선수 위주로 돌아가는 만큼 주눅 들지 않고 패기를 마음껏 발휘할 수 있다는 점이다. 이 흐름이 살아나고, 분위기를 탄다면 키움의 2025시즌 성적이 어디서 마무리될지 예상하기 쉽지 않다. 어쩌면 탱킹은 2시즌으로 충분했을지 모른다. 히어로즈의 과거가 언제나 그랬다.

순위기록

종합

	경기당 특점		경기당 실점		경기당 실책		수비효율	
키움	4.67	10위	5.53	7위	0.72	4위	0.658	3위
리그평균	5.38	9▶10	5.38	9▶7	0.76	5▶4	0.647	7▶3

	경기당 도루시도		도루성공률		경기당 희생번트		경기당 투수교체	
키움	0.6	10위	84.5	1위	0.26	9위	3.43	1위
리그평균	1.1	10▶10	74.4	1▶1	0.34	10▶9	3.90	4▶1

타격

	타율		출루율		장타율		OPS	
키움	0.264	10위	0.337	10위	0.380	10위	0.717	10위
리그평균	0.277	7▶10	0.352	9▶10	0.420	9▶10	0.772	9▶10

선발

	평균자책점		경기당 이닝		피안타율		피순장타	
키움	4.63	4위	5.25	2위	0.276	7위	57	2위
리그평균	4.77	6▶4	5.00	4▶2	0.274	3▶7	48.8	1▶2

구원

	평균자책점		경기당 이닝		피안타율		피순장타	
키움	6.02	10위	3.59	10위	0.291	9위	16	2위
리그평균	5.16	9▶10	3.91	7▶10	0.282	10▶9	19.9	9▶2

라인업

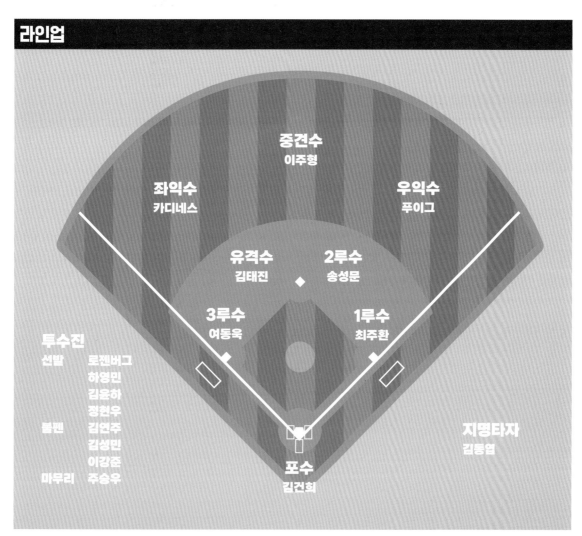

중견수
이주형

좌익수
카디네스

우익수
푸이그

유격수
김태진

2루수
송성문

3루수
여동욱

1루수
최주환

투수진
선발   로젠버그
        하영민
        김윤하
        정현우
볼펜   김연주
        김성민
        이강준
마무리 주승우

지명타자
김동엽

포수
김건희

최근 10시즌 성적

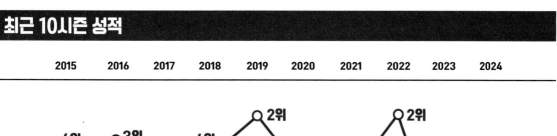

2015	2016	2017	2018	2019	2020	2021	2022	2023	2024

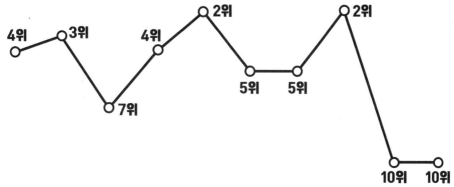

4위 3위 4위 2위 5위 5위 2위 10위 10위

7위

최상 시나리오

로젠버그가 에이스로서 상대 에이스와의 맞대결에서 크게 밀리지 않으며 5할 승부를 펼쳐주는 가운데 2선발 이후 국내 투수들의 성장 동력이 계속 쌓인다. 김윤하와 정현우는 등판 때마다 버거운 선발 상대를 만나면서도 리그 전체로부터 주목받는 투구를 이어간다. 경기 초반 실점이 나오더라도 푸이그와 카디네스의 홈런포가 나오면서 경기 흐름을 박빙으로 만든다. 주장 송성문도 안정적 2루 수비와 함께 타석에서 '푸카'를 받치는 역할을 한다. 이주형은 드디어 '이정후 투'로서 진가를 드러낸다. 출전 기회가 많지는 않지만 타석에서 보여주는 장재영의 '순장타율'은 히어로즈 팬들을 두근거리게 만든다. 시즌 후반 안우진이 복귀하면서 선발진의 무게감이 확 달라진다. 가을야구 막차를 탄 키움은 다시 '도장 깨기'를 시작한다.

최악 시나리오

실험 자체는 의미가 있지만, 모든 실험이 결과를 낳는 것은 아니다. 1선발 로젠버그는 호투를 펼치지만 상대 에이스와의 맞대결에서 어려움을 겪는다. 선발 순서를 틀어보지만, 국내 젊은 투수들의 맞대결 상대는 더욱 부담스럽다. 푸이그, 카디네스를 상대로는 좋은 공이 주어지지 않는다. 비슷한 공에 큰 스윙을 해보지만, 삼진 수만 늘어날 뿐이다. 푸이그는 허벅지로 방망이를 부러뜨리는 장면이 자주 나온다. 김윤하도, 정현우도 씩씩하게 공을 던지지만, 다른 팀 5선발로 나와 타선 도움으로 승리를 쌓은 또래들의 성적에 왠지 주눅이 든다. 바다 건너 들려오는 이정후, 김혜성의 활약 소식은 한편 즐거우면서도 마음이 무거워지게 한다. 시즌 막판, 또다시 전체 1순위 픽을 노릴 수밖에 없는 상황이 된다. 팀 활기가 떨어진다.

코칭스태프

보직	배번	투타	이름	생년월일	키(cm)	몸무게(kg)
감독	78	우우	홍원기	1973.6.5	187	95
수석	72	우우	김창현	1985.7.1	178	72
타격	73	우우	오윤	1981.9.8	186	100
수비	74	우양	문찬종	1991.3.23	182	82
작전주루	90	좌좌	박정음	1989.4.15	175	80
1루외야	76	우좌	김준완	1991.1.20	174	73
투수	88	좌좌	이승호	1976-08-23	189	91
불펜	87	우우	정찬헌	1990.1.26	186	95
배터리	89	우우	박도현	1983.4.12	183	110

감독 및 전력 포인트

홍원기 감독의 시즌 운영은 언제나 긴 호흡으로 이뤄졌다. 구단의 플랜 속에 감독의 시즌 운영이 맞아 떨어지면서 계획이 흔들리지 않았다. 선수를 당겨 쓸 수 있는 시점에서도 한 호흡 골라가며 타이밍을 늦췄다. 2023년 한국시리즈 진출을 통해 단기전 승부 능력을 증명한 가운데 2년 동안 서두르지 않은 채 사실상 탱킹 시즌을 보냈다. 이 과정에서 아주 여러 선수들의 성장 가능성을 면밀하게 체크했다. 적어도 올 시즌 불펜에서 장점을 가진 선수들이 존재하고, 이를 잘 운영할 경우 의외의 승부를 할 수 있는 조건이 만들어졌다. 외야는 사실상 고정, 내야의 재편이 필요하다. 리그를 대표하는 내야 수비수였던 홍 감독의 장점이 발휘돼야 하는 국면이다. 2루 송성문, 유격수 김태진 모두 사실상 첫 풀타임이다.

홍원기 감독

보직	배번	투타	이름	생년월일	키(cm)	몸무게(kg)
퓨처스 감독	81	좌좌	설종진	1973.6.16	177	70
퓨처스 타격	182	우우	김태완	1984.1.27	190	120
퓨처스 배터리	170	우좌	김동우	1980.4.14	176	85
퓨처스 작전주루	171	우좌	박준태	1991.7.26	182	88
퓨처스 투수	185	좌좌	오주원	1985.3.31	184	95
퓨처스 내야수비	186	우우	장영석	1990.5.14	186	98
재활/잔류군 투수	183	우우	노병오	1983.9.7	180	103
재활/잔류군 야수	177	우좌	이병규	1994.10.5	175	73

송성문

포지션	3B	투타 우투좌타	신장	183	체중	88
연봉	13000-30000	지명순위 15 넥센 2차 5라운드 49순위
생년월일	1996-08-29	학교 용산구리틀-봉천초-홍은중-장충고

24

정후도,
혜성이도 없는
히어로즈는
이제 송성문의 팀

© 키움 히어로즈

히어로즈 육성 전략의 산증인

히어로즈의 육성 전략을 공식처럼 증명해 보인 선수. 2015년 2차 5라운드 지명인데 꾸준히 성장해서 입단 10년차 시즌에 리그 최고 수준의 타자가 됐고, 프리미어 12 국가대표 주장을 맡았다. 2022년부터 주전이 됐고, 주전 3년차에 포텐이 터졌다. 타율 0.340은 리그 5위, WAR은 김도영, 로하스에 이어 리그 3위였다. 이전 시즌들과는 완전히 달라진 대변신. 고척을 홈으로 쓰면서 때린 홈런 19개도 눈에 띄지만, 한 시즌 최다도루 2개였던 선수가 28세 시즌에 21도루를 성공시켰다. 모든 면에서 대폭 업그레이드 되면서 이정후, 김혜성이 차례로 미국으로 떠난 히어로즈를 대표하는 프랜차이즈 스타로 성장했다.

프리미어 12 주장, 넘치는 에너지의 리더십

2019년 포스트시즌에서 두산을 상대로 '선 넘은' 트래시 토크 때문에 논란이 생겼고, '반성문'이라는 별명도 얻었지만 그 에너지가 긍정적으로 발현되면서 팀을 이끄는 리더십으로 업그레이드 됐다. 김혜성까지 LA 다저스로 떠난 상황에서 2025시즌 히어로즈는 송성문의 팀이다. 주 포지션이 3루였지만 올시즌 김혜성이 떠난 2루수로 변신한다. 스프링 캠프 연습경기에서 1번 타자로 주로 나섰다. 1번 송성문-2번 푸이그-3번 카디네스 등으로 이어지는 사실상의 중심타선이다. 프리미어 12 주장을 맡고는 더그아웃 연설로 '오타니 같더라'라는 반응을 얻은 적도 있다. 스탯 성장이 자신감으로 이어지면서 야구 선수로서도 멋있게 성장했다.

SIM 3루수 인간계 1등, 올해는 2루의 평화왕으로
mulderous 이렇게 밝은 선수가 잘 되는 모습을 보는 즐거움
hjkim 완장을 차면 더 잘 하는 선수. 자리가 사람을 만든다

기본기록																	
연도	경기	타석	타수	안타	2루타	3루타	홈런	타점	득점	볼넷	사구	삼진	도루	타율	출루율	장타율	OPS	WAR
2022	142	601	547	135	21	4	13	79	67	45	1	65	0	0.247	0.302	0.371	0.673	2.71
2023	104	438	388	102	16	3	5	60	43	39	0	38	1	0.263	0.325	0.358	0.683	1.95
2024	142	602	527	179	29	4	19	104	88	64	3	82	21	0.340	0.409	0.518	0.927	6.87
통산	680	2590	2315	637	107	18	54	364	307	226	6	348	26	0.275	0.337	0.407	0.744	11.41

김윤하

19

포지션	P	투타	우투우타	신장	185	체중	90
연봉	3000-4500			지명순위	24 키움 1라운드 9순위		
생년월일	2005-03-07			학교	남양주리틀-외부초-덕수중-장충고		

찬호 조카 윤하, 2년차 터질 가능성 높다

© 키움 히어로즈

키움의 2025시즌 숙제는 젊은 투수들의 성장이고, 그 맨 앞에 있는 선수다. 지난해 선발로 12경기 나와(구원 7경기) 79이닝을 소화했다. 1승 6패, 평균자책 6.04는 '잘 했다'고 보기 어렵지만, 마운드 위에서 보여준 모습은 '가능성 있다'는 걸 드러냈다. 키움이 2024 드래프트에서 1라운드 9순위로 지명한 유망주로 올시즌 더 많은 기회를 얻는다. 140㎞ 중후반의 힘있는 공도 좋지만, 그걸 자신있게 던지는 태도가 더 주목을 받는다. 박찬호의 5촌 조카로도 유명하다. 가끔 조언을 받는다고 한다. 장충고 시절 최강야구에서도 눈길을 끌었다.

SIM 장충고 독수리 5형제, 진짜 승부는 올해부터
mulderous '박찬호 조카' 타이틀을 뗄 원년이 되길
hjkim 키움은 기회의 땅이다.

기본기록																	
연도	경기	선발	QS	승	패	세이브	BS	홀드	이닝	피안타	피홈런	4사구	삼진	피안타율	WHIP	피 OPS	ERA	WAR
2022	-	-	-	-	-	-	-	-	-	-	-	-	-	-	-	-	-	-
2023	-	-	-	-	-	-	-	-	-	-	-	-	-	-	-	-	-	-
2024	19	12	4	1	6	0	0	2	79	93	6	35	43	0.296	1.62	0.805	6.04	0.54
통산	19	12	4	1	6	0	0	2	79	93	6	35	43	0.296	1.62	0.805	6.04	0.54

김태진

포지션	3B	투타	우투좌타	신장	169	체중	73
연봉	11000-9000		지명순위	14 NC 2차 4라운드 45순위			
생년월일	1995-10-07		학교	수유초-신일중-신일고			

올해는 유격수다, 2군 '4할 타자' 위용 되찾을 때

© 키움 히어로즈

2015년 2군에서 타율 '4할'을 기록하며 타격왕을 먹었다. 콘택트 능력에 기민한 움직임으로 1군에서 많은 기회를 받았지만 '주전'은 아니었다. NC, KIA, 키움을 거치면서 '내 자리'를 찾지 못했다. 1루수, 2루수, 3루수는 물론, 중견수와 좌익수로 나섰다. 지난해에는 유격수로 346이닝을 뛰었다. 한 번도 안 해 본 포지션이었지만, 올시즌에는 그 자리가 김태진의 자리가 될 가능성이 높다. OPS 0.535로 바닥을 친 공격력을 회복하는 게 급선무다. 김태진이 0.402를 기록한 이후 2군 4할은 홍창기(LG, 2017)가 유일하다.

SIM 농담인 줄 알았는데 깜짝 놀랐다… 올해가 더 기대되는 유격수 김태진

mulderous 팀이 생존할 수 있다면 변신은 무죄

hjkim 이제는 붙박이 자리를 맡아도 되지 않을까

기본기록

연도	경기	타석	타수	안타	2루타	3루타	홈런	타점	득점	볼넷	사구	삼진	도루	타율	출루율	장타율	OPS	WAR
2022	77	276	254	68	5	1	0	20	37	17	1	30	1	0.268	0.315	0.295	0.610	-0.24
2023	74	212	200	55	5	0	0	16	17	5	1	23	0	0.275	0.292	0.300	0.592	-0.73
2024	81	202	189	42	6	3	0	10	26	7	0	27	0	0.222	0.249	0.286	0.535	-0.04
통산	559	1823	1697	447	47	15	8	154	201	84	4	261	29	0.263	0.298	0.323	0.621	-0.92

이용규

15

포지션	LF	투타	좌투좌타	신장	170	체중	74
연봉	20000-20000			지명순위	04 LG 2차 2라운드 15순위		
생년월일	1985-08-26			학교	성동초-잠신중-덕수정보고		

최형우 덕분에
야수 최고령은 아직 아님

© 키움 히어로즈

극강의 선구안과 콘택트 능력으로 투수들을 괴롭히는 '악마' 스타일이다. 타석 당 투구수, 삼진을 당하지 않는 능력 등이 리그 최상급이다. 지난 시즌 8월 초 드루 앤더슨으로부터 사구를 맞았고, 발가락 골절 부상을 당하면서 시즌을 일찍 접었다. 40세 시즌을 맞는다. 방출 또는 은퇴 가능성이 제기됐지만 히어로즈는 동행을 결정했다. 연봉도 2억 원으로 동결됐다. 외국인 2명이 들어가는 키움 외야자리는 이미 만원이다. 그라운드보다는 더그아웃에서의 역할이 더 기대된다. 개인 통산 400도루에 4개만, 2,200안타에는 68개를 남겨뒀다.

SIM 8년 만의 3할 타율, 그래서 더 아쉬웠던 시즌 아웃

mulderous 감독이 의지하는 선수, 불혹에도 여전히 용규놀이를 한다

hjkim 아직 그라운드를 더 뛸 이유가 있다

<center>기본기록</center>																	
연도	경기	타석	타수	안타	2루타	3루타	홈런	타점	득점	볼넷	사구	삼진	도루	타율	출루율	장타율	OPS	WAR
2022	86	326	271	54	6	0	0	21	34	45	7	42	12	0.199	0.326	0.221	0.547	0.18
2023	50	178	154	36	0	3	0	11	19	19	1	22	2	0.234	0.318	0.273	0.591	-0.43
2024	60	227	183	56	5	2	1	12	27	31	9	33	2	0.306	0.429	0.372	0.801	1.54
통산	2021	8430	7219	2132	271	66	27	570	1206	920	132	770	396	0.295	0.383	0.362	0.745	48.29

이주형

포지션	CF	투타	우투좌타	신장	181	체중	80
연봉	6600→11000		지명순위	20 LG 2차 2라운드 13순위	
생년월일	2001-04-02		학교	해운대-센텀중-경남고	

ⓒ 키움 히어로즈

LG가 우승을 위해 트레이드 카드로 내 준 최고 재능 타자다. 파워와 콘택트 모두 잠재력이 상당하다는 평가를 받았다. 이적 직후 보여준 폭발력에 비해 지난 시즌에는 두 번의 허벅지 부상이 있다 하더라도 기대에 못 미쳤다. 13홈런에 비해 삼진율 22.2%는 지나치게 높았다. 이정후로부터 타격 밸런스에 대한 조언을 받았고, 이를 바탕으로 타격 재정립을 위해 애를 썼다. 키움 외야 2명은 외국인으로 채워졌고, 주전 중견수를 이주형이 맡는다. 지난해 겪은 어려움을 발판 삼아 올시즌 다시 제 모습을 찾을 가능성이 높다. 키움 '닥공'의 핵심자원이다.

SIM 초구 타율 0.431, 이주형의 초구 사랑은 이유가 있다
mulderous 외야의 유일한 자존심. 다치지 말자
hjkim 건강하게 풀타임을 뛰었을 때 얼마나 좋은 성적을 낼 지 궁금해지는 선수

기본기록																	
연도	경기	타석	타수	안타	2루타	3루타	홈런	타점	득점	볼넷	사구	삼진	도루	타율	출루율	장타율	OPS	WAR
2022	-	-	-	-	-	-	-	-	-	-	-	-	-	-	-	-	-	-
2023	69	243	215	70	13	4	6	36	32	19	5	53	3	0.326	0.390	0.507	0.897	2.07
2024	115	537	473	126	19	3	13	60	82	49	14	119	6	0.266	0.352	0.402	0.754	1.96
통산	198	799	704	198	32	7	19	96	117	69	20	179	11	0.281	0.361	0.428	0.789	3.96

이형종

36

포지션	RF	투타	우투우타	신장	183	체중	87
연봉	68000-60000			지명순위	08 LG 1차		
생년월일	1989-06-07			학교	화곡초-양천중-서울고		

'눈물 왕자' 시절은 이제 아득히 먼 과거

© 키움 히어로즈

2022시즌이 끝나고 퓨처스 FA로 4년 20억 원에 키움과 계약했다. 2023년에는 374타석을 소화했지만 지난해에는 35경기 밖에 나서지 못했다. ABS 도입의 최대 피해자 중 하나라는 평가도 나온다. 웅크리면서 때리는 타격 폼 때문에 키에 따른 '스트라이크 존 자동설정'과 잘 맞지 않았다. 36세 시즌을 맞는 데다, 키움 외야 주전 자리는 이미 꽉 차고 넘친다. 이용규, 최주환 등과 함께 '고참 라인'으로서 팀 분위기를 끌고가는 역할을 맡는다. 주 포지션은 지명타자가 될 가능성이 높다. 풀타임 때 좌우투 편차가 적다는 건 장점이다.

SIM 설마 이대로는 아니겠지
mulderous 퓨처스 FA의 신화. 올해는 증명할 때다
hjkim 야구에 대한 철학이 정말 대단한 선수

																	기본기록

연도	경기	타석	타수	안타	2루타	3루타	홈런	타점	득점	볼넷	사구	삼진	도루	타율	출루율	장타율	OPS	WAR
2022	26	63	53	14	3	0	0	7	3	5	1	10	0	0.264	0.323	0.321	0.644	0.34
2023	99	374	316	68	22	1	3	37	35	39	14	78	0	0.215	0.326	0.320	0.646	-0.21
2024	35	126	102	22	3	0	4	19	19	22	1	27	1	0.216	0.360	0.363	0.723	0.66
통산	758	2715	2354	634	129	6	70	310	340	255	65	494	29	0.269	0.354	0.418	0.772	11.61

장재영

포지션	CF	투타	우투우타	신장	187	체중	83
연봉	4000-4600			지명순위	21 키움 1차		
생년월일	2002-05-10			학교	갈산초–신월중–덕수고		

9억 팔에서 타자 변신, 재능은 언제 터질까

© 키움 히어로즈

입단 당시 계약금 9억 원을 받을 정도로 큰 기대를 모았지만 결국 투수로 성공하지는 못했다. 지난 시즌 초반 팔꿈치 인대 손상 판정을 받았지만 수술 대신 타자로 전향하는 방식을 택했다. 덕수고 시절에도 야수로서 재능을 인정받았다. 유격수를 원했지만, 타자 전향 시간을 줄이기 위해 구단은 외야수를 권했다. 강속구 투수였던 만큼 타석에서 파워가 확실하지만, 변화구 대처 등 경험을 통해 배워야 할 숙제가 한가득이다. 타자 전향 선배 이형종으로부터 배울 게 많다. 차근차근 경험을 쌓기 위해 겨울 동안 상무에 지원했다.

SIM 지나간 일에 미련 두지 말자
mulderous 기대 받는다는 건 행복한 일. 신중한 입대 결심 자체가 기대를 키운다
hjkim 시련의 시간들은 결국 성장으로 연결된다.

기본기록

연도	경기	타석	타수	안타	2루타	3루타	홈런	타점	득점	볼넷	사구	삼진	도루	타율	출루율	장타율	OPS	WAR
2022	-	-	-	-	-	-	-	-	-	-	-	-	-	-	-	-	-	-
2023	-	-	-	-	-	-	-	-	-	-	-	-	-	-	-	-	-	-
2024	38	139	119	20	3	0	4	13	14	17	3	64	0	0.168	0.288	0.294	0.582	-0.41
통산	39	139	119	20	3	0	4	13	14	17	3	64	0	0.168	0.288	0.294	0.582	-0.33

주승우

포지션	P	투타	우투우타	신장	180	체중 82	
연봉	3200-7700			지명순위	22 키움 1차		
생년월일	2000-01-30			학교	의정부리틀-송추초-영동중-서울고-성균관대		

이제 키움 마무리는 조질라 대신 주질라로 간다

© 키움 히어로즈

조상우가 KIA로 떠난 가운데, 히어로즈의 마무리는 주승우로 간다. '조질라' 대신 '주질라'가 뒷문을 잠근다. 대졸 드래프티로 입단 뒤 어려움을 겪었으나 지난해부터 대학시절 와일드한 투구 폼을 되찾으면서 공의 위력이 돌아왔다. 140㎞ 후반의 속구임에도 맞는 경우가 많았는데, 투심 비중을 높이면서 특유의 와일드한 투구 폼과 딱 맞아떨어졌고, 위력이 커졌다. 포심과 같은 구속으로 무브먼트가 좋아졌고, 위닝샷 포크볼이 더욱 세지는 효과도 얻었다. 연봉이 7,700만원으로 올라가며 팀내 최고 인상률(140.6%)도 기록했다.

SIM 든든한 보험, 조상우가 없다… 더 강해지자

mulderous 키움의 마르지 않는 영파워, 기대주 1호

hjkim 사령탑이 마무리 투수로 낙점한 이유가 있다

기본기록																	
연도	경기	선발	QS	승	패	세이브	BS	홀드	이닝	피안타	피홈런	4사구	삼진	피안타율	WHIP	피 OPS	ERA	WAR
2022	4	1	0	0	0	0	0	0	3.1	5	1	7	4	0.333	3.60	1.078	10.8	-0.15
2023	11	2	0	0	1	0	0	0	16	20	1	21	8	0.308	2.56	0.951	9.56	-0.21
2024	55	0	0	4	6	14	4	5	51.2	50	4	18	43	0.255	1.32	0.728	4.35	0.98
통산	70	3	0	4	7	14	4	5	71	75	6	46	55	0.272	1.70	0.807	5.83	0.61

최주환

53

포지션	1B	투타	우투좌타	신장	177	체중 73
연봉	65000-30000		지명순위	06 두산 2차 6라운드 46순위		
생년월일	1988-02-28		학교	광주학강초-광주동성중-광주동성고		

투 플러스,
원 플러스, 원.
계약은 계약일 뿐

ⓒ 키움 히어로즈

스토브리그 동안 최주환은 FA 신청을 포기하고 비 FA 다년 계약에 합의했다. 2+1+1년에 최대 12억 원을 받는 다소 묘한 계약이다. 2022년을 기점으로 타격 성적이 평균 이하로 떨어졌다. 지난해 OPS 0.715도 FA 신청은 어려운 스탯이었다. 히어로즈는 최주환의 '베테랑 능력'을 높이 평가했다. 젊은 선수들의 성장이 '팀 운영 자산'인 구단 특성상, 후배를 이끄는 역할에 많은 점수를 준다. 내야진이 싹 바뀌었다. 공을 받아주는 1루수 최주환의 역할이 더 중요해질 수밖에 없는 시즌이다. 좌투 상대 OPS 0.573은 숙제다.

SIM 시프트 제한 효과 생각만큼 못 받은 2024, 올해는?

mulderous 진정한 리더가 되어 줘

hjkim 내야 중심도 잡고, 타격도 잡고

기본기록																	
연도	경기	타석	타수	안타	2루타	3루타	홈런	타점	득점	볼넷	사구	삼진	도루	타율	출루율	장타율	OPS	WAR
2022	97	333	298	63	14	2	9	41	36	29	4	55	0	0.211	0.288	0.362	0.65	-0.39
2023	134	478	426	100	24	0	20	63	48	44	4	94	0	0.235	0.310	0.432	0.742	1.04
2024	130	544	482	124	23	1	13	84	49	47	6	92	0	0.257	0.325	0.390	0.715	0.35
통산	1398	4800	4243	1172	233	25	128	678	562	415	63	691	14	0.276	0.345	0.433	0.778	19.39

하영민

50

포지션	P	투타	우투우타	신장	183	체중	74
연봉	8000-16500		지명순위	14 넥센 2차 1라운드 4순위			
생년월일	1995-05-07		학교	수창초-진흥중-진흥고			

10년 만에 '선발 투수'가 됐다, 올해도 소년가장

© 키움 히어로즈

사실상 키움의 마운드를 홀로 지킨 국내 선발이었다. 후라도와 헤이수스가 모두 떠난 가운데 유일한 '규정이닝' 투수다. 데뷔 11년 차 시즌에 드디어 선발투수로 자리잡았고, 28경기 선발 등판으로 내구성을 증명했다. 경기당 소화 이닝이 부족하지만, 한 시즌을 끌어온 것만으로도 성공이다. 올해는 외국인투수도 한 명이고 어린 연차 투수들을 이끌어가야 한다. 속구의 위력은 떨어지지만 슬라이더와 포크는 위력적이다. 특히 포크는 규정이닝 투수 중 최고 가치를 기록했다. ABS가 1cm 낮아진 가운데 포크볼의 위력이 더 강해질 수 있다.

SIM 하영민이 흔들리면 정말 큰일인데

mulderous 나도 이제 시작인데 팀을 끌어야 하는 부담감

hjkim 류현진 상대로 판정승 거둔 그때를 기억하길

기본기록

연도	경기	선발	QS	승	패	세이브	BS	홀드	이닝	피안타	피홈런	4사구	삼진	피안타율	WHIP	피 OPS	ERA	WAR
2022	41	0	0	5	3	0	0	2	39.1	35	4	21	23	0.235	1.42	0.718	3.43	-0.73
2023	57	0	0	3	1	0	2	5	52.1	67	4	25	51	0.309	1.76	0.819	4.64	-0.70
2024	28	28	9	9	8	0	0	0	150.1	168	8	58	101	0.280	1.50	0.741	4.37	3.25
통산	206	47	14	24	21	0	3	9	429.1	514	42	190	291	0.299	1.64	0.818	5.07	3.56

김서준

59

포지션	P	투타 우투좌타	신장	187	체중	83
연봉	3000		지명순위 25 키움 1라운드 7순위			
생년월일 2006-12-22			학교	일산서구리틀-고양화정초-원당중-충훈고		

박서준 아니고, 고척돔 클라쓰

김휘집 트레이드 때 얻은 1라운드 7순위 지명권을 쓴 재목이다. 비교적 약체였던 충훈고의 독보적 에이스였다. 2군 스프링 캠프에서 시작했지만 캠프 막판 1군 캠프로 이동했다. 150 ㎞ 가까운 속구를 꽤 높은 데서 던지는 스타일이다. 히어로즈의 선발 육성 전략 핵심 자원.

기본기록

연도	경기	선발	QS	승	패	세이브	BS	홀드	이닝	피안타	피홈런	4사구	삼진	피안타율	WHIP	피 OPS	ERA	WAR
2022	-	-	-	-	-	-	-	-	-	-	-	-	-	-	-	-	-	-
2023	-	-	-	-	-	-	-	-	-	-	-	-	-	-	-	-	-	-
2024	-	-	-	-	-	-	-	-	-	-	-	-	-	-	-	-	-	-
통산	-	-	-	-	-	-	-	-	-	-	-	-	-	-	-	-	-	-

김선기

49

포지션	P	투타 우투우타	신장	186	체중	98
연봉	7000-8400		지명순위 18 넥센 2차 1라운드 8순위			
생년월일 1991-09-01			학교	석교초-세광중-세광고		

스윙맨의 역할은 고되지만 필요하다

세광고 졸업 뒤 시애틀에 입단했다 유턴해 키움에 지명됐다. 선발과 구원이 가능하지만 롱 릴리프로서의 역할에 방점이 찍힌다. 어린 선발 육성 기조 속에서 이번 시즌 역시 탠덤 또 는 5~6회 등판하는 역할을 맡을 가능성이 높다. 어느새 34세, 8시즌째를 맡는다.

기본기록

연도	경기	선발	QS	승	패	세이브	BS	홀드	이닝	피안타	피홈런	4사구	삼진	피안타율	WHIP	피 OPS	ERA	WAR
2022	26	2	0	3	1	1	1	4	36.2	39	1	19	30	0.277	1.58	0.723	5.15	0.06
2023	17	7	1	1	3	1	0	0	43.2	56	2	15	29	0.309	1.63	0.817	5.98	-0.80
2024	42	6	1	6	4	0	0	0	76.1	91	13	30	43	0.292	1.59	0.833	5.54	0.31
통산	159	28	6	16	12	2	2	8	277.2	317	29	119	176	0.286	1.57	0.792	5.51	-0.12

김성민

8

포지션	P	투타	좌투좌타	신장	181	체중	90
연봉	9000-11000			지명순위	17 SK 2차 1라운드 6순위		
생년월일	1994-04-26			학교	옥산초-경복중-상원고		

옆에서 던지는 왼손 투수는 ML서도 특별하다

구속이 빠르지 않지만, 사이드암에 가까운 독특한 딜리버리 덕분에 왼손의 장점을 크게 살리는 투구를 한다. 평균 구속 135㎞의 속구로는 보다 세밀한 제구가 필요하다. 지난 시즌 포심을 버리고 투심을 택하면서 땅볼 비율이 늘었다. 왼손 사이드암은 그 자체로 매력이 있다.

										기본기록								
연도	경기	선발	QS	승	패	세이브	BS	홀드	이닝	피안타	피홈런	4사구	삼진	피안타율	WHIP	피 OPS	ERA	WAR
2022	0	0	0	0	0	0	0	0	0	0	0	0	0	0	-	-	-	-
2023	0	0	0	0	0	0	0	0	0	0	0	0	0	0	-	-	-	-
2024	46	0	0	3	4	0	4	14	45.2	45	5	17	34	0.273	1.36	0.727	4.34	0.65
통산	247	16	3	14	11	1	8	36	308	334	30	136	249	0.279	1.53	0.770	4.47	4.20

김연주

68

포지션	P	투타	우투우타	신장	175	체중	75
연봉	3000-3800			지명순위	24 키움 3라운드 29순위		
생년월일	2004-02-27			학교	대전신흥초-충남중-세광고		

리틀 고우석, 구속도 이제 따라간다

덩치도, 투구폼도, 공격적인 스타일도 고우석을 닮았다. 세광고 시절 '리틀 고우석'으로 불렸다. 구속이 고우석만큼 나오지는 않지만 상승할 가능성이 있다. 고등학교 입학 때까지 유격수였고, 투수 성장 폭이 남았다. 올시즌 키움의 필승조 역할 가능성이 높다.

										기본기록								
연도	경기	선발	QS	승	패	세이브	BS	홀드	이닝	피안타	피홈런	4사구	삼진	피안타율	WHIP	피 OPS	ERA	WAR
2022	-	-	-	-	-	-	-	-	-	-	-	-	-	-	-	-	-	-
2023	-	-	-	-	-	-	-	-	-	-	-	-	-	-	-	-	-	-
2024	34	0	0	1	1	0	2	1	31.1	34	5	17	18	0.272	1.63	0.85	6.61	-0.11
통산	34	0	0	1	1	0	2	1	31.1	34	5	17	18	0.272	1.63	0.85	6.61	-0.11

김인범

포지션	P	투타	우투우타	신장	187	체중	91
연봉	3300-4500			지명순위	19 넥센 2차 4라운드 34순위		
생년월일	2000-01-12			학교	하남시리틀-하남동부초-전라중-전주고		

강속구의 시대, 무브먼트로 살아남는다

2019년 입단했지만 사실상 지난해가 데뷔 시즌이었다. 데뷔 후 19.2이닝 무실점은 KBO 기록이다. 키움의 선발 실험 중 한 자리를 맡아 안정적인 투구를 펼쳤다. 강속구의 시대에 무브먼트로 성공 가능성을 보였다. 기복이 있었지만, 데뷔 시즌은 누구나 어렵다.

기본기록																	
연도	경기	선발	QS	승	패	세이브	BS	홀드	이닝	피안타	피홈런	4사구	삼진	피안타율	WHIP	피 OPS	ERA	WAR
2022	0	0	0	0	0	0	0	0	0	0	0	0	0	-	-	-	-	0
2023	0	0	0	0	0	0	0	0	0	0	0	0	0	-	-	-	-	0
2024	19	14	0	2	7	0	0	0	63.1	75	9	31	27	0.294	1.67	0.825	5.40	0.79
통산	22	14	0	2	7	0	0	0	68.2	78	9	32	32	0.285	1.60	0.798	4.98	1.04

로젠버그

포지션	P	투타	좌투좌타	신장	186	체중	90
연봉	$700,000			지명순위	25 키움 자유선발		
생년월일	1998-07-09			학교	Tamalpais-Cal State Northridge		

외롭고 어깨가 무거운 외국인 1선발

올시즌 키움의 묘한 실험 핵심 멤버다. 유일한 외국인 투수로 1선발 역할을 맡는다. 다른 팀 외국인에 비해 이름값이 떨어지지만, 에이스의 책임감은 뒤지지 않는다. 팀 융화를 위해 '감독님, 형님, 팀장님' 등 한국어 호칭을 먼저 배웠다. 아시아리그에서 뛰는 건 처음이다.

기본기록																	
연도	경기	선발	QS	승	패	세이브	BS	홀드	이닝	피안타	피홈런	4사구	삼진	피안타율	WHIP	피 OPS	ERA	WAR
2022	-	-	-	-	-	-	-	-	-	-	-	-	-	-	-	-	-	-
2023	-	-	-	-	-	-	-	-	-	-	-	-	-	-	-	-	-	-
2024	-	-	-	-	-	-	-	-	-	-	-	-	-	-	-	-	-	-
통산	-	-	-	-	-	-	-	-	-	-	-	-	-	-	-	-	-	-

박주성

0

포지션	P	투타	우투우타	신장	181	체중	90
연봉	3700-3700		지명순위	19 넥센 1차			
생년월일	2000-11-09		학교	성동구리틀-경동초-건대부중-경기고			

구속 회복은 어느 순간 찾아올 수 있다.

경기고 시절 에이스였고 147㎞를 던졌다. 데뷔 후 149㎞를 기록했던 최고 구속이 계속 떨어졌다. 지난해 포심 평균 구속은 140㎞ 수준. 상무 제대 뒤 복귀해 경기 후반 안정적인 투구를 이어갔다. 필승조의 한 자리로 기대되는데, 구속이 돌아오면 더할 나위 없다.

기본기록

연도	경기	선발	QS	승	패	세이브	BS	홀드	이닝	피안타	피홈런	4사구	삼진	피안타율	WHIP	피 OPS	ERA	WAR
2022	11	0	0	1	1	0	0	0	13	11	4	7	8	0.224	1.38	0.921	5.54	-0.25
2023	-	-	-	-	-	-	0	-	-	-	-	-	-	-	-	-	-	-
2024	-	-	-	-	-	-	0	-	-	-	-	-	-	-	-	-	-	-
통산	31	0	0	1	2	0	0	0	37.1	44	6	25	22	0.289	1.85	0.854	6.03	-0.34

손현기

63

포지션	P	투타	좌투좌타	신장	188	체중	88
연봉	3000-3100		지명순위	24 키움 2라운드 19순위			
생년월일	2005-10-22		학교	순천북초-순천이수중-전주고			

이펙티브 와일드니스, 효과적 난조

188cm의 왼손 투수가 던지는 최고 구속 148㎞ 속구는 그 자체만으로도 강력한 무기다. 다만, 키 큰 왼손 투수에게 완벽한 제구는 좀처럼 허락되지 않는다. 제구가 좀 덜 되더라도 스트라이크처럼 보이기만 한다면 힘이 된다. 지난 시즌 막판 발전 가능성이 보였고, 올시즌 기대도 크다.

기본기록

연도	경기	선발	QS	승	패	세이브	BS	홀드	이닝	피안타	피홈런	4사구	삼진	피안타율	WHIP	피 OPS	ERA	WAR
2022	-	-	-	-	-	-	-	-	-	-	-	-	-	-	-	-	-	-
2023	-	-	-	-	-	-	-	-	-	-	-	-	-	-	-	-	-	-
2024	6	2	0	0	1	0	0	0	14.1	17	2	8	9	0.298	1.74	0.897	7.53	-0.11
통산	6	2	0	0	1	0	0	0	14.1	17	2	8	9	0.298	1.74	0.897	7.53	-0.11

오석주

31

포지션	P	투타	우투우타	신장	180	체중	74
연봉	4000-3900		지명순위	17 LG 2차 6라운드 52순위			
생년월일	1998-04-14		학교	양정초-대천중-제주고			

이름 비슷한 팀 선배가 롱런했다.

LG에서 7시즌 동안 27이닝 던졌는데, 지난해 키움에서 17이닝을 던졌다. 공이 빠르지 않지만 타자와의 수싸움에 능하다. 2차 드래프트에서 키움으로 이적했고 대기만성의 가능성을 보여주는 기대주. LG 시절 이대호의 커리어 마지막 타석을 유격수 뜬공으로 잡아냈다.

기본기록																		
연도	경기	선발	QS	승	패	세이브	BS	홀드	이닝	피안타	피홈런	4사구	삼진	피안타율	WHIP	피 OPS	ERA	WAR
2022	4	0	0	0	0	0	0	0	3.2	4	1	0	2	0.267	1.09	0.867	2.45	0.06
2023	9	0	0	0	0	0	0	0	10	12	2	3	11	0.293	1.50	0.829	6.30	0.00
2024	17	0	0	1	1	0	0	0	17	28	0	11	16	0.368	2.29	0.909	11.12	-0.50
통산	42	0	0	1	1	0	0	0	44	59	5	23	40	0.319	1.86	0.866	7.77	-0.46

원종현

46

포지션	P	투타	우언우타	신장	182	체중	88
연봉	50000-50000		지명순위	06 LG 2차 2라운드 11순위			
생년월일	1987-07-31		학교	중앙초-군산중-군산상고			

야구는 구속이 아니라 스토리다.

2023시즌을 앞두고 키움과 4년 25억 원에 FA 계약했다. 키움의 사상 첫 외부 FA 영입이었지만 성적이 기대에 못 미쳤다. 팔꿈치 수술을 받았고, 지난 시즌 막판 복귀했다. 대만 캠프 연습경기에 등판하며 건재를 알렸다. 대장암 극복 스토리로 잘 알려져 있다.

기본기록																		
연도	경기	선발	QS	승	패	세이브	BS	홀드	이닝	피안타	피홈런	4사구	삼진	피안타율	WHIP	피 OPS	ERA	WAR
2022	68	0	0	5	0	1	3	13	63.1	55	5	17	50	0.233	1.14	0.614	2.98	1.11
2023	20	0	0	1	1	0	4	6	18.2	24	3	5	17	0.304	1.55	0.893	5.79	-0.24
2024	4	0	0	0	0	0	0	0	3.2	4	0	3	4	0.267	1.91	0.722	4.91	0.10
통산	525	0	0	28	29	82	38	92	541.2	545	43	175	469	0.263	1.33	0.694	4.09	8.83

이강준

37

포지션	P	투타	우투우타	신장	180	체중	80
연봉	3200-3200			지명순위 20 KT 2차 3라운드 22순위			
생년월일	2001-12-14			학교	서당초-설악중-설악고		

이강철 감독이 땅을 쳤던 재능.

160㎞ 짜리 강속구를 던지는 사이드암 스로 투수다. kt에서 롯데로 트레이드 됐고, 2023년 상무 입대를 앞둔 상황에서 한현희 보상선수로 키움 유니폼을 입었다. 지난해 제대하면서 프리미어12 예비명단에도 들었다. 구속만으로도 키움 필승조 활약이 유력하다.

								기본기록									
연도	경기	선발	QS	승	패	세이브	BS	홀드	이닝	피안타	피홈런	4사구	삼진	피안타율	WHIP	피 OPS	ERA	WAR
2022	13	0	0	0	0	0	0	1	9.2	9	1	20	6	0.243	3.00	0.833	10.24	-0.15
2023	0	0	0	0	0	0	0	0	0	0	0	0	0	-	-	-	-	0
2024	0	0	0	0	0	0	0	0	0	0	0	0	0	-	-	-	-	0
통산	32	0	0	1	0	0	0	1	23.2	29	3	37	13	0.312	2.79	0.978	9.51	-0.56

장필준

18

포지션	P	투타	우투우타	신장	190	체중	90
연봉	4000-4000			지명순위 15 삼성 2차 1라운드 9순위			
생년월일	1988-04-08			학교	온양온천초-온양중-북일고		

위기가 많았고, 다 이겨냈다.

파란만장 장필준의 야구 스토리에 새 막이 열린다. 삼성의 핵심 불펜에서 차츰 밀려났고, 결국 방출된 뒤 키움 유니폼을 입었다. 지난해 1경기만 나왔지만 속구 구속은 147㎞였다. 영건 성장의 '마중물' 역할이 기대된다. 투심 비중을 높인 것이 새 가능성을 열 수도 있다.

								기본기록									
연도	경기	선발	QS	승	패	세이브	BS	홀드	이닝	피안타	피홈런	4사구	삼진	피안타율	WHIP	피 OPS	ERA	WAR
2022	19	1	0	0	3	0	0	0	30	38	1	15	17	0.322	1.77	0.87	5.70	0.02
2023	17	3	0	1	1	0	0	1	19.1	28	2	12	11	0.350	2.07	1.001	7.91	-0.38
2024	1	0	0	0	0	0	0	0	0.1	5	0	0	0	0.833	15.00	1.833	135.00	-0.16
통산	344	8	0	17	29	42	20	47	399.2	466	43	180	348	0.292	1.62	0.809	5.29	4.83

전준표

포지션	P	투타	우투우타	신장	186	체중	90
연봉	3000-3200		지명순위	24 키움 1라운드 8순위			
생년월일	2005-05-07		학교	강동구리틀–잠일초–잠신중–서울고			

프레디 프리먼도 삼진으로 잡았다

키움이 2024 드래프트에서 최원태 트레이드 때 받은 1라운드 7순위 지명권으로 뽑은 투수다. 키움이 자랑하는 영건 유망주 핵심 투수다. 지난해 LA 다저스와의 연습경기 때 프레디 프리먼을 삼진으로 잡았다. 대만 캠프 연습경기에서 151㎞를 던지며 기대감을 높였다.

기본기록																	
연도	경기	선발	QS	승	패	세이브	BS	홀드	이닝	피안타	피홈런	4사구	삼진	피안타율	WHIP	피 OPS	ERA	WAR
2022	-	-	-	-	-	-	-	-	-	-	-	-	-	-	-	-	-	-
2023	-	-	-	-	-	-	-	-	-	-	-	-	-	-	-	-	-	-
2024	18	5	0	2	4	0	0	0	27.2	35	4	20	18	0.294	1.99	0.846	6.83	-0.35
통산	18	5	0	2	4	0	0	0	27.2	35	4	20	18	0.294	1.99	0.846	6.83	-0.35

정현우

포지션	P	투타	좌투좌타	신장	181	체중	91
연봉	3000		지명순위	25 키움 1라운드 1순위			
생년월일	2006-04-13		학교	서대문구리틀–홍제초–충암중–덕수고			

류–김–양을 잇는 완성형 왼손 투수 등장

키움이 2023시즌 한화를 밀어내고 꼴찌로 받아낸 전체 1순위 지명권을 정현우에게 썼다. 10년에 한 번 나올까 말까 한 완성형 왼손 투수라는 평가를 받는다. 류–김–양의 뒤를 잇는다는 기대도 있다. 대만 캠프 첫 등판에서 흔들렸으나 두 번째 등판부터 '역시'라는 평가를 받았다.

기본기록																	
연도	경기	선발	QS	승	패	세이브	BS	홀드	이닝	피안타	피홈런	4사구	삼진	피안타율	WHIP	피 OPS	ERA	WAR
2022	-	-	-	-	-	-	-	-	-	-	-	-	-	-	-	-	-	-
2023	-	-	-	-	-	-	-	-	-	-	-	-	-	-	-	-	-	-
2024	-	-	-	-	-	-	-	-	-	-	-	-	-	-	-	-	-	-
통산	-	-	-	-	-	-	-	-	-	-	-	-	-	-	-	-	-	-

조영건

20

포지션	P	투타	우투우타	신장	180	체중	85
연봉	4000-3800		지명순위	19 넥센 2차 2라운드 14순위			
생년월일	1999-02-04		학교	대전신흥초-충남중-백송고			

박찬호 조카 아니고 조진호 조카

고교시절 유격수에서 투수로 전향했고, 프로에 와서 구속이 다소 줄었다. 기대보다 발전이 더뎠는데, 군복무 뒤 2023 복귀했고, 지난해 불펜에서 가능성을 보였다. 투수 전향이 늦은 만큼 고교시절 구속을 회복하면 쓰임새가 많아질 수 있다. 메이저리거 조진호의 조카다.

기본기록																	
연도	경기	선발	QS	승	패	세이브	BS	홀드	이닝	피안타	피홈런	4사구	삼진	피안타율	WHIP	피 OPS	ERA	WAR
2022	-	-	-	-	-	-	-	-	-	-	-	-	-	-	-	-	-	-
2023	6	0	0	0	0	0	0	1	7.2	5	0	2	7	0.200	0.91	0.499	0.00	0.39
2024	25	3	0	2	1	0	1	1	39.1	51	7	24	31	0.304	1.91	0.888	8.01	-0.55
통산	53	14	0	5	5	0	1	2	92.2	107	15	58	65	0.285	1.78	0.848	6.22	-0.10

강진성

27

포지션	RF	투타	우투우타	신장	176	체중	89
연봉	8,500-5,500		지명순위	12 NC 4라운드 33순위			
생년월일	1993-10-19		학교	가동초-잠신중-경기고			

다시 한 번 1일 1깡 기회가 왔다.

'레그킥'을 버리고 2020시즌 '1일 1깡'의 주인공이 됐다. 홈런을 12개나 때렸다. 부상 뒤 부진이 이어졌고, 두산-SSG를 거쳐 방출된 뒤 올시즌 키움 유니폼을 입고 뛴다. 키움이 모은 '방출 선수' 중 한 명이다. 최주환 백업이 가능하다. 강광회 심판의 아들.

기본기록																	
연도	경기	타석	타수	안타	2루타	3루타	홈런	타점	득점	볼넷	사구	삼진	도루	타율	출루율	장타율	OPS	WAR
2022	40	94	80	13	2	0	1	8	7	11	2	20	4	0.163	0.28	0.225	0.505	-0.34
2023	58	145	134	35	6	1	3	17	10	6	3	20	0	0.261	0.306	0.388	0.694	0.13
2024	16	31	27	5	0	0	0	2	4	3	0	5	0	0.185	0.267	0.185	0.452	-0.16
통산	476	1378	1236	325	64	2	26	155	145	88	33	200	24	0.263	0.326	0.381	0.707	0.59

고영우

44

포지션	3B	투타	우투우타	신장	173	체중	80
연봉	3000-4500			지명순위	24 키움 4라운드 39순위		
생년월일	2001-06-21			학교	부산사상구리틀-대연초-대동중-경남고-성균관대		

살아남은 신인, 주전에 도전한다.

지난 시즌 키움 신인 중 유일하게 2군에 내려가지 않았다. 타격(OPS 0.648)은 아직 부족하지만 대졸 신인으로 수비력은 준수하다는 평가를 받는다. 재편성된 키움 내야에서 유틸리티 백업 역할이 기대된다. 키움 지명전 '최강야구'로 이름을 먼저 알렸다.

기본기록																	
연도	경기	타석	타수	안타	2루타	3루타	홈런	타점	득점	볼넷	사구	삼진	도루	타율	출루율	장타율	OPS	WAR
2022	-	-	-	-	-	-	-	-	-	-	-	-	-	-	-	-	-	-
2023	-	-	-	-	-	-	-	-	-	-	-	-	-	-	-	-	-	-
2024	94	290	254	65	12	2	0	35	21	28	1	71	0	0.256	0.329	0.319	0.648	-0.59
통산	94	290	254	65	12	2	0	35	21	28	1	71	0	0.256	0.329	0.319	0.648	-0.42

김건희

12

포지션	C	투타	우투우타	신장	186	체중	96
연봉	3200-5200			지명순위	23 키움 1라운드 6순위		
생년월일	2004-11-07			학교	대전신흥초-온양중-원주고		

검색하면 맨 위에 나오는 게 목표

투수로서의 능력도 뛰어나 '한국의 오타니'로 기대를 모았지만 타자, 포수에 전념하기로 했다. 신인 시즌에는 기대에 못 미쳤으나 지난해 9홈런, 38타점을 때리며 가능성을 보였다. 포수 전념 시즌 타격이 더 나아질 수 있다. ABS 시대 공격형 포수 가치는 높아진다.

기본기록																	
연도	경기	타석	타수	안타	2루타	3루타	홈런	타점	득점	볼넷	사구	삼진	도루	타율	출루율	장타율	OPS	WAR
2022	-	-	-	-	-	-	-	-	-	-	-	-	-	-	-	-	-	-
2023	9	13	11	2	0	0	0	0	0	2	0	4	0	0.182	0.308	0.182	0.490	-0.24
2024	83	283	261	67	15	0	9	38	27	18	0	82	0	0.257	0.300	0.418	0.718	0.60
통산	92	296	272	69	15	0	9	38	27	20	0	86	0	0.254	0.301	0.408	0.709	-0.01

김동엽

38

포지션	LF	투타	우투우타	신장	186	체중	101
연봉	8000-5000		지명순위	16 SK 2차 9라운드 86순위			
생년월일	1990-07-24		학교	천안남산초-천안북중-북일고			

부활 의지가 샘솟는다.

힘이 장사고, 걸리면 넘어간다. SK에서 안 터졌고, 삼성에서 터지나 싶었지만 결국 방출됐다. 키움이 올겨울 영입한 방출 4인방 중 한 명이다. 외국인 타자 2명을 쓰는 키움 타선에 김동엽의 파워가 더해지면 해볼 만하다. 캠프에서 장타가 자주 나오며 기대감을 높였다.

기본기록

연도	경기	타석	타수	안타	2루타	3루타	홈런	타점	득점	볼넷	사구	삼진	도루	타율	출루율	장타율	OPS	WAR
2022	30	100	95	21	5	0	2	4	9	4	0	22	0	0.221	0.250	0.337	0.587	-0.42
2023	69	182	165	42	7	0	5	18	20	13	2	29	1	0.255	0.313	0.388	0.701	0.03
2024	8	21	18	2	1	0	0	2	1	1	1	5	0	0.111	0.190	0.167	0.357	-0.23
통산	657	2192	2028	543	88	2	92	316	260	114	27	435	24	0.268	0.312	0.449	0.761	0.40

김병휘

23

포지션	2B	투타	우투우타	신장	177	체중	79
연봉	3300-3500		지명순위	20 키움 2차 4라운드 37순위			
생년월일	2001-02-16		학교	효제초-홍은중-장충고			

잘생긴 야구 선수는 금상첨화

2020년 2차 4라운드로 지명됐다. 잠재력이 높다고 평가받았지만, 성장이 순조롭지는 않았다. 현역으로 군복무를 마친 뒤 2023시즌 막판 복귀했고, 지난해 28경기에 나섰다. 키움 내야에는 기회가 많다. 리그에 드문 혼혈선수로 잘생긴 이국적 외모도 관심을 끈다.

기본기록

연도	경기	타석	타수	안타	2루타	3루타	홈런	타점	득점	볼넷	사구	삼진	도루	타율	출루율	장타율	OPS	WAR
2022	-	-	-	-	-	-	-	-	-	-	-	-	-	-	-	-	-	-
2023	10	21	21	3	1	0	0	1	0	0	0	8	0	0.143	0.143	0.190	0.333	-0.26
2024	28	71	59	10	3	0	1	3	6	6	5	26	0	0.169	0.300	0.271	0.571	-0.34
통산	52	104	91	15	4	0	1	4	12	7	5	37	0	0.165	0.262	0.242	0.504	-0.43

김재현

32

포지션	C	투타	우투우타	신장	178	체중	90
연봉	5500-10000			지명순위	12 넥센 8라운드 76순위		
생년월일	1993-03-18			학교	진북초-전라중-대전고		

만화에 자주 나오는, 듬직한 포수형

시즌을 앞두고 묘한 비 FA 다년 계약에 합의했다. 6년 동안 최대 10억 원이다. 연봉은 1억 원씩, 총액 4억 원은 옵션이다. 32세 시즌, 통산 WAR이 -2.60인 선수에게 다년 계약은 묘하다. 젊은 선수들의 '버팀목'이 되어 달라는 뜻이다. 수비는 듬직하다.

기본기록

연도	경기	타석	타수	안타	2루타	3루타	홈런	타점	득점	볼넷	사구	삼진	도루	타율	출루율	장타율	OPS	WAR
2022	56	88	82	17	4	0	1	9	4	2	1	19	0	0.207	0.233	0.293	0.526	-0.40
2023	8	10	9	1	0	0	0	0	0	0	0	3	0	0.111	0.111	0.111	0.222	-0.55
2024	110	326	288	70	11	0	0	26	27	14	10	63	1	0.243	0.297	0.281	0.578	0.10
통산	518	953	851	188	36	0	7	81	76	43	22	213	1	0.221	0.274	0.288	0.562	-2.60

박수종

14

포지션	CF	투타	우투우타	신장	178	체중	82
연봉	4000-4500			지명순위	22 키움 육성선수		
생년월일	1999-02-25			학교	도신초-강남중-충암고-경성대		

야구는 스토리다. 고개 들고 앞으로.

고졸, 대졸 때 모두 드래프트 지명이 안됐고 2022년 육성선수로 키움에 입단했다. 2023시즌 후반부터 주축 외야수가 빠진 자리를 잘 메우며 주목받았다. 성실한 플레이가 강점인데 경험 부족에 따른 실수의 임팩트가 컸다. 키움 외야가 꽉 찬 가운데 백업으로 뛴다.

기본기록

연도	경기	타석	타수	안타	2루타	3루타	홈런	타점	득점	볼넷	사구	삼진	도루	타율	출루율	장타율	OPS	WAR
2022	-	-	-	-	-	-	-	-	-	-	-	-	-	-	-	-	-	-
2023	23	50	45	19	1	2	0	3	7	3	1	6	0	0.422	0.460	0.533	0.993	1.45
2024	80	148	129	33	5	1	0	6	23	13	2	17	3	0.256	0.333	0.310	0.643	0.25
통산	103	198	174	52	6	3	0	9	30	16	3	23	3	0.299	0.366	0.368	0.734	1.08

변상권

9

포지션	CF	투타	우투좌타	신장	180	체중	80
연봉	4800-5500		지명순위	18 넥센 육성선수			
생년월일	1997-04-04		학교	상인천중-제물포고-재능대			

꾸준히 기다리면 기회는 온다.

육성선수 출신으로 2022~2023시즌 상무를 거치면서 타격 성적이 향상됐다. 부드러운 스윙 메커니즘을 바탕으로 좋은 타구를 만들어낸다. 2024시즌 백업이었지만 사실상 풀타임에 가까운 1군 시즌을 보내면서 경험을 쌓았다. 외야에 빈자리가 없지만 기회가 올 수는 있다.

																	기본기록

연도	경기	타석	타수	안타	2루타	3루타	홈런	타점	득점	볼넷	사구	삼진	도루	타율	출루율	장타율	OPS	WAR
2022	-	-	-	-	-	-	-	-	-	-	-	-	-	-	-	-	-	-
2023	-	-	-	-	-	-	-	-	-	-	-	-	-	-	-	-	-	-
2024	77	232	219	55	3	1	5	21	16	11	1	51	0	0.251	0.289	0.342	0.631	0.24
통산	184	467	440	110	13	5	6	57	42	21	1	111	0	0.250	0.283	0.343	0.626	-0.18

여동욱

93

포지션	2B	투타	우투우타	신장	180	체중	90
연봉	3000		지명순위	25 키움 3라운드 27순위			
생년월일	2005-11-10		학교	남도초-경복중-상원고			

신인의 장점은 역시 패기, 움직여라.

키움이 NC에 김휘집을 내주고 받은 3라운드 지명권을 여동욱에 썼다. 대구상원고 시절 '거포'로 이름을 날렸다. 송성문이 떠난 3루수 자리를 두고 캠프 동안 많은 기회가 주어졌다. 신인 지명 직후 '키'움 준비됐나? '움'직여라 라는 2행시가 화제였다.

																	기본기록

연도	경기	타석	타수	안타	2루타	3루타	홈런	타점	득점	볼넷	사구	삼진	도루	타율	출루율	장타율	OPS	WAR
2022	-	-	-	-	-	-	-	-	-	-	-	-	-	-	-	-	-	-
2023	-	-	-	-	-	-	-	-	-	-	-	-	-	-	-	-	-	-
2024	-	-	-	-	-	-	-	-	-	-	-	-	-	-	-	-	-	-
통산	-	-	-	-	-	-	-	-	-	-	-	-	-	-	-	-	-	-

오선진

포지션	3B	투타	우투우타	신장	178	체중	80
연봉	10000-4000			지명순위	08 한화 2차 4라운드 26순위		
생년월일	1989-07-07			학교	화곡초-성남중-성남고		

키움은 4번째 팀, 경험과 센스가 있다.

한화의 프랜차이즈 스타가 될 줄 알았으나, 저니맨이 됐다. 삼성과 한화, 롯데를 거쳐 방출
된 뒤 키움 유니폼을 입었다. 젊은 선수 육성 기조가 뚜렷한 가운데, 팀이 흔들릴 때 중심
을 잡아 줄 노련미에 기대를 건다. 1차 캠프에 합류했지만, 2차 캠프 때 2군으로 갔다.

기본기록

연도	경기	타석	타수	안타	2루타	3루타	홈런	타점	득점	볼넷	사구	삼진	도루	타율	출루율	장타율	OPS	WAR
2022	100	306	268	74	8	0	3	24	30	18	3	51	2	0.276	0.328	0.340	0.668	0.52
2023	90	199	165	38	6	0	0	14	17	24	5	34	2	0.230	0.342	0.267	0.609	0.02
2024	26	29	20	4	1	0	0	0	0	2	2	8	0	0.200	0.333	0.250	0.583	0.18
통산	1135	2989	2632	633	94	6	18	229	275	202	59	517	49	0.241	0.308	0.301	0.609	-0.76

이원석

포지션	1B	투타	우투우타	신장	181	체중	82
연봉	40000-30000			지명순위	05 롯데 2차 2라운드 9순위		
생년월일	1986-10-21			학교	광주학강초-광주동성중-광주동성고		

아직 장타력은 녹슬지 않았다

2023시즌 삼성에서 트레이드됐고, 시즌 중반 비 FA 다년 계약(2+1년)을 했다. 지난해 6월
에 부상자 명단에 오른 뒤 복귀하지 못했다. 클러치 능력을 가진 이원석이 빠지면서 키움
공격력이 더 약해졌다. 키움 내야진이 재편되는 가운데 3루수 백업으로 뛸 가능성이 높다.

기본기록

연도	경기	타석	타수	안타	2루타	3루타	홈런	타점	득점	볼넷	사구	삼진	도루	타율	출루율	장타율	OPS	WAR
2022	88	335	288	77	13	0	10	60	31	33	5	70	0	0.267	0.346	0.417	0.763	1.16
2023	89	345	305	75	10	0	2	30	22	34	3	67	0	0.246	0.326	0.298	0.624	-0.95
2024	39	109	91	20	4	0	0	8	5	14	2	18	0	0.220	0.330	0.264	0.594	-0.53
통산	1814	6259	5474	1429	249	16	144	791	650	546	74	1051	25	0.261	0.332	0.391	0.723	13.05

이재상

5

포지션	SS	투타	우투우타	신장	183	체중	85
연봉	3000-3200		지명순위	24 키움 2라운드 16순위			
생년월일	2005-04-17		학교	갈산초-성남중-성남고			

성장은 차근차근, 성적도 차근차근

2024년 2라운드 지명 유격수로 강정호, 김하성의 뒤를 이을 거포 내야수로 주목 받았다. 지난해 초반 큰 기대와 함께 많은 기회가 주어졌지만, 1군 적응에 어려움을 겪었다. 주전 유격수는 김태진으로 기운 가운데 타석에서 장점을 어필할 수 있는 기본을 만들어야 한다.

기본기록

연도	경기	타석	타수	안타	2루타	3루타	홈런	타점	득점	볼넷	사구	삼진	도루	타율	출루율	장타율	OPS	WAR
2022	-	-	-	-	-	-	-	-	-	-	-	-	-	-	-	-	-	-
2023	-	-	-	-	-	-	-	-	-	-	-	-	-	-	-	-	-	-
2024	36	89	84	16	1	0	1	5	7	2	2	33	0	0.190	0.227	0.238	0.465	-1.20
통산	36	89	84	16	1	0	1	5	7	2	2	33	0	0.190	0.227	0.238	0.465	-1.04

임병욱

6

포지션	CF	투타	우투좌타	신장	187	체중	84
연봉	7000-6000		지명순위	14 넥센 1차			
생년월일	1995-09-30		학교	신곡초-배명중-덕수고			

가을야구 MVP 시절이 있었다.

키움의 아픈 손가락. 염경엽 감독 시절 혹독한 1,000개 스윙을 바탕으로 크게 성장했지만 이후 부상이 반복되면서 제 역할을 하지 못했다. 3할-20홈런의 타격에 수준급 수비력을 가진 것으로 평가받는데, 보여주지 못했다. 주전 경쟁에서 밀려있지만 폭발 가능성은 있다.

기본기록

연도	경기	타석	타수	안타	2루타	3루타	홈런	타점	득점	볼넷	사구	삼진	도루	타율	출루율	장타율	OPS	WAR
2022	-	-	-	-	-	-	-	-	-	-	-	-	-	-	-	-	-	-
2023	80	223	208	54	11	1	6	36	30	10	1	75	4	0.260	0.293	0.409	0.702	0.44
2024	42	92	87	21	3	0	3	10	14	4	0	32	1	0.241	0.272	0.379	0.651	0.02
통산	550	1585	1452	377	79	11	32	187	228	100	13	465	55	0.260	0.312	0.395	0.707	2.65

카디네스

4

포지션	RF	투타	우투우타	신장	185	체중	83
연봉	$327,000-$450,000		지명순위	24 삼성 자유선발			
생년월일	1997-10-10		학교	Bishop Alemany-Cal State Fullerton			

옆구리는 문제없다. 태업은 오해였다.

지난해 삼성에서 뛰다가 옆구리 부상을 당했다. 태업 논란이 불거졌지만 스스로는 억울하다는 입장이다. 기술적으로 뛰어난 스윙 메커니즘을 갖고 있다. 스트라이크 존 커버 능력이 상당한 데다 타구에 힘을 실을 수 있는 능력도 있다. 리그 외국인 타자 경쟁의 '다크호스'다.

																		기본기록

연도	경기	타석	타수	안타	2루타	3루타	홈런	타점	득점	볼넷	사구	삼진	도루	타율	출루율	장타율	OPS	WAR
2022	-	-	-	-	-	-	-	-	-	-	-	-	-	-	-	-	-	-
2023	-	-	-	-	-	-	-	-	-	-	-	-	-	-	-	-	-	-
2024	7	25	24	8	2	0	2	5	2	1	0	6	0	0.333	0.36	0.667	1.027	0.00
통산	7	25	24	8	2	0	2	5	2	1	0	6	0	0.333	0.36	0.667	1.027	-0.06

푸이그

66

포지션	RF	투타	우투우타	신장	188	체중	108
연봉	$1,000,000		지명순위	22 키움 자유선발			
생년월일	1990-12-07		학교	쿠바 EIEFD(대)			

외야수 짐승 본색 다시 한 번 더

류현진과 함께 다저스에서 뛸 때 인기도 높았다. 여러 논란에 휩싸이면서 메이저리그를 떠나 방황했다. 구단은 논란 관련 문제없음을 확인했다고 밝혔다. 파워는 여전히 기대가 크다. 3년 전 히어로즈에서 뛰었을 때 팀은 한국시리즈에 올랐다. 수비 판단은 아쉽지만 송구는 찐이다.

																		기본기록

연도	경기	타석	타수	안타	2루타	3루타	홈런	타점	득점	볼넷	사구	삼진	도루	타율	출루율	장타율	OPS	WAR
2022	126	547	473	131	30	0	21	73	65	58	12	100	6	0.277	0.367	0.474	0.841	3.53
2023	-	-	-	-	-	-	-	-	-	-	-	-	-	-	-	-	-	-
2024	-	-	-	-	-	-	-	-	-	-	-	-	-	-	-	-	-	-
통산	126	547	473	131	30	0	21	73	65	58	12	100	6	0.277	0.367	0.474	0.841	3.35

김동규 99

포지션	P	투타	우투우타	신장	194	체중	100
연봉	3000-3100			지명순위	23 LG 2라운드 17순위
생년월일	2004-07-09			학교	서울청구초-영남중-성남고

연도	경기	선발	QS	승	패	세이브	BS	홀드	이닝	피안타	피홈런	4사구	삼진	피안타율	WHIP	피 OPS	ERA	WAR
2022	-	-	-	-	-	-	-	-	-	-	-	-	-	-	-	-	-	-
2023	4	1	0	0	1	0	0	0	4.1	6	1	12	1	0.375	4.15	1.208	22.85	-0.56
2024	2	0	0	0	0	0	0	0	0.1	1	0	2	0	0.500	9.00	1.750	54.00	-0.07
통산	6	1	0	0	1	0	0	0	4.2	7	1	14	1	0.389	4.50	1.268	25.07	-0.63

박범준 45

포지션	P	투타	우투좌타	신장	183	체중	75
연봉	3000-3100			지명순위	24 키움 9라운드 89순위
생년월일	2004-05-28			학교	대전신흥초-한밭중-대전고

연도	경기	선발	QS	승	패	세이브	BS	홀드	이닝	피안타	피홈런	4사구	삼진	피안타율	WHIP	피 OPS	ERA	WAR
2022	-	-	-	-	-	-	-	-	-	-	-	-	-	-	-	-	-	-
2023	-	-	-	-	-	-	-	-	-	-	-	-	-	-	-	-	-	-
2024	5	0	0	0	1	0	0	0	5.1	7	1	4	8	0.333	2.06	1.000	13.50	-0.19
통산	5	0	0	0	1	0	0	0	5.1	7	1	4	8	0.333	2.06	1.000	13.50	-0.19

박윤성 35

포지션	P	투타	우투우타	신장	183	체중	96
연봉	3000-3500			지명순위	23 키움 3라운드 26순위
생년월일	2004-02-08			학교	수영초-개성중-경남고

연도	경기	선발	QS	승	패	세이브	BS	홀드	이닝	피안타	피홈런	4사구	삼진	피안타율	WHIP	피 OPS	ERA	WAR
2022	-	-	-	-	-	-	-	-	-	-	-	-	-	-	-	-	-	-
2023	0	0	0	0	0	0	0	0	0	0	0	0	0	-	-	-	-	-
2024	17	0	0	0	0	0	0	1	18.2	14	5	9	14	0.200	1.23	0.774	5.79	0.09
통산	17	0	0	0	0	0	0	1	18.2	14	5	9	14	0.200	1.23	0.774	5.79	0.09

박정훈 94

포지션	P	투타	좌투좌타	신장	192	체중	103
연봉	3000			지명순위	25 키움 3라운드 28순위
생년월일	2006-03-23			학교	삼일초-매향중-비봉고

연도	경기	선발	QS	승	패	세이브	BS	홀드	이닝	피안타	피홈런	4사구	삼진	피안타율	WHIP	피 OPS	ERA	WAR
2022	-	-	-	-	-	-	-	-	-	-	-	-	-	-	-	-	-	-
2023	-	-	-	-	-	-	-	-	-	-	-	-	-	-	-	-	-	-
2024	-	-	-	-	-	-	-	-	-	-	-	-	-	-	-	-	-	-
통산	-	-	-	-	-	-	-	-	-	-	-	-	-	-	-	-	-	-

양지율 55

포지션	P	투타	우투우타	신장	185	체중	103
연봉	3000-3500			지명순위	17 넥센 2차 2라운드 17순위
생년월일	1998-12-16			학교	서울청구초-홍은중-장충고

연도	경기	선발	QS	승	패	세이브	BS	홀드	이닝	피안타	피홈런	4사구	삼진	피안타율	WHIP	피 OPS	ERA	WAR
2022	0	0	0	0	0	0	0	0	0	0	0	0	0	-	-	-	-	-
2023	1	0	0	0	0	0	0	0	0.2	1	0	3	2	0.333	6.00	1.000	13.50	-0.04
2024	21	0	0	0	2	0	1	3	18.2	16	1	13	7	0.235	1.55	0.711	6.27	0.16
통산	50	0	0	0	3	0	1	4	48	53	4	27	24	0.286	1.67	0.786	6.19	0.54

윤현

96

포지션	P	투타	우투우타	신장	187	체중	90
연봉	3000			지명순위	25 키움 4라운드 31순위		
생년월일	2006-10-20			학교	가동초-자양중-경기고		

연도	경기	선발	QS	승	패	세이브	BS	홀드	이닝	피안타	피홈런	4사구	삼진	피안타율	WHIP	피 OPS	ERA	WAR
2022	-	-	-	-	-	-	-	-	-	-	-	-	-	-	-	-	-	-
2023	-	-	-	-	-	-	-	-	-	-	-	-	-	-	-	-	-	-
2024	-	-	-	-	-	-	-	-	-	-	-	-	-	-	-	-	-	-
통산	-	-	-	-	-	-	-	-	-	-	-	-	-	-	-	-	-	-

이종민

48

포지션	P	투타	좌투좌타	신장	185	체중	96
연봉	3200-3600			지명순위	20 키움 2차 1라운드 7순위		
생년월일	2001-06-04			학교	성동초-덕수중-성남고		

연도	경기	선발	QS	승	패	세이브	BS	홀드	이닝	피안타	피홈런	4사구	삼진	피안타율	WHIP	피 OPS	ERA	WAR
2022	0	0	0	0	0	0	0	0	0	0	0	0	0	0	-	-	-	-
2023	11	2	0	0	1	0	0	0	13.2	22	0	6	10	0.349	2.05	0.863	7.24	-0.29
2024	12	9	0	1	8	0	0	0	43.2	56	9	22	21	0.313	1.79	0.935	7.63	-0.12
통산	25	11	0	1	9	0	0	0	59.2	82	10	35	34	0.327	1.96	0.940	8.15	-0.61

권혁빈

71

포지션	2B	투타	우투우타	신장	185	체중	75
연봉	3000			지명순위	25 키움 7라운드 61순위		
생년월일	2005-11-04			학교	칠성초-경상중-대구고		

연도	경기	타석	타수	안타	2루타	3루타	홈런	타점	득점	볼넷	사구	삼진	도루	타율	출루율	장타율	OPS	WAR
2022	-	-	-	-	-	-	-	-	-	-	-	-	-	-	-	-	-	-
2023	-	-	-	-	-	-	-	-	-	-	-	-	-	-	-	-	-	-
2024	-	-	-	-	-	-	-	-	-	-	-	-	-	-	-	-	-	-
통산	-	-	-	-	-	-	-	-	-	-	-	-	-	-	-	-	-	-

김동헌

47

포지션	C	투타	우투우타	신장	182	체중	91
연봉	4000-3800			지명순위	23 키움 2라운드 12순위		
생년월일	2004-07-15			학교	영등포구리틀-영문초-충암중-충암고		

연도	경기	타석	타수	안타	2루타	3루타	홈런	타점	득점	볼넷	사구	삼진	도루	타율	출루율	장타율	OPS	WAR
2022	-	-	-	-	-	-	-	-	-	-	-	-	-	-	-	-	-	-
2023	102	242	211	51	5	2	2	17	22	17	8	55	0	0.242	0.318	0.313	0.631	0.48
2024	2	7	5	1	0	0	0	1	0	1	1	0	0	0.200	0.429	0.200	0.629	-0.12
통산	104	249	216	52	5	2	2	18	22	18	9	55	0	0.241	0.321	0.310	0.631	0.50

김웅빈

10

포지션	1B	투타	우투좌타	신장	182	체중	97
연봉	5000-4000			지명순위	15 SK 2차 3라운드 27순위		
생년월일	1996-02-09			학교	서라벌초-울산제일중-울산공고		

연도	경기	타석	타수	안타	2루타	3루타	홈런	타점	득점	볼넷	사구	삼진	도루	타율	출루율	장타율	OPS	WAR
2022	45	135	115	26	5	1	1	11	17	13	4	38	0	0.226	0.326	0.313	0.639	0.74
2023	29	74	64	12	3	0	0	9	2	6	2	20	0	0.188	0.27	0.234	0.504	-0.64
2024	12	38	32	4	0	0	0	2	2	4	1	15	0	0.125	0.243	0.125	0.368	-0.40
통산	337	929	810	198	43	2	19	114	93	80	20	249	2	0.244	0.325	0.373	0.698	-0.22

박성빈 56

포지션	C	투타	우투우타	신장	178	체중	94
연봉	3000-3000			지명순위	23 키움 7라운드 66순위		
생년월일	2004-04-21			학교	한밭초(계룡시리틀)-충남중-대전고		

연도	경기	타석	타수	안타	2루타	3루타	홈런	타점	득점	볼넷	사구	삼진	도루	타율	출루율	장타율	OPS	WAR
2022	-	-	-	-	-	-	-	-	-	-	-	-	-	-	-	-	-	-
2023	-	-	-	-	-	-	-	-	-	-	-	-	-	-	-	-	-	-
2024	12	11	9	2	1	0	0	2	1	1	1	2	0	0.222	0.364	0.333	0.697	-0.03
통산	12	11	9	2	1	0	0	2	1	1	1	2	0	0.222	0.364	0.333	0.697	-0.02

박주홍 57

포지션	LF	투타	좌투좌타	신장	187	체중	87
연봉	3600-3700			지명순위	20 키움 1차		
생년월일	2001-04-16			학교	하남리틀-덕풍초-건대부중-장충고		

연도	경기	타석	타수	안타	2루타	3루타	홈런	타점	득점	볼넷	사구	삼진	도루	타율	출루율	장타율	OPS	WAR
2022	21	57	49	11	1	1	0	3	4	8	0	18	0	0.224	0.333	0.286	0.619	-0.08
2023	27	57	49	6	0	1	0	2	5	5	0	26	1	0.122	0.196	0.163	0.359	-0.71
2024	25	59	49	5	2	0	0	1	5	10	0	17	2	0.102	0.254	0.143	0.397	-0.24
통산	109	254	218	33	7	2	0	10	18	33	0	92	4	0.151	0.261	0.202	0.463	-1.60

서유신 98

포지션	2B	투타	우투우타	신장	176	체중	76
연봉	3000-3000			지명순위	23 키움 11라운드 106순위		
생년월일	2000-08-17			학교	광주수창초-충장중-화순고-원광대		

연도	경기	타석	타수	안타	2루타	3루타	홈런	타점	득점	볼넷	사구	삼진	도루	타율	출루율	장타율	OPS	WAR
2022	-	-	-	-	-	-	-	-	-	-	-	-	-	-	-	-	-	-
2023	-	-	-	-	-	-	-	-	-	-	-	-	-	-	-	-	-	-
2024	-	-	-	-	-	-	-	-	-	-	-	-	-	-	-	-	-	-
통산	-	-	-	-	-	-	-	-	-	-	-	-	-	-	-	-	-	-

양현종 70

포지션	2B	투타	우투우타	신장	177	체중	84
연봉	3000			지명순위	25 키움 6라운드 51순위		
생년월일	2006-08-15			학교	옥산초-경복중-대구고		

연도	경기	타석	타수	안타	2루타	3루타	홈런	타점	득점	볼넷	사구	삼진	도루	타율	출루율	장타율	OPS	WAR	WAR	WPA
2022	-	-	-	-	-	-	-	-	-	-	-	-	-	-	-	-	-	-	-	-
2023	-	-	-	-	-	-	-	-	-	-	-	-	-	-	-	-	-	-	-	-
2024	-	-	-	-	-	-	-	-	-	-	-	-	-	-	-	-	-	-	-	-
통산	-	-	-	-	-	-	-	-	-	-	-	-	-	-	-	-	-	-	-	-

어준서 92

포지션	SS	투타	우투좌타	신장	183	체중	87
연봉	3000			지명순위	25 키움 3라운드 21순위		
생년월일	2006-11-27			학교	수유초-자양중-경기고		

연도	경기	타석	타수	안타	2루타	3루타	홈런	타점	득점	볼넷	사구	삼진	도루	타율	출루율	장타율	OPS	WAR
2022	-	-	-	-	-	-	-	-	-	-	-	-	-	-	-	-	-	-
2023	-	-	-	-	-	-	-	-	-	-	-	-	-	-	-	-	-	-
2024	-	-	-	-	-	-	-	-	-	-	-	-	-	-	-	-	-	-
통산	-	-	-	-	-	-	-	-	-	-	-	-	-	-	-	-	-	-

원성준 33

포지션	CF	투타	우투좌타	신장	181	체중	80
연봉	3000-4000		지명순위 24 키움 육성선수				
생년월일	2000-03-31		학교	고명초-서울이수중-경기고-성균관대			

연도	경기	타석	타수	안타	2루타	3루타	홈런	타점	득점	볼넷	사구	삼진	도루	타율	출루율	장타율	OPS	WAR
2022	-	-	-	-	-	-	-	-	-	-	-	-	-	-	-	-	-	-
2023	-	-	-	-	-	-	-	-	-	-	-	-	-	-	-	-	-	-
2024	51	125	112	28	5	0	2	11	12	10	0	36	2	0.250	0.306	0.348	0.654	-0.25
통산	51	125	112	28	5	0	2	11	12	10	0	36	2	0.250	0.306	0.348	0.654	-0.22

이승원 26

포지션	2B	투타	우투우타	신장	185	체중	75
연봉	3100-3200		지명순위 23 키움 4라운드 36순위				
생년월일	2004-07-02		학교	노원구리틀-도봉초-상명중-덕수고			

연도	경기	타석	타수	안타	2루타	3루타	홈런	타점	득점	볼넷	사구	삼진	도루	타율	출루율	장타율	OPS	WAR
2022	-	-	-	-	-	-	-	-	-	-	-	-	-	-	-	-	-	-
2023	4	5	5	0	0	0	0	0	0	0	0	2	0	0.000	0.000	0.000	0.000	-0.17
2024	20	41	37	4	1	0	0	1	3	2	0	13	0	0.108	0.154	0.135	0.289	-0.96
통산	24	46	42	4	1	0	0	1	3	2	0	15	0	0.095	0.136	0.119	0.255	-0.93

이주형 58

포지션	LF	투타	좌투좌타	신장	183	체중	80
연봉	3700-3700		지명순위 20 LG 2차 2라운드 13순위				
생년월일	2002-07-05		학교	해운대-센텀중-경남고			

연도	경기	타석	타수	안타	2루타	3루타	홈런	타점	득점	볼넷	사구	삼진	도루	타율	출루율	장타율	OPS	WAR
2022	32	85	71	12	0	0	1	8	7	10	3	27	0	0.169	0.294	0.211	0.505	-0.17
2023	0	0	0	0	0	0	0	0	0	0	0	0	0	-	-	-	-	0
2024	0	0	0	0	0	0	0	0	0	0	0	0	0	-	-	-	-	0
통산	37	96	81	13	0	0	2	11	8	11	3	34	0	0.160	0.281	0.235	0.516	-0.42

임지열 29

포지션	LF	투타	우투우타	신장	180	체중	94
연봉	72--5800		지명순위 14 넥센 2차 2라운드 22순위				
생년월일	1995-08-22		학교	신흥초-건대부중-덕수고			

연도	경기	타석	타수	안타	2루타	3루타	홈런	타점	득점	볼넷	사구	삼진	도루	타율	출루율	장타율	OPS	WAR
2022	40	148	131	36	6	0	1	15	16	10	2	43	1	0.275	0.331	0.344	0.675	0.58
2023	72	246	212	55	8	0	5	35	22	28	3	64	1	0.259	0.352	0.368	0.720	0.45
2024	22	57	49	5	0	0	1	5	4	7	0	16	0	0.102	0.211	0.163	0.374	-0.74
통산	165	500	433	102	15	0	7	58	48	50	7	140	2	0.236	0.322	0.319	0.641	-0.89

전태현 97

포지션	2B	투타	우투좌타	신장	180	체중	82
연봉	3000		지명순위 25 키움 5라운드 41순위				
생년월일	2006-03-02		학교	양덕초-마산동중-용마고			

연도	경기	타석	타수	안타	2루타	3루타	홈런	타점	득점	볼넷	사구	삼진	도루	타율	출루율	장타율	OPS	WAR
2022	-	-	-	-	-	-	-	-	-	-	-	-	-	-	-	-	-	-
2023	-	-	-	-	-	-	-	-	-	-	-	-	-	-	-	-	-	-
2024	-	-	-	-	-	-	-	-	-	-	-	-	-	-	-	-	-	-
통산	-	-	-	-	-	-	-	-	-	-	-	-	-	-	-	-	-	-

주성원

25

포지션	RF	투타	우투우타	신장	182	체중	95
연봉	3500-3800		지명순위	19 넥센 2차 3라운드 24순위			
생년월일	2000-08-30		학교	부산남구리틀-대연초-신정중-개성고			

연도	경기	타석	타수	안타	2루타	3루타	홈런	타점	득점	볼넷	사구	삼진	도루	타율	출루율	장타율	OPS	WAR
2022	0	0	0	0	0	0	0	0	0	0	0	0	0	-	-	-	-	0
2023	25	72	69	15	2	1	0	2	7	1	0	18	0	0.217	0.225	0.275	0.500	-0.47
2024	27	62	55	11	1	0	1	5	7	6	0	18	0	0.200	0.279	0.273	0.552	0.01
통산	52	134	124	26	3	1	1	7	14	7	0	36	0	0.210	0.250	0.274	0.524	-0.59

2025시즌 육성선수

포지션	배번	투타	한글성명	생년월일	신장	체중	입단연도
투수	69	좌좌	김주훈	2003-06-25	180	80	2024
투수	42	우우	박승주	1994-02-12	183	96	2016
투수	80	우우	박승호	2005-03-24	185	92	2024
투수	84	우우	백진수	2003-02-15	191	97	2022
투수	100	우우	손힘찬	2002-07-17	191	88	2025
투수	0	우우	오상원	2004-07-21	184	82	2023
투수	83	우우	오혜성	2006-02-27	181	85	2025
투수	95	좌좌	윤석원	2003-07-04	185	81	2022
투수	102	우우	이우석	1996-04-16	185	80	2015
투수	40	우우	이우현	2005-11-27	183	80	2024
투수	101	우우	이준우	2001-03-02	183	93	2025
투수	82	우우	임진묵	2006-04-23	181	85	2025
투수	43	우우	조성훈	1999-03-22	188	85	2018
투수	85	우우	정동준	2002-01-14	183	90	2025
투수	77	좌좌	정세영	2006-9-23	177	82	2025
포수	65	우우	김지성	2004-05-27	174	91	2024
포수	75	우우	박준형	1999-03-07	177	89	2019
내야수	86	우우	송지후	2005-01-08	175	74	2024
내야수	91	우우	심휘윤	2005-05-28	183	84	2024
내야수	64	우좌	양경식	2001-02-03	171	66	2021
내야수	39	우좌	염승원	2006-03-20	180	78	2025
내야수	34	우우	이명기	2000-01-03	186	105	2019
외야수	79	우우	박채울	2004-11-20	185	86	2024

KBO 리그 출신 미국 진출 선수

선수	전 소속팀	계약구단	계약연도
이상훈	주니치	보스턴	2000
엄종수	–	애틀란타	2001
유병목	두산	보스턴	2002
구대성	오릭스	뉴욕 메츠	2005
최향남	–	클리블랜드	2005
손혁	–	볼티모어	2006
최향남	롯데	세인트루이스	2009
이지모	–	LA 다저스	2009
류현진	한화	LA 다저스	2012
임창용	–	시카고 컵스	2012
윤석민	KIA	볼티모어	2014
강정호	히어로즈	피츠버그	2015
박병호	히어로즈	미네소타	2015
김현수	두산	볼티모어	2015
오승환	한신	세인트루이스	2016
이대호	소프트뱅크	시애틀	2016
황재균	롯데	샌프란시스코	2017
김광현	SK	세인트루이스	2019
김하성	키움	샌디에이고	2021
양현종	KIA	텍사스	2021
이정후	키움	샌프란시스코	2023
고우석	LG	샌디에이고	2024
김혜성	키움	LA 다저스	2025

구단/라운드	1라운드	2라운드	3라운드	4라운드	5라운드	6라운드	7라운드	8라운드	9라운드	10라운드	11라운드
키움	정현우 덕수고 투수	염승원 휘문고 내야수	어준서 경기고 내야수	윤현 경기고 투수	전태현 마산용마고 내야수	양현종 대구고 내야수	권혁빈 대구고 내야수	정세영 경기상고 투수	임진묵 경기상고 투수	오혜성 제물포고 투수	정동준 마산용마고 투수
한화	정우주 전주고 투수	권민규 세광고 투수	한지윤 경기상고 포수	배승수 덕수고 내야수	이동영 대구상원고 투수	박상현 안산공고 투수	이지성 라온고 내야수	엄상현 장충고 투수	엄요셉 구리인창고 투수	최주원 북일고 투수	이민재 비봉고 외야수
삼성	배찬승 대구고 투수	심재훈 유신고 내야수	차승준 마산용마고 내야수	함수호 대구상원고 외야수	권현우 광주제일고 투수	이진용 북일고 외야수	홍준영 경주고 투수	천겸 부산고 투수	우승완 세광고 투수	강민성 안산공고 내야수	진희성 동산고 투수
롯데	김태현 광주제일고 투수	박세현 배명고 투수	김현우 야탑고 투수	박재엽 부산고 포수	서영준 전주고 외야수(LG)	김동현 제물포고 투수	이영재 신흥고 내야수	최민규 광주제일고 외야수	한승현 장충고 투수	김태균 경남고 투수	조영우 인천고 투수
KIA	김태형 덕수고 투수	이호민 전주고 투수	박재현 인천고 외야수	양수호 공주고 투수	김정엽 부산고 투수	최건희 장충고 투수	나연우 휘문고 투수	임다온 경기상고 투수	엄준현 전주고 내야수	이성원 유신고 투수	박헌 광주제일고 외야수
두산	박준순 덕수고 내야수	최민석 서울고 투수	홍민규 야탑고 투수	황희천 충암고 투수	이선우 충암고 내야수	한다현 라온고 내야수	양재훈 개성고 투수	김성재 선린인터넷고 포수	주양준 경남고 외야수	연서준 비봉고 투수	최우혁 라온고 투수
NC	김서준 충훈고 투수(키움)	김태훈 소래고 투수	여동욱 대구상원고 내야수(키움)	홍재문 청주고 투수	유재현 경기상고 내야수	이세민 대구상원고 투수	정현창 부산공고 내야수	신민우 마산고 포수	장창훈 설악고 내야수	양가온솔 인상고 외야수	조창연 장충고 포수
SSG	이율예 강릉고 포수	신지환 성남고 투수	박정훈 비봉고 투수(키움)	천범석 강릉고 투수	이원준 부산고 외야수	최윤석 전주고 내야수	김현재 대전고 투수	이도우 서울컨벤션고 투수	홍대인 세광고 내야수	한지헌 청원고 투수	도재현 율곡고 투수
KT	김동현 서울고 투수	박건우 충암고 투수	김재원 장충고 투수	박준혁 휘문고 투수	박민석 덕수고 외야수	오서진 유신고 내야수	이용현 강릉고 내야수	윤상인 신일고 투수	이정환 안산공고 포수	정영웅 광주제일고 외야수	이승준 장안고 내야수
LG	김영우 서울고 투수	추세현 경기상고 투타겸업	이한림 전주고 포수	이태훈 경동고 내야수	박관우 경북고 외야수	박시원 경남고 투수	김종운 창원공고 투타겸업	우정안 덕수고 내야수	안시후 부천고 투수	고영웅 야로고 투수	성준서 경기항공고 투수

2025년 3월

일	월	화	수	목	금	토
16	17	18	19	20	21	22 롯데 : LG [잠실] 두산 : SSG [문학] 키움 : 삼성 [대구] 한화 : KT [수원] NC : KIA [광주]
23 롯데 : LG [잠실] 두산 : SSG [문학] 키움 : 삼성 [대구] 한화 : KT [수원] NC : KIA [광주]	24	25 한화 : LG [잠실] 롯데 : SSG [문학] NC : 삼성 [대구] 두산 : KT [수원] 키움 : KIA [광주]	26 한화 : LG [잠실] 롯데 : SSG [문학] NC : 삼성 [대구] 두산 : KT [수원] 키움 : KIA [광주]	27 한화 : LG [잠실] 롯데 : SSG [문학] NC : 삼성 [대구] 두산 : KT [수원] 키움 : KIA [광주]	28 KIA : 한화 [대전(신)] 삼성 : 두산 [잠실] KT : 롯데 [사직] LG : NC [창원] SSG : 키움 [고척]	29 KIA : 한화 [대전(신)] SSG : 키움 [고척] 삼성 : 두산 [잠실] KT : 롯데 [사직] LG : NC [창원]
30 KIA : 한화 [대전(신)] 삼성 : 두산 [잠실] KT : 롯데 [사직] LG : NC [창원] SSG : 키움 [고척]	31					

2025년 4월

일	월	화	수	목	금	토
		1 롯데 : 한화 [대전(신)] 키움 : 두산 [잠실] SSG : NC [창원] LG : KT [수원] 삼성 : KIA [광주]	2 롯데 : 한화 [대전(신)] 키움 : 두산 [잠실] SSG : NC [창원] LG : KT [수원] 삼성 : KIA [광주]	3 롯데 : 한화 [대전(신)] 키움 : 두산 [잠실] SSG : NC [창원] LG : KT [수원] 삼성 : KIA [광주]	4 KIA : LG [잠실] KT : SSG [문학] 두산 : 롯데 [사직] 한화 : 삼성 [대구] NC : 키움 [고척]	5 KIA : LG [잠실] KT : SSG [문학] 두산 : 롯데 [사직] 한화 : 삼성 [대구] NC : 키움 [고척]
6 KIA : LG [잠실] KT : SSG [문학] 두산 : 롯데 [사직] 한화 : 삼성 [대구] NC : 키움 [고척]	7	8 한화 : 두산 [잠실] KIA : 롯데 [사직] SSG : 삼성 [대구] NC : KT [수원] LG : 키움 [고척]	9 한화 : 두산 [잠실] KIA : 롯데 [사직] SSG : 삼성 [대구] NC : KT [수원] LG : 키움 [고척]	10 한화 : 두산 [잠실] KIA : 롯데 [사직] SSG : 삼성 [대구] NC : KT [수원] LG : 키움 [고척]	11 키움 : 한화 [대전(신)] 두산 : LG [잠실] 롯데 : NC [창원] 삼성 : KT [수원] SSG : KIA [광주]	12 키움 : 한화 [대전(신)] 두산 : LG [잠실] 롯데 : NC [창원] 삼성 : KT [수원] SSG : KIA [광주]
13 키움 : 한화 [대전(신)] 두산 : LG [잠실] 롯데 : NC [창원] 삼성 : KT [수원] SSG : KIA [광주]	14	15 삼성 : LG [잠실] 한화 : SSG [문학] 키움 : 롯데 [사직] 두산 : NC [창원] KT : KIA [광주]	16 삼성 : LG [잠실] 한화 : SSG [문학] 키움 : 롯데 [사직] 두산 : NC [창원] KT : KIA [광주]	17 삼성 : LG [잠실] 한화 : SSG [문학] 키움 : 롯데 [사직] 두산 : NC [창원] KT : KIA [광주]	18 NC : 한화 [대전(신)] KIA : 두산 [잠실] LG : SSG [문학] 롯데 : 삼성 [대구] KT : 키움 [고척]	19 NC : 한화 [대전(신)] KIA : 두산 [잠실] LG : SSG [문학] 롯데 : 삼성 [대구] KT : 키움 [고척]
20 NC : 한화 [대전(신)] KIA : 두산 [잠실] LG : SSG [문학] 롯데 : 삼성 [대구] KT : 키움 [고척]	21	22 NC : LG [잠실] 한화 : 롯데 [사직] KIA : 삼성 [대구] SSG : KT [수원] 두산 : 키움 [고척]	23 NC : LG [잠실] 한화 : 롯데 [사직] KIA : 삼성 [대구] SSG : KT [수원] 두산 : 키움 [고척]	24 NC : LG [잠실] 한화 : 롯데 [사직] KIA : 삼성 [대구] SSG : KT [수원] 두산 : 키움 [고척]	25 KT : 한화 [대전(신)] 롯데 : 두산 [잠실] 키움 : SSG [문학] 삼성 : NC [창원] LG : KIA [광주]	26 KT : 한화 [대전(신)] 롯데 : 두산 [잠실] 키움 : SSG [문학] 삼성 : NC [창원] LG : KIA [광주]
27 KT : 한화 [대전(신)] 롯데 : 두산 [잠실] 키움 : SSG [문학] 삼성 : NC [창원] LG : KIA [광주]	28	29 LG : 한화 [대전(신)] KT : 두산 [잠실] 삼성 : SSG [문학] KIA : NC [창원] 롯데 : 키움 [고척]	30 LG : 한화 [대전(신)] KT : 두산 [잠실] 삼성 : SSG [문학] KIA : NC [창원] 롯데 : 키움 [고척]			

2025년 5월

일	월	화	수	목	금	토
				1 LG : 한화 [대전(신)] KT : 두산 [잠실] 삼성 : SSG [문학] KIA : NC [창원] 롯데 : 키움 [고척]	**2** SSG : LG [잠실] NC : 롯데 [사직] 두산 : 삼성 [대구] 키움 : KT [수원] 한화 : KIA [광주]	**3** SSG : LG [잠실] NC : 롯데 [사직] 두산 : 삼성 [대구] 키움 : KT [수원] 한화 : KIA [광주]
4 SSG : LG [잠실] NC : 롯데 [사직] 두산 : 삼성 [대구] 키움 : KT [수원] 한화 : KIA [광주]	**5** 삼성 : 한화 [대전(신)] LG : 두산 [잠실] SSG : 롯데 [사직] KT : NC [창원] KIA : 키움 [고척]	**6** 삼성 : 한화 [대전(신)] LG : 두산 [잠실] SSG : 롯데 [사직] KT : NC [창원] KIA : 키움 [고척]	**7** 삼성 : 한화 [대전(신)] LG : 두산 [잠실] SSG : 롯데 [사직] KT : NC [창원] KIA : 키움 [고척]	**8**	**9** NC : 두산 [잠실] KIA : SSG [문학] LG : 삼성 [대구] 롯데 : KT [수원] 한화 : 키움 [고척]	**10** NC : 두산 [잠실] KIA : SSG [문학] LG : 삼성 [대구] 롯데 : KT [수원] 한화 : 키움 [고척]
11 NC : 두산 [잠실] KIA : SSG [문학] LG : 삼성 [대구] 롯데 : KT [수원] 한화 : 키움 [고척]	**12**	**13** 두산 : 한화 [대전(신)] 키움 : LG [잠실] NC : SSG [문학] 롯데 : KIA [광주] KT : 삼성 [포항]	**14** 두산 : 한화 [대전(신)] 키움 : LG [잠실] NC : SSG [문학] 롯데 : KIA [광주] KT : 삼성 [포항]	**15** 두산 : 한화 [대전(신)] 키움 : LG [잠실] NC : SSG [문학] 롯데 : KIA [광주] KT : 삼성 [포항]	**16** SSG : 한화 [대전(신)] KT : LG [잠실] 삼성 : 롯데 [사직] 키움 : NC [창원] 두산 : KIA [광주]	**17** SSG : 한화 [대전(신)] KT : LG [잠실] 삼성 : 롯데 [사직] 키움 : NC [창원] 두산 : KIA [광주]
18 SSG : 한화 [대전(신)] KT : LG [잠실] 삼성 : 롯데 [사직] 키움 : NC [창원] 두산 : KIA [광주]	**19**	**20** SSG : 두산 [잠실] LG : 롯데 [사직] 한화 : NC [창원] KIA : KT [수원] 삼성 : 키움 [고척]	**21** SSG : 두산 [잠실] LG : 롯데 [사직] 한화 : NC [창원] KIA : KT [수원] 삼성 : 키움 [고척]	**22** SSG : 두산 [잠실] LG : 롯데 [사직] 한화 : NC [창원] KIA : KT [수원] 삼성 : 키움 [고척]	**23** 롯데 : 한화 [대전(신)] NC : 두산 [잠실] LG : SSG [문학] KIA : 삼성 [대구] KT : 키움 [고척]	**24** 롯데 : 한화 [대전(신)] NC : 두산 [잠실] LG : SSG [문학] KIA : 삼성 [대구] KT : 키움 [고척]
25 롯데 : 한화 [대전(신)] NC : 두산 [잠실] LG : SSG [문학] KIA : 삼성 [대구] KT : 키움 [고척]	**26**	**27** 한화 : LG [잠실] NC : SSG [문학] 롯데 : 삼성 [대구] 두산 : KT [수원] 키움 : KIA [광주]	**28** 한화 : LG [잠실] NC : SSG [문학] 롯데 : 삼성 [대구] 두산 : KT [수원] 키움 : KIA [광주]	**29** 한화 : LG [잠실] NC : SSG [문학] 롯데 : 삼성 [대구] 두산 : KT [수원] 키움 : KIA [광주]	**30** 삼성 : LG [잠실] SSG : 롯데 [사직] 한화 : NC [창원] KIA : KT [수원] 두산 : 키움 [고척]	**31** 삼성 : LG [잠실] SSG : 롯데 [사직] 한화 : NC [창원] KIA : KT [수원] 두산 : 키움 [고척]

2025년 6월

일	월	화	수	목	금	토
1 두산 : 키움 [고척] 삼성 : LG [잠실] SSG : 롯데 [사직] 한화 : NC [창원] KIA : KT [수원]	**2**	**3** KT : 한화 [대전(신)] KIA : 두산 [잠실] 삼성 : SSG [문학] 키움 : 롯데 [사직] LG : NC [창원]	**4** KT : 한화 [대전(신)] KIA : 두산 [잠실] 삼성 : SSG [문학] 키움 : 롯데 [사직] LG : NC [창원]	**5** KT : 한화 [대전(신)] KIA : 두산 [잠실] 삼성 : SSG [문학] 키움 : 롯데 [사직] LG : NC [창원]	**6** 롯데 : 두산 [잠실] NC : 삼성 [대구] SSG : KT [수원] 한화 : KIA [광주] LG : 키움 [고척]	**7** 롯데 : 두산 [잠실] NC : 삼성 [대구] SSG : KT [수원] 한화 : KIA [광주] LG : 키움 [고척]
8 LG : 키움 [고척] 롯데 : 두산 [잠실] NC : 삼성 [대구] SSG : KT [수원] 한화 : KIA [광주]	**9**	**10** 두산 : 한화 [대전(신)] SSG : LG [잠실] 롯데 : KT [수원] 삼성 : KIA [광주] NC : 키움 [고척]	**11** 두산 : 한화 [대전(신)] SSG : LG [잠실] 롯데 : KT [수원] 삼성 : KIA [광주] NC : 키움 [고척]	**12** 두산 : 한화 [대전(신)] SSG : LG [잠실] 롯데 : KT [수원] 삼성 : KIA [광주] NC : 키움 [고척]	**13** LG : 한화 [대전(신)] 키움 : 두산 [잠실] 롯데 : SSG [문학] KT : 삼성 [대구] KIA : NC [창원]	**14** LG : 한화 [대전(신)] 키움 : 두산 [잠실] 롯데 : SSG [문학] KT : 삼성 [대구] KIA : NC [창원]
15 LG : 한화 [대전(신)] 키움 : 두산 [잠실] 롯데 : SSG [문학] KT : 삼성 [대구] KIA : NC [창원]	**16**	**17** NC : LG [잠실] 한화 : 롯데 [사직] 두산 : 삼성 [대구] KT : KIA [광주] SSG : 키움 [고척]	**18** NC : LG [잠실] 한화 : 롯데 [사직] 두산 : 삼성 [대구] KT : KIA [광주] SSG : 키움 [고척]	**19** NC : LG [잠실] 한화 : 롯데 [사직] 두산 : 삼성 [대구] KT : KIA [광주] SSG : 키움 [고척]	**20** 키움 : 한화 [대전(신)] 두산 : LG [잠실] KIA : SSG [문학] 삼성 : 롯데 [사직] NC : KT [수원]	**21** 키움 : 한화 [대전(신)] 두산 : LG [잠실] KIA : SSG [문학] 삼성 : 롯데 [사직] NC : KT [수원]
22 키움 : 한화 [대전(신)] 두산 : LG [잠실] KIA : SSG [문학] 삼성 : 롯데 [사직] NC : KT [수원]	**23**	**24** SSG : 두산 [잠실] 한화 : 삼성 [대구] 롯데 : NC [창원] LG : KT [수원] KIA : 키움 [고척]	**25** SSG : 두산 [잠실] 한화 : 삼성 [대구] 롯데 : NC [창원] LG : KT [수원] KIA : 키움 [고척]	**26** SSG : 두산 [잠실] 한화 : 삼성 [대구] 롯데 : NC [창원] LG : KT [수원] KIA : 키움 [고척]	**27** KIA : LG [잠실] 한화 : SSG [문학] KT : 롯데 [사직] 두산 : NC [창원] 삼성 : 키움 [고척]	**28** KIA : LG [잠실] 한화 : SSG [문학] KT : 롯데 [사직] 두산 : NC [창원] 삼성 : 키움 [고척]
29 삼성 : 키움 [고척] KIA : LG [잠실] 한화 : SSG [문학] KT : 롯데 [사직] 두산 : NC [창원]	**30**					

2025년 7월

일	월	화	수	목	금	토
		1 NC : 한화 [대전(신)] 삼성 : 두산 [잠실] LG : 롯데 [사직] 키움 : KT [수원] SSG : KIA [광주]	**2** NC : 한화 [대전(신)] 삼성 : 두산 [잠실] LG : 롯데 [사직] 키움 : KT [수원] SSG : KIA [광주]	**3** NC : 한화 [대전(신)] 삼성 : 두산 [잠실] LG : 롯데 [사직] 키움 : KT [수원] SSG : KIA [광주]	**4** KT : 두산 [잠실] LG : 삼성 [대구] SSG : NC [창원] 롯데 : KIA [광주] 한화 : 키움 [고척]	**5** KT : 두산 [잠실] LG : 삼성 [대구] SSG : NC [창원] 롯데 : KIA [광주] 한화 : 키움 [고척]
6 한화 : 키움 [고척] KT : 두산 [잠실] LG : 삼성 [대구] SSG : NC [창원] 롯데 : KIA [광주]	**7**	**8** KIA : 한화 [대전(신)] 키움 : LG [잠실] KT : SSG [문학] 두산 : 롯데 [사직] 삼성 : NC [창원]	**9** KIA : 한화 [대전(신)] 키움 : LG [잠실] KT : SSG [문학] 두산 : 롯데 [사직] 삼성 : NC [창원]	**10** KIA : 한화 [대전(신)] 키움 : LG [잠실] KT : SSG [문학] 두산 : 롯데 [사직] 삼성 : NC [창원]	**11**	**12**
13	**14**	**15**	**16**	**17** 롯데 : LG [잠실] 두산 : SSG [문학] 키움 : 삼성 [대구] 한화 : KT [수원] NC : KIA [광주]	**18** 롯데 : LG [잠실] 두산 : SSG [문학] 키움 : 삼성 [대구] 한화 : KT [수원] NC : KIA [광주]	**19** 롯데 : LG [잠실] 두산 : SSG [문학] 키움 : 삼성 [대구] 한화 : KT [수원] NC : KIA [광주]
20 롯데 : LG [잠실] 두산 : SSG [문학] 키움 : 삼성 [대구] 한화 : KT [수원] NC : KIA [광주]	**21**	**22** 한화 : 두산 [잠실] SSG : 삼성 [대구] KT : NC [창원] LG : KIA [광주] 롯데 : 키움 [고척]	**23** 한화 : 두산 [잠실] SSG : 삼성 [대구] KT : NC [창원] LG : KIA [광주] 롯데 : 키움 [고척]	**24** 한화 : 두산 [잠실] SSG : 삼성 [대구] KT : NC [창원] LG : KIA [광주] 롯데 : 키움 [고척]	**25** SSG : 한화 [대전(신)] LG : 두산 [잠실] KIA : 롯데 [사직] 키움 : NC [창원] 삼성 : KT [수원]	**26** SSG : 한화 [대전(신)] LG : 두산 [잠실] KIA : 롯데 [사직] 키움 : NC [창원] 삼성 : KT [수원]
27 SSG : 한화 [대전(신)] LG : 두산 [잠실] KIA : 롯데 [사직] 키움 : NC [창원] 삼성 : KT [수원]	**28**	**29** 삼성 : 한화 [대전(신)] KT : LG [잠실] 키움 : SSG [문학] NC : 롯데 [사직] 두산 : KIA [광주]	**30** 삼성 : 한화 [대전(신)] KT : LG [잠실] 키움 : SSG [문학] NC : 롯데 [사직] 두산 : KIA [광주]	**31** 삼성 : 한화 [대전(신)] KT : LG [잠실] 키움 : SSG [문학] NC : 롯데 [사직] 두산 : KIA [광주]	**1** SSG : 두산 [잠실] LG : 삼성 [대구] NC : KT [수원] 한화 : KIA [광주] 롯데 : 키움 [고척]	**2** SSG : 두산 [잠실] LG : 삼성 [대구] NC : KT [수원] 한화 : KIA [광주] 롯데 : 키움 [고척]

2025년 8월

일	월	화	수	목	금	토
3 롯데 : 키움 [고척] SSG : 두산 [잠실] LG : 삼성 [대구] NC : KT [수원] 한화 : KIA [광주]	**4**	**5** KT : 한화 [대전(신)] 두산 : LG [잠실] 삼성 : SSG [문학] KIA : 롯데 [사직] 키움 : NC [창원]	**6** KT : 한화 [대전(신)] 두산 : LG [잠실] 삼성 : SSG [문학] KIA : 롯데 [사직] 키움 : NC [창원]	**7** KT : 한화 [대전(신)] 두산 : LG [잠실] 삼성 : SSG [문학] KIA : 롯데 [사직] 키움 : NC [창원]	**8** 한화 : LG [잠실] SSG : 롯데 [사직] 삼성 : KT [수원] NC : KIA [광주] 두산 : 키움 [고척]	**9** 한화 : LG [잠실] SSG : 롯데 [사직] 삼성 : KT [수원] NC : KIA [광주] 두산 : 키움 [고척]
10 두산 : 키움 [고척] 한화 : LG [잠실] SSG : 롯데 [사직] 삼성 : KT [수원] NC : KIA [광주]	**11**	**12** 롯데 : 한화 [대전(신)] NC : 두산 [잠실] 키움 : SSG [문학] KIA : 삼성 [대구] LG : KT [수원]	**13** 롯데 : 한화 [대전(신)] NC : 두산 [잠실] 키움 : SSG [문학] KIA : 삼성 [대구] LG : KT [수원]	**14** 롯데 : 한화 [대전(신)] NC : 두산 [잠실] 키움 : SSG [문학] KIA : 삼성 [대구] LG : KT [수원]	**15** KIA : 두산 [잠실] LG : SSG [문학] 삼성 : 롯데 [사직] 한화 : NC [창원] KT : 키움 [고척]	**16** KIA : 두산 [잠실] LG : SSG [문학] 삼성 : 롯데 [사직] 한화 : NC [창원] KT : 키움 [고척]
17 KT : 키움 [고척] KIA : 두산 [잠실] LG : SSG [문학] 삼성 : 롯데 [사직] 한화 : NC [창원]	**18**	**19** 두산 : 한화 [대전(신)] 롯데 : LG [잠실] NC : 삼성 [대구] SSG : KT [수원] 키움 : KIA [광주]	**20** 두산 : 한화 [대전(신)] 롯데 : LG [잠실] NC : 삼성 [대구] SSG : KT [수원] 키움 : KIA [광주]	**21** 두산 : 한화 [대전(신)] 롯데 : LG [잠실] NC : 삼성 [대구] SSG : KT [수원] 키움 : KIA [광주]	**22** SSG : 한화 [대전(신)] KT : 두산 [잠실] 키움 : 삼성 [대구] 롯데 : NC [창원] LG : KIA [광주]	**23** SSG : 한화 [대전(신)] KT : 두산 [잠실] 키움 : 삼성 [대구] 롯데 : NC [창원] LG : KIA [광주]
24 SSG : 한화 [대전(신)] KT : 두산 [잠실] 키움 : 삼성 [대구] 롯데 : NC [창원] LG : KIA [광주]	**25**	**26** 삼성 : 두산 [잠실] KIA : SSG [문학] KT : 롯데 [사직] LG : NC [창원] 한화 : 키움 [고척]	**27** 삼성 : 두산 [잠실] KIA : SSG [문학] KT : 롯데 [사직] LG : NC [창원] 한화 : 키움 [고척]	**28** 삼성 : 두산 [잠실] KIA : SSG [문학] KT : 롯데 [사직] LG : NC [창원] 한화 : 키움 [고척]	**29** 삼성 : 한화 [대전(신)] 키움 : LG [잠실] NC : SSG [문학] 두산 : 롯데 [사직] KIA : KT [수원]	**30** 삼성 : 한화 [대전(신)] 키움 : LG [잠실] NC : SSG [문학] 두산 : 롯데 [사직] KIA : KT [수원]
31 삼성 : 한화 [대전(신)] 키움 : LG [잠실] NC : SSG [문학] 두산 : 롯데 [사직] KIA : KT [수원]						

프로야구 스카우팅 리포트 2025

2025년 3월 24일 1판 1쇄 발행
2025년 4월 22일 1판 2쇄 발행

김은진 김하진 심진용 이용균 **지음**

발행인 황민호
본부장 박정훈
편집기획 신주식 김선림 최경민 윤혜림
마케팅 조안나 이유진
국제판권 이주은
제작 최택순 성시원

발행처 대원씨아이(주)
주소 서울특별시 용산구 한강대로 15길 9-12
전화 (02)2071-2018
팩스 (02)797-1023
등록 제3-563호
등록일자 1992년 5월 11일

www.dwci.co.kr

ISBN ISBN 979-11-423-1252-6 13690